LA DISCIPLINE EN CLASSE

Comment assurer le succès de tous, mettre fin au décrochage, s'adapter à la diversité culturelle, consolider la jonction avec le marché du travail, renouveler la formation des maîtres... Voilà autant de sujets de préoccupation pour ceux et celles qui s'intéressent au présent et à l'avenir de l'école.

Miroir du monde de l'enseignement actuel, la collection **L'École en mouvement** entend également contribuer à son évolution, à tous les paliers et sur tous les plans. Tout ce qui touche l'école concerne la collection, qui porte toutefois un intérêt particulier à la classe, le cœur de l'école, de l'enseignement et de l'apprentissage.

Cette collection s'adresse à tous ceux et celles que l'école occupe ou préoccupe : les enseignants et futurs enseignants, les conseillers pédagogiques, les administrateurs, les parents, et toutes les personnes qui se sentent concernées par les questions scolaires et qui sont conscientes des avantages d'une école qui sait progresser, d'une école en mouvement.

Christian Laville
Directeur de la collection

Faculté des Sciences de l'éducation
Université Laval

OUVRAGES PARUS DANS CETTE COLLECTION

L'Université à réinventer, Hugues Boisvert, 1997

Évaluation sommative – Guide pratique, Dominique Morissette, 1996

Éléments de didactique du français, langue première, Claude Simard, 1997

LA DISCIPLINE EN CLASSE

De la réflexion à la pratique

C. M. Charles

Avec la collaboration de
Gail W. Senter et Karen Blaine Barr

Traduction
Pierrette Mayer

5757, RUE CYPIHOT, SAINT-LAURENT (QUÉBEC) H4S 1R3
TÉLÉPHONE : (514) 334-2690 TÉLÉCOPIEUR : (514) 334-4720

Supervision éditoriale:
Jacqueline Leroux

Chargée de projet:
Hélène Lecaudey

**Édition électronique, conception
et réalisation graphique de la couverture:**

ERPI

Photographie de la couverture:
Denis Gendron

Cet ouvrage est une version française de la cinquième édition de *Building Classroom Discipline* de C. M. Charles, publiée et vendue à travers le monde avec l'autorisation d'Addison Wesley Longman Inc., New York.

© 1996, 1992, 1989, 1985, 1981 by Longman Publishers USA
Tous droits réservés

© Éditions du Renouveau Pédagogique Inc., 1997
Tous droits réservés.

On ne peut reproduire aucun extrait de ce livre sous quelque forme ou par quelque procédé que ce soit – sur machine électronique, mécanique, à photocopier ou à enregistrer, ou autrement – sans avoir obtenu au préalable la permission écrite des Éditions du Renouveau Pédagogique Inc.

Dépôt légal: 1er trimestre 1997
Bibliothèque nationale du Québec
Bibliothèque nationale du Canada
Imprimé au Canada

ISBN 2-7613-0993-6   1234567890 IE 987
                     20070 ABCD OF 2-10

PRÉFACE

Il importe particulièrement aux enseignants que leurs élèves aient un comportement agréable et de bonnes manières, et ils doivent parfois avoir recours à la discipline pour que les activités en classe demeurent intéressantes et productives. *La discipline en classe* présente les conseils d'éminents spécialistes sur la façon de réduire la fréquence de comportements qui font obstacle à l'apprentissage et constituent une source de stress à la fois pour l'enseignant et pour les élèves.

La discipline en classe s'adresse autant aux étudiants en sciences de l'éducation ou en psychopédagogie qu'aux enseignants en poste qui éprouvent des difficultés à maintenir une bonne discipline en classe.

La discipline en classe se veut d'abord et avant tout un manuel pratique, qui peut être utilisé à la fois comme manuel de base pour un cours et comme manuel d'accompagnement. Il présente une analyse des modèles de discipline les plus importants des cinq dernières décennies. L'étude de chaque modèle s'accompagne d'informations pratiques sur des sujets connexes, comme l'aménagement de la classe en vue de réduire la fréquence des comportements inappropriés ou l'adaptation d'un système de discipline afin de prendre en compte les préférences de l'enseignant, les caractéristiques de l'école et les besoins spécifiques des élèves. À la fin de chaque chapitre, des exercices permettent au lecteur de parfaire ses habiletés en matière de discipline.

La discipline en classe présente dix modèles divisés en deux groupes : (1) les modèles théoriques qui, même s'ils étaient très innovateurs au moment où ils ont été élaborés et s'ils ont exercé une profonde influence, ne sont pas assez complets pour servir tels quels de système de discipline dans une classe moderne ; (2) les modèles pratiques, qui sont des systèmes équilibrés, complets et applicables dans une classe moderne. Ces dix chapitres ont une structure commune. Ils comportent tous une notice biographique sur l'auteur (ou les auteurs) du modèle, un compte rendu de l'apport du chercheur au domaine de la discipline, une description de l'orientation de ses travaux ainsi que de ses concepts et enseignements, une analyse du modèle et, enfin, des conseils pour la mise en place du modèle suivis de commentaires. Ces chapitres comprennent également des exercices pour aider le lecteur à comprendre le matériel présenté. Des études de cas permettent d'appliquer différentes techniques à un même exemple de comportement inapproprié, dans le but de faciliter l'assimilation de l'information et de permettre au lecteur de comparer les diverses approches.

La discipline en classe offre également des suggestions sur la façon de procéder pour élaborer soi-même un système de discipline. À titre d'exemple, le manuel cite des systèmes personnels de discipline, élaborés par des enseignants en poste ; ces systèmes reflètent les préférences des enseignants et tiennent compte des besoins des élèves.

Enfin, *La discipline en classe* présente un appendice et une bibliographie. L'appendice contient des scénarios se prêtant à l'analyse de comportements, à des exercices pratiques et à la mise en application des savoirs acquis. La bibliographie comprend plus d'une centaine d'ouvrages de référence et de lectures suggérées.

TABLE DES MATIÈRES

Préface V
Introduction 1

PREMIÈRE PARTIE
Les modèles théoriques

CHAPITRE 1
Le modèle de Redl et Wattenberg :
La discipline par l'interaction avec le groupe 11

   Notice biographique 12
   Apport de Redl et Wattenberg au domaine
   de la discipline 12
   Orientation des travaux de Redl et Wattenberg 13
   Concepts et enseignements de Redl et Wattenberg 13
   Analyse du modèle de Redl et Wattenberg 14
      Les rôles et le comportement de l'élève en classe 14
      La dynamique de groupe 16
      Les rôles psychologiques de l'enseignant 19
      Les techniques de maîtrise de la mauvaise conduite 20
         La pensée diagnostique 20
         L'application de techniques d'intervention 21
   Autres principes élémentaires repris par Redl 28
   Synthèse critique du modèle de Redl et Wattenberg 29
   Exercices 29
   Références bibliographiques et lectures suggérées 33

CHAPITRE 2
Le modèle néoskinnérien:
La discipline par le modelage du comportement souhaité 35

    Notice biographique 36
    Apport de skinner au domaine de la discipline 37
    Orientation des travaux de skinner 37
    Concepts et enseignements de skinner 37
    Analyse du modèle néoskinnérien 39
        L'utilité de la modification du comportement..................... 40
        La punition et la modification du comportement 40
        Les types de renforçateur...................................... 42
        Les systèmes de modification du comportement 43
        L'emploi en classe de la modification du comportement 47
    Synthèse critique du modèle néoskinnérien 50
    Exercices 51
    Références bibliographiques et lectures suggérées 54

CHAPITRE 3
Le modèle de Kounin:
La discipline par la gestion de classe 55

    Notice biographique 56
    Apport de Kounin au domaine de la discipline 56
    Orientation des travaux de Kounin 57
    Concepts et enseignements de Kounin 57
    Analyse du modèle de Kounin 58
        L'effet de réverbération 58
        La vigilance.. 61
        La cadence et la régularité 62
        L'éveil de l'intérêt et la responsabilisation 64
        Le chevauchement 65
        La valence et la stimulation 66
        Le caractère varié et stimulant du travail individuel 68
    Réflexions de Kounin à propos de ses recherches 68
    Synthèse critique du modèle de Kounin 69
    Exercices 71
    Référence bibliographique 74

CHAPITRE 4
Le modèle de Ginott :
La discipline par la communication congruente 75

    Notice biographique 76
    Apport de Ginott au domaine de la discipline 76
    Orientation des travaux de Ginott 77
    Concepts et enseignements de Ginott 77
    Analyse du modèle de Ginott 80
        L'enseignant est l'élément décisif............................. 80
        L'enseignant idéal 80
        Le pire enseignant 80
        La communication congruente 81
        La communication non congruente 87
    Les points de vue de Ginott sur la discipline 91
    Synthèse critique du modèle de Ginott 93
    Exercices 94
    Références bibliographiques et lectures suggérées 97

DEUXIÈME PARTIE
Les modèles pratiques

CHAPITRE 5
Le modèle de Dreikurs :
*La discipline axée sur l'enseignement démocratique
et la neutralisation des buts erronés* 101

    Notice biographique 102
    Apport de Dreikurs au domaine de la discipline 102
    Orientation des travaux de Dreikurs 103
    Concepts et enseignements de Dreikurs 103
    Analyse du modèle de Dreikurs 105
        La nature de la discipline 105
        La discipline et les divers types d'enseignant................ 107
        La discipline et les buts erronés 110
        Que peut faire l'enseignant pour neutraliser les buts erronés ? 112
        La différence cruciale entre encouragement et louange............ 117
        Les conséquences logiques par opposition à la punition 119
        Ce qu'il faut faire et ce qu'il ne faut pas faire, selon Dreikurs 120

Synthèse critique du modèle de Dreikurs 121
Rapprochement entre Dreikurs et les enseignants 122
    Le mode d'enseignement démocratique 123
    Les stratégies concrètes d'intervention 123
    L'encouragement au moyen de la stratégie CRC 123
    Le plan d'action pour faire face aux élèves
    présentant des problèmes de comportement 124
    Le plan d'action pour les administrateurs 124
Exercices 124
Références bibliographiques et lectures suggérées 127

CHAPITRE 6
Le modèle de Canter :
La discipline axée sur la gestion du comportement par l'affirmation de soi 129
Notice biographique 130
Apport de Canter au domaine de la discipline 130
Orientation des travaux de Canter 131
Concepts et enseignements de Canter 131
Analyse du modèle de Canter 132
    Les fausses idées à propos de la discipline 132
    Les droits de l'élève dans la classe 133
    Les droits de l'enseignant dans la classe 133
    Ce que fait l'enseignant qui s'affirme 134
    Les étapes dans la mise en application
    de la discipline par l'affirmation de soi 135
    L'application des conséquences 145
    Comment agir avec les élèves difficiles 146
Mise en place du modèle de Canter 148
Synthèse critique du modèle de Canter 149
Exercices 150
Références bibliographiques et lectures suggérées 152

CHAPITRE 7
Le modèle de Jones :
La discipline axée sur le langage gestuel, les systèmes
de récompense et l'aide efficace................................. 155
Notice biographique 156
Apport de Jones au domaine de la discipline 156
Orientation des travaux de Jones 156
Concepts et enseignements de Jones 157

Analyse du modèle de Jones 158
    *Les découvertes de Jones sur le mauvais comportement
    et la perte de temps* 158
    Les ensembles d'habiletés dans le modèle de Jones 159
    Le mémento de Jones à l'intention des enseignants 170
Mise en place du modèle de Jones 170
Synthèse critique du modèle de Jones 171
Exercices 171
Références bibliographiques et lectures suggérées 174

CHAPITRE 8
Le modèle de Glasser:
La discipline sans coercition, axée sur la satisfaction des besoins 175
    Notice biographique. 176
LES TRAVAUX DE GLASSER AVANT 1985 177
Concepts et enseignements de Glasser 177
Analyse du modèle de Glasser 177
    Ce que l'école offre à l'élève 177
    Ce que les enseignants devraient faire 178
LES TRAVAUX DE GLASSER APRÈS 1985 179
Orientation des travaux de Glasser 180
Concepts et enseignements de Glasser 180
Analyse du modèle de Glasser 181
    Les besoins de l'élève 181
    L'enseignant autoritaire et l'enseignant directif 185
    La relation entre l'enseignement de qualité et la discipline .. 188
Mise en place du modèle de Glasser 191
Synthèse critique du modèle de Glasser 192
Exercices 193
Références bibliographiques et lectures suggérées 196

CHAPITRE 9
Le modèle de Gordon:
La discipline axée sur le développement de la maîtrise de soi 199
    Notice biographique 200
Apport de Gordon au domaine de la discipline 200
Orientation des travaux de Gordon 201
Concepts et enseignements de Gordon 202

Analyse du modèle de Gordon 204
   L'autorité 204
   Les récompenses et les punitions 205
   Qu'entend-on par « comportement inacceptable »
   et « principe de l'appartenance du problème »? 206
   La fenêtre du comportement 207
Mise en place du modèle de Gordon 218
Synthèse critique du modèle de Gordon 219
Exercices 220
Références bibliographiques et lectures suggérées 223

CHAPITRE 10
Le modèle de Curwin et Mendler:
La discipline axée sur la dignité et l'espoir 225

Notice biographique 226
Apport de Curwin et Mendler au domaine de la discipline 226
Orientation des travaux de Curwin et Mendler 227
Concepts et enseignements du Curwin et Mendler 227
Analyse du modèle de Curwin et Mendler 228
   L'élève ayant un comportement à risque 228
   Faire renaître l'espoir chez les élèves 229
   La dignité 230
   Pourquoi les élèves enfreignent-ils les règles de conduite? 231
   Pourquoi est-il si difficile d'inculquer la discipline
   aux élèves à risque? 232
   Les méthodes inefficaces de discipline 233
   La discipline adaptée aux élèves difficiles 233
      Les principes sous-jacents 233
      Esquisse d'un programme général de discipline 235
   À propos des conséquences 236
      Les réactions créatives au mauvais comportement chronique 239
      Éviter l'escalade 241
   La motivation des élèves indisciplinés 241
Mise en place du modèle de Curwin et Mendler 242
   Les principes à accepter 243
   Le contrat social 243
   La motivation et la bienveillance 244
Synthèse critique du modèle de Curwin et Mendler 244
Exercices 245
Références bibliographiques et lectures suggérées 248

TROISIÈME PARTIE
Les systèmes personnels de discipline

CHAPITRE 11
Une classe qui incite à la bonne conduite 251
    La dimension personnelle 252
        L'amélioration de l'image de soi de l'élève 252
            L'attention accordée par l'enseignant à chaque élève,
            en tant que personne 252
            Assurer à l'élève une réussite authentique 253
            Le développement de l'esprit de groupe 254
    La gestion de classe 257
        Le climat de la classe 258
        Les relations humaines et le climat dans la classe 259
            Les relations humaines en général 259
            Les relations avec les élèves 260
            Les relations avec les parents 261
            Les rencontres enseignant-parents 262
            L'enseignant doit-il ou non donner des conseils aux parents? 263
        La gestion des activités en classe 263
            Commencer et terminer une activité 264
            L'utilisation du matériel pédagogique 265
            La remise des travaux 265
            Confier des tâches aux élèves 265
            Aider les élèves durant les périodes de travail individuel 266
    L'attitude de l'enseignant 266
        Comment devient-on un enseignant expert? 267
    Exercices 268
    Références bibliographiques et lectures suggérées 269

CHAPITRE 12
L'élaboration d'un système personnel de discipline 271
    Éléments de base pour l'élaboration d'un système personnel
    de discipline 273
        Ce que les enseignants désirent 273
        Ce que les enseignants savent, et ne savent pas, au sujet des élèves 274
        Les problèmes chroniques 276
        Mémento 277

L'élaboration de votre propre système de discipline 277
    Les trois composantes de la discipline préventif, correctif, soutien ... 277
    L'établissement d'un système personnel de discipline en huit étapes ... 280
        Exemple d'un système personnel de discipline 282
Les systèmes de discipline appliqués dans l'ensemble de l'école 285
    Les systèmes axés sur le pouvoir 286
    Les systèmes mixtes 288
    Les systèmes non coercitifs 288
    L'évaluation des systèmes de discipline appliqués dans l'ensemble de l'école 288
Exercices 289
Références bibliographiques et lectures suggérées 290

CHAPITRE 13
Exemples de systèmes personnels de discipline 291
Deux systèmes de discipline adaptés au premier cycle
du primaire 292
    Premier système 292
    Deuxième système 294
Deux systèmes de discipline adaptés au deuxième cycle
du primaire 295
    Premier système 295
    Deuxième système 297
Deux systèmes de discipline adaptés au premier cycle
du secondaire 298
    Premier système 298
    Deuxième système 301
Trois systèmes de discipline adaptés au deuxième cycle
du secondaire 305
    Premier système 305
    Deuxième système 308
    Troisième système 310
Trois systèmes spéciaux de discipline 312
    Premier système : La résolution de conflit à la maternelle 312
    *Deuxième système : La modification du comportement
    dans une classe de deuxième année* 314
    *Troisième système : L'économie de jeton
    au premier cycle du secondaire* 315
Un système de discipline appliqué à l'ensemble d'une école 317

APPENDICE
Scénarios: de la réflexion à la pratique 321
   Scénario 1: Une classe de cinquième année 322
      La classe 322
      Exemples typiques 322
   Scénario 2: Un cours de biologie au secondaire 323
      La classe 323
      Exemples typiques 323
   Scénario 3: Une bibliothèque au premier cycle du secondaire. 324
      L'aménagement et les élèves 324
      Exemples typiques 324
   Scénario 4: Une classe de deuxième année 325
      La classe 325
      Exemples typiques 326
   Scénario 5: Enseignement spécialisé au secondaire 327
      La classe 327
      Exemples typiques....................................... 327
   Scénario 6: Formation professionnelle au secondaire 328
      La classe 328
      Exemples typiques 328
   Scénario 7: Une maternelle spéciale en français 329
      La classe 329
      Exemples typiques 329
   Scénario 8: Une classe d'histoire contemporaine au collégial 330
      La classe 330
      Exemples typiques 331
   Scénario 9: Un cours de littérature française au secondaire 332
      La classe 332
      Exemples typiques 332
   Scénario 10: Un stage dans une classe de sixième année 333
      La classe 333
      En l'absence de Mme Warde 334

Bibliographie... 335
Index 341

INTRODUCTION

Nous sommes dans une école située dans un quartier défavorisé. Dans la salle 314, les élèves écoutent attentivement l'enseignant qui leur pose des questions sur le dernier cours. Tout à coup, des mains se lèvent et s'agitent, plusieurs enfants ne tiennent plus en place sur leur siège et s'écrient : « Moi, moi » ou « Je connais la réponse ». Le calme revient lorsque l'enseignant désigne un élève. Dès que ce dernier a répondu à la question, certains de ses camarades émettent des objections, ajoutent des commentaires et cherchent de nouveau à attirer l'attention de l'enseignant. Tout en participant volontiers au cours, des élèves se passent en cachette des mots ou des bonbons et se font des signes ou des mimiques.

À la fin de la période de questions, les élèves s'installent pour le travail individuel et certains offrent leur aide à ceux qui ne comprennent pas très bien ce qu'il faut faire.

Par contre, de l'autre côté du corridor, dans la salle 315, c'est le chaos. La classe est très bruyante : plusieurs élèves crient et d'autres rient. La plupart sont assis, mais certains déambulent ou courent sans raison apparente. Ils s'arrêtent près d'un élève, s'amusent à le provoquer pendant un moment, puis s'éloignent. Plusieurs élèves occupés à construire une piste de course pour autos miniatures avec leurs manuels s'esclaffent lorsque l'enseignant les rappelle à l'ordre.

Lorsque l'enseignant veut poser une question, il est presque obligé de crier pour se faire entendre, et bien peu d'élèves, parfois aucun, se portent volontaires pour répondre. Lorsqu'un élève donne la bonne réponse, les autres se mettent à hurler : « Tu te crois vraiment intelligent ! » (Schwartz, 1981, p. 99)

La majorité des enseignants diraient qu'il règne une bonne discipline dans la salle 314, mais que la situation est désastreuse dans la salle 315. Mais où est donc la différence ? Dans les deux classes, les élèves font du bruit et se comportent d'une manière habituellement jugée inacceptable. Pourtant, dans le premier cas, l'enseignant est probablement satisfait de la façon dont se déroule le cours, alors que dans le second cas, l'enseignant ressent vraisemblablement de la frustration et du stress. En effet, dans une classe, l'enseignant considère que ses élèves se conduisent mal, tandis que dans l'autre classe, l'enseignant ne voit pas de problème de comportement.

LE COMPORTEMENT ET LE MAUVAIS COMPORTEMENT

On entend par *comportement* tout ce que fait une personne, tous ses actes bons ou mauvais, corrects ou incorrects, utiles ou inutiles, efficaces ou inefficaces. On appelle *mauvais comportement* une conduite jugée inappropriée dans un contexte ou une situation donnés. En général, la mauvaise conduite en classe est intentionnelle ; elle ne se produit pas par inadvertance : les élèves savent très bien qu'ils ne devraient pas se comporter comme ils le font. Ainsi, on ne dit pas d'un élève ayant le hoquet durant une période de travail en silence qu'il se conduit mal ; par contre, celui qui feint d'avoir le hoquet dans le but de perturber la classe a un comportement inacceptable.

Cinq types de mauvais comportement

Les mauvais comportements auxquels les enseignants ont à faire face sont classés en cinq grandes catégories par les spécialistes des sciences humaines, en ordre décroissant quant au degré de gravité.

1. L'agression physique ou verbale commise par un élève à l'endroit de l'enseignant ou d'un autre élève.
2. Les actes immoraux, comme la tricherie, le mensonge et le vol.
3. Le défi à l'autorité, c'est-à-dire le refus, parfois accompagné d'hostilité, de faire ce que demande l'enseignant.
4. La perturbation des activités de la classe : parler à tue-tête, interpeller un autre élève, déambuler dans la classe, faire le clown, lancer des objets, etc.
5. Le refus de travailler : faire le pitre, ne pas effectuer le travail assigné, lambiner ou rêvasser.

Les enseignants considèrent que ce classement est valide du point de vue social. Ils craignent tout particulièrement d'avoir à faire face à des comportements agressifs, immoraux ou défiants mais, en pratique, cela n'arrive que très rarement. Le plus souvent, ils se retrouvent aux prises avec de mauvais comportements mineurs, comme le fait de faire le pitre ou de parler à contretemps, c'est-à-dire des comportements inoffensifs qui occasionnent tout de même des pertes de temps considérables. Lee Canter (Canter et Canter, 1992), dont le système de discipline, soit la discipline par l'affirmation de soi, est l'un des plus largement utilisés aux États-Unis, s'est vu souvent demander comment il pouvait justifier le fait d'envoyer un élève chez le directeur simplement pour avoir parlé ou ri à contretemps. À cela, il répond que ce sont précisément ces mauvais comportements bénins qui distraient le plus l'enseignant et empêchent la classe d'apprendre.

LA DISCIPLINE ET LE MAUVAIS COMPORTEMENT

Le terme *discipline* a de nombreuses acceptions mais, dans le présent ouvrage, il désigne ce que fait l'enseignant pour aider les élèves à se conduire de manière acceptable à l'école. Il existe donc un lien étroit entre la discipline et le mauvais comportement: en l'absence de ce dernier, la discipline perd sa raison d'être.

Le but de la discipline est de supprimer les comportements inappropriés ou de les réorienter. Tous les enseignants savent que les élèves sont capables de se montrer doux, bienveillants, gentils, respectueux, serviables et honnêtes, et c'est précisément ce type de comportement qui fait de l'enseignement l'une des professions les plus satisfaisantes qui soient. Mais il arrive également que les élèves soient hostiles, grossiers, irrespectueux, indifférents et cruels, et ce sont là des attitudes qui sapent le climat d'apprentissage. Idéalement, la discipline vise à réduire peu à peu les interventions de l'enseignant en apprenant aux élèves à contrôler leur propre comportement. Lorsqu'ils appliquent diverses techniques de discipline, les enseignants espèrent non seulement faire cesser les comportements inappropriés, mais également inciter les élèves à l'autodiscipline, dans la classe et partout ailleurs.

LA DISCIPLINE EST-ELLE UNE QUESTION IMPORTANTE ?

On effectue régulièrement des sondages auprès du grand public sur l'éducation. On pose entre autres la question suivante aux participants: « À votre avis, quels sont les principaux problèmes auxquels les écoles publiques ont à faire face? » Et régulièrement, c'est la discipline qui arrive en tête des préoccupations exprimées par les personnes interrogées, suivie de la violence et des gangs, puis du manque de crédits et de l'usage de drogues.

On peut évidemment penser que l'opinion publique est influencée par certains incidents spectaculaires, tels que les agressions commises par des élèves contre des enseignants ou les actes de vandalisme qui causent des dommages considérables. Néanmoins, dans le cas de la discipline, on note peu de différence d'opinion entre les éducateurs et le public en général. Les administrateurs constatent une augmentation continue de la violence à l'école et la majorité des enseignants est d'avis que leur enseignement pâtit de la mauvaise conduite des élèves. La frustration qui en résulte accroît le stress, et on a fait un rapprochement entre leurs symtômes et ceux des soldats sur le champ de bataille : léthargie, épuisement, tension nerveuse, dépression et hypertension.

L'intérêt pour la discipline augmente d'année en année. De nombreuses études indiquent qu'elle constitue l'un des principaux problèmes auxquels les enseignants font face et l'un des facteurs déterminants dans leur décision de changer de profession. En outre, les enseignants expérimentés qui travaillent dans des écoles réputées difficiles demandent à être mutés, laissant ainsi leur place à de jeunes enseignants inexpérimentés, notamment dans le contrôle du comportement.

LES MODÈLES DE DISCIPLINE ET LEUR APPLICATION EN CLASSE

Cela ne fait que cinq décennies environ que les éducateurs s'intéressent réellement à la discipline positive en classe, c'est-à-dire à la recherche de mesures autres que l'intimidation ou la punition pour inciter les élèves à la bonne conduite. Cela fait même moins longtemps que la discipline figure au nombre des préoccupations majeures des enseignants, bien que certains aient pressenti plus tôt que ce problème allait prendre de l'ampleur. C'est ainsi que quelques spécialistes ont élaboré des approches susceptibles d'aider les enseignants soucieux d'atténuer les effets du mauvais comportement.

Le psychothérapeute Fritz Redl et le psychologue scolaire William Wattenberg, tous deux professeurs à Wayne State University, ont été les premiers à mettre au point, dès 1951, une approche suffisamment structurée et complète pour être utilisée en classe. Leurs travaux, qui connurent un grand retentissement, portaient sur les caractéristiques comportementales des groupes humains et sur la manière de comprendre et de contrôler le comportement des individus au sein d'un groupe. Vers 1960, les néoskinnériens proposaient leur propre modèle : ces adeptes de B. F. Skinner mettaient l'accent sur le modelage du comportement souhaité au moyen du renforcement, que l'on a appelé par la suite « modification du comportement ». En 1971, Jacob Kounin publiait un ouvrage capital où il faisait état de ses travaux sur la gestion de classe. En 1971 également, Haim Ginott faisait paraître un essai sur le contrôle du comportement par l'adoption d'une attitude humaine en classe et la communication congruente. Ces quatre modèles, qui revêtent une grande importance sur le plan théorique mais qui sont rarement utilisés tels quels aujourd'hui, sont présentés dans la première partie du présent ouvrage.

Au fur et à mesure que l'intérêt pour la discipline croissait, des éducateurs, des psychologues et des psychiatres ont entrepris à leur tour d'élaborer des approches plus pratiques de la discipline scolaire. Parmi les approches les plus

Modèles théoriques de la discipline en classe

Redl et Wattenberg 1951	Néoskinnériens vers 1960	Kounin 1971	Ginott 1971
L'interaction avec le groupe	Le modelage du comportement	La gestion de classe	La communication congruente
Les rôles des élèves	Le comportement opérant	La vigilance	Les messages sains
La dynamique de groupe	Le renforcement	La mise en situation du groupe	L'incitation à la coopération
Les techniques d'intervention	La modification du comportement	L'évitement de la saturation	La réorientation des comportements inappropriés

Modèles pratiques de la discipline en classe

Dreikurs 1972	Canter 1976, 1992	Jones 1979, 1987
L'enseignement démocratique	La gestion de classe par l'affirmation de soi	La discipline positive en classe
Le besoin fondamental d'appartenance	Les droits de l'enseignant et des élèves dans la classe	Le langage gestuel
Les buts erronés	Les conséquences	Les systèmes de récompense
Les techniques d'intervention	L'enseignement du sens des responsabilités	L'aide efficace

Glasser 1969, 1985, 1992	Gordon 1974, 1989	Curwin et Mendler 1988, 1992
La discipline non coercitive	Le développement de la maîtrise de soi	La discipline axée sur la dignité
Les besoins des élèves	Le principe de l'appartenance du problème	Le élèves ayant un comportement à risque
La qualité	La fenêtre du comportement	Le recouvrement de l'espoir
Les enseignants directifs	L'écoute active	Le contrat social

connues et les plus utiles, nous avons retenu les suivantes : l'enseignement démocratique de Rudolf Dreikurs, présenté en 1972 ; la discipline par l'affirmation de soi de Lee Canter, qui fait l'objet de constantes révisions depuis sa parution en 1976 ; le programme de formation en gestion de classe de Fredric Jones, offert depuis 1979 ; la théorie de la discipline de William Glasser, basée sur des travaux amorcés dès 1969 et profondément remodelée en 1985 ; l'approche de Thomas Gordon, axée sur la maîtrise de soi, mise au point en 1989 mais qui repose sur son programme de formation à l'efficacité élaboré antérieurement ; la discipline axée sur la dignité et l'espoir, décrite par Richard Curwin et Allen Mendler dans leurs publications de 1988 et de 1992. Ces six modèles pratiques sont présentés dans la deuxième partie du présent ouvrage.

Ainsi, les dix premiers chapitres traitent des modèles théoriques et pratiques de la discipline en classe. Nous indiquons dans les tableaux de la page précédente quels sont les principaux concepts de ces modèles et à quelle date ils ont commencé à exercer une influence sur la pratique de l'enseignement.

En examinant les dix modèles présentés, vous constaterez que chacun fait place à de nouveaux concepts et à de nouvelles techniques. Vous remarquerez également que certains concepts inclus dans les premiers modèles ont été intégrés aux modèles subséquents. Chaque approche contient une somme d'information considérable ; vous en tirerez un plus grand profit si vous organisez cette information en fonction de votre propre conception de l'enseignement et de votre personnalité, en tenant compte évidemment des caractéristiques de vos élèves. Les trois chapitres qui composent la troisième partie du présent ouvrage vous fourniront des outils pour élaborer votre propre système de discipline.

RÉFÉRENCES BIBLIOGRAPHIQUES ET LECTURES SUGGÉRÉES

BOOTHE, J., et al. (1987), « The violence at your door », *Executive Educator*, vol. 15, n° 1, p. 16-22.

CANTER, L. et M. Canter (1992), *Assertive Discipline : Positive behavior management for today's classrooms*, 2ᵉ éd., Santa Monica, Lee Canter & Associates.

CURWIN, R. (1992), *Rediscovering hope : Our greatest teaching strategy*, Bloomington, National Educational Service.

ELAM, S. (1989), « The second Gallup/Phi Delta Kappa poll of teachers' attitudes toward the public schools », *Phi Delta Kappan*, vol. 70, n° 10, p. 785-798.

ELAM, S., L. Rose et A. Gallup (1994), « The 26th annual Phi Delta Kappa/Gallup Poll of the public's attitudes toward the public schools », *Phi Delta Kappan*, vol. 76, n° 1, p. 41-56.

HUGHES, H. (1994, février), « From fistfights to gunfights : Preparing teachers and administrators to cope with violence in school », Paper presented at the American Association of Colleges for Teacher Education, Chicago.

LANDEN, W. (1992), « Violence and our schools: What can we do ? », *Updating School Board Policies*, vol. 23, p. 1-5.

RICH, J. (1992), « Predicting and controlling school violence », *Contemporary Education*, vol. 64, n° 1, p. 35-39.

SCHWARTZ, F. (1981), « Supporting or subverting learning: Peer group patterns in four tracked schools », *Anthropology and Education Quarterly*, vol. 12, n° 2, p. 99-120.

« Study backs induction schools to help new teachers stay teachers » (1987), *ASCD Update*, vol. 29, n° 4, p. 1.

PREMIÈRE PARTIE

Les modèles théoriques

Les modèles étudiés dans la présente partie sont le résultat des premiers efforts déployés en vue d'élaborer des méthodes permettant d'établir une meilleure discipline en classe. Si aucun de ces modèles ne constitue en lui-même un système complet de discipline, tous rassemblent des concepts importants, et les modèles en usage aujourd'hui s'en inspirent largement. Ces modèles théoriques fondamentaux sont les suivants :

1. LE MODÈLE DE REDL ET WATTENBERG: la discipline par l'interaction avec le groupe.
2. LE MODÈLE NÉOSKINNÉRIEN: la discipline par le modelage du comportement souhaité.
3. LE MODÈLE DE KOUNIN: la discipline par la gestion de classe.
4. LE MODÈLE DE GINOTT: la discipline par la communication congruente.

Le modèle de Redl et Wattenberg

*La discipline
par l'interaction
avec le groupe*

WILLIAM WATTENBERG

NOTICE BIOGRAPHIQUE

Né en Autriche, Fritz Redl émigra aux États-Unis en 1936. Il se consacra à la recherche, à la thérapie et à l'enseignement, surtout en tant que professeur de sciences du comportement à la Wayne State University. On a également reconnu sa contribution au domaine de la délinquance juvénile alors qu'il était membre du département de droit pénal de la State University of New York à Albany. Parmi les nombreux écrits de Redl touchant à l'éducation et à la psychologie, mentionnons *Mental Hygiene in Teaching* (1951, révisé en 1959) rédigé en collaboration avec William Wattenberg; *L'enfant agressif. Tome 1: Le moi désorganisé, Tome 2: Méthodes de rééducation* (1964), rédigé en collaboration avec David Wineman; *Discipline for Today's Children* (1956), rédigé en collaboration avec George Sheviakov, et *When We Deal with Children* (1972).

William Wattenberg, collaborateur de Redl, est né en 1911. Il obtint un doctorat de la Columbia University en 1936. Il se spécialisa en psychopédagogie et fut titulaire de chaires à la Northwestern University, au Chicago Teacher's College et à la Wayne State University. Parmi les écrits de Wattenberg, mentionnons, outre *Mental Hygiene in Teaching* rédigé en collaboration avec Fritz Redl, *The Adolescent Years* (1955) et *All Men Are Created Equal* (1967).

APPORT DE REDL ET WATTENBERG AU DOMAINE DE LA DISCIPLINE

Dans leur ouvrage de 1951, *Mental Hygiene in Teaching,* Redl et Wattenberg ont été les premiers à présenter un ensemble de suggestions fondées sur une théorie et visant spécifiquement à aider les enseignants à comprendre la mauvaise conduite en classe et à y faire face. Avant cette publication, on considérait que la discipline scolaire était essentiellement le résultat des efforts déployés par l'enseignant pour imposer à ses élèves ses propres exigences relatives au comportement. Même si de nombreux enseignants étaient sans aucun doute prévenants et humains, il était courant d'appliquer les règles de conduite de façon autocratique et plutôt sévère.

À la suite de leurs investigations, Redl et Wattenberg ont été amenés à penser qu'une approche sensiblement différente de la discipline permettrait à l'enseignant d'exercer un contrôle tout en incitant davantage les élèves à élaborer leur propre autodiscipline. Ces deux chercheurs ont été les premiers à décrire les variations du comportement des élèves selon qu'ils sont seuls ou en groupe et à déceler les forces sociales et psychologiques influant sur la conduite en classe. Les techniques de discipline qu'ils ont mises au point en s'appuyant sur les résultats de leurs études ont favorisé le développement émotionnel des élèves et amélioré les relations de travail, en plus d'aider les enseignants à exercer le contrôle souhaité. La contribution de Redl et Wattenberg a constitué un point de départ pour l'élaboration de nouvelles conceptions de la discipline et elle a fourni des éclaircissements sur le comportement qui s'avèrent encore aujourd'hui utiles aux enseignants.

ORIENTATION DES TRAVAUX DE REDL ET WATTENBERG

Redl et Wattenberg se sont principalement intéressés au comportement en groupe, à ses manifestations, à ses causes et au contrôle dont il peut faire l'objet. Leur objectif était d'aider les enseignants à comprendre le comportement en classe et à agir en conséquence. Ils ont mis en évidence les différences entre le comportement en groupe et le comportement individuel, ont dégagé certaines des causes de ces différences et ont conçu des techniques particulières pour aider les enseignants à faire face aux aspects indésirables du comportement en groupe.

CONCEPTS ET ENSEIGNEMENTS DE REDL ET WATTENBERG

Le comportement en groupe. Les gens se conduisent différemment selon qu'ils sont seuls ou en groupe. Les attentes du groupe influent sur le comportement de chaque membre et ce dernier agit à son tour sur le groupe.

Les rôles des élèves. À l'intérieur d'un groupe quel qu'il soit, des élèves assument divers rôles, comme ceux de meneur, d'agitateur et de bouc émissaire. Lorsqu'un membre du groupe adopte l'un de ces rôles, il est essentiel que l'enseignant s'en rende compte et qu'il contribue à limiter les effets néfastes pouvant en découler.

La dynamique de groupe. Les forces générées par un groupe, à l'intérieur de celui-ci, influent grandement sur le comportement de chacun de ses membres. L'enseignant ne peut réagir de façon efficace au comportement du groupe s'il ne comprend pas ces forces, la manière dont elles se développent et leurs effets sur la conduite en classe.

Les rôles de l'enseignant. Le comportement d'un groupe en classe est influencé par la perception que les élèves ont de l'enseignant. Ces derniers prêtent à l'enseignant de nombreux rôles différents. Il est donc essentiel que l'enseignant soit conscient de ces rôles potentiels et des attentes des élèves à son égard.

La pensée diagnostique. Pour résoudre les problèmes de comportement de façon satisfaisante, on incite l'enseignant à employer un processus de pensée diagnostique comportant : (1) l'élaboration d'une explication intuitive de départ,

(2) le rassemblement de faits, (3) l'examen des facteurs cachés (l'information sur les antécédents et le milieu familial), (4) la prise de mesures correctives et (5) le maintien d'une attitude flexible.

LES TECHNIQUES D'INTERVENTION. L'enseignant peut corriger le mauvais comportement des élèves et exercer un contrôle sur la classe en ayant recours à des techniques d'intervention, comme : (1) l'incitation à la maîtrise de soi, (2) l'aide opportune, (3) l'évaluation de la réalité et (4) l'application du principe du plaisir et de la douleur (récompense et punition).

L'INCITATION À LA MAÎTRISE DE SOI. Il s'agit d'une technique d'intervention modérée qui consiste à s'attaquer au problème dès qu'il apparaît, afin d'éviter qu'il ne prenne de plus amples proportions. L'enseignant, par exemple, regarde droit dans les yeux l'élève qui se conduit mal, s'en rapproche, lui prodigue des encouragements, emploie l'humour et, parfois, ignore sciemment un mauvais comportement mineur.

L'AIDE OPPORTUNE. Cette technique d'intervention est elle aussi modérée. Lorsque les élèves ont du mal à se dominer, l'enseignant leur offre une aide opportune : (1) en les aidant à franchir un obstacle, (2) en restructurant les activités prévues, (3) en établissant des emplois du temps et (4) en confisquant les objets distrayants. Il peut arriver qu'il faille (5) mettre un élève à l'écart ou même (6) le maîtriser physiquement.

L'ÉVALUATION DE LA RÉALITÉ. Cette technique d'intervention consiste à amener l'élève à comprendre les causes sous-jacentes de sa mauvaise conduite et à lui faire entrevoir les conséquences éventuelles de celle-ci. L'enseignant parle ouvertement et franchement de la situation et insiste de nouveau sur les exigences de comportement préétablies, tout en prodiguant des encouragements. Dans les cas les plus graves, cet échange a lieu en tête-à-tête avec l'élève.

L'APPLICATION DU PRINCIPE DU PLAISIR ET DE LA DOULEUR. Cette technique d'intervention consiste à récompenser les bons comportements et à punir les comportements indésirables. Cependant, on ne devrait avoir recours à la punition qu'en tout dernier ressort, car elle va souvent à l'encontre du but recherché.

ANALYSE DU MODÈLE DE REDL ET WATTENBERG

Nous allons expliquer ci-dessous le modèle de Redl et Wattenberg en examinant plus en détail les besoins, les rôles et le comportement de l'élève en classe, la dynamique de groupe, les rôles psychologiques de l'enseignant, la pensée diagnostique et les techniques d'intervention.

LES RÔLES ET LE COMPORTEMENT DE L'ÉLÈVE EN CLASSE

Redl et Wattenberg pensent que si l'enseignant apprend à détecter les causes fondamentales sous-jacentes à un comportement ou à un conflit, il arrivera à y remédier la plupart du temps. Les deux chercheurs croient que le comportement apparent prend ses racines dans des besoins identifiables et ils reconnaissent que les élèves sont continuellement tiraillés entre leurs désirs personnels et les exigences sociales.

Redl et Wattenberg insistent sur le fait que les élèves se comportent différemment selon qu'ils sont seuls ou en groupe et que, de plus, l'enseignant interagit rarement avec eux sur le plan purement individuel étant donné que le comportement de chacun influe habituellement sur la classe tout entière. Cela ne signifie pas que l'enseignant ne puisse jamais faire appel à sa compréhension du comportement individuel; cela implique qu'il doit réussir à comprendre aussi le comportement du groupe.

Redl et Wattenberg (1959) conçoivent le groupe comme un organisme :

Un groupe crée des conditions dans lesquelles ses membres se comporteront de telle ou telle façon en raison même de leur appartenance au groupe, et la manière dont les parties fonctionnent influe à son tour sur le tout. (p. 267)

Autrement dit, les attentes du groupe exercent une profonde influence sur le comportement individuel et celui-ci agit en retour sur le groupe.

Les deux chercheurs mentionnent plusieurs *rôles* que l'élève est susceptible d'adopter lorsqu'il fonctionne à l'intérieur d'un groupe. Ces rôles servent à satisfaire des besoins personnels et sont généralement renforcés d'une façon quelconque par les autres membres du groupe. En voici quelques-uns que tout enseignant observera vraisemblablement à un moment ou à un autre.

LE MENEUR. Dans presque tous les groupes, il y a un rôle de meneur à prendre. Ce rôle varie en fonction des objectifs du groupe, de sa constitution et de ses activités. À l'intérieur d'un groupe donné, divers individus peuvent assumer le rôle de meneur relativement à différentes activités. Par exemple, un élève jouant le rôle de meneur en éducation physique peut remplir un autre rôle dans la classe de musique.

Les meneurs ont généralement en commun certaines caractéristiques. La majorité ont une intelligence, un sens des responsabilités et des aptitudes sociales supérieurs à la moyenne. Ils ont habituellement une excellente compréhension d'autrui et ils incarnent et reflètent les idéaux du groupe.

L'enseignant doit être conscient que les individus qu'il désigne lui-même comme meneurs ne sont pas nécessairement les meneurs naturels et que cette dualité représente une source potentielle de conflit à l'intérieur du groupe.

LE CLOWN. Le clown est un individu assumant le rôle d'amuseur au sein d'un groupe. Des élèves adoptent parfois ce rôle afin de dissimuler des sentiments d'infériorité, se disant qu'il vaut mieux qu'ils se moquent de situations, et en particulier d'eux-mêmes, avant que d'autres ne s'en chargent. Qu'un élève fasse le pitre peut s'avérer bénéfique à la fois pour l'enseignant et pour le groupe, surtout lorsque ce dernier éprouve de l'anxiété ou de la frustration. Néanmoins, cette attitude nuit parfois au progrès du groupe ; certains membres peuvent en effet encourager le clown à poursuivre ses bouffonneries perturbantes parce qu'ils y voient un moyen d'exprimer leur hostilité à l'égard de l'enseignant.

LE BOUC ÉMISSAIRE. Un bouc émissaire est un individu qui accepte les reproches et les punitions dans le but de s'attirer les bonnes grâces du groupe. Le bouc émissaire permet aux autres élèves de se conduire mal dans la mesure où ces derniers savent qu'ils pourront lui faire porter le blâme. Il est essentiel que l'enseignant soit conscient de l'existence de ce type de manipulation et qu'il s'assure que ses punitions s'adressent bien aux auteurs du comportement répréhensible.

L'AGITATEUR. Un agitateur est un individu qui cause des problèmes tout en faisant semblant qu'il n'a rien à y voir. L'agitateur résout souvent ses conflits intérieurs en amenant les autres à passer à l'acte. Il peut même en venir à croire qu'il rend ainsi service à sa victime. L'enseignant doit examiner attentivement les conflits qui se reproduisent régulièrement pour vérifier si le groupe ne renferme pas un agitateur. Il s'avère parfois nécessaire de faire remarquer ce rôle au groupe, qui n'en est souvent pas conscient et a, dans ce cas, besoin d'aide pour le reconnaître et décourager quiconque tenterait de l'adopter.

LA DYNAMIQUE DE GROUPE

L'appartenance à un groupe agit sur les individus de multiples façons. Le groupe crée ses propres forces psychologiques, qui exercent une profonde influence sur les individus. On appelle l'ensemble de ces forces *dynamique de groupe*.

La dynamique de groupe contribue à établir un code tacite de conduite en classe. Lorsque celui-ci est en contradiction avec les attentes de l'enseignant, il y a conflit. À cause de son pouvoir, l'enseignant remporte apparemment la victoire, mais en réalité le code élaboré par le groupe garde toute sa force. Cela contribue à maintenir des attitudes durables, potentiellement opposées à ce que souhaite l'enseignant.

Voici quelques-unes des dynamiques qui, selon Redl et Wattenberg, causent souvent des problèmes de comportement dans la classe.

LE COMPORTEMENT CONTAGIEUX. Un comportement indésirable devient un *comportement contagieux* lorsqu'il se répand rapidement au sein de la classe, ce qui se produit fréquemment. Le mauvais comportement d'un élève est souvent une bonne indication de ce que les autres élèves ont également envie de faire. Une fois qu'une règle a été enfreinte, certains adopteront le comportement indésirable, surtout si le coupable jouit de la considération du groupe.

Avant de réagir à un mauvais comportement, l'enseignant doit donc évaluer la probabilité que celui-ci se communique aux autres élèves. Si cette probabilité est élevée, il doit immédiatement agir ; par contre, si elle est faible, il peut se permettre de faire comme s'il n'avait rien remarqué ou employer une technique modérée, par exemple en rappelant au groupe qu'il attend de chacun plus de sérieux.

L'enseignant peut aussi réduire la contagion naissante en prêtant attention aux facteurs qui la favorisent, comme une allocation peu judicieuse des places dans la classe, l'ennui, la fatigue, le manque d'utilité des cours et les mauvaises manières des élèves.

Heureusement, les comportements désirables peuvent aussi être contagieux, quoique à un degré moindre. L'enseignant peut encourager les élèves à avoir un comportement positif en leur manifestant son approbation, en dispensant un renforcement et en augmentant le prestige des élèves qui l'adoptent.

LE BOUC ÉMISSAIRE. Lorsqu'il recourt à un *bouc émissaire*, le groupe cherche à déplacer son hostilité sur un individu ou un sous-groupe impopulaires. La personne ou le sous-groupe cible est typiquement faible ou marginal et a de la difficulté à faire face aux événements qui se déroulent normalement en classe. Le recours à un souffre-douleur a des conséquences néfastes pour toutes les personnes en cause ; l'enseignant doit donc agir au plus vite, tout en s'assurant que son intervention ne suscitera pas encore davantage d'hostilité envers la cible.

LE CHOUCHOU DU PROFESSEUR. Lorsqu'un groupe croit que l'enseignant manifeste des préférences pour un ou plusieurs élèves, il éprouve souvent en retour de la jalousie et du ressentiment. Ces émotions s'expriment parfois sous la forme d'un comportement hostile à l'égard de l'individu ou du sous-groupe favoris, appelés les *chouchous du prof*. L'hostilité peut également être dirigée contre l'enseignant. Lorsqu'il s'avère nécessaire de dispenser une aide supplémentaire à un élève, l'enseignant doit donc s'assurer que ses actions ne seront pas interprétées comme une manifestation de favoritisme, mais comme une intervention impartiale, nécessaire et professionnelle.

LES RÉACTIONS FACE À UN ÉTRANGER. Dans la plupart des écoles, des étrangers viennent occasionnellement dans les classes. Les réactions face à ces visiteurs sont susceptibles de permettre à l'enseignant de connaître les émotions vécues par le groupe. L'entrée d'un étranger dans une classe accroît la tension chez l'enseignant et les élèves, et entraîne habituellement une modification importante du comportement de ces derniers. Si l'inconnu est un nouvel élève, le groupe peut insister à outrance sur le code qu'il a adopté afin de lui montrer comment il doit se conduire. Par exemple, si le groupe accorde de l'importance à la coopération, les élèves feront tout ce qu'ils peuvent pour faciliter l'intégration du nouveau et mettront l'accent sur l'esprit d'entraide qui règne parmi eux. Par ailleurs, ils peuvent aussi le mettre à l'épreuve. Ils peuvent refuser de l'accepter, rivaliser entre eux pour obtenir son amitié ou même se moquer de lui ou se moquer les uns des autres.

Dans le cas où l'étranger est un adulte, les élèves peuvent faire front commun pour soutenir leur enseignant, à la condition qu'ils l'aiment et le respectent. S'ils n'apprécient pas leur enseignant, ils peuvent se montrer impolis et bruyants.

L'enseignant devrait porter attention aux réactions de la classe au moment où un étranger y pénètre, les comportements extrêmes fournissant des indices quant aux motivations sous-jacentes et aux sentiments agissant au sein du groupe.

LA DÉSAGRÉGATION DU GROUPE. Un groupe a de nombreuses raisons d'être et la bonne conduite de ses membres est une caractéristique éminemment souhaitable. L'enseignant désire créer un groupe qui progressera, acquerra de la maturité et contribuera à la satisfaction des besoins de chacun. Avec le temps, la tension se fait sentir dans n'importe quel groupe, aussi fort soit-il. Le groupe peut se désagréger dès qu'il y a perte de cohésion.

Examinons le découragement qu'a éprouvé Mme Dupont lorsque son groupe a commencé à se désagréger. Au début de l'année, les élèves travaillaient très bien ensemble; ils se montraient serviables et coopératifs. Au fil des semaines, la cohésion de la classe a diminué. Les élèves avaient de plus en plus tendance à lambiner, à regarder par la fenêtre et à parler pendant que Mme Dupont donnait sa leçon. Des cliques se sont formées et de la jalousie s'est manifestée. Mme Dupont ne savait pas comment amener les élèves à travailler de nouveau ensemble; elle en était frustrée et consternée.

Les enseignants font souvent face à des situations de ce type et ils ne savent pas comment y remédier. Redl et Wattenberg leur suggèrent de se poser les questions suivantes si le groupe, jusque-là efficace, commence à se désagréger:

1. Les activités planifiées en classe commencent-elles à ennuyer les élèves?
2. Accorde-t-on trop d'importance à la compétition entre les groupes?
3. Des changements imprévus se sont-ils produits dans les rôles de meneur, dans l'environnement ou dans l'emploi du temps?
4. Doit-on prévoir de nouvelles activités susceptibles de stimuler les élèves et de les amener à réfléchir?

5. Les élèves ont-ils suffisamment l'occasion de connaître le succès ou un trop grand nombre d'entre eux vivent-ils essentiellement de la frustration et des échecs ?
6. L'atmosphère de la classe est-elle devenue menaçante plutôt qu'encourageante ?

Des conditions comme celles qui sont énumérées ci-dessus sont susceptibles d'entraîner au sein du groupe des changements émotionnels, qui peuvent amener les membres, en particulier les plus faibles, à éprouver de l'insécurité quant à leur place dans la classe et au rôle qu'on s'attend à ce qu'ils remplissent. Cet état de choses peut provoquer un accroissement des comportements déviants et une diminution de l'entraide au sein du groupe.

La désagrégation n'est cependant pas inévitable ni nécessairement permanente. De nouvelles activités, de nouveaux objectifs et de nouvelles relations de travail sont tous des facteurs susceptibles de ressouder les membres du groupe.

LES RÔLES PSYCHOLOGIQUES DE L'ENSEIGNANT

La perception que les élèves ont de l'enseignant exerce une profonde influence sur le comportement du groupe et des individus dans la classe. Les élèves assignent de nombreux *rôles* à l'enseignant et ils s'attendent à ce que celui-ci présente plusieurs images. Il arrive que le choix de l'enseignant quant à ces rôles soit très limité, mais normalement il peut décider lesquels il acceptera et de quelle manière il les remplira. Voici quelques-uns des rôles et images de l'enseignant :

UN REPRÉSENTANT DE LA SOCIÉTÉ. On considère que l'enseignant reflète les valeurs, les attitudes morales et les modes de pensée caractéristiques de la communauté.

UN JUGE. On s'attend à ce que l'enseignant juge le comportement des élèves, leur caractère, leur travail et leur évolution.

UNE SOURCE DE CONNAISSANCES. On perçoit l'enseignant comme étant la source principale du savoir et une personne capable de fournir aux élèves les informations qu'ils désirent obtenir.

UNE AIDE À L'APPRENTISSAGE. On attend de l'enseignant qu'il aide les élèves à apprendre en leur donnant des directives et de l'information, en éliminant les obstacles qui les empêchent d'apprendre, en facilitant la résolution de problèmes et en exigeant qu'ils accomplissent le travail assigné.

UN ARBITRE. Les élèves s'attendent à ce que l'enseignant agisse comme arbitre lorsqu'il se produit des disputes en classe.

UN DÉTECTIVE. L'enseignant est censé assurer la sécurité des élèves dans la classe, se rendre compte des méfaits commis, identifier les coupables et imposer des pénalités.

UN MODÈLE. On attend de l'enseignant qu'il reflète l'idéal de la communauté quant aux coutumes, aux mœurs, aux valeurs et aux croyances, le choix revenant aux élèves de l'imiter ou non.

UN PROTECTEUR. L'enseignant doit réduire l'anxiété en faisant observer des normes de comportement et des horaires réguliers et en s'assurant que les élèves évoluent dans un environnement sûr.

UN DÉFENSEUR DU MOI. On s'attend à ce que l'enseignant contribue au développement de la personnalité de l'élève en l'aidant à accroître sa confiance en soi et à améliorer l'image qu'il a de lui-même.

UN MENEUR. L'enseignant est censé diriger la classe de manière à y faire régner l'harmonie et l'efficacité.

UN SUBSTITUT DES PARENTS. L'enseignant doit se comporter comme un parent : il doit protéger, approuver, conseiller, corriger et prodiguer de l'affection.

UNE CIBLE POUR L'HOSTILITÉ DES ÉLÈVES. Si les élèves n'arrivent pas à exprimer de façon appropriée leur hostilité envers d'autres adultes, ils sont susceptibles de la déplacer sur l'enseignant sans courir trop de risques.

UN AMI ET UN CONFIDENT. Les élèves doivent pouvoir parler avec l'enseignant et se confier à lui.

UN OBJET D'AFFECTION. On attend de l'enseignant qu'il représente un idéal et qu'il soit digne d'estime, d'affection et même d'admiration.

LES TECHNIQUES DE MAÎTRISE DE LA MAUVAISE CONDUITE

Nous avons jusqu'ici examiné plusieurs des enseignements de Redl et de Wattenberg sur le fonctionnement d'un groupe, les effets de la dynamique de groupe et les conséquences sur le comportement du groupe des rôles assumés par l'enseignant et les élèves. Dans ce qui suit, nous centrerons notre attention sur les conseils donnés aux enseignants quant à la manière de contrôler la mauvaise conduite. Redl et Wattenberg offrent deux ensembles de suggestions spécifiques. Le premier a trait à l'emploi de la pensée diagnostique dans la classe et le second, à l'application des techniques d'intervention. Voyons plus en détail de quoi il s'agit.

La pensée diagnostique

Redl et Wattenberg suggèrent à l'enseignant d'avoir recours à un procédé appelé *pensée diagnostique* lorsque des élèves se comportent mal en classe. Cette approche semble laborieuse au départ mais, avec la pratique elle devient une seconde nature. L'enseignant commence par élaborer une explication intuitive, puis il examine les facteurs cachés et enfin il décide d'une intervention tout en veillant à demeurer flexible.

L'ÉLABORATION D'UNE EXPLICATION INTUITIVE. Lorsque l'on se heurte à un problème pour la première fois, il est normal que l'on se forme une idée préliminaire des causes sous-jacentes à celui-ci, fondée non pas sur des faits établis mais sur l'impression générale laissée par l'incident.

LE RASSEMBLEMENT DES FAITS. L'enseignant passe ensuite rapidement en revue les faits évidents. Les élèves sont-ils distraits ? Quelqu'un enfreint-il une règle ? Les élèves discutent-ils sur un ton hargneux ? Quelqu'un est-il en train de pleurer ?

L'EXAMEN DES FACTEURS CACHÉS. L'enseignant devrait ajouter aux faits évidents les facteurs cachés qu'il connaît, comme des informations sur les antécédents et le milieu familial des élèves en cause et des connaissances générales sur le développement psychologique et moral des êtres humains.

L'INTERVENTION. Après avoir rapidement examiné les faits, l'information à propos des antécédents et du milieu familial ainsi que les éventuelles motivations du comportement déviant, l'enseignant doit prendre des mesures pour remédier à la situation. Il peut obtenir les effets escomptés dès la première tentative ; si ce n'est pas le cas, il devra réévaluer la situation et essayer d'autres moyens.

LE MAINTIEN DE LA FLEXIBILITÉ. Lorsqu'un enseignant intervient (ou s'abstient d'intervenir) pour résoudre un conflit, il est susceptible d'altérer par son action (ou son inaction) la dynamique de la classe, et donc de créer une autre situation qui sera à rectifier. Une seule intervention est rarement suffisante. L'enseignant devra vraisemblablement appliquer une série de mesures qui permettront finalement de résoudre le problème, et il lui faudra peut-être changer d'idée ou adopter une approche différente en cours de route.

Redl et Wattenberg donnent un autre conseil quant à l'application de la pensée diagnostique à la résolution de problèmes : il faut accorder beaucoup d'importance aux sentiments des élèves. L'enseignant devrait donc tenter de se mettre à la place de l'élève, qu'il s'agisse du coupable ou de la victime. On trouve en général des solutions plus appropriées lorsqu'on fait preuve d'empathie.

L'application de techniques d'intervention

Redl et Wattenberg insistent particulièrement sur les mesures que l'enseignant prend pour résoudre un problème de comportement. Ils appellent ces mesures des *techniques d'intervention*.

Certaines techniques sont parties intégrantes de la politique globale de discipline de l'école, alors que d'autres ont été adoptées parce qu'elles se sont révélées efficaces au cours des ans. Certaines donnent de bons résultats dans l'ensemble, d'autres s'appliquent uniquement à un nombre limité de situations et d'autres encore ne produisent jamais les résultats escomptés.

Mais, au fait, que font donc les enseignants lorsque les élèves se conduisent mal ? Redl et Wattenberg ont constaté que nombre d'entre eux utilisent l'un ou l'autre des procédés suivants : crier après les perturbateurs, les retirer de la classe, brandir la menace de punitions ou tout simplement ne pas tenir compte du comportement déviant, ces mesures étant appliquées de façon cohérente ou non. Pour que les enseignants puissent acquérir une méthode efficace et logique leur permettant de faire face au mauvais comportement en classe, Redl et Wattenberg leur recommandent vivement de se poser rapidement la série de questions suivantes avant d'entreprendre quoi que ce soit :

1. Quelle motivation sous-tend le comportement déviant ?
2. Quelle est la réaction de la classe ?
3. Le comportement déviant est-il relié de quelque façon à une interaction avec moi ?
4. Comment l'élève réagira-t-il si je le corrige ?
5. De quelle façon la correction influera-t-elle sur le comportement futur du coupable ?

Les réponses à ces questions aident l'enseignant à choisir une mesure corrective susceptible de produire des résultats positifs dans l'ensemble. Les deux chercheurs distinguent quatre catégories de techniques correctives, à savoir : (1) l'incitation à la maîtrise de soi, (2) l'aide opportune, (3) l'évaluation de la réalité et (4) l'application du principe du plaisir et de la douleur. Nous allons examiner chacune d'elles en détail. Rappelons que ces techniques ne sont efficaces que si l'élève comprend exactement de quoi il retourne et quel comportement on attend de lui, et s'il connaît les conséquences du non-respect des règles.

L'INCITATION À LA MAÎTRISE DE SOI. La majorité des élèves désirent la plupart du temps se comporter correctement et obtenir ainsi l'approbation de l'enseignant. Ce n'est qu'occasionnellement qu'ils se conduisent mal, et ce uniquement dans le but de se montrer désagréables. Donc, lorsqu'un élève a un comportement répréhensible, l'enseignant devrait au premier abord supposer que celui-ci n'était pas inspiré par de mauvaises intentions et qu'il ne représente probablement qu'un manque momentané de maîtrise de soi de la part de l'élève, ce qui est facile à corriger.

Les techniques d'*incitation à la maîtrise de soi* sont des techniques modérées. Elles ne sont ni coercitives ni agressives ni punitives ; elles visent simplement à aider l'élève à s'aider lui-même. Elles s'avèrent très utiles et permettent souvent d'éviter l'affrontement avec l'élève ou le recours à la punition; de plus, elles fournissent à ce dernier l'occasion d'apprendre à se dominer, ce qui est éminemment souhaitable. Il ne faut cependant pas espérer corriger n'importe quel comportement déviant au moyen de techniques d'incitation. Celles-ci sont efficaces seulement dans le cas de méfaits mineurs ou d'une mauvaise conduite qui en est à ses débuts. Si l'élève ne capte pas le message, l'enseignant devra faire appel à des techniques plus directes, en faisant montre de plus de fermeté. Redl et Wattenberg décrivent cinq façons d'inciter l'élève à la maîtrise de soi.

L'intervention au moyen de signes. L'enseignant fait des signes à l'élève lui indiquant qu'il sait ce qui se passe et qu'il ne l'approuve pas. Par exemple, il regarde l'élève droit dans les yeux, fronce les sourcils ou secoue la tête. Ces signes sont particulièrement efficaces au cours des premières manifestations d'un mauvais comportement.

La proximité. Si l'élève ne réagit pas aux signes, l'enseignant peut se rapprocher de lui. Il lui fait ainsi savoir qu'il se rend compte de son mauvais comportement et qu'il désire l'aider à retrouver sa maîtrise de soi; l'élève puise alors de l'énergie dans la *proximité* de l'enseignant. Il suffit habituellement que l'enseignant réduise la distance le séparant du perturbateur, mais il est parfois nécessaire qu'il lui touche amicalement l'épaule ou la tête.

Les manifestations d'intérêt. Même un élève qui fait habituellement preuve d'une bonne maîtrise de soi peut avoir tendance à mal se conduire lorsque le travail assigné ne l'intéresse plus. L'enseignant peut alors lui venir en aide en allant le voir et en manifestant de l'*intérêt* pour son travail. Par exemple, il peut lui dire: «Je vois que tu as réussi à résoudre les cinq premiers problèmes. Je parie que tu es capable de terminer tous les exercices d'ici à la fin du cours.» Cette technique n'est bien sûr efficace que si l'élève se sent capable d'accomplir ce qu'on lui demande.

L'humour. L'emploi de l'*humour* est un moyen agréable pour faire comprendre à un élève qu'il manque de maîtrise de soi. Il est important que l'enseignant fasse preuve de gentillesse et qu'il sourie. Par exemple, il peut dire: «Hum! J'entends tellement bavarder que pendant un moment je me suis cru à la cafétéria.» Il doit bien se garder d'être sarcastique ou de ridiculiser qui que ce soit en tentant de faire de l'humour, car les élèves interprètent généralement le sarcasme comme une punition, non comme un encouragement.

L'ignorance intentionnelle. Il est parfois approprié d'*ignorer intentionnellement* un comportement inapproprié, surtout lorsque les élèves se conduisent généralement bien dans l'ensemble. En passant sous silence une mauvaise conduite, l'enseignant laisse entendre qu'il serait bon que le reste du groupe en fasse autant, afin que le perturbateur ne devienne pas le centre d'intérêt de la classe, ce qui renforcerait son comportement.

L'AIDE OPPORTUNE. Lorsque l'élève n'arrive plus à retrouver la maîtrise de soi, l'enseignant doit lui fournir une *aide opportune*, susceptible de le remettre dans la bonne voie. Il n'est pas nécessaire d'avoir recours à la punition. Redl et Wattenberg décrivent plusieurs mesures que l'enseignant peut prendre.

L'élimination d'un obstacle. L'enseignant a demandé aux élèves de résoudre des problèmes d'algèbre. Suzanne se met au travail comme il se doit, mais elle se rend vite compte qu'elle ne comprend pas la méthode à appliquer. Elle commence alors à parler avec sa voisine. Dans ce cas, pour *éliminer l'obstacle*, il suffit que l'enseignant aide Suzanne à comprendre comment procéder ; il est inutile qu'il s'en prenne à elle parce qu'elle parlait au lieu de travailler.

La restructuration des activités ou la modification de l'emploi du temps. Les élèves de sixième année sont retournés en classe immédiatement après avoir disputé une partie de volley-ball très serrée. Leur enseignant, M. Melançon, sait qu'ils auront du mal à se concentrer sur la leçon de mathématiques. Il met donc de côté le travail qu'il avait prévu et improvise des problèmes en se servant des résultats de la partie. L'évaluation de la situation indiquait à M. Melançon que les élèves étaient trop excités pour arriver à suivre un cours ordinaire. Il a donc restructuré la leçon de manière à tirer profit de leur intérêt pour le sport. Il existe d'autres façons de *restructurer les activités* : accorder un bref moment de repos, remplacer une activité par une autre de nature différente ou reporter le travail prévu à un moment plus approprié.

L'établissement d'un emploi du temps. Les élèves se comportent souvent mal parce qu'ils ne savent pas exactement ce qu'ils ont à faire ni à quel moment ils doivent le faire. L'enseignant peut prévenir les problèmes de ce type en établissant un emploi du temps, dont la principale utilité est d'aider les élèves à se mettre rapidement au travail et à effectuer ce qu'ils ont à faire dans le temps imparti.

La confiscation d'un objet distrayant. Si un élève a en sa possession un objet distrayant, par exemple une photographie ou un jouet, cela peut lui faire perdre la maîtrise de soi. Lorsque cela se produit, il suffit de *confisquer l'objet distrayant*. Il s'agit bien sûr d'une mesure temporaire et cela devrait être expliqué clairement à l'élève : l'objet lui sera rendu à la fin du cours ou de la journée.

Le retrait de l'élève de la situation problématique. Lorsqu'un élève a perdu la maîtrise de soi et qu'il perturbe la classe, l'enseignant doit intervenir sans délai pour que la leçon puisse continuer. Un long affrontement avec l'élève dissipé ne serait qu'une perte de temps ; la meilleure solution consiste souvent à retirer l'élève de la situation. Par exemple, si Mathieu, un élève de troisième année, se sent contrarié et qu'il interrompt continuellement la leçon en émettant des commentaires négatifs, l'enseignant, compte tenu des conséquences que ce comportement peut avoir sur l'ensemble de la classe, demandera à Mathieu d'aller s'asseoir à l'écart, en lui disant : « Quand tu auras décidé de te montrer coopératif, tu pourras reprendre ta place dans le groupe. »

Le retrait doit se faire d'une manière non punitive. L'enseignant doit expliquer à Mathieu qu'il ne restera à l'écart que le temps qu'il se ressaisisse. Il est également important que l'enseignant ait après l'incident un entretien en tête-à-tête avec l'élève, au cours duquel chacun pourra exprimer librement ses sentiments.

La contrainte physique. Il est rare qu'un élève perde la maîtrise de soi au point de représenter un danger pour lui-même et pour les autres. Mais, lorsque cela se produit, l'enseignant peut se voir dans l'obligation d'exercer une *contrainte physique*. Celle-ci ne doit être employée qu'en dernier ressort et en faisant preuve d'une extrême prudence. L'enseignant risque d'être blessé et, s'il inflige des blessures à l'élève, il s'expose à des poursuites judiciaires. Dans de telles circonstances, il convient d'assurer la sécurité de l'élève de manière sensée et prudente et d'obtenir de l'aide le plus rapidement possible.

L'ÉVALUATION DE LA RÉALITÉ. Par *évaluation de la réalité*, Redl et Wattenberg entendent le fait d'amener l'élève à examiner son comportement, à en déterminer les causes et à en prévoir les conséquences probables. Par cette prise de conscience, l'élève apprend à élaborer ses propres valeurs de manière à se conduire de façon plus appropriée à l'avenir.

Lorsqu'un incident perturbe la classe, il est généralement préférable de remettre à plus tard la discussion visant à évaluer la réalité. Sur le moment, chacun ressent de vives émotions et l'enseignant tout comme l'élève pourraient émettre des commentaires qui rendraient encore plus difficile l'écoute de ce que l'autre a à dire. Une fois que les émotions ont diminué d'intensité, il devient possible de cerner les causes et les sentiments en jeu en évitant les sermons et les reproches. Il est important que l'enseignant comprenne pourquoi l'élève a agi de telle ou telle façon et pourquoi il éprouve tel ou tel sentiment, de même qu'il est important que l'élève comprenne le comportement et les sentiments de l'enseignant. Quand tout a été clarifié, on est mieux à même de réagir si des situations de ce type se reproduisent.

Étant donné qu'un mauvais comportement a tendance, pour des raisons obscures, à s'intensifier, Redl et Wattenberg suggèrent à l'enseignant de prendre les mesures énumérées ci-dessous pour désamorcer les situations explosives.

Fournir une évaluation claire et sincère. Lorsqu'ils interviennent auprès des élèves, les enseignants n'emploient pas toujours la méthode la plus simple, laquelle consiste à communiquer une évaluation claire et sincère de la situation en expliquant exactement pourquoi on considère un comportement donné comme inapproprié et en démontrant les conséquences qui découlent de celui-ci. L'enseignant ne doit pas sous-estimer la capacité de l'élève à saisir des commentaires du genre : « Levez la main, s'il vous plaît. Si vous parlez tous en même temps, on ne comprendra rien » ou encore « Il est important que vous fassiez vos devoirs. Si vous prenez du retard, vous n'apprendrez pas ce qui est prévu au programme ». Les élèves se conforment aux règles sensées dont ils comprennent la raison d'être et ils apprécient les enseignants qui les incitent à apprendre.

Manifester de l'encouragement. Lorsqu'il a recours à une évaluation de la réalité, l'enseignant doit veiller à ce que celle-ci ne soit pas perçue comme une critique, car rares sont ceux qui réagissent bien dans ce cas. Il est donc souhaitable que l'enseignant s'exprime de manière à manifester plutôt de l'encouragement. Il se doit d'insister sur le fait que l'élève est capable de se conduire de façon tout à fait appropriée et il doit l'inciter à faire de son mieux. En évaluant la situation, l'enseignant aura à cœur de ne pas humilier l'élève, de ne pas s'en prendre à ses valeurs personnelles ni de l'exposer à des frustrations en exprimant des exigences irréalistes. Le rôle essentiel de l'enseignant, en toute circonstance, sera toujours de soutenir l'élève et de l'encourager, non de l'attaquer et de le réprimander.

Établir des limites claires et faciles à faire respecter. Il arrive souvent que les élèves se conduisent mal dans le seul but de vérifier jusqu'où ils peuvent aller sans encourir de reproches ; ils déterminent ainsi les limites réelles de ce qui est jugé comme un comportement acceptable. L'enseignant peut éviter que de telles infractions se produisent en établissant des limites claires et faciles à faire respecter. À cet effet, il informe les élèves de ce qu'on attend d'eux et il définit ce qui est un comportement acceptable et ce qui n'en est pas. Il explique clairement les raisons de l'*établissement des limites* en question et les règles qui s'ensuivent. La réaction des élèves est alors généralement positive, parce que le fait de connaître les limites et les règles procure un sentiment de sécurité. Redl et Wattenberg conseillent à l'enseignant d'éviter de proférer des menaces en expliquant les limites, car il laisserait ainsi sous-entendre qu'il s'attend à ce que les règles soient enfreintes. Les conséquences du non-respect des limites doivent être énoncées d'un ton neutre.

LE RECOURS AU PRINCIPE DU PLAISIR ET DE LA DOULEUR. Si un problème de comportement persiste en dépit des efforts déployés pour inciter l'élève à la maîtrise de soi ou lui fournir une aide opportune ainsi qu'une évaluation de la réalité, l'enseignant devra passer à la technique d'intervention la plus sévère du modèle de Redl et Wattenberg, celle qui fait appel au *principe du plaisir et de la douleur*. Dans leur description de ce principe, les deux chercheurs parlent de récompenses et de punitions, mais ils accordent relativement peu d'attention à celles-là (le plaisir), alors qu'ils en ont long à dire à propos de celles-ci (la douleur).

Pour ce qui est du plaisir, Redl et Wattenberg se contentent de reconnaître que les compliments, les récompenses et les promesses de l'enseignant peuvent avoir un effet bénéfique sur le comportement, mais ils n'émettent aucune suggestion précise quant à la manière dont on peut employer systématiquement ces procédés.

Quant à la douleur, Redl et Wattenberg insistent sur le fait que, si on applique ce principe pour rectifier un comportement, on ne doit pas avoir recours à des punitions sévères; on devra simplement faire subir au contrevenant les conséquences quelque peu désagréables de son comportement répréhensible. Il est important de reconnaître le caractère bénin des conséquences désagréables évoquées.

La punition. Selon Redl et Wattenberg, la *punition* doit être assimilée à des conséquences prévisibles et désagréables du comportement répréhensible, l'objectif étant de modifier celui-ci pour le rendre plus acceptable. La punition ne doit pas être de nature physique ni être accompagnée d'accès de colère, qui ne feraient que mettre en évidence un manque de maîtrise de soi de la part de l'enseignant. La punition ne doit pas non plus comporter des mesures qui constitueraient une vengeance contre les coupables ou qui viseraient à leur «donner une leçon». Elle doit plutôt amener ces derniers à s'excuser d'avoir enfreint les règles ou à refaire correctement ce qu'ils ont fait de façon inappropriée, ou encore à leur interdire de participer à une activité agréable prévue à l'horaire.

Même s'il se conforme aux directives énumérées ci-dessus, l'enseignant qui décide de donner une punition se doit de faire comprendre à l'élève qu'il n'est pas en colère contre lui, mais qu'il essaie sincèrement de l'aider. L'élève doit interpréter la punition comme une conséquence normale et compréhensible d'un comportement inacceptable. S'il se rend compte que l'enseignant est bien intentionné, il s'en voudra au moins un peu d'avoir perdu la maîtrise de lui-même et ne dirigera pas sa colère ou son hostilité vers l'enseignant.

En général, on doit considérer la punition comme une mesure de dernier recours, à utiliser uniquement lorsque les autres techniques n'ont pas donné de résultats. Son emploi peut donner lieu des abus et présente un certain nombre d'inconvénients, dont les suivants :

1. La punition tient lieu de vengeance ou sert à libérer une trop forte tension.
2. La punition a des effets néfastes sur la perception que l'élève a de lui-même et sur la relation qu'il entretient avec l'enseignant.
3. À long terme, la punition réduit la tendance de l'élève à se contrôler.
4. L'élève est susceptible de supporter la punition dans le but d'améliorer sa position sociale dans le groupe.

5. La punition présente un modèle de résolution de problèmes qu'on ne souhaite pas voir adopter par l'élève.

Les menaces et les promesses. La composante « douleur » du principe du plaisir et de la douleur devrait être présentée aux élèves sous la forme de promesses. Une *promesse* est l'assurance que des conséquences désagréables découleront du non-respect des règles. Elle ne comporte pas nécessairement de connotations négatives et ne suscite pas de craintes excessives ni d'autres réactions négatives.

Par contre, une *menace* est un énoncé de nature émotionnelle, susceptible de provoquer de l'anxiété et de la peur chez l'élève. Les menaces nuisent souvent à l'apprentissage et risquent d'entraîner une détérioration du climat dans la classe. Elles ont généralement un caractère sévère et négatif, et s'expriment souvent sous la forme : « Si tu ne fais pas ceci ou cela, je vais… ! » De plus, les enseignants qui profèrent des menaces extrêmes n'y donnent presque jamais suite et cela constitue trop souvent la cause de leurs problèmes de discipline ; l'inconstance dont ils font preuve contribue à éroder leur capacité de contenir les comportements indésirables de même que celle d'établir des relations positives avec la classe.

Redl et Wattenberg souhaitent qu'au lieu de proférer des menaces l'enseignant explique aux élèves quels comportements sont inacceptables et qu'il leur indique les conséquences découlant de ceux-ci. Contrairement aux menaces, de telles affirmations, prononcées sur un ton calme, suscitent un sentiment de sécurité chez les élèves et les aident à se dominer.

AUTRES PRINCIPES ÉLÉMENTAIRES REPRIS PAR REDL

Dans son ouvrage de 1972, *When We Deal with Children,* Redl rappelle aux enseignants plusieurs principes à appliquer face à des comportements répréhensibles.
1. Permettre aux étudiants d'avoir voix au chapitre lors de l'établissement des normes et des conséquences de leur non-respect. Les inviter à exprimer de quelle façon, selon eux, l'enseignant devrait intervenir lorsqu'une situation exige une punition.
2. Tenir compte en tout temps de la santé émotionnelle des élèves. L'élève puni doit sentir que l'enseignant l'aime. Une fois le calme revenu, toujours discuter avec l'élève de ce qu'il éprouve.
3. Se montrer bienveillant, et non blessant. Manifester à l'élève le désir de l'aider à faire de son mieux.
4. Se rappeler que la punition ne donne pas de bons résultats. Il faut y avoir recours en dernier ressort, après avoir essayé en vain toutes les autres techniques.

5. Ne pas craindre de modifier sa ligne de conduite si on acquiert une meilleure compréhension de la situation.
6. Savoir que les erreurs concernant la discipline n'ont pas nécessairement des effets désastreux, à moins qu'elles ne se reproduisent fréquemment.
7. Demeurer objectif, conserver une humeur égale et se rappeler que chacun est humain.

SYNTHÈSE CRITIQUE DU MODÈLE DE REDL ET WATTENBERG

Le modèle de Redl et Wattenberg est particulièrement utile aux enseignants pour trois raisons. Premièrement, il décrit les différences dans le comportement de la personne lorsqu'elle est en groupe et lorsqu'elle est seule, ce qui permet aux enseignants de comprendre certains comportements qui se produisent en classe et qui leur auraient paru complexes s'ils n'avaient pas disposé de cette information. Deuxièmement, le modèle propose une approche systématique de l'amélioration du comportement des élèves en classe. Avant que Redl et Wattenberg ne fassent connaître leur théorie, les enseignants avaient principalement recours à des techniques aversives, dont le seul résultat était d'intimider les élèves, de les rendre craintifs et de leur faire vivre des émotions qui entravent l'établissement de relations de travail durables. Troisièmement, le modèle permet de diagnostiquer les causes du mauvais comportement des élèves; Redl et Wattenberg étaient en effet persuadés que, en s'attaquant aux causes des comportements répréhensibles, l'enseignant arriverait à éliminer la plupart d'entre eux.

Le modèle de Redl et Wattenberg n'a pas seulement fourni aux enseignants une méthode plus efficace pour faire face à la mauvaise conduite en classe ; il a également préparé le terrain pour l'élaboration d'autres modèles de la discipline. Les auteurs de modèles plus récents ont en effet souvent intégré des idées prônées par Redl et Wattenberg : par exemple, inciter l'élève à la maîtrise de soi, fournir une aide opportune, établir un lien entre le comportement et ses conséquences logiques, et faire preuve de beaucoup de prudence dans l'emploi de la punition.

EXERCICES

RÉVISION DES TERMES CLÉS

Les termes suivants jouent un rôle crucial dans le modèle de la discipline de Redl et Wattenberg. Pouvez-vous en donner la signification ?

rôles de l'élève   aide opportune
dynamique de groupe   élimination d'un obstacle

comportement contagieux	restructuration des activités
bouc émissaire	évaluation de la réalité
rôles de l'enseignant	établissement de limites
pensée diagnostique	principe du plaisir et de la douleur
techniques d'intervention	punition
incitation à la maîtrise de soi	menace
intervention au moyen de signes	promesse

Études de cas

Nous présentons dans le cadre de chacun des modèles de la discipline étudiés dans le présent ouvrage quatre études de cas, soit ceux de Kristina la passive, de Sarah la bavarde, de Julien le clown et de Thomas le rebelle, pour vous permettre de vous exercer à faire face à un mauvais comportement et de comparer les conseils des divers spécialistes.

♦ Premier cas : Kristina se refuse à travailler.

Il existe un comportement qu'on peut observer dans les classes de tous les niveaux et qui provoque continuellement de la frustration chez l'enseignant : un ou plusieurs élèves ne participent pas de bon gré aux activités de la classe. Ils ne causent pas de perturbation ni de conflit ; le seul problème, c'est qu'ils ne font pas le travail qui leur est assigné et ne participent pas aux activités de la classe.

Kristina, une élève de la classe de M. Saint-Laurent, présente un comportement de ce type. Elle est docile, ne dérange personne et se mêle peu aux autres. Elle ne fournit guère d'efforts et ne finit jamais le travail demandé. Elle se contente d'être là.

Comment Redl et Wattenberg interviendraient-ils auprès de Kristina ?

Redl et Wattenberg conseilleraient à l'enseignant de prendre les mesures suivantes pour tenter d'améliorer le comportement de Kristina en classe.

1. Employer la pensée diagnostique : élaborer une explication intuitive ; rassembler les faits ; déceler les facteurs cachés ; appliquer une solution provisoire, puis en essayer une autre si la première ne donne pas les résultats escomptés. Cette démarche est susceptible de faire surgir des questions du type : Kristina présente-t-elle un problème émotionnel ? Sa situation familiale serait-elle très pénible ? Essaie-t-elle de s'évader dans la rêverie ? Une approche chaleureuse et bienveillante pourrait-elle l'aider ?

2. En tenant compte des conclusions auxquelles il est arrivé au moyen de la pensée diagnostique, l'enseignant appliquera une ou plusieurs solutions similaires à celles-ci :

   a) Intervenir au moyen de signes, par exemple pour faire comprendre à Kristina : « Je sais que tu n'es pas en train de travailler. »

   b) Se rapprocher de Kristina pour l'inciter à se mettre au travail.

   c) Accorder une attention spéciale au travail de Kristina.

   d) Employer l'humour : « Je sais que tu veux finir ce travail de mon vivant ! »

   e) Offrir son aide à Kristina.

   f) Évaluer la réalité : « Kristina, chaque fois que tu ne finis pas un travail, tu accumules du retard et tu réduis tes chances d'avoir de bonnes notes ! »

   g) Retirer Kristina de la situation : « Tu pourras reprendre ta place dans le groupe quand tu auras montré que tu peux finir ton travail. »

♦ **Deuxième cas : Sarah ne peut s'empêcher de parler.**

Sarah est une charmante petite fille qui participe aux activités de la classe et entreprend la plupart des travaux qui lui sont assignés, mais n'arrive souvent pas à les terminer. Elle semble incapable de s'empêcher de parler à ses voisins durant la classe. L'enseignant, M. Gonzales, doit intervenir plusieurs fois par jour, ce qui l'exaspère et le met parfois en colère.

Quelles suggestions Redl et Wattenberg feraient-ils à M. Gonzales quant à la façon d'intervenir auprès de Sarah ?

♦ **Troisième cas : Julien fait le clown et intimide les autres élèves.**

Julien, qui est plus gros et plus tapageur que ses camarades de classe, cherche continuellement à attirer l'attention, à la fois en faisant le clown et en intimidant les autres élèves. Il fait des plaisanteries, répond avec insolence (tout en souriant) à l'enseignant, imite toutes sortes de bruits, comme des coups de feu et des chocs de voitures, et émet continuellement des commentaires sarcastiques à propos de ses camarades, qu'il cherche également à rabaisser par d'autres moyens. Ces derniers ne tentent pas de lui tenir tête, apparemment parce que sa taille les impressionne et qu'ils craignent d'être agressés verbalement et (peut-être) physiquement. L'enseignante, Mme Pearl, ne sait vraiment plus que faire pour mettre fin aux bouffonneries de Julien.

En vous inspirant des conseils énoncés par Redl et Wattenberg, de quelle façon agiriez-vous avec Julien ?

♦ **Quatrième cas : Thomas se montre hostile et provocant.**

Tout au long de la matinée, Thomas a semblé, comme d'habitude, d'humeur massacrante. En allant tailler son crayon, il a bousculé Frank, qui s'en est plaint. Thomas lui a dit, très fort et vertement, de se taire. L'enseignante, Mme Deslandes, est alors intervenue : « Thomas, va t'asseoir. » Ce dernier se retourne pour lui faire face et lui répond, toujours très fort : « J'irai quand je voudrai ! »

> *De quelle façon Redl et Wattenberg conseilleraient-ils à Mme Deslandes d'agir ?*

♦ **Questions**

1. Kristina, Sarah, Julien et Thomas assument-ils l'un quelconque des rôles définis par Redl et Wattenberg ?
2. Quels rôles psychologiques les quatre élèves s'attendent-ils à ce que l'enseignant adopte ?
3. Quel rôle les élèves suivants jouent-ils ?

   a) Sophie entre sans se presser dans la classe d'espagnol cinq minutes après le début du cours. Elle dit nonchalamment au professeur : « ¿Qué pasa ? » Tous les élèves se mettent alors à rire.

   b) Le professeur de mécanique automobile aperçoit un groupe de garçons en train de s'asperger d'huile. Ces derniers montrent alors du doigt Luc, qui les observe en restant à l'écart. « C'est lui qui a commencé », disent-ils en chœur. Même si cette affirmation est fausse, Luc sourit et il ne proteste pas.

4. De quelle façon Redl et Wattenberg suggéreraient-ils d'agir avec Sophie et Luc ?

Questions et activités

1. En vous appuyant sur les conseils de Redl et de Wattenberg, expliquez comment M. Chevalier devrait agir dans la situation suivante.

   Trois filles entrent dans la classe. France semble très agitée, Suzanne est en larmes et Patricia a l'air très en colère. Les élèves sont mal à l'aise et M. Chevalier hésite à poursuivre la leçon. Des incidents semblables, mettant en cause les trois mêmes filles, se sont déjà produits mais aucun n'a semblé aussi grave.

   M. Chevalier pense que Patricia a peut-être tenté de brouiller les deux autres filles, qui sont des amies intimes. Il examine les faits : France et

Suzanne sont bouleversées ; Patricia lance un regard plein de colère à Suzanne ; ces comportements se sont déjà produits à quelques reprises. Compte tenu de leurs échanges, M. Chevalier se doute que cette fois-ci Patricia a essayé de persuader France de faire quelque chose avec elle seule, en mettant Suzanne de côté.

2. Étudiez le scénario 1 présenté à l'appendice. Lequel des conseils énoncés par Redl et Wattenberg peut le mieux aider Mme Miller à créer un climat d'étude plus favorable dans sa classe ?

RÉFÉRENCES BIBLIOGRAPHIQUES ET LECTURES SUGGÉRÉES

REDL, F. (1972), *When we deal with children*, New York Free Press.

REDL, F. et W. Wattenberg (1951), *Mental hygiene in teaching*, New York, Harcourt, Brace & World.

REDL, F. et D. Wineman (1952), *Controls from within*, Glencoe, Free Press. (Traduit par Michel Lemay sous le titre *L'enfant agressif. Tome 1 : Le moi désorganisé, Tome 2 : Méthodes de rééducation*, Paris, Éditions Fleurus, 1964.)

SHEVIAKOV, G. et F. Redl (1956), *Discipline for today's children*, Washington, Association for Supervision and Curriculum Development.

WATTENBERG, W. (1955), *The adolescent years*, New York, Harcourt Brace.

WATTENBERG, W. (1967), *All men are created equal*, Detroit, Wayne State University Press.

CHAPITRE 2

Le modèle néoskinnérien

*La discipline
par le modelage
du comportement souhaité*

B. F. SKINNER

Le modèle de la discipline étudié dans le présent chapitre dérive des travaux de plusieurs auteurs qui ont permis l'utilisation en classe des découvertes de B. F. Skinner relatives au modelage du comportement humain. Skinner n'a pas lui-même élaboré un modèle de la discipline mais, étant donné que ses idées forment l'essentiel de ce que l'on appelle couramment la modification du comportement, nous avons choisi de qualifier de néoskinnérien le modèle présenté ici, afin de témoigner au chercheur la reconnaissance qui lui est due.

NOTICE BIOGRAPHIQUE

Nombreux sont ceux qui considèrent Burrhus Frederic Skinner (1904-1990) comme le plus grand behavioriste. Né à Susquehanna, en Pennsylvanie aux États-Unis, il obtint un doctorat en psychologie à Harvard, en 1931, où il passa la plus grande partie de sa carrière universitaire, se consacrant à la recherche et à l'enseignement.

Durant les années 1930, Skinner s'adonna principalement à des expériences sur l'apprentissage en laboratoire menées sur des rats et des pigeons. Par la suite, ses idées concernant l'éducation des êtres humains et l'enseignement lui valurent une grande notoriété. Il suggéra entre autres d'élever les bébés dans des espaces clos vitrés, qu'il appela *air cribs* (ou « berceaux climatisés »), où l'on pouvait procurer au nourrisson un environnement agréable, maintenir une température constante et satisfaire tous ses besoins. Skinner éleva sa propre fille dans un berceau climatisé.

En 1948, Skinner publia un roman, *Walden Two,* dans lequel il décrit le fonctionnement d'une communauté utopique, fondée sur l'application systématique des principes du renforcement à tous les aspects de la vie quotidienne. Cette œuvre, qui connaît encore aujourd'hui un grand succès, servit de modèle à l'établissement de communautés à la fin des années 1960.

En 1971, Skinner publia *Beyond Freedom and Liberty* (paru en français sous le titre *Par-delà la liberté et la dignité*), un ouvrage très controversé dans lequel il remet en question les concepts traditionnels de liberté et de dignité, et explique pourquoi ceux-ci sont dépassés, inutiles et erronés. Selon lui, la plupart du temps, les humains n'agissent pas en toute liberté quand ils prennent des décisions, car ces dernières relèvent en réalité de l'histoire personnelle de chacun; autrement dit, la conduite d'un individu repose sur le fait que certains de ses comportements ont été ou non renforcés (ou récompensés) dans le passé. Skinner recommande que l'on abandonne le concept erroné de libre choix et que l'on concentre ses efforts sur l'établissement de conditions renforçant le comportement souhaité, afin d'améliorer le comportement humain dans son ensemble.

APPORT DE SKINNER AU DOMAINE DE LA DISCIPLINE

Nous avons déjà souligné le fait que Skinner n'a jamais tenté de mettre au point un modèle de la discipline; d'ailleurs, il ne s'est jamais intéressé à ce sujet en dehors du cadre plus vaste du comportement dans son ensemble. Néanmoins, les principes qu'il a mis en évidence à propos du modelage du comportement humain au moyen du renforcement ont joué un rôle de premier plan dans plusieurs des modèles de la discipline élaborés depuis 1960.

ORIENTATION DES TRAVAUX DE SKINNER

Avant les travaux de Skinner, le courant de la psychologie appelé *behaviorisme* s'intéressait aux relations entre les stimuli reçus par un organisme et les réactions de ce dernier à ces stimuli. On appelle couramment cette approche *formule stimulus-réponse* ou *formule S-R*. Plusieurs spécialistes avaient tenté, sans grand succès, d'expliquer l'apprentissage humain dans son ensemble en fonction de cette relation.

Skinner a étudié le processus de l'apprentissage sous un autre angle, en examinant la manière dont les stimuli reçus par un organisme *après* l'accomplissement d'un acte influent sur l'apprentissage. Par opposition à la formule S-R, on pourrait qualifier l'approche de Skinner de *formule R-S*: l'organisme accomplit un acte (que Skinner désigne par *opérant* au lieu de réponse), lequel est susceptible d'être influencé par un stimulus appliqué immédiatement après. Il arrive que le stimulus accroisse la tendance de l'organisme à répéter le comportement opérant. Skinner appelle un stimulus de ce type *renforcement opérant*. Une grande partie des travaux du chercheur a porté sur la détermination des effets de divers types de renforcement opérant et de leur fréquence sur le comportement des animaux et des humains.

CONCEPTS ET ENSEIGNEMENTS DE SKINNER

LE MODELAGE DU COMPORTEMENT. Si un organisme reçoit un renforcement opérant immédiatement après avoir accompli un acte, son comportement s'en trouve influencé. On peut donc employer des renforcements opérants afin de modeler le comportement dans le sens désiré.

LE COMPORTEMENT OPÉRANT. Ce terme désigne un acte ou un groupe d'actes accomplis par un individu. Un comportement opérant n'est pas une réponse ni une réaction ni un réflexe, mais bien une action volontaire réfléchie comme parler, entrer dans une pièce, s'asseoir, lever la main ou exécuter une tâche.

Le renforcement opérant. Ce terme désigne un stimulus reçu par un individu après avoir accompli un comportement opérant, et qui incite cet individu à répéter l'opérant. La plupart des stimuli n'ont un effet renforçateur que si l'intervalle de temps entre leur réception et la réalisation de l'opérant ne dépasse pas deux à trois secondes. Les renforcements opérants couramment utilisés en classe comprennent la connaissance des résultats, l'approbation des pairs, les récompenses, le temps libre, de même que les sourires, l'approbation et les compliments dispensés par l'enseignant. La majorité des enseignants considèrent que « renforcement » est synonyme de « récompense » (bien que ces deux termes diffèrent du point de vue sémantique). Lorsqu'ils estiment que le comportement (ou opérant) d'un élève mérite leur attention, dans un sens positif, ils donnent souvent à l'élève une récompense (ou renforçateur). Si ce dernier trouve la récompense agréable, il aura tendance à répéter le comportement en question.

Le renforcement. Ce terme désigne le processus qui consiste à offrir un renforcement opérant à un individu ayant fait preuve du comportement approprié.

Le renforcement positif. Ce terme technique désigne le processus qui consiste à procurer à l'élève une chose susceptible de renforcer son comportement. En classe, l'enseignant dispense des renforcements opérants, souhaités par les élèves, lorsque ces derniers se sont conduits de façon appropriée. Les renforçateurs consistent habituellement en des commentaires (« Bien ! » ou « Bon travail ! »), des notes ou encore des objets, par exemple des autocollants.

Le renforcement négatif. Ce terme technique désigne le processus qui consiste à éliminer quelque chose dont l'absence renforcera le comportement de l'élève. Cette expression est souvent mal comprise et employée sans discernement. La majorité des enseignants pensent que le renforcement négatif est une sorte de punition qui a pour effet de réprimer le mauvais comportement. Mais c'est tout le contraire. Le renforcement négatif accroît la tendance à répéter un comportement donné, à l'instar du renforcement positif. L'adjectif « négatif » se rapporte à l'élimination d'une chose désagréable pour l'élève, comparativement à l'ajout d'une chose qui lui est agréable. Les possibilités d'application en classe du renforcement négatif sont limitées. Tauber (1982) en donne quelques exemples : « Ceux qui obtiendront une note égale ou supérieure à 80 sur 100 à l'examen seront dispensés du travail de fin de trimestre. » (En guise de récompense, on élimine le travail de fin de trimestre pour les élèves qui obtiennent une bonne note à l'examen.) « Si vous remettez tous vos travaux à temps…, on ne prendra pas en compte la note la plus basse dans le calcul de votre moyenne. » (p. 66) Ces exemples montrent bien que l'on dispense un renforcement négatif en éliminant un *stimulus aversif*, c'est-à-dire un stimulus désagréable pour les élèves.

Les programmes de renforcement. Un programme de renforcement comprend les modalités (moment, fréquence, etc.) d'application du renforcement visant à modeler le comportement d'un individu. On sait que des programmes différents produisent des effets différents. Le *renforcement continu*, qui consiste à renforcer tout acte approprié observé, s'avère particulièrement efficace lorsque l'on cherche à inculquer de nouveaux apprentissages. Par exemple, chaque fois que tous les élèves entrent dans la classe calmement, s'assoient et regardent l'enseignant, ce dernier accorde à la classe tout entière un point qui, s'ajoutant aux points déjà accumulés, accroît ses chances d'obtenir plus tard un avantage donné. Les individus sont prêts à travailler fort et vite afin de gagner une récompense qu'ils désirent. Une fois qu'un apprentissage est acquis, il est possible de le maintenir indéfiniment à l'aide du *renforcement intermittent*, lequel consiste à ne dispenser une récompense que de manière occasionnelle. Étant donné que les individus s'attendent à recevoir tôt ou tard une récompense, ils fournissent continuellement des efforts.

LES APPROXIMATIONS SUCCESSIVES. Cette expression désigne, relativement à la progression qu'est le modelage d'un comportement, des actions (ou opérants) qui se rapprochent de plus en plus de l'objectif visé. Les enseignants tentent d'amener les élèves à adopter le comportement désiré de manière graduelle, parce qu'ils se rendent compte qu'ils ne peuvent souvent espérer que de légères améliorations. Les approximations successives sont des modifications graduelles menant à un apprentissage global. Par exemple, les élèves entrent dans la classe et s'assoient. Ils continuent à bavarder, mais l'enseignant accorde quand même un point à la classe parce que les élèves sont tous assis, ce qui représente une amélioration. Par la suite, ils devront être assis et rester silencieux pour obtenir un point.

L'EXTINCTION. Ce terme désigne la disparition d'un comportement donné. Skinner pense que tout comportement non renforcé finit par s'éteindre. Les enseignants tentent souvent d'éliminer les comportements indésirables des élèves en s'assurant que ce type de comportement ne reçoit aucun renforcement. Ils y arrivent souvent en ne prêtant aucune attention au comportement répréhensible d'un individu et en demandant aux autres élèves de faire de même.

LA MODIFICATION DU COMPORTEMENT. Ce terme ne fait pas partie de la terminologie élaborée par Skinner, mais on l'emploie couramment pour désigner la méthode globale qu'il a préconisée en vue de modeler le comportement de manière intentionnelle. Ce terme s'applique non seulement au domaine de l'éducation, mais aussi à tous les domaines où l'on met l'accent sur la formation des individus.

ANALYSE DU MODÈLE NÉOSKINNÉRIEN

Avant d'examiner plus en détail le modèle néoskinnérien, nous tenons à rappeler quelques faits. Ce modèle de la discipline en classe n'a pas été élaboré par

Skinner lui-même, mais il intègre ses principes de modelage du comportement à des applications concrètes en classe. Ces applications ont été mises au point par des spécialistes (que nous qualifions de *néoskinnériens*) qui ont reconnu les nombreuses possibilités qu'offraient les travaux de Skinner dans le domaine de l'éducation. Néanmoins, étant donné le caractère unique de l'approche de la maîtrise du comportement humain par Skinner, de sa vaste applicabilité et du succès qu'elle a remporté sur une grande échelle, nous la présentons ici comme un modèle fondamental de la discipline en classe. Vous vous rendrez compte que ses éléments ont été intégrés à plusieurs modèles contemporains de la discipline.

L'UTILITÉ DE LA MODIFICATION DU COMPORTEMENT

Vous savez maintenant que nous entendons par *modification du comportement* l'application générale des principes skinnériens au modelage du comportement en milieu scolaire. Nous allons décrire ci-dessous divers systèmes de modification du comportement, lesquels fonctionnent essentiellement de la même façon : (1) l'enseignant observe qu'un ou plusieurs élèves présentent un comportement approprié, (2) il leur dispense un renforcement quelconque et (3) les élèves ayant reçu le renforcement, de même qu'un certain nombre de leurs camarades, ont tendance à répéter le comportement en question, voire à l'améliorer.

La modification du comportement s'est avérée utile tant pour accélérer l'apprentissage des matières scolaires que pour améliorer le comportement des individus. Elle permet à l'enseignant de travailler avec les élèves sur le mode de l'encouragement plutôt que de l'affrontement. S'il utilise la modification du comportement, l'enseignant n'a pas à se montrer froid ou sévère ni à recourir souvent à la punition ; il peut arriver à son but en utilisant une approche chaleureuse, stimulante et positive. En outre, l'enseignant aussi bien que les élèves préfèrent de loin cette seconde attitude.

LA PUNITION ET LA MODIFICATION DU COMPORTEMENT

Parents et enseignants ont de tout temps employé la *punition* afin de stimuler les enfants et de leur inculquer les comportements acceptables. La punition est susceptible de produire ces résultats, mais elle a des effets secondaires : elle suscite la peur, la haine et le désir de vengeance. Cette approche est encore en usage aujourd'hui, non seulement au sein des familles, mais aussi en milieu scolaire. Cependant, donne-t-elle en général les résultats escomptés par les parents et les éducateurs ?

Au cours de ses expériences, Skinner a découvert que les animaux travaillent plus fort et apprennent plus rapidement si on choisit de les récompenser pour un comportement approprié plutôt que de les punir pour un comportement inapproprié. On comprend qu'il en soit ainsi en ce qui concerne les rats et les pigeons, car on ne peut guère leur expliquer quel comportement on attend d'eux ni ce qui arrivera s'ils ne se conforment pas aux exigences. La question qui se pose en éducation n'est donc pas de savoir si la punition donne des résultats, mais bien s'il est souhaitable d'y avoir recours pour inciter les élèves à apprendre et à bien se conduire.

À la suite de ses recherches ultérieures, qui portaient sur des sujets humains, Skinner a acquis la conviction que les humains réagissent également de manière plus positive à la récompense qu'à la punition. Bien que l'on observe des exceptions, on arrive généralement à de meilleurs résultats en dispensant des récompenses plutôt que des punitions ou des menaces, qu'il s'agisse de faire comprendre aux élèves ce que l'on attend d'eux, de les amener à faire des efforts, de susciter leur intérêt ou de modeler leur comportement.

Des recherches ont montré que le recours à la punition permet d'établir de bons comportements et d'éliminer les mauvais comportements, mais que cette approche présente des inconvénients. De nombreux spécialistes s'entendent pour dire que les effets secondaires indésirables risquent de l'emporter sur les intentions les plus louables des éducateurs. S'il considère que la punition est injustifiée, malveillante ou trop sévère, l'élève éprouvera des sentiments négatifs très difficiles à surmonter, susceptibles de le décourager d'apprendre et susceptibles même de l'amener à exercer des représailles contre l'enseignant et les autres élèves. Mais, pire encore, la punition montre à l'élève que la force prime le droit, un principe auquel les éducateurs s'opposent vivement.

Pour toutes les raisons énumérées ci-dessus, il est préférable de n'intégrer la punition à la modification du comportement que lorsqu'on a affaire à un individu extrêmement réticent à l'apprentissage. Avec les élèves dits normaux, on conseille aux enseignants d'adopter une approche positive et de n'avoir recours à la punition qu'après avoir tenté sans succès d'appliquer les autres moyens. Pour autant, l'enseignant ne doit pas s'empêcher d'indiquer à l'élève que son comportement est incorrect : il faut que ce dernier en prenne conscience pour progresser rapidement. Toutefois, il est conseillé de relever les erreurs en faisant preuve de bienveillance, sans recourir à la punition.

Il est à noter que les schémas de discipline qui reposent sur la modification du comportement offrent généralement un compromis, à savoir le remplacement du concept de punition par celui de *conséquences logiques*. On informe les élèves des règles de comportement et des conséquences, positives et négatives, découlant de la conformité et du manquement à ces règles. Les conséquences logiques d'un mauvais comportement consistent habituellement à refaire correctement ce qui a été effectué de façon inappropriée, à être exclu des activités de la classe ou à devoir renoncer à une activité favorite.

Les types de renforçateur

On appelle renforçateur (*renforcement opérant* selon la terminologie de Skinner) toute chose dont un individu fait l'expérience ou qu'il reçoit à la suite d'un comportement donné, et qui a pour effet d'intensifier ce dernier. Dans la vie de tous les jours, il peut s'agir d'événements aussi banals que de respirer une bouffée d'air frais, ou aussi exceptionnels que de recevoir le prix Goncourt. Même s'ils ne peuvent pas fournir bon nombre des renforçateurs que les élèves désireraient recevoir, les enseignants disposent malgré tout de moyens puissants : les renforçateurs sociaux et graphiques, les activités et divers objets concrets.

Les renforçateurs sociaux. On appelle *renforçateur social* tout geste ou parole qui consolide le comportement d'un élève. Ce sont par exemple des commentaires ou des expressions du visage. Il est à noter que bien des élèves travaillent avec application dans le seul but d'obtenir un sourire, un compliment ou un mot gentil de la part de l'enseignant. On distingue les renforçateurs sociaux verbaux et non verbaux, dont voici quelques exemples.

Verbaux. « Très bien. » « Oh là là ! » « Parfait ! » « Bravo ! » « Parfaitement ! » « C'est ça ! » « Merci. » « Je trouve ça bien. » « Veux-tu nous dire ce que tu as trouvé ? »

Non verbaux. Les sourires, les clins d'œil, les regards, les signes de tête, le fait de souhaiter bonne chance en faisant un signe avec le pouce, les effleurements, les légères tapes dans le dos, les poignées de main, le fait de passer près d'un élève ou de se tenir à ses côtés.

Les renforçateurs graphiques. Les *renforçateurs graphiques* comprennent divers signes, dont les marques de contrôle, et des symboles comme les étoiles et les « bonhommes sourires ». L'enseignant produit ces signes à l'aide d'un stylo ou d'un tampon en caoutchouc ; il peut également les inscrire sur un tableau ou poinçonner une carte que l'élève garde en sa possession. De nombreux enseignants utilisent des autocollants que l'on trouve sous des formes diverses sur le marché.

Les activités renforçatrices. Les *activités renforçatrices* sont les activités que les élèves préfèrent. N'importe quelle activité scolaire peut servir de renforçateur si les élèves la préfèrent à ce qu'ils feraient normalement. Voici quelques exemples d'activités qui renforcent habituellement l'apprentissage scolaire.

Pour les petits. Remplir le rôle de moniteur ; s'asseoir aux côtés de l'enseignant ; choisir une chanson ; s'occuper d'un des petits animaux de la classe ; avoir l'autorisation de s'amuser avec un jouet.

Pour les moyens. Participer à un jeu ; avoir une séance de lecture libre ; décorer la classe ; obtenir une prolongation de la récréation ; assister à une réunion ; regarder un film en classe.

Pour les grands. Travailler ou parler avec un ami; être dispensé d'un examen; travailler à un projet spécial; être dispensé d'un devoir à faire à la maison.

Les renforçateurs concrets. Les *renforçateurs concrets* sont des objets que les élèves peuvent obtenir en guise de récompense s'ils se conduisent de façon appropriée. Ils ont plus d'effet que les renforçateurs sociaux ou graphiques ou que les activités renforçatrices chez un grand nombre de jeunes élèves. On y a notamment recours avec les élèves qui présentent des problèmes particuliers de comportement. De nombreux enseignants au primaire emploient des renforçateurs concrets tels le maïs soufflé, les raisins secs, les craies, les crayons, les feutres, les crayons de couleur, les macarons, les calques, les fanions, les livres, les revues, les fournitures de bureau, les affiches, les tampons en caoutchouc, les certificats, les notes, les distinctions et les rondelles de plastique.

Les systèmes de modification du comportement

La modification du comportement a des effets même si on ne l'emploie que de façon sporadique, mais elle donne de meilleurs résultats si on l'applique de façon régulière et systématique. Pendant des décennies, on a utilisé le renforcement un peu au hasard, en misant principalement sur les distinctions et les compliments dispensés par l'enseignant aux élèves qui fournissaient des efforts ou remettaient un bon travail. D'où la réaction de nombreux enseignants au moment où on leur a proposé d'adopter la modification du comportement en tant qu'approche systématique: «Mais j'ai toujours fait cela.» En réalité, avant le milieu des années 1960, bien peu d'enseignants utilisaient le renforcement de façon systématique dans le but de modeler le comportement. Ils avaient bien recours aux compliments, mais un peu n'importe comment, et ils donnaient bien des notes, lesquelles, si elles étaient mauvaises, constituaient davantage une punition qu'une récompense.

L'expression *système de modification du comportement* signifie qu'il s'agit d'un procédé structuré et cohérent. Les divers systèmes de modification du comportement sont similaires quant aux principes, mais ils varient grandement dans les détails de leur application. En effet, chaque enseignant a tendance à ajouter sa touche personnelle et cette flexibilité permet d'adapter le système de modification du comportement à la personnalité et aux besoins des individus. On peut diviser les systèmes de modification du comportement en cinq catégories, que nous allons aborder en détail ci-dessous: (1) «prendre l'élève en flagrante bonne conduite», (2) règlement-ignorance-compliment (RIC), (3) règlement-récompense-punition (RRP), (4) l'économie de jeton et (5) le contrat de conduite.

Prendre l'élève en flagrante bonne conduite. *Prendre l'élève en flagrante bonne conduite* consiste à récompenser l'élève qui fait ce que l'on attend de lui.

Dans le cas où l'enseignant demande aux élèves : « Sortez votre manuel de mathématiques », si certains s'empressent de sortir leur livre, alors que d'autres continuent de bavarder, il s'adresse nommément aux élèves qui se sont comportés de manière adéquate : « Hélène, merci d'être prête. Merci Stéphane. René, cela me fait plaisir que tu aies sorti ton livre et que tu sois attentif. » En entendant ces commentaires, d'autres élèves ouvrent leur manuel et prêtent attention à l'enseignant. Cette stratégie présente deux avantages : d'une part, elle renforce le comportement approprié d'Hélène, de Stéphane et de René ; d'autre part, elle modèle le comportement des autres élèves.

On peut utiliser l'approche qui consiste à « prendre l'élève en flagrante bonne conduite » conjointement avec des règles précises de conduite en classe (par exemple, « Kristina, c'est bien d'avoir levé la main avant de prendre la parole ») et des règles générales de comportement, comme le fait de se conformer immédiatement aux directives de l'enseignant. C'est en fait cette approche qui est illustrée par les exemples donnés ci-dessus. Elle s'avère particulièrement efficace au premier cycle du primaire et les enseignants y ont largement recours jusqu'en troisième année, quelle que soit la méthode générale de discipline adoptée. Elle donne de moins bons résultats avec les élèves de quatrième année, et ceux du premier cycle du secondaire y réagissent en manifestant un certain mépris. Néanmoins, même les élèves les plus âgés réagissent en général, en tant qu'individu ou en tant que groupe, de manière plus positive à un renforcement qu'à un blâme devant tout le monde.

RÈGLEMENT-IGNORANCE-COMPLIMENT (RIC). L'expression *règlement-ignorance-compliment* décrit bien l'approche qu'elle désigne. En collaboration avec les élèves, l'enseignant formule un ensemble de règles qui régissent le comportement en classe. Par exemple :

1. Se montrer courtois envers les autres.
2. Rester à sa place et ne pas ennuyer les autres en les touchant, en leur lançant des objets ou en prenant ce qui leur appartient.
3. Effectuer tous les travaux demandés.
4. Ne pas déranger les autres en travaillant.
5. Suivre toutes les directives.

L'enseignant s'assure que ces règles sont bien comprises. On peut donner aux élèves l'occasion de les mettre en pratique après les avoir énoncées, puis on les affiche au tableau. Il est à noter que l'exemple ci-dessus ne compte que cinq règles ; ce nombre est suffisant dans toutes les classes.

Une fois qu'il a établi les règles et qu'il a vérifié que les élèves les comprennent, l'enseignant prête attention à ceux qui s'y conforment. Il dira par exemple : « Les élèves de la première rangée suivent très bien les directives. » Ainsi, ceux qui respectent les règles reçoivent régulièrement de l'attention, des compliments ou d'autres récompenses. Par contre, ceux qui les enfreignent sont ignorés sciemment («ignorance»), c'est-à-dire qu'ils ne font l'objet d'aucune attention directe, pas plus qu'on ne relève leurs écarts de comportement. Lorsqu'un élève se conduit mal, l'enseignant repère un autre élève qui, lui, *se conforme* aux règles et il le félicite. Par exemple, si Mme Joncas se rend compte qu'Alexandre pousse son voisin du coude, elle va vers Suzanne, qui se trouve à proximité de lui et observe le règlement, donne un autocollant à la fillette et lui dit: «Suzanne, tu travailles sans déranger les autres, c'est bien.»

Ce système donne de bons résultats au primaire avec les groupes qui se conduisent assez bien au départ. Mais il est inefficace avec les élèves plus âgés, qui se moquent de leurs camarades auxquels l'enseignant fait des compliments devant tout le monde: ils taxent ces derniers de chouchous ou de qualificatifs du même ordre. En général, il est difficile de modeler le comportement d'un élève du secondaire en félicitant les autres pour leur comportement. Quand ils se conduisent mal, les élèves de ce niveau en retirent le plus souvent un renforcement parce qu'ils s'attirent ainsi l'attention de l'enseignant ou de leurs pairs, ou qu'ils provoquent des rires.

RÈGLEMENT-RÉCOMPENSE-PUNITION (RRP). L'approche *règlement-récompense-punition* introduit les notions de limites et de conséquences dans la modification du comportement. En vertu de ce système, tout comme en vertu du système RIC, on établit des règles et on met l'accent sur la récompense. Cependant, comme on prête également attention aux comportements inappropriés, et que ces derniers entraînent des conséquences pour leur auteur, l'approche RRP donne de bons résultats auprès des élèves plus âgés ou d'élèves particulièrement récalcitrants.

Les systèmes RIC et RRP accordent la même place au règlement. Comme nous l'avons souligné ci-dessus, on établit quelques règles primordiales, on s'assure qu'elles sont bien comprises par les élèves et on les affiche sur un tableau. L'enseignant explique aux élèves qu'ils doivent se conformer au règlement. Ceux qui respecteront les règles seront récompensés de diverses façons: on les félicitera, on leur remettra des appréciations louangeuses qu'ils pourront montrer à leurs parents ou encore ils obtiendront des points cumulatifs, grâce auxquels l'individu ou la classe recevra une récompense plus substantielle.

En outre, dans le système RRP, on précise aux élèves quelles seront les répercussions de leur non-respect des règles. Ainsi, ils sont conscients qu'en décidant de commettre des infractions, ils en acceptent du même coup les conséquences (des punitions modérées), lesquelles seront immédiatement mises en application conformément aux modalités qui leur ont été décrites en détail. Par exemple, si Joëlle refuse de se mettre au travail, M. Leroux lui dira que, en vertu du règlement, elle doit aller s'asseoir à la table située au fond de la classe jusqu'à ce qu'elle ait terminé son travail. L'enseignant souligne le fait que les punitions de ce type ne sont pas imposées aux élèves: elles résultent du comportement qu'ils ont eux-mêmes choisi d'adopter en toute connaissance de cause.

Le système RRP donne de bons résultats avec les élèves de tous niveaux. Il permet d'établir clairement les attentes, les récompenses et les punitions. Aux yeux des élèves, il est équitable : en effet, ce sont eux qui décident de leur propre comportement, acceptable ou inacceptable, et donc des conséquences, agréables ou désagréables. (Nous verrons au chapitre 6 que l'approche RRP est au centre de la discipline par l'affirmation de soi, élaborée par Lee Canter, que nous présentons en tant que modèle d'application.)

L'ÉCONOMIE DE JETON. L'*économie de jeton* est un système complexe de modification du comportement, dans lequel les élèves accumulent des renforçateurs graphiques ou concrets, échangeables contre d'autres types de renforçateur.

Le système fonctionne de la manière suivante. On établit d'abord le règlement de la classe. Lorsque les élèves s'y conforment, c'est-à-dire s'ils restent à leur place, lèvent la main avant de prendre la parole, terminent le travail assigné, etc., on les récompense systématiquement en inscrivant une marque ou en collant un timbre sur une carte qu'ils gardent en leur possession, ou encore en leur remettant un jeton, par exemple une rondelle de plastique. Chaque élève peut ainsi accumuler des « points » qui pourront être échangés contre une activité ou une récompense concrète, tels un jouet, une bande dessinée ou une revue. Certains enseignants s'abstiennent délibérément de toute réaction lorsqu'un élève enfreint une règle (autrement dit, ils ne prêtent aucune attention à l'infraction). D'autres demandent à l'élève de leur remettre un jeton ou d'annuler une marque inscrite sur leur carte. Bien que le système consiste à échanger des « points » contre des récompenses censément plus attrayantes, il arrive souvent que les jetons représentent en eux-mêmes une récompense satisfaisante : nombreux sont les élèves qui préfèrent en accumuler une grande quantité plutôt que de les échanger contre autre chose.

Les enseignants qui ont recours à l'économie de jeton doivent veiller à la juste distribution des jetons et réagir de façon cohérente à toute transgression des règles. Ils doivent disposer d'une quantité suffisante de jetons, fournir aux élèves une méthode pratique pour les conserver et s'assurer que personne ne s'adonne à la contrefaçon ni à l'extorsion. Ils doivent également prévoir, toutes les deux semaines, une période d'échange des jetons. De nombreux élèves éprouvent un grand plaisir à acheter les objets superflus apportés par leurs camarades. L'enseignant peut se procurer gratuitement des objets dans diverses boutiques ; il peut aussi échanger les jetons contre des bons donnant droit à certains privilèges ou activités. On assigne à chaque objet ou bon un prix en jetons. Certains enseignants tiennent des encans au cours desquels chaque élève peut faire une offre pour les divers articles proposés.

Les enseignants qui désirent adopter ce système devraient l'expliquer en détail au directeur de l'école, aux élèves et aux parents avant de le mettre en pratique, afin d'éviter des problèmes ultérieurs dus à une mauvaise compréhension.

(Nous donnons au chapitre 13 un exemple d'économie de jeton ayant produit de bons résultats : voir le système spécial de discipline mis au point par Mike Straus et Roy Allen, deux enseignants au premier cycle du secondaire.)

LE CONTRAT DE CONDUITE. On a parfois recours au *contrat de conduite* avec les élèves les plus âgés, en particulier ceux qui refusent constamment de se plier aux règles. Le contrat spécifie le travail à accomplir ou le comportement à adopter, de même que le délai dans lequel l'élève doit remplir ses obligations. Il stipule également la récompense attachée à sa réalisation et le soutien fourni par l'enseignant. L'accord est signé par l'enseignant et l'élève, et parfois aussi par les parents et le directeur de l'école. Bien qu'il n'ait aucune valeur légale, le contrat a toutes les allures d'une formalité, et le fait qu'il comporte des signatures incite l'élève à le respecter.

Voici en guise d'exemple le contrat que M. Leroy a signé avec Jean. Ce dernier ne termine jamais les devoirs qu'il doit faire à la maison. M. Leroy a donc préparé un contrat aux termes duquel Jean s'engage à effectuer ses devoirs. Dans le cas où Jean respecte le contrat pendant cinq jours consécutifs, il reçoit cinq points. S'il réussit à accumuler quinze points, il pourra les échanger contre un stylo portant le logo de son équipe sportive favorite.

On peut préparer des contrats d'aspect très officiel. L'emploi d'une terminologie quasi juridique ajoute une touche qui plaît aux élèves les plus âgés, tout comme les filigranes et les tampons officiels faits de papier d'aluminium doré. Même s'il est amusant d'utiliser des contrats, il faut les considérer comme des engagements sérieux, qui doivent être respectés par tous les signataires.

L'EMPLOI EN CLASSE DE LA MODIFICATION DU COMPORTEMENT

Les enseignants qui décident d'adopter la modification du comportement devraient prévoir les différentes étapes de la mise en application de cette méthode. Premièrement, ils devraient analyser les comportements qu'ils souhaitent changer ; deuxièmement, ils devraient élaborer un plan précis en vue d'obtenir les changements désirés ; troisièmement, ils devraient décider comment mettre ce plan en pratique.

L'ANALYSE DU COMPORTEMENT DES ÉLÈVES. L'analyse consiste à cerner les comportements qui posent des problèmes, à préciser en quoi ils sont inacceptables et à décider exactement de quelle façon ils doivent changer. L'analyse doit également porter sur les *antécédents* — c'est-à-dire les conditions qui prévalent dans la classe et qui sont susceptibles de favoriser la persistance du problème — et sur les *conséquences* — soit le système de récompenses et de punitions appliqué actuellement, ou qui devrait l'être. Grâce à cette analyse, l'enseignant sera en mesure d'indiquer clairement aux élèves quel est le comportement souhaité et trouver les arguments pour les inciter à l'adopter. Les antécédents incluent des facteurs comme les distractions, l'ennui, des modèles peu valables présentés par les pairs, le manque de clarté du règlement et de continuité dans son application, des transitions maladroites entre deux leçons, etc. Les conséquences incluent les renforcements opérants, tels ceux que nous avons décrits dans le présent chapitre, de même que les conséquences logiques tenant lieu de punition et visant à éliminer le mauvais comportement. Une telle analyse peut sembler compliquée de prime abord mais, en réalité, on arrive habituellement à l'ébaucher en une demi-heure tout au plus.

L'ÉLABORATION DU PLAN DE MODIFICATION DU COMPORTEMENT. L'élaboration du plan dépend de l'analyse du comportement inapproprié et des caractéristiques du comportement souhaité. Le plan doit définir à grands traits les comportements qui nécessitent une attention particulière et indiquer les règles de conduite, de même que les renforçateurs et les conséquences auxquels on fera appel. Il doit être assez simple pour que les étudiants et les parents le comprennent aisément.

Les comportements que l'on souhaite susciter par la mise en vigueur du plan sont appelés *comportements cibles*. On arrivera à la longue à les établir en modelant la conduite des élèves au moyen du renforcement systématique. Par exemple, si l'un des comportements cibles est «Les élèves ne prendront pas la parole durant la classe à moins d'y avoir été autorisés», l'enseignant peut décider de dispenser un renforcement aux élèves qui lèvent la main et attendent d'être nommés avant de prendre la parole. Dans ce cas, on peut employer un compliment en guise de renforçateur: «Marie, c'est bien d'avoir levé la main avant de parler.» Par ailleurs, si l'un des comportements cibles est «Les élèves travailleront sans arrêt pendant toute la période allouée à une tâche», l'enseignant peut choisir d'utiliser un renforçateur graphique; il donnera à chaque élève qui se sera appliqué un certain nombre de points pour l'effort fourni, en lui disant: «Merci», «Bel effort» ou «J'apprécie ta collaboration».

LA MISE EN APPLICATION DU PLAN. Pour pouvoir mettre le plan en application de façon adéquate, il faut d'abord modifier les conditions qui favorisent le mauvais comportement. Ainsi, on doit préciser et réviser le règlement, et en discuter avec les élèves. Il faut également décrire les conséquences des mauvais comportements, de même que les procédés de suivi. Il est important de mettre l'accent sur la responsabilité personnelle. De plus, on doit intensifier les leçons de manière à éliminer les temps morts et à rendre les activités scolaires aussi intéressantes que possible.

Lorsque les conditions antérieures sont satisfaisantes, l'enseignant doit discuter avec les élèves des comportements qui entravent l'apprentissage, leur soumettre le plan de modification du comportement auquel il songe pour améliorer la situation, puis en discuter avec eux. La mise en application de ce plan exige habituellement la modification des habitudes ou des conditions en vigueur. Les élèves qui se comportent mal agissent souvent en partie parce que cela leur procure un renforcement non prévu par l'enseignant, comme l'attention de ce dernier ou encore l'attention, les rires ou l'admiration des pairs. Il est essentiel d'éliminer ces renforçateurs non intentionnels ou, mieux encore, de leur substituer des conséquences négatives si l'on veut établir un comportement plus approprié. Nous avons vu que les conséquences négatives comprennent le fait de ne pas prendre en compte, délibérément, le mauvais comportement ainsi que la mise à l'écart du coupable et des mesures encore plus sévères, comme la retenue après les heures de classe ou l'interdiction de participer à une activité attrayante.

Entre-temps, on applique régulièrement des conséquences positives aux élèves qui améliorent leur conduite. L'enseignant peut repérer quelques élèves présentant le comportement exigé et il doit leur dispenser des renforcements. Au primaire, il suffit par exemple de nommer ces élèves et de renforcer leur comportement de manière verbale: «Thierry, je te remercie de te mettre au travail aussi rapidement.» «Anne, ton devoir est bien présenté.» Par contre, on doit renforcer le comportement des élèves plus âgés sans trop attirer l'attention de leurs pairs. On peut procéder de façon anonyme par un échange de regards ou un signe de tête; on peut également adresser le renforcement à la classe tout entière: «J'apprécie vraiment la coopération dont plusieurs d'entre vous ont fait preuve en sortant à l'avance tout ce dont ils avaient besoin pour faire ce travail.»

Dans le passé, on a privilégié l'autoadministration des renforcements par les élèves. Lindsley («Precision teaching», 1971) a recommandé l'emploi d'un procédé qu'il a nommé l'*enseignement de précision*: les élèves tracent eux-mêmes le graphique de leurs résultats scolaires et de leur comportement en classe, le renforcement consistant dans l'amélioration qu'ils peuvent voir sur le graphique. Mahoney et Thoresen (1972) ont appris à des élèves à établir leur propre système de récompenses et de punitions, et à appliquer ces conséquences à leur propre comportement. On a permis à des élèves de maternelle de se rendre par eux-mêmes à l'aire de jeu lorsqu'ils avaient terminé leur travail d'arts plastiques. Des élèves de cinquième année avaient le droit de s'allouer une période de lecture libre de 10 minutes s'ils n'avaient causé aucun dérangement durant le cours de mathématiques. Des élèves du secondaire qui avaient remis à temps des travaux satisfaisants pouvaient s'autoriser eux-mêmes à travailler avec un ami.

L'autorenforcement peut évidemment donner lieu à des abus. Si l'on ne révise pas fréquemment avec eux les règles et les responsabilités, les élèves ont tendance à la longue à se montrer extrêmement généreux pour ce qui est de s'attribuer des conséquences positives, et parcimonieux pour ce qui est de sanctionner leurs comportements répréhensibles. On peut arriver à un compromis en convenant que l'enseignant doit *signifier son approbation* lorsqu'un élève croit mériter un renforcement et lui laisser alors le choix du renforçateur.

SYNTHÈSE CRITIQUE DU MODÈLE NÉOSKINNÉRIEN

De nombreux enseignants ont eu recours à la modification du comportement comme stratégie de contrôle. Le renforcement et les conséquences du comportement, qui en sont les éléments essentiels, ont été intégrés à plusieurs modèles de la discipline. Mais, en dépit de son efficacité, la modification du comportement a fait l'objet de très nombreuses critiques.

On se demande notamment si la modification du comportement aide réellement l'élève, et dans quelle mesure, ou bien si elle ne constitue pas plutôt pour l'enseignant un moyen d'exercer un contrôle plus strict sur la pensée et les actions de l'élève. La question de la récompense prête également à controverse. La majorité des spécialistes soutiennent que la récompense favorise l'apprentissage et le comportement approprié mais, pour certains, cette stratégie va à l'encontre du but recherché : en effet, elle diminuerait la motivation intrinsèque de l'élève (l'élève travaillerait alors uniquement en vue d'obtenir la récompense), en remplaçant le désir réel d'apprendre par une motivation extrinsèque et un strict contrôle du comportement (Hill, 1990 ; Kohn, 1993).

De fait, la modification du comportement ne soulève pas l'enthousiasme de tous les enseignants, pour les raisons énumérées par les critiques et parce que la distribution de points et d'autres renforçateurs peut devenir très fastidieuse. Néanmoins, les enseignants qui privilégient cette méthode estiment qu'elle permet d'améliorer le comportement des élèves, et cette amélioration à son tour facilite l'enseignement et le rend plus agréable. Un grand nombre d'enseignants ont constaté que la modification du comportement est très efficace dans la mesure où elle prévient les mauvais comportements et incite les élèves à la maîtrise de soi. Mais ils admettent que les progrès sont lents et que cette méthode donne rarement les résultats escomptés lorsqu'il s'agit de corriger des comportements répréhensibles relativement graves.

En tout état de cause, la majorité des enseignants qui ont adopté la modification du comportement de façon systématique s'en montrent satisfaits. Ils en viennent à considérer cette méthode non comme un outil de manipulation des élèves, mais comme un procédé grâce auquel les élèves ont la liberté d'adopter des comportements qui leur assureront succès et considération. Si l'enseignant intègre naturellement l'attention personnelle et le renforcement à son style d'enseignement, il appliquera les conséquences de façon naturelle et spontanée, au lieu de le faire artificiellement à la manière d'un juge. De plus, lorsque le renforcement est dispensé sous une forme convenant au niveau de développement des élèves, ces derniers n'ont pas le sentiment que l'enseignant cherche à manipuler leur comportement ; ils perçoivent simplement l'enseignant comme bienveillant, respectueux et serviable.

EXERCICES

Révision des termes clés

Les termes suivants jouent un rôle crucial dans la compréhension du contrôle du comportement fondé sur les principes de Skinner. Pouvez-vous en donner la signification ?

- modelage du comportement
- comportement opérant
- renforcement opérant
- renforcement
- renforcement positif
- renforcement négatif
- programme de renforcement
- approximations successives
- extinction
- modification du comportement
- punition
- renforçateur social
- renforçateur graphique
- activité renforçatrice
- renforçateur concret
- règlement-ignorance-compliment (RIC)
- « prendre l'élève en flagrante bonne conduite »
- règlement-récompense-punition (RRP)
- économie de jeton
- contrat de conduite

Études de cas

♦ **Premier cas : Kristina se refuse à travailler.**

Dans la classe de M. Saint-Laurent, Kristina se montre une élève très docile. Elle ne dérange personne et se mêle peu aux autres. Mais, en dépit de tous ses efforts, l'enseignant ne parvient pas à la faire participer aux activités de la classe. Kristina ne fait quasiment pas de progrès sur le plan scolaire, elle ne fournit guère d'efforts et ne finit jamais le travail demandé. Elle se contente d'être là.

> *Comment un adepte du modèle néoskinnérien interviendrait-il auprès de Kristina ?*

Un partisan de ce modèle conseillerait à M. Saint-Laurent d'employer les approches suivantes avec Kristina.

1. Chercher à identifier un renforçateur social auquel Kristina réagit, comme la proximité physique, un compliment, un sourire ou un mot gentil. La prendre en flagrante bonne conduite (en train de faire une action appropriée) et lui dispenser le renforçateur à cette occasion. Continuer d'employer le même procédé chaque fois qu'elle participe à une activité ou qu'elle travaille.

2. Rappeler le règlement de la classe en ce qui concerne le travail et l'obligation de terminer les tâches assignées. Féliciter Kristina devant les autres ou en aparté, ou recourir à n'importe quel autre renforçateur efficace chaque fois qu'elle se conforme aux règles.
3. Si Kristina ne réagit pas aux renforçateurs sociaux, essayer d'employer des renforçateurs plus puissants, comme les points, les jetons ou des objets concrets.
4. Établir un contrat engageant Kristina et ses parents, dont on aura sollicité la coopération. Repérer une récompense particulièrement attrayante pour Kristina. Définir ce qu'elle doit faire pour obtenir cette récompense. Renforcer toute amélioration de son comportement.

♦ **Deuxième cas : Sarah ne peut s'empêcher de parler.**

Sarah est une charmante petite fille qui participe aux activités de la classe et effectue la plupart des travaux qui lui sont assignés, mais pas tous. Elle pourrait faire mieux, mais semble incapable de s'empêcher de parler à ses voisins durant la classe. L'enseignant, M. Gonzales, doit intervenir tellement souvent qu'il finit par s'exaspérer.

> *À quelles techniques de modification du comportement M. Gonzales pourrait-il avoir recours dans ses interventions auprès de Sarah?*

♦ **Troisième cas : Julien fait le clown et intimide les autres élèves.**

Julien, qui est plus gros et plus tapageur que ses camarades de classe, cherche continuellement à attirer l'attention, à la fois en faisant le clown et en intimidant les autres élèves. Il fait des plaisanteries, répond avec insolence (tout en souriant) à l'enseignant, imite toutes sortes de bruits, comme des coups de feu et des chocs de voitures, et émet continuellement des commentaires sarcastiques à propos de ses camarades, qu'il cherche également à rabaisser par divers moyens. Ces derniers ne tentent pas de lui tenir tête, apparemment parce que sa taille et son agressivité verbale les impressionnent. L'enseignante, Mme Pearl, ne sait plus quelle attitude adopter.

> *Lequel des systèmes de modification du comportement serait le plus approprié, selon vous, dans le cas de Julien?*

♦ **Quatrième cas : Thomas se montre hostile et provocant.**

Depuis qu'il est entré dans la classe, Thomas semble, comme d'habitude, d'humeur massacrante. En allant tailler son crayon, il a bousculé Frank, qui s'en est plaint. Thomas lui a enjoint, en haussant très fort la voix, de « la fermer ». L'enseignante, Mme Deslandes, est alors intervenue : « Thomas, va t'asseoir.» Ce dernier se retourne pour lui faire face et lui répond, toujours très fort: «J'irai quand je voudrai!»

> *De quelle façon les adeptes du modèle néoskinnérien conseilleraient-ils à Mme Deslandes d'agir avec Thomas?*

QUESTIONS ET ACTIVITÉS

1. Décrivez deux systèmes efficaces de modification du comportement, l'un employé dans une école primaire et l'autre, dans une école secondaire. Qu'est-ce qui distingue le premier du second?

2. Mme Wong rencontre des difficultés dans sa classe. Les élèves entrent en faisant du tapage et ils mettent beaucoup de temps à s'asseoir et à se calmer. Ils donnent les réponses d'une voix stridente et font des plaisanteries pendant les cours. Certains ne prêtent aucune attention à Mme Wong lorsqu'elle parle.

    a) Décrivez le plan de modification du comportement que vous établiriez pour la classe de Mme Wong, en vous inspirant du système RIC. (On peut supposer, au choix, que Mme Wong enseigne à une classe de première ou de sixième année, ou encore de troisième année du secondaire.)

    b) Décrivez le plan de modification du comportement que vous établiriez pour la classe de Mme Wong, en vous inspirant du système RRP.

    c) Décrivez le plan de modification du comportement, fondé sur l'économie de jeton, que vous établiriez pour la classe de Mme Wong.

3. Alex, un élève en première année du secondaire, arrive en retard tous les jours et il n'apporte jamais ce dont il a besoin pour participer aux activités de la classe. Décrivez le contrat que vous conseilleriez à l'enseignant de faire signer à Alex pour inciter ce dernier à se présenter en classe à temps et à apporter le matériel requis.

4. Étudiez le scénario 7 ou 8 présenté à l'appendice. Expliquez comment il serait possible d'appliquer les principes de la modification du comportement pour améliorer la conduite de certains des élèves de la classe de Mme Brabant ou de celle de M. Joncas.

RÉFÉRENCES BIBLIOGRAPHIQUES ET LECTURES SUGGÉRÉES

FIRTH, G. (1985), *Behavior management in the schools: A primer for parents*, New York, Charles C. Thomas.

HILL, D. (1990), « Order in the classroom », *Teacher*, vol. 1, n° 7, p. 70-77.

KOHN, A. (1993), *Punished by rewards: The trouble with gold stars, incentive plans, A's, praise, and other bribes*, Boston, Houghton Mifflin.

LADOUCER, R. et J. Armstrong (1983), « Evaluation of a behavioral program for the improvement of grades among high school students », *Journal of Counseling Psychology*, vol. 30, p. 100-103.

MACHT, J. (1989), *Managing classroom behavior: An ecological approach to academic and social learning*, White Plains, Longman.

MAHONEY, M. et C. Thoresen (1972), « Behavioral self-control—Power to the person », *Educational Researcher*, vol. 1, p. 5-7.

McINTYRE, T. (1989), *The behavior management handbook: Setting up effective behavior management systems*, Boston, Allyn & Bacon.

« Precision teaching in perspective: An interview with Ogden R. Lindsley » (1971), *Teaching Exceptional Children*, vol. 3, p. 114-119.

SHARPLEY, C. (1985), « Implicit rewards in the classroom », *Contemporary Educational Psychology*, vol. 10, p. 349-368.

SKINNER, B. F. (1948), *Walden two*, New York, Macmillan.

———————— (1953), *Science and human behavior*, New York, Macmillan.

———————— (1971), *Beyond freedom and dignity*, New York, Knopf. (Traduit par Anne-Marie et Marc Richelle sous le titre *Par-delà la liberté et la dignité*, Paris, Éditions Robert Laffont, 1972.)

TAUBER, R. (1982), « Negative reinforcement: A positive strategy in classroom management », *Clearing House*, vol. 56, p. 64-67.

CHAPITRE 3

Le modèle de Kounin

*La discipline
par la gestion
de classe*

JACOB KOUNIN

NOTICE BIOGRAPHIQUE

Né à Cleveland, en Ohio aux États-Unis, en 1912, Kounin obtint un doctorat à Iowa State University en 1939 ; en 1946, il fut nommé professeur de psychopédagogie à Wayne State University, où il fit la plus grande partie de sa carrière universitaire. Il présenta de nombreuses communications à l'American Psychological Association, à l'American Educational Research Association et à de nombreuses autres associations professionnelles. En outre, diverses universités firent souvent appel à ses services en tant que consultant ou professeur associé.

Kounin est avant tout connu pour ses recherches concernant les effets de la gestion de classe sur le comportement des élèves, dont il donne un compte rendu dans son ouvrage *Discipline and Group Management in Classrooms* (1970, édition révisée en 1977). Nombreux sont les ouvrages consacrés à la discipline scolaire qui font état de l'apport de Kounin.

APPORT DE KOUNIN AU DOMAINE DE LA DISCIPLINE

Kounin fut le premier chercheur à présenter une analyse scientifique détaillée de la relation entre certains comportements des enseignants en classe et les comportements des élèves qui y répondent. On a tiré de ses travaux de nombreuses conclusions quant à ce que les enseignants devraient faire, ou ne pas faire, pour favoriser la bonne conduite et l'apprentissage des élèves. Son œuvre a eu, et continue d'avoir, une grande influence ; ses enseignements ont été intégrés aux modèles les plus efficaces de la discipline en classe actuellement en usage.

C'est un incident qui est à l'origine des recherches de Kounin. Alors qu'il enseignait à l'université, il a un jour réprimandé un étudiant qui lisait un journal durant son cours et, immédiatement après, il a observé un changement dans le comportement des autres étudiants : ces derniers s'étaient redressés et ils étaient plus attentifs. Cela a amené Kounin à s'interroger sur l'effet que les *commentaires dissuasifs* (remarques ou réprimandes visant à faire cesser le mauvais comportement d'un élève) sont susceptibles d'avoir sur les élèves à qui ces remarques ne s'adressent pas, puisque leur comportement n'est pas répréhensible, mais qui en sont tout de même témoins. Il a pensé que de tels commentaires produisent peut-être des « ondes » capables d'atteindre l'ensemble des étudiants, et qu'ils pourraient être utiles aux enseignants soucieux de maintenir la discipline dans leur classe. Il a appelé ce phénomène de propagation *effet de réverbération.*

Kounin a d'abord choisi l'entrevue comme moyen d'investigation, mais il s'est rendu compte qu'il existait un écart important entre ce que les sujets racontaient et ce qui se passait réellement dans la classe. Il a donc modifié sa méthode de façon à y intégrer des observations menées en classe. Il a également enregistré sur magnétophone des leçons en classe, qu'il pouvait par la suite analyser en détail. Il a ainsi étudié des bandes totalisant des milliers d'heures d'enregistrement et réalisées dans 80 classes différentes. Il a pu constater que l'effet de réverbération des commentaires dissuasifs, qu'il avait observé chez les élèves du primaire, ne se manifestait que très peu dans le comportement des élèves plus âgés. Il a donc donné une nouvelle orientation à ses recherches et a découvert que plusieurs autres aspects du comportement de l'enseignant exercent effectivement une profonde influence sur le comportement des élèves en classe.

ORIENTATION DES TRAVAUX DE KOUNIN

Kounin a peu à peu orienté ses travaux sur l'identification des comportements de l'enseignant susceptibles à la fois d'amener les élèves à participer activement aux cours et de réduire la *déviance*, c'est-à-dire le mauvais comportement. Kounin a d'abord tenté de déterminer les réactions les plus efficaces des enseignants, en étudiant principalement les caractéristiques et les effets des commentaires dissuasifs. Il en est rapidement arrivé à la conclusion qu'il n'existe qu'un faible lien entre ceux-ci et le comportement des élèves.

Kounin s'est ensuite intéressé aux comportements des enseignants qui semblaient avoir une influence sur le degré d'attention des élèves et leur participation au cours ; il avait noté que ces derniers se conduisent rarement mal lorsqu'ils sont captivés par une activité. En suivant cette piste, il a relevé quelques techniques de gestion de classe susceptibles de contribuer à intéresser l'élève à la leçon et à diminuer par le fait même le mauvais comportement ; il n'a cependant jamais fait de suggestions quant à la manière de corriger les comportements inappropriés lorsqu'ils se produisent.

CONCEPTS ET ENSEIGNEMENTS DE KOUNIN

L'EFFET DE RÉVERBÉRATION. Ce phénomène traduit le fait que les paroles et les actions de l'enseignant destinées à un élève dissipé ont fréquemment une influence plus étendue, dans la mesure où elles agissent sur le comportement de l'ensemble de la classe. On peut tirer profit de l'effet de réverbération à l'école primaire, mais rarement chez les élèves plus âgés.

LA VIGILANCE. Par ce terme, Kounin désigne l'attitude de l'enseignant qui sait ce qui se passe en tout point de la classe et à tout moment ; selon Kounin, cette caractéristique contribue grandement à réduire la fréquence du mauvais comportement.

LA CADENCE. Kounin emploie ce terme pour désigner la promptitude avec laquelle l'enseignant met une activité en marche, la poursuit et la termine, et la manière dont il gère la transition entre deux activités.

LA RÉGULARITÉ. Ce terme caractérise les activités dont le déroulement est harmonieux, aucun incident ni changement brusque ne venant perturber le travail ou la pensée des élèves.

L'ÉVEIL DE L'INTÉRÊT. Ce terme désigne les efforts déployés par l'enseignant pour capter l'attention des élèves et les informer de ce qu'ils ont à faire.

LA RESPONSABILISATION DE L'ÉLÈVE. Cette expression se rapporte aux efforts déployés par l'enseignant — poser des questions, demander une démonstration ou des explications — afin de maintenir l'attention des élèves.

LE CHEVAUCHEMENT. Ce terme désigne la technique employée par l'enseignant qui mène de front deux ou plusieurs tâches : par exemple, il répond aux questions des élèves en train de faire un travail par eux-mêmes tout en dirigeant un petit groupe s'adonnant à une autre activité.

LA SATURATION. Kounin utilise ce terme technique pour désigner l'état des élèves lorsqu'ils en ont assez d'un sujet, du moins temporairement. La saturation découle de l'ennui, de la frustration et de la répétition.

LA VALENCE ET LA STIMULATION. Cette expression se rapporte aux efforts déployés par l'enseignant pour rendre les activités aussi agréables et stimulantes que possible, ce qui retarde le moment où les élèves ressentiront de la saturation. Parmi les facteurs susceptibles de susciter l'intérêt des élèves et de les stimuler, on note l'enthousiasme de l'enseignant, la diversité des activités et l'emploi de plusieurs médias, de différents objets et d'autres outils.

LE CARACTÈRE VARIÉ ET STIMULANT DU TRAVAIL INDIVIDUEL. Bien que Kounin accorde de l'importance à ce concept, il ne l'a pas défini clairement. On peut supposer que cette expression a une signification proche de celle de « valence et stimulation », mais qu'elle se rapporte au travail que l'élève effectue par lui-même par opposition aux cours dispensés directement par l'enseignant.

ANALYSE DU MODÈLE DE KOUNIN

L'EFFET DE RÉVERBÉRATION

Nous avons déjà souligné le fait que les recherches de Kounin sur la gestion du comportement sont nées d'une observation faite par hasard alors qu'il enseignait à l'université : il a noté que, s'il réprimandait l'un de ses étudiants, cela avait un effet sur les autres, qui modifiaient également leur comportement.

Intrigué par cette observation, Kounin s'est mis à étudier la nature des *commentaires dissuasifs* (remarques ou réprimandes) et la propagation de leur action, qu'il a appelée, comme nous l'avons déjà précisé, *effet de réverbération*. Il a procédé à des expériences dans quatre cadres différents : la maternelle, la classe de niveau secondaire, la classe de niveau universitaire et le camp de vacances, dans le but de déterminer si la nature d'un commentaire dissuasif influe, et jusqu'à quel point, sur la proportion des élèves qui modifient leur comportement dans le sens souhaité, d'abord dans le groupe auquel le commentaire s'adresse, puis, plus particulièrement, dans le groupe des élèves ayant été de simples témoins.

LA MATERNELLE. Au cours des études menées dans des maternelles, des observateurs, spécialement formés à cette fin, ont noté les commentaires dissuasifs employés par les enseignants ainsi que les réactions des enfants. Ces commentaires ont ensuite été classés selon leur degré de *clarté*, de *fermeté* et de *dureté*. Le degré de clarté est élevé si l'éducateur nomme l'enfant, précise le comportement inacceptable et explique le but de son commentaire ; le degré de fermeté est élevé si, dans son attitude, l'éducateur montre clairement qu'il ne plaisante pas jusqu'à ce que l'enfant ait mis fin au comportement répréhensible ; enfin, le degré de dureté est élevé si l'éducateur accompagne le commentaire d'une légère punition et s'il l'énonce sur un ton de colère. Ces études ont permis à Kounin de constater que, à la maternelle :

1. Le commentaire dissuasif clair a comme effet d'augmenter la fréquence du bon comportement chez tous les enfants qui l'entendent.
2. Le commentaire dissuasif ferme a comme effet d'augmenter la fréquence du bon comportement uniquement chez les enfants qui se conduisent mal au moment où l'éducateur l'utilise.
3. Le commentaire dissuasif dur n'améliore en rien le comportement ; il a uniquement comme effet d'attrister les enfants et de les rendre agités et anxieux.
4. En général, l'effet de réverbération agit parfaitement le premier jour de fréquentation de la maternelle, mais il a tendance à diminuer au cours des jours suivants.

LA CLASSE DE NIVEAU SECONDAIRE. Dans les classes de niveau secondaire, Kounin a étudié les commentaires dissuasifs selon qu'ils sont ou non accompagnés d'une punition, que la menace proférée à l'égard du contrevenant est sévère, que le message est clair, ferme, empreint de colère et teinté ou non d'humour. Le chercheur n'a constaté aucun lien entre les caractéristiques d'un commentaire dissuasif et la fréquence du mauvais comportement chez les élèves du secondaire. Ces commentaires exercent une influence sur les élèves directement réprimandés, mais ils ont très peu d'effet, de quelque nature que ce soit, sur le comportement des autres élèves. Toutefois, si l'enseignant manifeste une grande colère, les élèves se sentent mal à l'aise.

Si les commentaires dissuasifs n'agissent pas sur le comportement des élèves du secondaire, Kounin a découvert que la sympathie éprouvée à l'égard de l'enseignant a une profonde influence sur leur comportement. Les élèves qui ont beaucoup d'estime pour l'enseignant font moins souvent preuve d'un comportement répréhensible et les infractions qu'ils commettent sont moins graves; ils ont également tendance à travailler avec plus d'application et d'efficacité.

LA CLASSE DE NIVEAU UNIVERSITAIRE. Au cours des expériences menées dans des classes de niveau universitaire, Kounin n'a pas étudié les commentaires dissuasifs exactement de la même façon qu'il l'a fait dans les autres groupes. Il a cherché à comparer les effets des *commentaires dissuasifs bienveillants* (qui consistent à offrir de l'aide à l'étudiant se comportant de manière inappropriée) avec ceux des *commentaires dissuasifs menaçants* (qui sont de véritables réprimandes). Il en est venu à la conclusion que les deux types de commentaires produisent un léger effet de réverbération chez les étudiants adultes, mais que cet effet est trop faible pour qu'on puisse en tirer profit dans la pratique.

LE CAMP DE VACANCES. Les expériences menées dans des camps de vacances ont porté sur les mêmes caractéristiques des commentaires dissuasifs que les observations effectuées dans des maternelles. Kounin n'a constaté aucun effet de réverbération mesurable chez les jeunes, âgés de 7 à 13 ans, qui participaient aux camps. Néanmoins, il a noté que cette absence d'effet pouvait être due en partie au fait que, dans un camp, un mauvais comportement paraît plus acceptable qu'à l'école et qu'il entraîne donc moins de conséquences. Il est possible que les enfants n'aient tout simplement pas pris les commentaires dissuasifs au sérieux.

CONCLUSIONS À PROPOS DE L'EFFET DE RÉVERBÉRATION. Kounin a tiré des études décrites ci-dessus 300 corrélations statistiques différentes concernant les commentaires dissuasifs et le comportement. Deux de ces corrélations seulement sont quelque peu significatives. Ces résultats ont amené Kounin à conclure que :

Il n'existe pas de relation entre les caractéristiques des commentaires dissuasifs employés par une enseignante et les résultats qu'elle obtient dans le contrôle d'un comportement déviant.

Par ailleurs, selon le chercheur :

Les techniques employées n'influent pas en soi de façon manifeste sur le bon ou le mauvais comportement des élèves non plus que sur les résultats obtenus par l'enseignant pour empêcher la propagation du mauvais comportement d'un élève aux autres. (p. 70)

Ces conclusions ont conduit Kounin à réorienter ses recherches : il s'est désintéressé des commentaires dissuasifs et a cherché à identifier les traits distinctifs et les comportements de l'enseignant susceptibles d'exercer une influence sur la participation des élèves aux activités de la classe et, par le fait même, sur la fréquence des mauvais comportements. Mais, avant d'examiner les découvertes de Kounin, récapitulons les conclusions que l'on peut tirer de ses travaux sur l'effet de réverbération.

1. L'effet de réverbération influe effectivement sur le comportement des jeunes enfants. L'enseignant a de bonnes chances, en corrigeant le comportement d'un enfant, d'améliorer simultanément celui de ses camarades. On peut donc considérer l'effet de réverbération comme une composante importante des techniques de discipline au primaire.
2. Au primaire, l'effet de réverbération est également produit par les commentaires positifs («Très bien! Je vois que plusieurs d'entre vous ont presque terminé leur travail») et les commentaires négatifs («Il semble bien que certains d'entre vous devront rester en classe pendant la récréation pour terminer leur travail»).
3. Au secondaire, l'effet des commentaires dissuasifs ne semble pas se propager aux autres membres de la classe, mais de tels commentaires créent un malaise et de l'anxiété.
4. En ce qui concerne les élèves plus âgés, leurs sentiments à l'égard de l'enseignant ont beaucoup plus d'influence sur leur comportement que l'effet de réverbération. Les étudiants des niveaux collégial et universitaire travaillent davantage et se comportent mieux lorsqu'ils ont beaucoup d'estime pour l'enseignant.

Nous allons examiner ci-dessous les facteurs autres que l'effet de réverbération qui, selon Kounin, jouent un rôle dans le contrôle de la classe. Ces facteurs sont: la vigilance, la cadence et la régularité, l'éveil de l'intérêt et la responsabilisation de l'élève, le chevauchement, la valence et la stimulation et, enfin, le caractère varié et stimulant du travail individuel.

LA VIGILANCE

En analysant les bandes vidéo enregistrées en classe, Kounin a découvert que les enseignants qui réussissent bien à contrôler leur classe semblent «avoir des yeux derrière la tête»: en effet, ils savent à tout moment ce qui se passe en tout point de la classe. Il a appelé ce phénomène *vigilance* et l'a classé parmi les facteurs qui permettent de reconnaître les enseignants efficaces de ceux qui ne le sont pas.

Néanmoins, la vigilance ne produit des effets que si les élèves sont convaincus que l'enseignant sait réellement ce qui se passe partout dans la classe. L'enseignant doit donc leur faire savoir qu'il a conscience de tout, soit par son comportement soit verbalement. Si Robert et Christian ne travaillent pas, l'enseignant peut se contenter de les regarder pour leur montrer qu'il s'en rend compte. Et, si cela est nécessaire, il peut leur dire: «Je vois que vous n'avez pas encore commencé votre travail. Il faut pourtant que vous le terminiez aujourd'hui.»

Kounin a relevé plusieurs manifestations de la vigilance qui en augmentent l'efficacité. La première est l'habileté à identifier l'élève qui a besoin d'être repris. Supposons que Robert et Christian taquinent Myriam et que celle-ci proteste à haute voix, tandis que l'enseignant travaille avec un petit groupe à l'autre bout de la classe. Si l'enseignant sait faire preuve de vigilance, il repérera les deux garçons et leur enjoindra de se mettre au travail. Par contre, si l'enseignant ne se rend pas parfaitement compte de la situation, il entendra peut-être uniquement la réponse de Myriam, à laquelle il dira, à tort, de se taire et de travailler. En ne s'adressant pas à ceux qui ont créé la situation, l'enseignant montre au groupe qu'il n'est pas pleinement conscient de ce qui se passe réellement.

La vigilance se manifeste également par l'habileté à s'occuper en priorité des déviances les plus graves lorsque deux ou plusieurs comportements répréhensibles ont lieu simultanément. En voici un exemple. Josiane s'amuse avec un objet plutôt que de faire la tâche qui lui a été assignée; au même moment, Jacques et Éric, qui semblent en colère, se bousculent dans un coin de la classe. L'enseignant lève les yeux et dit: «Josiane, range cet objet et mets-toi au travail.» Il n'a pas su relever le mauvais comportement le plus grave. Si cela se reproduit souvent, les élèves finiront par se rendre compte qu'il n'est pas parfaitement conscient des événements ayant lieu dans la classe et, en conséquence, ils auront le sentiment qu'ils peuvent se permettre de mal se conduire.

Lorsqu'on fait preuve de vigilance, on sait intervenir au bon moment, on n'attend pas qu'un mauvais comportement se soit propagé pour agir. Prenons l'exemple suivant. Marc fait une boule de sa feuille de papier et la lance en direction de la corbeille; Ian, qui l'a vu faire, décide de l'imiter. Bientôt, plusieurs garçons font un concours de lancer. L'enseignant n'aurait jamais dû permettre que la situation se détériore à ce point. Il aurait dû se rendre compte du mauvais comportement de Marc et le corriger aussitôt.

L'enseignant vigilant n'attend pas non plus qu'un mauvais comportement se soit aggravé pour intervenir. Voici un exemple. L'enseignant d'une classe de deuxième année donne à deux garçons la permission d'aller boire à la fontaine. Marc s'y rend le premier, mais Justin le suit en courant et le bouscule pour prendre sa place; Marc bouscule à son tour Justin. Les deux garçons échangent des regards pleins de colère et des paroles malveillantes, puis ils se toisent et se mettent à se bagarrer. Ce n'est qu'à ce moment que l'enseignant intervient. Un tel incident montre à la classe que l'enseignant ne s'est pas rendu compte de ce qui se passait avant que la situation n'ait dégénéré. S'il s'était adressé aux garçons plus tôt, il aurait évité l'affrontement et fait savoir du même coup à la classe qu'il est vigilant.

LA CADENCE ET LA RÉGULARITÉ

Kounin a observé que tous les enseignants ont à gérer une grande quantité de ce qu'il appelle le *mouvement relié aux activités*, dans lequel il inclut les mouvements tant psychologiques que physiques faisant partie du déroulement d'une leçon. Il attire l'attention sur deux autres phénomènes connexes : (1) la *cadence*, c'est-à-dire la promptitude de la mise en marche de l'activité, le rythme de son déroulement, la façon de la conclure et la transition avec l'activité suivante, et (2) la *régularité*, soit l'absence de tout changement brusque qui viendrait entraver les activités des élèves ou leurs processus de pensée.

Il a été établi que la cadence et la régularité sont particulièrement importantes durant l'introduction d'une leçon et la transition d'un cours ou d'une activité à l'autre, car c'est à ce moment-là que les élèves ont davantage tendance à mal se comporter. Kounin explique les difficultés reliées à la régularité en fonction de la discontinuité et du ralentissement.

LA DISCONTINUITÉ. Dans la terminologie de Kounin, la *discontinuité* désigne le manque d'harmonie dans le passage d'une activité à une autre. En voici quelques exemples. Les élèves d'une classe du secondaire sont en train de travailler à un projet en arts plastiques lorsque l'enseignant leur dit à brûle-pourpoint : « Rangez votre matériel car nous allons recevoir un visiteur. » La moitié de la classe n'entend pas les directives de l'enseignant et l'autre moitié se met à agir dans le désordre. Voici un second exemple : un enseignant du primaire venant tout juste de commencer sa leçon de mathématiques demande à trois élèves de venir au tableau. Pendant que ces derniers se déplacent, il dit de but en blanc : « Un instant. Quels sont ceux qui ont apporté l'argent pour la sortie éducative ? » Il compte les mains levées, se rend à son pupitre et note le nombre.

Au cours de ses études menées dans de nombreuses classes, Kounin a constaté que la discontinuité, c'est-à-dire les changements brusques susceptibles d'interrompre les processus de pensée des élèves, entraîne du désordre, de l'activité inutile, du bruit, du retard et diverses transgressions du règlement de la classe. Au contraire, les transitions harmonieuses entre deux activités, c'est-à-dire celles qui se font conformément à un emploi du temps, sans interruptions brusques de l'activité ni du fil de la pensée, favorisent l'application au travail et réduisent les problèmes de comportement.

LE RALENTISSEMENT. Le *ralentissement*, qui nuit également à la cadence et à la régularité, représente une perte de temps durant les cours et entre deux activités. Ce que Kounin appelle l'*appesantissement* est une cause typique de ralentissement. On l'observe sous diverses formes : par exemple, l'enseignant passe trop de temps à donner des directives et des explications, à sermonner les élèves ou à examiner les détails d'un sujet plutôt que les points principaux. Prenons le cas de M. Anderson qui vient de demander à ses élèves de rédiger une composition. Ils n'ont pas sitôt commencé qu'il se met à les interrompre en faisant des commentaires du genre : « Veillez à laisser des marges suffisantes », « Rappelez-vous l'ordre dont nous avons parlé », « N'oubliez pas de numéroter chaque paragraphe », « Subdivisez les paragraphes trop longs » ou encore « Assurez-vous que chaque paragraphe commence par une phrase qui en résume le contenu ». Ces commentaires, qui visent à aider les élèves, ne font que nuire à leur concentration et ralentir leur démarche.

Les faits que nous venons d'examiner peuvent paraître sans importance si on les envisage dans le cadre du cours dans son ensemble ou dans le cadre d'une journée entière, mais Kounin a conclu de ses études que l'habileté de l'enseignant à ménager des transitions harmonieuses et à maintenir la cadence est plus déterminante pour l'application des élèves et le contrôle de la classe que toute autre technique de maîtrise du comportement. Autrement dit, la cadence et la régularité favorisent davantage le bon comportement en classe que n'importe quelle autre technique de discipline employée.

L'ÉVEIL DE L'INTÉRÊT ET LA RESPONSABILISATION

Les enseignants ont rarement l'occasion de travailler exclusivement avec un élève. La plupart du temps ils travaillent avec de petits groupes ou la classe tout entière. Kounin a constaté que l'habileté à maintenir la concentration du groupe est essentielle à la productivité et à l'efficacité en classe. L'éveil de l'intérêt et la responsabilisation des élèves constituent les meilleurs moyens pour maintenir la concentration du groupe.

L'ÉVEIL DE L'INTÉRÊT DU GROUPE. Kounin a noté que les enseignants qui s'efforcent d'*éveiller l'intérêt du groupe* attirent fréquemment l'attention en promenant sur les élèves un regard plein d'attente et, parfois, en faisant des commentaires comme ceux-ci :

1. « Je me demande si quelqu'un pourrait... »
2. « Regardez cette illustration bizarre. Qu'est-ce qu'elle peut bien signifier ? Si quelqu'un a une idée, qu'il lève la main. »
3. « Ce matin, vous allez faire un test chronométré comportant 30 problèmes. Nous allons voir si vous êtes capables d'établir un nouveau record. »
4. « Écoutez bien ce que Jules va nous lire et essayez de deviner qui a volé la boule de cristal. »

De telles interventions attirent l'attention de tous les membres du groupe. Kounin les oppose à ce qu'il estime être des pratiques inefficaces engendrant le manque d'attention, dont voici quelques exemples.

1. L'enseignant centre son attention sur un élève à la fois et il omet d'inviter les autres à participer à la discussion.
2. L'enseignant choisit l'élève qui devra répondre avant d'avoir posé une question.
3. L'enseignant commence son cours sans avoir préalablement tenté d'amener les élèves à se concentrer sur le sujet à l'étude ou l'habileté à acquérir.

LA RESPONSABILISATION DE L'ÉLÈVE. Kounin entend par *responsabilisation de l'élève* le fait de considérer chaque membre de la classe comme responsable de sa participation active à l'acquisition des faits, des concepts et des techniques qui lui sont enseignés. Pour encourager cette attitude chez ses élèves, l'enseignant doit savoir ce que chacun fait et comment il réagit et progresse. Le chercheur conseille l'emploi de quelques techniques susceptibles d'entraîner la responsabilisation, dont les suivantes :

1. Chaque élève doit montrer sa carte de réponse de manière que l'enseignant puisse la voir.
2. L'enseignant demande à tous les élèves d'être attentifs lorsqu'un membre du groupe prend la parole et de vérifier l'exactitude de ce qu'il dit.
3. L'enseignant demande à tous les élèves de répondre par écrit à la question posée, puis il nomme, au hasard, quelques élèves qui donnent leur réponse à haute voix.
4. L'enseignant circule dans la classe et vérifie les réponses de ceux qui n'ont pas pris la parole.

Cette façon de faire permet à l'enseignant de travailler avec le groupe dans son ensemble tout en vérifiant la participation et les progrès de chaque individu. Lorsque les élèves se rendent compte que l'enseignant les considère comme directement responsables du contenu de la leçon, ils sont plus attentifs, ils participent aux activités et ils ont moins de raisons de se comporter de façon inappropriée.

LE CHEVAUCHEMENT

Au cours de ses études sur les pratiques en classe, Kounin a constaté que certains enseignants expérimentés utilisaient une technique de gestion de groupe qu'il a appelée *chevauchement*, c'est-à-dire que l'enseignant participe simultanément à deux ou plusieurs événements. Par exemple, un enseignant en train de travailler avec un petit groupe se rend compte que deux élèves assis à leur place jouent aux cartes au lieu de faire la tâche assignée. Il peut corriger la situation des deux manières suivantes :

1. Il suspend l'activité de groupe, s'approche des joueurs de cartes et les ramène à l'ordre, puis il tente de reprendre le travail en groupe.
2. Il n'interrompt pas l'activité de groupe ; il réprimande de loin les joueurs de cartes, puis, tout en les surveillant, il continue de diriger l'activité de groupe.

Vous avez sans doute deviné qu'il y a chevauchement dans la seconde approche. Les enseignants se font continuellement interrompre lorsqu'ils s'occupent d'un groupe ou d'un individu. Par exemple, si un élève vient le voir parce qu'il a besoin de faire vérifier son travail avant de poursuivre, l'enseignant qui utilise aisément le chevauchement réussira à examiner la copie de l'élève tout en gardant un œil sur le petit groupe et en faisant une remarque encourageante, comme «Continuez» ou «C'est bien». Ainsi, il participe à deux activités simultanément.

Kounin a découvert, ce qui n'est guère surprenant, que les enseignants qui pratiquent le chevauchement sont précisément ceux qui se rendent le mieux compte de ce qui se passe dans la classe. Ils sont plus «vigilants» que les autres, selon son expression. En fait, l'enseignant ne peut avoir recours au chevauchement de façon efficace s'il ne se montre pas vigilant. Lorsque les élèves travaillent individuellement et savent que l'enseignant est conscient de ce qu'ils font, ils sont davantage enclins à accomplir la tâche qui leur a été assignée.

LA VALENCE ET LA STIMULATION

Kounin a constaté, comme on pouvait s'y attendre, que le mauvais comportement est plus fréquent lorsque les élèves s'ennuient et qu'ils deviennent impatients (ou «saturés», selon Kounin). Il a étudié la valence et l'effet de saturation relativement aux activités en classe dans le but de déceler quelles pratiques des enseignants entraînent l'ennui et l'impatience chez les élèves, et lesquelles permettent de les éviter.

LA VALENCE. La *valence* indique si les élèves réagissent de façon positive ou négative à une leçon et le *changement de valence,* si leur attitude demeure ou non la même tout au long de la leçon. La *saturation* est le terme technique désignant un changement de valence imputable à la répétition. Si les élèves se lassent d'une activité au point de ne même plus vouloir en entendre parler, du moins pendant un certain temps, on dit qu'ils en sont saturés.

Il est bien connu que presque toutes les activités d'apprentissage mènent à la saturation si elles durent trop longtemps. La saturation grandissante s'exprime dans le comportement: les élèves regardent autour d'eux, ils font davantage de fautes, ils se désintéressent manifestement de la leçon et ils cherchent finalement un exutoire dans des comportements plus ou moins acceptables, comme tailler leurs crayons, bavarder, se taquiner ou se lever et se déplacer dans la classe.

Il existe néanmoins des apprentissages que l'on ne peut acquérir que par la répétition et en consacrant beaucoup de temps à un même type d'activité. Dans l'enseignement en classe, est-il possible de retarder le moment où se produira la saturation?

Kounin a relevé comment les enseignants les plus efficaces s'y prennent pour maintenir l'intérêt des élèves. Il a constaté que les plus compétents mettent en général l'accent sur la stimulation, la diversité des activités scolaires et l'impression de progresser.

LA STIMULATION. Kounin a observé que les enseignants qui ont recours à la stimulation tout au long d'une leçon réussissent à retarder considérablement l'apparition du phénomène de saturation chez les élèves. Ils arrivent à maintenir l'attention et le désir d'apprendre des élèves en les incitant à se dépasser ou en leur lançant des gageures : « Vous allez devoir réfléchir pour résoudre le prochain problème : il présente un piège » ou « Je suis prête à parier qu'aucun de vous n'est capable de résoudre ce problème. Quelqu'un veut quand même tenter sa chance ? »

Les interventions stimulantes de ce type incitent les élèves à travailler, tout comme les simples manifestations d'enthousiasme de la part de l'enseignant : « Je sens que nous allons passer une bonne journée ! », « Cette histoire a toujours été ma préférée, même quand j'étais enfant », « Vous allez vous souvenir de cette expérience toute votre vie ! », « Je parie que vos parents n'ont jamais rien fait de semblable » ou encore « Si vous arrivez à faire ça, c'est que vous êtes capables de tout faire ».

Il est évidemment essentiel que les commentaires de ce genre reflètent vraiment les sentiments de l'enseignant et qu'ils aient un certain lien avec la réalité. L'enseignant perdra vite toute crédibilité s'il n'en finit plus de vanter l'intérêt d'activités parfaitement ennuyeuses.

LA DIVERSITÉ. Même si les enseignants savent que la diversité donne du piquant à une leçon, comme à la vie en général, certains se laissent prendre par la routine et n'essaient guère de stimuler la pensée des élèves. Kounin a constaté que les enseignants les plus efficaces offrent à leurs élèves une grande *diversité* d'activités scolaires. Par exemple, les enseignants du primaire qu'il a observés faisaient alterner des activités calmes avec des activités animées et des activités en position assise avec des activités permettant des déplacements, de manière à procurer aux élèves des changements agréables sur le plan de la pensée, du mouvement et de l'emploi des sens. Les enseignants du secondaire introduisaient des variations semblables en faisant alterner les travaux de lecture et d'analyse avec l'acquisition d'habiletés, les discussions, le travail créatif et la résolution de problèmes.

Les enseignants peuvent aussi créer de la diversité dans la présentation de la matière. Ils peuvent tour à tour faire des démonstrations, diriger une activité, poser des questions qui feront l'objet d'un débat ou demander aux élèves de résoudre des problèmes par eux-mêmes. Lorsqu'ils surveillent les élèves, ils peuvent circuler dans la classe ou participer aux activités. Les élèves apprécient la variété dans la présentation, même lorsqu'ils ne sont pas très intéressés par la matière étudiée.

On peut aussi créer de la diversité en recourant à certains types de matériel ou à certains objets pédagogiques, à la couleur, au son et au mouvement afin de permettre aux élèves d'échapper aux tâches habituelles que sont l'écoute, la lecture et l'écriture. On peut également restructurer les groupes d'étude. Ainsi, l'enseignant peut commencer un cours avec la classe tout entière, la diviser ensuite en petites équipes de travail, puis réunir de nouveau tous les élèves pour la lecture des rapports d'équipe, ce qui permet à l'enseignant et à des élèves tour à tour de diriger la classe.

Le progrès. Kounin a observé que le sentiment de *progresser* retarde l'apparition du phénomène de saturation. Les élèves ont souvent du mal à se rendre compte de leurs progrès; l'enseignant peut les rassurer verbalement au sujet de leur apprentissage, mais il sera plus efficace s'il représente numériquement ou graphiquement les résultats de chaque membre du groupe.

Le caractère varié et stimulant du travail individuel

Selon Kounin, un *travail individuel varié et stimulant* accroît notablement l'application des élèves tout en diminuant la fréquence des comportements déviants. « En fait, écrit Kounin, la corrélation entre le caractère varié et stimulant du travail individuel et l'application dont l'élève fait preuve durant cette activité est plus grande que la corrélation entre l'application de l'élève et toute autre dimension du style de l'enseignant. » (p. 139) En dépit de l'importance qu'il accorde à ces caractéristiques, Kounin n'en donne aucune description ni aucun exemple dans ses observations sur les séances de travail individuel qu'il a enregistrées sur bande vidéo. On peut présumer qu'elles ressemblent aux éléments qu'il a décrits dans son étude de la valence et de la stimulation.

RÉFLEXIONS DE KOUNIN À PROPOS DE SES RECHERCHES

En faisant le bilan de ses études, Kounin explique qu'il a dû modifier le but initial de ses recherches. Il s'était attendu à observer une relation entre le comportement de l'élève et les caractéristiques des commentaires dissuasifs de l'enseignant. Mais il n'a obtenu aucun résultat significatif tant en ce qui concerne les conséquences immédiates sur la conduite des élèves que la fréquence des comportements déviants dans l'ensemble de la classe. Kounin note:

> *Cette découverte m'a obligé à désapprendre, en ce sens que j'ai dû substituer de nouvelles questions à celles que je m'étais posées au départ. J'ai laissé de côté les questions relatives aux techniques de discipline et je les ai remplacées par d'autres concernant la gestion de classe en général [et] j'ai fait plus de place dans mes recherches à la prévention du mauvais comportement qu'à la manière d'y faire face. (p. 143)*

Kounin s'est donc penché sur deux comportements chez les élèves, soit l'application au travail et la déviance, et il a tenté de déterminer quels comportements de l'enseignant y sont associés. Il a observé les facteurs que nous avons décrits précédemment: la vigilance, la cadence, la régularité, l'éveil de l'intérêt du groupe et la responsabilisation de l'élève, le chevauchement, la valence et la stimulation, et le caractère varié et stimulant du travail individuel. Kounin présente les corrélations statistiques étayant les relations qu'il a notées, puis il affirme:

> Ces techniques de gestion de classe s'appliquent aussi bien aux enfants perturbés fréquentant des classes régulières qu'aux enfants non perturbés. Elles s'appliquent autant aux garçons qu'aux filles. [Elles] s'appliquent au groupe dans son ensemble et pas seulement à des individus. Ce sont des techniques permettant de créer une écologie de la classe et un milieu d'apprentissage favorables. Il est à noter qu'aucune d'elles ne nécessite le recours à la punition ni à des mesures restrictives. (p. 144)

Kounin ajoute un peu plus loin:

> L'art de gérer une classe fait appel à un travail complexe où interviennent l'élaboration d'un programme d'apprentissage n'entraînant pas la saturation; la recherche du progrès, de la stimulation et de la diversité dans les activités; la régularité dans la mise en train des activités et leur déroulement à une cadence satisfaisante; la capacité de faire face à deux événements simultanément; l'observation d'un grand nombre d'événements différents et la rétroaction; l'orientation de l'intervention vers la bonne cible; le maintien de l'attention sur le groupe; et, sans aucun doute, d'autres techniques qui n'ont pas été évaluées dans les présentes recherches. (p. 144-145)

Selon Kounin, l'efficacité de la discipline n'est pas liée aux réprimandes adressées aux élèves. Elle résulte plutôt de la mise en œuvre de techniques de gestion qui favorisent l'application au travail et qui, par le fait même, préviennent le comportement déviant.

SYNTHÈSE CRITIQUE DU MODÈLE DE KOUNIN

Les techniques de gestion décrites par Kounin peuvent sans aucun doute servir à créer et à maintenir dans la classe un climat propice à l'apprentissage. En amenant les élèves à participer activement, de leur plein gré, à des activités d'apprentissage, les enseignants réduisent certainement le nombre de problèmes de comportement avec lesquels ils seraient sinon aux prises.

En outre, les enseignants peuvent facilement apprendre et mettre en pratique les techniques relevées par Kounin. Le chercheur ne les a-t-il pas lui-même découvertes en analysant ce que des enseignants faisaient réellement dans leur classe? Il est intéressant de noter que Kounin ne croyait pas que les traits de personnalité de l'enseignant jouent un rôle important dans le contrôle de la classe. Il a déclaré que, en dépit de la croyance populaire, des caractéristiques telles la gentillesse, la bienveillance, la cordialité, la vivacité, la patience, etc., ne sont pas d'une grande utilité quand il s'agit de gérer une classe. Il insiste sur le fait que la gestion de classe est un art complexe qui nécessite l'application de techniques particulières, au moment opportun et de la façon appropriée, de manière à procurer aux élèves des expériences d'apprentissage qui ne les mènent pas à la saturation.

Si on dressait la liste des conseils de Kounin aux enseignants, on arriverait à peu près au résultat suivant.

- ♦ Soyez à tout moment conscient de ce qui se passe en tout point de la classe et faites en sorte que les élèves sachent que vous êtes vigilant.

- ♦ Apprenez à vous occuper de plus d'une chose à la fois.

- ♦ Si un mauvais comportement se produit, intervenez auprès de la personne responsable avant qu'il y ait escalade. Mettez fin à un comportement inapproprié avant que la situation dégénère.

- ♦ Maintenez l'attention du groupe en éveillant l'intérêt et en incitant les élèves à se responsabiliser.

- ♦ Offrez aux élèves des programmes d'apprentissage qui ne mènent pas à la saturation en mettant l'accent sur la stimulation, la diversité et la prise de conscience des progrès réalisés.

Les idées de Kounin ont été largement diffusées et bien accueillies. Sa clarification du rôle de la gestion dans le maintien du comportement approprié représente une contribution majeure au domaine de la discipline, au même titre que les explications du comportement d'un groupe énoncées par Redl et Wattenberg et les propositions de Skinner sur la manière de modeler le comportement des élèves. Des techniques de gestion voisines de celles auxquelles Kounin attache une grande importance ont été intégrées à la plupart des systèmes de discipline en usage actuellement.

Bien qu'on ne puisse mettre en doute la valeur de ses suggestions quant à la manière de créer un milieu favorable à l'apprentissage, où la déviance est peu fréquente, Kounin n'a pas fourni aux enseignants un programme complet de discipline qui permette à la fois de prévenir le mauvais comportement et de le corriger rapidement. Les enseignants acceptent les conseils de Kounin quant à la prévention du comportement inapproprié, mais ils considèrent que ses enseignements ne leur sont pas d'un grand secours lorsqu'ils doivent mettre fin à un mauvais comportement, y faire face ou le réorienter.

EXERCICES

Révision des termes clés

Les termes suivants jouent un rôle crucial dans le modèle de la discipline de Kounin. Pouvez-vous en donner la signification ?

- commentaire dissuasif
- effet de réverbération
- commentaire dissuasif bienveillant
- commentaire dissuasif menaçant
- vigilance
- mouvement relié aux activités
- cadence
- régularité
- discontinuité
- ralentissement
- appesantissement
- éveil de l'intérêt
- responsabilisation
- chevauchement
- saturation
- caractère varié et stimulant du travail individuel

Études de cas

♦ **Premier cas : Kristina se refuse à travailler.**

Dans la classe de M. Saint-Laurent, Kristina se montre une élève très docile. Elle ne dérange personne et se mêle peu aux autres. Mais, en dépit de tous ses efforts, l'enseignant ne parvient pas à la faire participer aux activités de la classe. Kristina ne fait quasiment pas de progrès sur le plan scolaire, elle ne fournit guère d'efforts et ne finit jamais le travail demandé. Elle se contente d'être là.

> *Comment Kounin aurait-il conseillé à M. Saint-Laurent d'agir avec Kristina ?*

Kounin aurait suggéré à M. Saint-Laurent d'employer les approches suivantes.

1. Offrir aux élèves des activités d'apprentissage intéressantes, de nature variée et stimulante. Observer Kristina et lui demander ce qu'elle aime le mieux faire à l'école, puis intégrer certaines de ses activités favorites dans les cours.

2. S'il s'agit d'une classe du primaire, tirer profit de l'effet de réverbération : « Je vois que plusieurs d'entre vous ont déjà fait la moitié du travail. » Regarder Kristina et dire : « Jérôme, j'apprécie les efforts que tu fais. Toi aussi, Sophie. » Faire des commentaires du type : « Je crains que certains

d'entre vous ne doivent rester après la classe pour terminer leur travail. » Si Kristina refuse toujours de travailler, lui demander ce qu'on pourrait faire pour l'encourager à accomplir les tâches qui lui sont assignées.

3. S'adresser à Kristina au cours des discussions précédant le travail individuel pour l'amener à participer aux activités. Si elle est peu encline à parler, lui poser d'abord des questions auxquelles elle peut répondre simplement par oui ou non, ou en hochant la tête. Si elle réagit bien, l'inciter à participer davantage.

4. Lorsque Kristina travaille, reconnaître qu'elle fait des progrès : « Bravo ! Tu es sur la bonne voie ! Je me rends compte que tu travailles fort. » La mettre au défi de faire encore mieux : « Je me demande si tu peux résoudre encore deux problèmes d'ici la fin du cours. Qu'est-ce que tu en penses ? Peux-tu y arriver ? »

5. Assigner des responsabilités à Kristina au cours des activités de groupe. Se montrer tenace ; ne pas la laisser de côté parce qu'elle refuse de travailler.

♦ **Deuxième cas : Sarah ne peut s'empêcher de parler.**

Sarah est une charmante petite fille qui participe aux activités de la classe et effectue la plupart des travaux qui lui sont assignés, mais pas tous. Elle pourrait faire mieux, mais semble incapable de s'empêcher de parler à ses voisins durant la classe. L'enseignant, M. Gonzales, doit intervenir tellement souvent qu'il finit par s'exaspérer.

> *De quelle façon Kounin aurait-il conseillé à M. Gonzales d'intervenir pour mettre fin au mauvais comportement de Sarah ?*

♦ **Troisième cas : Julien fait le clown et intimide les autres élèves.**

Julien, qui est plus gros et plus tapageur que ses camarades de classe, cherche continuellement à attirer l'attention, à la fois en faisant le clown et en intimidant les autres élèves. Il fait des plaisanteries, répond avec insolence (tout en souriant) à l'enseignant, imite toutes sortes de bruits, comme des coups de feu et des chocs de voitures, et émet continuellement des commentaires sarcastiques à propos de ses camarades, qu'il cherche également à rabaisser par divers moyens. Les autres élèves ne tentent pas de lui tenir tête, apparemment parce que sa taille et son agressivité verbale les impressionnent. L'enseignante, Mme Pearl, ne sait plus quelle attitude adopter.

> *Selon vous, en quoi les travaux de Kounin pourraient-ils aider Mme Pearl dans ses interactions avec Julien ?*

♦ **Quatrième cas : Thomas se montre hostile et provocant.**

Depuis qu'il est entré dans la classe, Thomas semble, comme d'habitude, d'humeur massacrante. En allant tailler son crayon, il a bousculé Frank, qui s'en est plaint. Thomas lui a enjoint, en haussant très fort la voix, de « la fermer ». L'enseignante, Mme Deslandes, est alors intervenue : « Thomas, va t'asseoir. » Ce dernier se retourne pour lui faire face et lui répond, toujours très fort : « J'irai quand je voudrai ! »

> *En vous inspirant des travaux de Kounin, quel conseil donneriez-vous à Mme Deslandes à propos de la façon d'agir avec Thomas ?*

QUESTIONS ET ACTIVITÉS

1. Quelles pourraient être les conséquences de la vigilance et de l'effet de réverbération dans le cas de Kristina, de Sarah, de Julien et de Thomas ?
2. Quelle influence le comportement de Sarah peut-il avoir sur les autres élèves ? Comment pourrait-on en réduire l'effet de contagion ?
3. En vous appuyant sur les résultats des recherches de Kounin, déterminez quels élèves de la classe seraient le plus influencés par les actions et les commentaires suivants de l'enseignant, puis décrivez de quelle façon ils seraient influencés.

    a) M. Tremblay (première année) dit : « Alain, je vois bien que tu déranges Olivier au lieu de travailler. Je veux que tu te mettes au travail tout de suite. »

    b) Mme Lachapelle (sixième année) se rend compte que Jean ne travaille pas, puis elle voit que Tina, elle, est en train de travailler. Elle dit : « Certains d'entre vous ne travaillent pas. Tina, j'apprécie que tu fasses ce que j'ai demandé. »

4. Étudiez les situations suivantes et déterminez si elles risquent d'entraîner la saturation chez les élèves et, si oui, dans quelle mesure. Expliquez les conclusions auxquelles vous êtes arrivé.

    a) Mme Lachapelle ne permet à aucun élève de passer à la section suivante d'une leçon tant que toute la classe n'a pas terminé et n'a pas obtenu une note supérieure ou égale à C. À ceux qui terminent avant les autres, elle demande de réviser la matière et de faire des exercices supplémentaires jusqu'à ce que le reste du groupe les ait rattrapés.

    b) M. Grandmaison élabore systématiquement tous ses cours selon la même structure : il s'adresse d'abord aux élèves, puis il leur demande de lire des textes et, enfin, de faire des exercices écrits. Il soutient que la routine met les élèves à l'aise car, ainsi, ils savent ce qu'ils doivent faire et comment utiliser le matériel.

5. Les élèves apprécient le fait que Mme Aletto n'exerce jamais de pression sur eux pour les amener à passer rapidement d'une activité à l'autre. Elle semble comprendre qu'ils ont besoin de parler entre eux de choses ne concernant pas l'école. Elle attend toujours que tous les élèves soient prêts avant de commencer une leçon ou une activité. Que dirait Kounin de l'attitude de Mme Aletto?
6. Étudiez le scénario 4 ou 5 présenté à l'appendice. Quelles suggestions de Kounin pourraient aider Mme Dufour et Mme Blanchette à créer un milieu d'apprentissage plus propice au travail et plus agréable?

RÉFÉRENCE BIBLIOGRAPHIQUE

KOUNIN, J. S. (1977), *Discipline and group management in classrooms*, éd. révisée, New York, Holt, Rinehart & Winston (1re éd. 1970).

CHAPITRE 4

Le modèle de Ginott

*La discipline
par la communication
congruente*

HAIM GINOTT

NOTICE BIOGRAPHIQUE

Haim Ginott naquit à Tel-Aviv, en Israël, en 1922. Il enseigna avant d'obtenir un doctorat à Columbia University. Il fut ensuite titulaire d'une chaire de psychologie à Adelphi University et à la New York University Graduate School. Il fut également consultant en Israël pour l'Unesco ; il fut le psychologue attitré de l'émission de télévision américaine *Today* et, en tant que journaliste d'agence, il rédigea une chronique hebdomadaire, intitulée *Between Us*, où il traitait de la communication interpersonnelle. Ses ouvrages, qui ont remporté un grand succès, l'ont fait connaître du milieu enseignant ; il y décrit comment parents et enseignants peuvent communiquer de façon efficace avec les enfants et les adolescents. Sa mort prématurée, survenue en 1973, mit fin à une carrière prometteuse.

APPORT DE GINOTT AU DOMAINE DE LA DISCIPLINE

Ginott fut le premier à souligner le rôle primordial de la communication dans le maintien d'une bonne discipline en classe. Selon lui, l'enseignant devrait toujours s'efforcer d'employer la *communication congruente* dans ses interactions avec les élèves, soit un mode de communication exempt d'attaques et qui tient compte au contraire des sentiments des élèves.

Ginott a présenté sa thèse aux parents et aux éducateurs dans trois ouvrages qui ont été bien accueillis. Dans les deux premiers, *Les relations entre parents et enfants : solutions nouvelles de problèmes anciens* (1968) et *Entre parents et adolescents* (1970), il s'intéresse surtout aux difficultés de communication entre parents et enfants et il décrit des façons de prévenir les conflits. Selon lui, les messages émis par les adultes, parents, enseignants ou autres, influent de manière considérable sur l'estime de soi des enfants. Cette influence peut être soit négative et destructrice, soit positive et constructive.

Ginott montre que la communication peut avoir un effet positif et il décrit des habiletés spécifiques qui peuvent aider les parents à résoudre les conflits susceptibles de les opposer à leurs enfants. Le principe fondamental de sa thèse est le suivant : en s'adressant à un enfant, l'adulte doit toujours traiter de la situation et non du caractère de l'enfant. C'est Ginott qui a popularisé l'idée que les parents devraient montrer à leur enfant qu'ils l'aiment, même lorsqu'ils désapprouvent sa conduite.

Ginott a publié *Teacher and Child* en 1971. Il présente dans cet ouvrage sa conception de la communication avec les jeunes enfants dans le cadre de l'école. Il raconte son expérience de jeune enseignant et comment il en était venu à la conclusion suivante, ce qui l'avait horrifié.

> *Je suis l'élément décisif de la classe. L'approche que j'adopte crée le climat qui y règne. Chaque jour, mon humeur détermine l'atmosphère. En tant*

> qu'enseignant, je détiens un pouvoir absolu, celui de rendre la vie d'un enfant triste ou joyeuse. Je peux être un instrument de torture ou un objet d'inspiration. Je peux humilier ou ménager, blesser ou guérir. Quelle que soit la situation, c'est ma réaction qui fera qu'une crise s'intensifiera ou diminuera et qu'un enfant sera humanisé ou déshumanisé. (p. 13)

Ginott était persuadé que l'enseignant possède le pouvoir, autant que les parents, d'améliorer ou de détériorer le concept de soi de l'enfant, et que ce pouvoir s'exerce en grande partie au moyen de la communication. Dans *Teacher and Child*, Ginott explique comment un modèle de communication adéquat contribue à créer et à maintenir un climat d'apprentissage qui procure un sentiment de sécurité, est fondé sur des rapports humains et s'avère favorable à la productivité.

ORIENTATION DES TRAVAUX DE GINOTT

Les travaux de Ginott ont essentiellement porté sur l'emploi de ce qu'il a appelé la *communication congruente*, c'est-à-dire la communication centrée sur la situation de l'élève et non sur son caractère ou sa personnalité. Ginott désigne par l'expression *messages sains* les messages congruents, et il montre comment les utiliser afin de dissuader les élèves d'adopter un comportement contraire à leurs intérêts et les inciter au contraire à manifester de façon permanente un comportement approprié. À l'intention des enseignants qui espèrent obtenir des résultats immédiats en mettant ses conseils en pratique, Ginott explique qu'il faut employer la communication congruente très souvent et sur une longue période de temps pour qu'elle produise des effets. Il ne propose donc pas un système de discipline dont on peut vérifier l'efficacité maximale du jour au lendemain. La vraie discipline, c'est-à-dire l'autodiscipline pour Ginott, ne s'acquiert pas de cette façon; elle résulte d'une série de petits pas entraînant des changements réels dans le cœur même des élèves.

CONCEPTS ET ENSEIGNEMENTS DE GINOTT

LE MOMENT PRÉSENT. L'apprentissage se fait toujours dans le moment présent, c'est-à-dire que l'enseignant ne doit pas juger d'avance un élève ni lui garder rancune. De plus, l'apprentissage est toujours une affaire personnelle pour l'élève.

LA COMMUNICATION CONGRUENTE. Dans la communication congruente, ce sont les sentiments de l'élève à propos de la situation et de lui-même qui priment. En d'autres termes, ce type de communication repose essentiellement sur la situation et non sur le caractère ou la personnalité de l'élève.

L'ENSEIGNANT IDÉAL. L'enseignant idéal emploie la communication congruente; ses messages portent sur la situation et non sur le caractère de l'élève. Il ne fait pas de sermons ni la morale. Il ne tente pas de culpabiliser l'élève ni de lui soutirer des promesses. Il fait preuve de respect envers l'élève.

LE PIRE ENSEIGNANT. Le pire enseignant étiquette l'élève, le rabaisse et le dénigre, et ce le plus souvent sans même s'en rendre compte.

LE MESSAGE SAIN. L'adulte utilise un message sain lorsqu'il encourage l'enfant à se fier à ses propres perceptions et sentiments.

L'INCITATION À LA COOPÉRATION. L'enseignant efficace décrit brièvement la situation et indique ce qui doit être fait (ce qui incite à la coopération); il n'impose pas sa volonté à l'élève et n'essaie pas de le mener à la baguette (ce qui entraîne de la résistance).

LES DIX COMMANDEMENTS. Ginott entend par ce terme les directives inutilement détaillées que de nombreux enseignants donnent aux élèves à propos du travail à faire. Les directives superflues aboutissent à un résultat contraire à celui souhaité : elles ralentissent les élèves et les ennuient.

L'ACCEPTATION ET LA RECONNAISSANCE. Ginott souhaitait retrouver les deux attitudes suivantes chez tous les enseignants : l'acceptation et la reconnaissance des commentaires et des comportements sincères des élèves, sans tenter de nier, de discuter, de railler, de dénigrer ou de nuire (ce qui ne veut pas dire pour autant que l'enseignant doit se montrer d'accord avec ces commentaires ou ces comportements ou s'abstenir de dire ce qu'il en pense).

L'ATOUT CACHÉ. Selon Ginott, l'enseignant dispose d'un atout caché qu'il devrait toujours garder à l'esprit, à savoir le fait de se demander : « Comment puis-je venir en aide aux élèves en ce moment même ? » Il évitera ainsi la plupart des difficultés qui surgiraient autrement.

L'EXPRESSION DE LA COLÈRE : LE MESSAGE À LA PREMIÈRE PERSONNE PAR OPPOSITION AU MESSAGE À LA DEUXIÈME PERSONNE. L'enseignant ne devrait pas hésiter à faire part sincèrement de sa colère face au comportement inapproprié d'un élève. Cependant, cette colère ne doit pas avoir comme objet le caractère même de l'élève. Au lieu de s'exclamer : « Tu manques totalement de considération pour les autres ! », il est préférable d'exprimer ses sentiments : « Je suis tellement en colère qu'il vaut mieux que je me taise. »

LE LANGAGE LACONIQUE. Ginott conseille aux enseignants d'utiliser un langage laconique, c'est-à-dire court et concis, pour réagir à la mauvaise conduite d'un élève ou réorienter son comportement. Mais il leur suggère également d'employer des mots longs et difficiles, que les élèves n'ont pas l'habitude d'entendre, comme « Je suis atterrée ! » ou « Je suis consternée ! »

LE COMPLIMENT-JUGEMENT DE VALEUR. Cette expression désigne le compliment qui constitue une évaluation de la personne à laquelle il s'adresse, par exemple : « Tu as levé la main, c'est bien. » Selon Ginott, il vaut mieux ne pas faire de compliments du tout que de faire des compliments-jugements de valeur.

Le compliment appréciatif. Dans le compliment appréciatif, l'enseignant montre à l'élève qu'il apprécie ce qu'il a fait, sans porter de jugement de valeur sur son caractère (par exemple, « J'arrive presque à sentir l'odeur des pins quand je regarde ton dessin »). Les enseignants devraient s'assurer que les compliments qu'ils adressent aux élèves sont toujours de nature appréciative et qu'ils ne constituent pas des jugements de valeur.

L'étiquetage est préjudiciable. Ginott a inventé ce dicton pour souligner à quel point il est nuisible d'appliquer une étiquette peu flatteuse à un élève : en effet, ce dernier aura tendance à se comporter conformément à l'étiquette qu'on lui aura attribuée.

L'incursion dans la vie privée. Ginott exhorte l'enseignant à respecter la vie privée des élèves. Il ne doit pas se montrer indiscret si un élève ne désire pas discuter avec lui de ses affaires personnelles ; mais il fera comprendre à l'élève qu'il sera toujours disponible si ce dernier ressent le besoin de se confier à quelqu'un.

La correction par l'orientation. Ginott a inventé ce dicton pour décrire la manière d'agir souhaitable avec un élève qui se conduit mal : au lieu de le réprimander, on devrait l'orienter (ou le réorienter) vers le comportement approprié.

Les pourquoi de l'enseignant. Les questions de ce type ne permettent guère d'obtenir des renseignements, elles suscitent plutôt des sentiments de culpabilité chez l'élève (par exemple, « Pourquoi es-tu aussi désorganisé ? »).

Le sarcasme. Il est presque toujours dangereux d'utiliser le sarcasme. S'il arrive qu'on l'emploie, ce doit être avec beaucoup de précaution.

Une série de petites victoires. La discipline en classe ne s'élabore que graduellement. Elle résulte d'une série de petites victoires consistant pour l'enseignant à promouvoir des qualités humaines et la coopération chez les élèves tout en faisant constamment preuve lui-même d'autodiscipline et de bienveillance.

Les mesures de remplacement à la punition. Ginott souligne le fait que la punition n'entraîne chez les élèves qu'hostilité, rancœur et désir de vengeance ; elle ne les incite jamais à s'améliorer. Il en conclut donc qu'on ne devrait jamais avoir recours à la punition pour maîtriser le mauvais comportement et qu'il est essentiel de trouver des solutions de rechange.

L'autodiscipline chez l'enseignant. Dans ses interactions avec les élèves, l'enseignant doit tendre à l'autodiscipline : il ne doit pas adopter lui-même des comportements qu'il cherche à éliminer chez les élèves, comme élever la voix pour faire cesser le chahut, employer la force pour mettre fin à une bagarre, être grossier envers un élève qui s'est montré impoli ou réprimander vertement un élève qui a utilisé un langage inacceptable.

ANALYSE DU MODÈLE DE GINOTT

L'ENSEIGNANT EST L'ÉLÉMENT DÉCISIF

Selon Ginott, l'enseignant est l'élément crucial dans l'établissement et le maintien d'un climat propice à l'apprentissage dans la classe, puisque c'est lui qui crée et entretient le milieu. La nature même de ce milieu permet à l'enseignant soit d'humaniser soit de déshumaniser les élèves. Dans le second cas, les élèves seront dans un constant état d'agitation, ce qui rend tout apprentissage difficile, et l'enseignant a la responsabilité de réduire cette agitation. Il peut y parvenir en utilisant systématiquement ce que Ginott appelle la *communication congruente*, à savoir un mode de communication qui reflète l'acceptation et la reconnaissance des sentiments de l'élève à propos de la situation en cause et de lui-même. Dans le but d'illustrer le rôle de l'enseignant dans la création d'un climat positif ou négatif, Ginott a opposé l'enseignant idéal au pire enseignant.

L'ENSEIGNANT IDÉAL

L'*enseignant idéal* emploie la communication congruente, laquelle consiste à :
- centrer son intervention sur la situation et non sur le caractère de l'élève ;
- inciter l'élève à la coopération ;
- accepter et reconnaître les sentiments de l'élève ;
- conférer de la dignité à l'élève ;
- exprimer sa colère de façon appropriée ;
- être bref et précis lorsqu'il corrige un mauvais comportement ;
- émettre des compliments appréciatifs et non des compliments-jugements de valeur.

LE PIRE ENSEIGNANT

Contrairement à l'enseignant idéal, le *pire enseignant* n'emploie que rarement la communication congruente, si tant est qu'il le fasse. Il a plutôt tendance à :
- injurier les élèves et les étiqueter comme étant lents, non motivés ou perturbateurs ;
- poser pour la forme des questions du type « pourquoi » et faire longuement la morale ;

- s'immiscer dans la vie privée des élèves;
- adresser des remarques sarcastiques aux élèves;
- s'en prendre au caractère des élèves;
- exiger la coopération des élèves au lieu de la demander;
- nier les sentiments des élèves;
- faire de longs sermons inutiles;
- se mettre en colère et perdre la maîtrise de soi;
- employer des compliments-jugements de valeur pour manipuler les élèves;
- présenter un piètre modèle de comportement humain.

LA COMMUNICATION CONGRUENTE

Nous avons déjà expliqué que le modèle de la discipline de Ginott repose sur la communication congruente. Rappelons qu'il s'agit d'un mode de communication qui tient compte des sentiments de l'élève à l'égard de la situation et de lui-même. Nous allons maintenant nous pencher sur la mise en pratique de la communication congruente.

LE MESSAGE SAIN. Ginott entend par *message sain* un message centré sur la situation et non sur le caractère de l'élève. En lui adressant un message de ce type, l'enseignant fait comprendre à l'élève qu'il accepte et reconnaît ses sentiments. Ginott explique qu'il a choisi l'adjectif « sain » parce que la santé mentale d'un individu dépend de sa capacité à se fier à sa propre perception de la réalité. Les adultes transmettent trop souvent des messages malsains qui laissent entendre à l'enfant qu'il doit se méfier de ses sentiments ou de ses perceptions, ou les nier. Les adultes transmettent des messages malsains lorsqu'ils ont recours aux reproches, aux sermons, aux ordres, aux accusations, aux humiliations et aux menaces. Toutes ces façons de procéder incitent l'enfant à nier ce qu'il ressent à propos de lui-même et à fonder le sentiment qu'il a de sa propre valeur sur les jugements énoncés par autrui.

Ginott (1973) a mis l'accent à maintes reprises sur l'emploi de messages sains, qui est un principe fondamental pour lui. Lorsqu'un élève se conduit de manière inappropriée, l'enseignant devrait toujours faire face à la situation sans porter de jugement sur le caractère ou la personnalité de l'individu. L'exemple suivant illustre la pensée de Ginott.

> Deux élèves sont en train de parler durant une période d'étude, ce qui est contraire au règlement de la classe. L'enseignant dit: « Nous sommes en période d'étude. Chacun doit garder le silence. »

En décrivant simplement le problème, l'enseignant permet aux élèves d'évaluer la situation, d'examiner ce qui est bien et ce qui est mal et de déterminer ce qu'ils ressentent à l'égard de la situation et d'eux-mêmes. Le message suivant est un exemple de message malsain.

> « Vous deux, taisez-vous. En plus d'enfreindre le règlement, vous êtes très impolis. Vous n'avez manifestement aucune considération pour ceux qui essaient de travailler. »

Ginott affirme que les interventions de l'enseignant peuvent améliorer ou détériorer le concept de soi de l'élève et de ses relations personnelles. Ainsi, les messages inadéquats de l'enseignant amènent l'élève à douter de ses propres perceptions et de lui-même, alors que les messages adéquats établissent uniquement les faits et permettent à l'élève de déterminer si son comportement est conforme aux attentes qu'il a envers lui-même.

L'INCITATION À LA COOPÉRATION. Ginott conseille vivement aux enseignants de mettre au point des techniques d'*incitation à la coopération* plutôt que d'exiger la coopération des élèves. L'une de ces techniques consiste à déterminer avec les élèves, avant le début d'une activité, le comportement que chacun devrait adopter. Une autre technique consiste à interrompre une activité fortement perturbée par le groupe et à dire, par exemple : « On peut regarder le film en silence ou faire des exercices de mathématiques. C'est à vous de décider. » Si les élèves continuent d'être turbulents, l'enseignant doit leur imposer les exercices de mathématiques, tout en leur faisant bien comprendre qu'ils ont pris la décision eux-mêmes.

Les enseignants qui n'incitent pas les élèves à la coopération ont en général tendance à l'exiger carrément en donnant des ordres de manière parfois très abrupte. Ginott conseille d'éviter ce genre d'attitude, car les élèves vont opposer une résistance. Il recommande de décrire la situation et de laisser aux élèves le soin de décider la ligne de conduite à suivre. Les enseignants donnent trop souvent des directives ou des explications qui traînent en longueur. Ginott appelle les directives de ce genre les *dix commandements*. Ils comprennent des énoncés comme :

- Fermez les livres empruntés à la bibliothèque.
- Déposez-les sur votre pupitre.
- Sortez votre manuel de mathématiques.
- Prenez un crayon.
- Inscrivez votre nom en haut de la feuille.
- Ouvrez votre manuel à la page 60.
- Faites tous les problèmes.
- Encerclez le résultat final.
- Assurez-vous que votre copie est propre pour que je sois capable de la lire.
- Déposez votre copie sur mon bureau quand vous aurez fini.

Selon Ginott, au lieu de perdre du temps à donner des directives inutiles, l'enseignant aurait avantage à dire simplement : « C'est l'heure de la leçon de mathématiques. Les exercices à faire sont à la page 60. » Les messages de ce type laissent entendre à l'élève que l'enseignant reconnaît sa capacité à se comporter de façon autonome. Ils incitent à la coopération, favorisent l'autodiscipline et la responsabilisation et, de ce fait, aident l'élève à apprendre à fonctionner par lui-même.

En effet, en incitant l'élève à la coopération, l'enseignant contribue à mettre fin à la dépendance à son égard à laquelle ce dernier est soumis. Chacun dépend bien sûr d'autrui sous de multiples aspects mais, si la dépendance devient trop forte, cela crée des problèmes, dont l'incapacité à décider par soi-même. On observe souvent cette attitude chez les élèves que l'enseignant a encouragé à dépendre de lui : si ce dernier est absent ou s'il ne les aiguillonne pas, les élèves se conduisent de façon léthargique ou indécise.

Dans le but de réduire les problèmes de dépendance, Ginott recommande à l'enseignant de fournir aux élèves de nombreuses occasions de faire preuve d'indépendance. Il suggère entre autres de présenter aux élèves différentes manières de résoudre un problème et de leur laisser le choix de celle qu'ils veulent employer. De plus, les élèves peuvent déterminer eux-mêmes les règles de conduite auxquelles ils devront se conformer pour mener à bien le travail qu'ils ont choisi d'effectuer. Si on permet à l'élève de faire des choix, il a davantage le sentiment d'exercer un contrôle sur ce qui lui arrive lorsqu'il est en classe. Ainsi, il dépend moins de l'enseignant et il a plus de chances d'en venir à se comporter conformément à des normes qu'il aura lui-même établies.

L'ACCEPTATION ET LA RECONNAISSANCE. La perception qu'ont les élèves de la réalité est souvent bien différente de celle des adultes. Les enfants du primaire, par exemple, inventent volontiers des histoires, exagèrent et expriment des opinions nullement fondées sur des faits. L'enseignant ne devrait pas nier ce que dit l'élève ni le remettre en cause. L'élève se retrouve dans une situation très délicate lorsqu'un adulte contredit ses perceptions. Ginott conseille aux enseignants d'adopter une attitude d'*acceptation et de reconnaissance* à l'égard des sentiments des élèves. Ils peuvent réduire la confusion chez ces derniers en s'abstenant d'émettre une opinion et en les écoutant simplement lorsqu'ils énoncent une idée ou expriment une inquiétude. Voici un exemple de l'attitude que Ginott préconise d'adopter.

> Jean revient en courant du terrain de jeux, en larmes : « José m'a lancé une balle à la tête, il l'a fait exprès ! Tout le monde rit de moi ! Personne ne m'aime ! » L'enseignante peut alors remettre en cause la perception de l'enfant en lui disant : « Voyons, c'est ridicule ! Je suis certaine que c'était un accident. Ce n'est pas de toi que les autres riaient. » Mais elle peut aussi réagir avec sympathie et compréhension, sans porter de jugement sur la situation : « Je vois que tu es bouleversé. Tu as l'impression que personne ne t'aime. On se sent blessé quand les autres rient de soi. »

La seconde réaction, qui exprime l'acceptation, constitue à la fois une reconnaissance des sentiments de Jean et de la compréhension. Elle ne le met pas sur la défensive en lui suggérant que penser ou ressentir.

Ginott conseille également aux enseignants de faire le commentaire suivant dans de telles situations : « Que puis-je faire pour t'aider ? » En s'enquérant de la sorte, l'enseignant offre l'occasion à l'élève de trouver lui-même une solution au problème tout en lui témoignant qu'il le croit capable de faire face à la difficulté rencontrée. Ginott appelle cette question l'*atout caché* de l'enseignant, et il croit que l'enseignant devrait toujours y avoir recours.

Les enseignants devraient également user de précautions face aux peurs de l'enfant. Les adultes ont tendance à prendre à la légère ce qui leur semble être des peurs irraisonnées ; de ce fait, ils transmettent à l'enfant le message que ses sentiments ne sont pas réels. On entend souvent la réplique classique : « Il n'y a pas de raison d'avoir peur. » L'enfant ne se sent que plus mal lorsqu'on lui répond de la sorte, parce qu'il n'a pas perdu ses craintes et qu'il a maintenant peur de montrer qu'il a peur. Voici un exemple.

> Thomas entre en courant dans la classe. Il semble terrifié et il bégaie : « Il y a un loup là ! Dans la cour ! Il a essayé de m'attraper ! » L'enseignant, M. Ladouceur, se rend à la fenêtre et voit un gros chien esquimau sortant de la cour. Il peut dire : « Thomas, il n'y a pas de loup ici et il n'y en a jamais eu. C'était seulement un chien. Tu n'as aucune raison d'avoir peur. » Mais il peut également dire : « Tu as eu très peur, n'est-ce pas ? Je pense que c'était seulement un gros chien, mais un chien est parfois aussi terrifiant qu'un loup. »

Dire à un enfant de cesser d'avoir peur, d'être triste ou en colère ne fait pas disparaître son émotion. Par ailleurs, cela l'amène certainement à douter de ses propres sentiments et, peut-être, de la capacité de compréhension de l'enseignant. Cela risque également de le convaincre que, face à une difficulté, il ne peut pas faire confiance aux adultes.

CONFÉRER DE LA DIGNITÉ AUX ÉLÈVES. L'enseignant qui manie la communication congruente de manière adéquate cherche les occasions de *conférer de la dignité aux élèves*. De telles occasions se présentent en particulier lorsqu'un élève fait face à une difficulté. L'enseignant devrait alors faire abstraction de ce qu'il connaît de l'histoire personnelle de ce dernier et centrer son intervention sur la situation en cause. Ginott (1972) donne l'exemple suivant d'un adulte qui réussit à conférer de la dignité à un élève en difficulté.

> *Suzanne, une adolescente de 12 ans, s'est portée volontaire pour aider, le samedi, au catalogage des livres de la bibliothèque. Mais, lorsque la fin de semaine est arrivée, elle a été consternée de constater qu'il lui restait une grande quantité de devoirs à terminer. Elle savait qu'elle recevrait de mauvaises notes si elle ne remettait pas ses devoirs à temps, mais elle s'est quand même rendue à la*

> bibliothèque. Cependant, son bouleversement était tellement apparent que la bibliothécaire lui a demandé ce qui n'allait pas. Suzanne s'est mise à pleurer et a raconté qu'elle avait beaucoup de devoirs en retard et qu'elle regrettait de s'être portée volontaire. La bibliothécaire aurait pu écouter l'adolescente et lui dire : « Je comptais sur toi. Pourquoi avoir dit que tu viendrais si tu avais autant de travail à faire ? » Cela n'aurait servi qu'à accroître le sentiment de culpabilité de Suzanne. La bibliothécaire a plutôt prêté une oreille attentive à la jeune fille et lui a répondu : « Tu es venue travailler même si tu te sentais très démoralisée. C'est faire preuve de beaucoup de discipline, de caractère et d'intégrité. » Ce message manifeste du respect et confère de la dignité à l'adolescente. (p. 44)

L'EXPRESSION DE LA COLÈRE : LE MESSAGE À LA PREMIÈRE PERSONNE PAR OPPOSITION AU MESSAGE À LA DEUXIÈME PERSONNE. L'enseignement est une tâche ardue et exigeante. À cause de la fatigue, de la frustration et des conflits, tout enseignant éprouve nécessairement de la colère de temps à autre. Bien des adultes et des élèves pensent qu'il devrait éviter de la manifester, mais Ginott a un point de vue différent. Selon lui, ce type d'attente est erronée et même néfaste pour l'enseignant. Cependant, le principe de la communication congruente impose de canaliser l'expression de la colère.

L'enseignant ne devrait jamais nier les sentiments d'un élève ou les siens propres. Il doit donc toujours faire preuve de sincérité, tant dans ses paroles que dans son comportement et ses réactions envers les élèves. Il doit néanmoins éviter de s'en prendre au caractère des élèves. Voici un exemple.

> Mme Campeau, la professeure d'arts plastiques, a affiché des reproductions des plus célèbres sculptures grecques. Durant la leçon, elle a dû sortir de la classe et a demandé aux élèves de continuer à travailler à leur dessin pendant son absence. À son retour, elle constate qu'on a dessiné au crayon feutre des organes génitaux sur les personnages représentés. Elle en est sidérée et extrêmement déçue. Sous le coup de la colère, elle peut s'exclamer : « Comment avez-vous pu laisser quelqu'un faire une chose pareille ! Êtes-vous des barbares ? N'avez-vous donc aucune pudeur ? Êtes-vous des dégénérés ? Comment pourrais-je vous faire confiance à nouveau ? » Mais elle peut également dire : « Je suis consternée ! Je pleurerais presque de rage ! Je suis tellement déçue que je préfère me taire. »

Dans le premier cas, même si Mme Campeau croit avoir tout à fait raison de réagir de la sorte, son intervention ne va qu'empirer une situation déplorable. En employant des *messages à la deuxième personne* (« Êtes-vous... »), elle s'en est pris au caractère des élèves, si bien qu'il lui sera difficile de résoudre le problème avec adresse.

Dans le second cas, l'emploi de *messages à la première personne* est susceptible d'amener les élèves à se demander qui a tort ou a raison en l'occurrence. Dans un message en « je », le locuteur exprime l'émotion qu'il ressent (« Je suis consternée ! »), tandis que dans un message en « vous », il s'en prend directement au caractère des protagonistes (« Êtes-vous des barbares ? »).

L'EMPLOI D'UN LANGAGE LACONIQUE. Selon Ginott, l'enseignant devrait s'exprimer de façon concise lorsqu'il interagit avec les élèves, car ces derniers ont tendance à ne pas prêter attention à un enseignant trop loquace. Chaque fois qu'un problème se présente, l'enseignant devrait adopter ce que Ginott appelle une *attitude centrée sur la solution*, c'est-à-dire qu'il devrait s'efforcer de résoudre le problème sans se perdre dans des considérations philosophiques ou des digressions sur la responsabilité. Ginott illustre son point de vue à l'aide de l'exemple suivant.

> Plusieurs élèves se mettent à parler au beau milieu d'une leçon, alors qu'ils devraient garder le silence. Bon nombre d'enseignants feraient les commentaires suivants ou iraient même plus loin :
>
> « Certains d'entre vous se montrent coopératifs et d'autres pas. »
>
> « Écoutez, vous savez tous que vous n'êtes pas dans la cour de récréation. »
>
> « Un bon élève ne dérange pas ceux qui essaient d'apprendre. »
>
> « Je veux que tout le monde se taise. Conduisez-vous correctement et cessez de déranger les autres. »
>
> Ginott affirme que, dans une situation semblable, l'enseignant peut se contenter de déclarer :
>
> « Il est difficile d'apprendre quand il y a beaucoup de bruit. »
>
> D'après lui, tout autre commentaire est une perte de temps et constitue un obstacle à l'apprentissage des élèves.

Les enseignants ont souvent tendance à pontifier. Pourtant, cette attitude n'influe guère sur les élèves : le message entre alors par une oreille et sort par l'autre. Ginott suggère donc aux enseignants de ne pas s'appesantir sur un sujet et de l'aborder plutôt à la manière dont un reporter écrit : donner le titre, les points principaux et des détails précis, et ce de la façon la plus brève et la plus concise possible. C'est précisément ce que Ginott entend par *langage laconique*. La force de l'enseignant ne réside pas dans les discussions et les longues explications ; elle se manifeste bien davantage par la brièveté.

DISPENSER DES COMPLIMENTS APPRÉCIATIFS. Ginott conseille aux enseignants d'adopter une attitude positive et non négative envers les élèves. De fait, la majorité des enseignants agissent de la sorte, en recourant notamment aux compliments. Parfois, ils tombent dans l'excès inverse et emploient certains adjectifs de façon tellement outrée qu'ils en perdent toute signification. On entend ainsi des enseignants s'exclamer à tout moment, en réponse à un élève : « Génial ! », « Formidable ! » ou « Super ! » Selon Ginott, ils devraient éviter les compliments de ce type pour deux raisons. Premièrement, ces compliments finissent par avoir l'air ridicules ou peu sincères, surtout si l'élève sait pertinemment que ce qu'il a dit n'a rien de génial ou de formidable. Deuxièmement, ces compliments constituent des jugements de valeur, et il vaut mieux ne pas dispenser de compliment du tout plutôt que d'en faire de cette sorte, parce qu'ils suscitent de l'anxiété («Est-ce que je pourrai être à la hauteur?») et créent de la dépendance («Si le professeur ne me complimente pas, cela veut dire que je ne suis pas bon»). Notons que l'évaluation des compliments énoncée par Ginott est étayée par des études récentes (voir Gordon, 1989, et Kohn, 1993).

Doit-on en conclure que les enseignants ne devraient jamais faire de compliments? Selon Ginott, les compliments ont certes leur utilité, mais on ne devrait pas s'en servir pour juger les élèves. Les compliments devraient au contraire témoigner de la satisfaction de l'enseignant face à l'effort fourni par l'élève. La distinction entre compliment appréciatif et compliment-jugement de valeur ressemble à la distinction établie entre messages à la première personne et messages à la deuxième personne. Quand on s'exclame: «Génial!» ou «Formidable!», on dit en fait: «Tu es génial!» ou «Tu es formidable!» Il est possible que l'élève apprécie ces compliments et qu'il se sente valorisé, temporairement. Mais il n'en retire rien. Non seulement les *compliments-jugements de valeur* ne sont-ils d'aucune utilité, mais ils créent en outre une certaine dépendance à l'égard de l'enseignant. Ce dernier représente alors une source d'approbation, qui juge de la valeur ou de la non-valeur d'un élève.

Par contre, les *compliments appréciatifs* ne servent pas à décrire le caractère de l'élève: ils dirigent plutôt l'attention vers ses efforts. Voici quelques exemples de compliments appréciatifs que pourrait faire un enseignant après avoir lu un poème écrit par un élève: «J'ai trouvé l'allitération très plaisante», «Les mots descriptifs sont très efficaces» ou «J'ai vraiment eu du plaisir à lire ton poème».

Les compliments de ce type indiquent que l'enseignant apprécie le travail ou l'effort de l'élève. Ginott insiste particulièrement sur ce point: il faut éviter les compliments qui véhiculent un jugement sur le caractère de l'enfant et privilégier les compliments qui véhiculent une appréciation des actes de l'enfant. À titre d'illustration, Ginott donne l'exemple suivant. Si l'on était présenté à Leonard Bernstein ou à Pablo Picasso, il ne viendrait à l'idée de personne de dire: «M. B., vous êtes un compositeur génial!» ou «Vos peintures sont formidables, M. Picasso!» De tels jugements de valeur seraient aussi arrogants que de mauvais goût. On dirait plutôt: «J'ai beaucoup aimé la musique de *West Side Story*» ou «C'est en regardant vos peintures que j'ai commencé à apprécier l'art moderne».

LA COMMUNICATION NON CONGRUENTE

Nous avons examiné jusqu'ici ce que Ginott entend par communication congruente. Nous allons maintenant étudier quelques modes de communication qui, bien que couramment employés en classe, sont des exemples de *communication non congruente*; dans ce type de communication, l'enseignant ne tient aucun compte de ce que l'élève ressent à propos de la situation et de lui-même et, en outre, il tend à s'en prendre au caractère de l'élève plutôt que de faire face à la seule situation.

LES INJURES ET L'ÉTIQUETAGE. On entend parfois des enseignants s'adresser de la manière suivante à un élève : « Tu es un paresseux. Ton travail est bâclé, tu n'as aucun sens des responsabilités. N'as-tu donc pas envie de devenir quelqu'un ? »

Ginott affirme que *l'étiquetage est préjudiciable*. Il indique en effet à l'élève ce qu'il doit penser de lui-même ; si un enfant reçoit souvent des messages de ce type, il finit par leur ajouter foi et par se conformer à l'image qu'ils transmettent. L'enseignement devrait ouvrir de nouvelles perspectives aux élèves et non rétrécir leur horizon. De nombreux enseignants croient manifestement inciter l'élève à mieux se conduire en le traitant de paresseux et d'irresponsable, mais c'est tout le contraire qui se produit. En mettant une étiquette sur le caractère d'une personne, on pose des limites à la vision qu'elle a d'elle-même, de sa valeur et de son avenir. Cette attitude ne favorise jamais la compréhension, ne stimule pas l'imagination et n'encourage ni la croissance de soi ni la réussite.

Dans le cas où l'enseignant doit s'occuper d'un élève qui présente des problèmes quant à son comportement, ses réalisations ou ses aspirations, il ne servira à rien de lui dire : « Tu te conduis comme un punk et un ignare », « On voit bien en regardant tes notes que tu te moques complètement de l'école » ou « Tes résultats en chimie ne te permettront certainement pas d'entrer en médecine vétérinaire à l'université ». Un tel étiquetage, qu'il soit ou non intentionnel, aura tendance à mettre un carcan à l'élève.

L'enseignant qui fait face à des situations semblables devrait plutôt faire des commentaires du type : « Ce qu'il y a de plus important à apprendre dans la vie, c'est la maîtrise de soi », « Tes notes sont plutôt faibles, mais si nous nous attelons tous les deux à la tâche, on pourra les améliorer » ou « Tu veux devenir vétérinaire ? As-tu pensé à en parler avec le conseiller d'orientation ? » Ainsi, l'enseignant ne dit pas à l'élève ce qu'il pense de lui ; il l'encourage plutôt à se fixer lui-même des objectifs. Si l'enseignant montre qu'il croit en l'élève, ce dernier aura plus de chances de croire en lui-même.

LES POURQUOI DE L'ENSEIGNANT. Les enseignants qui réussissent à maintenir la discipline en classe se gardent bien de dire ou de faire quoi que ce soit qui amènerait les élèves à se sentir stupides ou à éprouver de la culpabilité, de la colère ou du ressentiment. Ces émotions suscitent en effet de la résistance et incitent au mauvais comportement. C'est la raison pour laquelle Ginott conseille aux enseignants d'éviter les *pourquoi*, qui constituent en réalité autant de manières agressives de se renseigner sur les traits de caractère de l'élève. Ginott (1972) donne les exemples suivants :

- ♦ Pourquoi cherches-tu constamment à te battre ?
- ♦ Pourquoi faut-il que tu interrompes toujours la personne qui parle ?
- ♦ Pourquoi es-tu aussi lent ?
- ♦ Pourquoi es-tu aussi désorganisé ?

Selon Ginott, on n'attend pas vraiment de réponse lorsqu'on pose des questions de ce type. Elles permettent surtout de critiquer l'élève, qui apprend rapidement que *pourquoi* est synonyme de désapprobation, de mécontentement ou de reproche.

Les enseignants peuvent éviter la plupart du temps de poser des questions qui constituent en fait des reproches, mais il arrive qu'ils désirent vraiment connaître les raisons sous-jacentes au comportement d'un élève. Dans l'exemple suivant, Ginott (1972) illustre une façon d'intervenir sans risque d'empirer la situation.

> *Un élève dit à l'enseignant : « Je ne veux pas passer l'examen. » Même si l'enseignant désire en connaître la raison, il ne se laisse pas aller à la tentation d'employer le pourquoi néfaste. Il répond plutôt : « Nous avons un problème. Est-ce que tu vois une solution ? » (p. 89)*

Selon Ginott, les réactions de ce type ont exactement l'effet opposé à celui des pourquoi. Outre qu'elles ne sont pas néfastes, les réponses neutres font preuve de respect envers l'élève et lui laissent le soin de corriger la situation.

L'INCURSION DANS LA VIE PRIVÉE. Il est communément admis que, si l'on est préoccupé, il vaut mieux parler de son problème que tout garder pour soi. Les enseignants désirent venir en aide aux élèves. S'ils se rendent compte que l'un d'eux est beaucoup plus réservé que d'habitude, ils le prennent parfois en aparté et lui posent des questions comme : « Qu'est-ce qui ne va pas aujourd'hui ? Quelque chose t'inquiète ? »

Si l'élève est prêt à parler de ses soucis, tout va bien. Mais s'il ne désire pas en discuter, l'enseignant devrait se contenter de lui dire, en tête-à-tête : « Si je peux faire quelque chose pour t'aider, viens me voir. » Insister davantage, affirme Ginott, constituerait une *incursion dans la vie privée* de l'élève. Il est toujours délicat de parler de sa vie intime. On ne devrait donc jamais insister pour qu'une personne se confie si elle ne se sent pas à l'aise ; autrement, on risquerait de l'embarrasser ou même de susciter du ressentiment.

LA CORRECTION PAR L'ORIENTATION. L'enseignant doit corriger les erreurs et les mauvais comportements qui se produisent quotidiennement en classe, et ce tout au long de la journée. Par exemple, Brian ne fait pas les bons exercices parce qu'il s'est trompé de page ; Tim vient de lancer une gomme à effacer ; un groupe de filles discutent de leur feuilleton préféré au lieu de faire le travail assigné.

Dans de telles situations, beaucoup d'enseignants ont spontanément recours à des paroles blessantes : « Mais enfin, Brian ! Tu as fait tout ce travail pour rien », « Tim, va ramasser cette gomme, et que je ne t'y reprenne pas » ou « Les filles, cessez de jacasser. Il n'est pas étonnant que votre travail laisse autant à désirer ».

Les commentaires non congruents mettent fin parfois à un mauvais comportement, au moins temporairement, mais ils sont blessants et peuvent entraîner du ressentiment. Selon Ginott, au lieu d'employer des commentaires négatifs afin de corriger les comportements inappropriés, l'enseignant devrait réagir en décrivant la situation et en suggérant un comportement de rechange acceptable. Il suffit habituellement de rappeler à l'élève ce qu'il est censé faire. Ainsi, il vaudrait mieux que l'enseignant réagisse comme suit au comportement de Brian, de Tim et du groupe de filles, respectivement : « Brian (sur un ton calme), les exercices à faire sont à la page 34. Tu as quand même dû travailler fort pour faire ceux-là » ; « Tim, une gomme n'est pas faite pour être lancée. C'est une période de lecture et nous avons besoin de calme » ; « Les filles, finissez votre travail. Vous aurez le temps de discuter plus tard ».

Il est clair que, dans le premier ensemble de commentaires, les réactions de l'enseignant sont inadéquates, car elles visent à punir et sont susceptibles d'entraîner des effets indésirables. Dans le second ensemble de commentaires, l'enseignant se contente d'indiquer poliment ce qui est inacceptable et la façon dont l'élève devrait se comporter ou ce qu'il devrait faire. Cette deuxième approche constitue ce que Ginott appelle la *correction par l'orientation*.

L'APPESANTISSEMENT. Comme nous l'avons déjà vu, la brièveté est une des caractéristiques de la communication congruente. Ginott fait observer que les élèves réagissent beaucoup mieux si l'enseignant va directement au but que s'il pontifie pendant un long moment. Le contraire de la brièveté est l'*appesantissement*, une attitude que Kounin a étudiée en profondeur (voir le chapitre 3). L'enseignant enclin à l'appesantissement passe inutilement beaucoup de temps à expliquer, à mettre en garde ou à réagir aux mauvais comportements.

Ginott, qui a emprunté le concept d'appesantissement à Kounin et fait état de bien d'autres aspects des travaux de ce chercheur, conseille vivement aux enseignants d'éviter de s'appesantir sur quelque sujet que ce soit, en particulier sur les mauvais comportements mineurs. Les enseignants devraient apprendre à corriger de telles situations de façon efficace. Mais certains font exactement le contraire : ils dépensent beaucoup d'énergie en s'appesantissant sur le moindre écart de conduite. Les enseignants avisés se ménagent eux-mêmes tout en cherchant à éviter de blesser les élèves. Si un élève parle sans autorisation, oublie un livre ou perd un devoir, cela ne justifie pas que l'on se répande en injures contre lui. Il faut passer l'éponge sur le mauvais comportement et suggérer une attitude qui soit plus acceptable, ce qui incite l'élève a se sentir responsable du fait qu'il se comporte ou non de manière appropriée.

Le sarcasme. Le *sarcasme* constitue un des principaux obstacles à la communication congruente. De nombreux adultes ont recours au sarcasme lorsqu'ils cherchent à faire de l'humour, et bien des enseignants agissent de même avec leurs élèves, croyant se montrer ainsi intelligents et spirituels. En réalité, l'élève à qui le commentaire s'adresse ne perçoit jamais le sarcasme comme un trait d'esprit. Cette forme d'humour n'aboutit souvent qu'à blesser l'élève et à diminuer son estime de soi. Ginott donne donc le conseil suivant aux enseignants enclins à employer le sarcasme : à éviter.

LES POINTS DE VUE DE GINOTT SUR LA DISCIPLINE

Selon Ginott, la discipline est une *série de petites victoires* qui, avec le temps, instillent chez l'élève la maîtrise de soi, le sens des responsabilités et la considération pour autrui. En d'autres termes, la vraie discipline en classe (à savoir l'autodiscipline de l'élève) ne s'élabore pas du jour au lendemain. Il s'agit d'un processus graduel, qui évolue de conserve avec l'attitude de l'enseignant et sa façon respectueuse et humaine de traiter les élèves.

Ginott reconnaît que l'enseignant peut réussir à influer sur le comportement des élèves en ayant recours aux menaces et à la punition, mais il souligne que les techniques aversives créent inévitablement du ressentiment envers l'enseignant et qu'elles diminuent le désir de coopération chez les élèves.

L'essence même de la discipline, soutient Ginott, réside dans la recherche de *mesures de remplacement à la punition*. C'est en ayant recours à ces solutions de rechange que l'enseignant sera en mesure de réaliser une série de petites victoires. L'*autodiscipline de l'enseignant* constitue le facteur le plus déterminant de ce processus, selon Ginott. Cela veut dire que l'enseignant ne se met jamais en colère et ne se comporte jamais de façon grossière, qu'il fait preuve lui-même de courtoisie et emploie le type de langage qu'il désire voir chez ses élèves, qu'il se montre poli, bienveillant et respectueux, qu'il fait face aux crises de manière calme et sensée et, enfin, qu'il maintient un comportement civilisé lors des conflits. Les élèves, y compris ceux qui se conduisent plus ou moins bien, ne manquent jamais d'observer la façon dont l'enseignant fait face à une situation difficile. Si ce dernier leur présente à maintes reprises un modèle de comportement civilisé, ils finiront par l'adopter petit à petit.

Ginott affirme qu'il est facile d'identifier les enseignants manquant d'autodiscipline, car ils présentent les comportements suivants :

1. Ils se mettent en colère : ils crient, jettent brutalement leur livre sur le pupitre et font preuve de violence verbale.
2. Ils injurient les élèves : « On dirait de vrais porcs ! Nettoyez-moi ça ! »
3. Ils s'en prennent au caractère des élèves : « Jean, tu n'es qu'un paresseux. »

4. Ils se montrent grossiers : « Asseyez-vous et fermez-la ! »
5. Ils réagissent de manière exagérée. Par exemple, si Marie laisse tomber par mégarde le paquet de copies à distribuer, un enseignant qui manque d'autodiscipline s'exclamera : « Pour l'amour du ciel ! Tu n'es donc pas capable de faire quoi que ce soit comme il faut ! »
6. Ils se montrent cruels : « Simon, sois très prudent en rentrant chez toi. Tu manques un peu de cervelle. »
7. Ils punissent l'ensemble de la classe lorsqu'un élève s'est mal comporté : « Étant donné que certains d'entre vous n'ont pas été capables de se taire durant la réunion, nous n'assisterons pas à la prochaine. »
8. Ils profèrent des menaces : « Si j'entends un seul mot, vous aurez tous un devoir supplémentaire à faire ce soir. »
9. Ils font de longs sermons : « Il semble bien que plusieurs d'entre vous pensent que la poubelle est faite pour jouer au basket. Vous pouvez jeter vos déchets par terre dans la cour, mais ici, dans la classe... »
10. Ils mettent les élèves au pied du mur : « Qu'es-tu en train de faire ? Pourquoi fais-tu ça ? Il faut vraiment que tu sois stupide ! Excuse-toi immédiatement ! »
11. Ils établissent des règles de façon tout à fait arbitraire, sans demander leur avis aux élèves.

Selon Ginott, les enseignants qui font preuve d'autodiscipline auront au contraire tendance à se comporter comme suit :

1. Ils tiennent compte des sentiments des élèves : « Je sais que ça te met en colère de devoir rester après la classe. »
2. Ils décrivent la situation qui présente un problème : « Je vois plein de manteaux par terre dans le placard, alors qu'ils devraient être suspendus. »
3. Ils incitent les élèves à la coopération : « Voyons si nous pouvons les aider en restant tranquilles durant le spectacle. »
4. Ils sont concis : « On ne jette rien par terre dans la classe. »
5. Ils ne se disputent pas avec les élèves. Ils prennent une décision qui leur semble équitable et s'y tiennent, tout en demeurant assez souples pour changer d'avis s'ils se rendent compte qu'ils se sont trompés. L'enseignant ne gagne jamais à se disputer avec les élèves.
6. Ils constituent pour les élèves un modèle des comportements appropriés. Leur conduite est un exemple de celle qu'ils aimeraient voir les élèves adopter.
7. Ils dissuadent les élèves d'avoir recours à la violence physique : « Dans la classe, s'il se présente un problème, on en discute. On ne frappe personne et on ne crie pas contre les autres. »

8. Ils ne critiquent pas les élèves et ne leur lancent pas d'injures. Si un élève les interrompt, ils lui disent : « Excuse-moi. Je vais te répondre dès que j'en aurai le temps. »
9. Ils recherchent des solutions : « J'observe des comportements pas du tout sport. Que devrait-on faire à votre avis ? »
10. Ils permettent aux élèves de sauver la face : « Tu peux rester à ta place et lire en silence, ou aller t'asseoir dans le fond de la classe. »
11. Ils font participer les élèves à l'établissement des règles : « Que doit-on se rappeler quand on utilise ce genre de peinture ? »
12. Ils font preuve de bienveillance. Par exemple, si Mathieu s'écrie : « Roger et Jérôme se moquent de moi ! », l'enseignant qui fait preuve d'autodiscipline répondra : « Tu as l'air contrarié. Qu'aimerais-tu que je fasse ? »
13. Ils s'efforcent de désamorcer les conflits. Par exemple, si Suzanne froisse sa copie et déclare : « Je ne vais pas faire ces exercices ! Ils sont trop difficiles ! », l'enseignant qui fait preuve d'autodiscipline répondra : « Tu as l'impression que ce travail est trop difficile. Aimerais-tu que je t'aide à faire quelques problèmes ? »

SYNTHÈSE CRITIQUE DU MODÈLE DE GINOTT

Ginott a été le premier à mettre en évidence la relation étroite entre la manière dont l'enseignant s'adresse aux élèves et la façon dont ces derniers se comportent en retour. Il souligne d'une part combien il est important que l'enseignant crée un milieu propice à l'apprentissage, et d'autre part que la qualité de l'apprentissage relève d'abord du climat socio-émotionnel régnant dans la classe. Selon lui, les problèmes de discipline diminuent lorsque l'enseignant tient compte des sentiments des élèves et reconnaît que ses propres commentaires ont une grande influence sur leurs sentiments et leur image de soi.

L'approche de Ginott concernant le fonctionnement optimal de l'enseignant dans la classe se rapproche, sous certains aspects, du concept de vigilance défini par Kounin. En centrant ses interventions sur la situation, et non sur le caractère des élèves, l'enseignant manifeste que : (1) il est au courant de ce qui se passe, (2) il sait ce qu'il veut voir changer et (3) il a conscience des sentiments des élèves.

En outre, Ginott rappelle aux enseignants, avec beaucoup plus d'insistance que Kounin, que les élèves sont très sensibles. Le fait de les commander ou de les étiqueter ne sert qu'à les convaincre qu'ils ne peuvent faire confiance aux adultes et qu'ils ont raison de se rebeller. L'enseignant devrait donc traiter les élèves comme il désire lui-même être traité. Il devrait donner à ces derniers l'occasion d'effectuer des choix, se montrer bienveillant et inciter à la coopération plutôt que l'exiger. Il devrait se demander : « Quel type de relation voudrais-je établir avec les élèves? Quels types de relation voudrais-je qu'ils établissent entre eux? Comment dois-je agir avec eux pour atteindre ces objectifs?»

La majorité des enseignants pourraient certainement améliorer le comportement des élèves en suivant les conseils de Ginott et, du même coup, faire en sorte que tout le monde retire davantage de plaisir du temps passé en classe. Néanmoins, même après avoir adopté les techniques préconisées par Ginott, de nombreux enseignants se sentent toujours relativement impuissants lorsqu'ils ont à faire face à un élève provocant, hostile ou qui a recours à la violence verbale, des comportements autrefois assez rares, mais de plus en plus courants. Même si la grande majorité des enseignants approuvent les propositions de Ginott, la plupart considèrent que les techniques qu'il préconise ne sont pas adéquates pour faire face à un individu ou une classe qui pose de sérieux problèmes de discipline.

EXERCICES

RÉVISION DES TERMES CLÉS

Les termes suivants jouent un rôle crucial dans le modèle de la discipline de Ginott. Pouvez-vous en donner la signification?

- communication congruente
- l'enseignant idéal
- le pire enseignant
- message sain
- incitation à la coopération
- les dix commandements
- atout caché
- conférer de la dignité
- message à la première personne
- message à la deuxième personne
- langage laconique
- compliment-jugement de valeur
- compliment appréciatif
- communication non congruente
- l'étiquetage est préjudiciable
- les pourquoi
- incursion dans la vie privée
- la correction par l'orientation
- appesantissement
- sarcasme
- série de petites victoires
- mesures de remplacement à la punition
- autodiscipline de l'enseignant

ÉTUDES DE CAS

♦ **Premier cas: Kristina se refuse à travailler.**

Dans la classe de M. Saint-Laurent, Kristina se montre une élève très docile. Elle ne dérange personne et se mêle peu aux autres. Mais, en dépit de tous ses efforts, l'enseignant ne parvient pas à la faire participer aux activités de la classe. Kristina ne fait quasiment pas de progrès sur le plan scolaire, elle ne fournit guère d'efforts et ne finit jamais le travail demandé. Elle se contente d'être là.

> *Comment Ginott aurait-il agi avec Kristina ?*

Ginott aurait employé diverses techniques douces pour encourager Kristina à travailler, par exemple :

1. Transmettre des messages sains : « Je m'attends à ce que tous les élèves de la classe terminent le travail qui leur est assigné. »
2. Inciter les élèves à coopérer : « Tous ceux qui auront terminé leur travail pourront faire un jeu avec un ami. »
3. Accepter et reconnaître les sentiments de Kristina : « Kristina, je me rends compte que c'est difficile pour toi de te mettre au travail. Est-ce que je peux faire quelque chose pour t'aider ? »
4. La correction par l'orientation : « Vous avez trente minutes pour faire les dix problèmes suivants. »
5. Chercher une solution : « Cela ne peut pas continuer ainsi. À votre avis, que peut-on faire pour résoudre le problème ? »

♦ **Deuxième cas : Sarah ne peut s'empêcher de parler.**

Sarah est une charmante petite fille qui participe aux activités de la classe et effectue la plupart des travaux qui lui sont assignés, mais pas tous. Elle pourrait faire mieux, mais semble incapable de s'empêcher de parler à ses voisins durant la classe. L'enseignant, M. Gonzales, doit intervenir tellement souvent qu'il finit par s'exaspérer.

> *De quelle façon Ginott aurait-il conseillé à M. Gonzales d'agir avec Sarah ?*

♦ **Troisième cas : Julien fait le clown et intimide les autres élèves.**

Julien, qui est plus gros et plus tapageur que ses camarades de classe, cherche continuellement à attirer l'attention, à la fois en faisant le clown et en intimidant les autres élèves. Il fait des plaisanteries, répond avec insolence (tout en souriant) à l'enseignant, imite toutes sortes de bruits, comme des coups de feu et des chocs de voitures, et émet continuellement des commentaires sarcastiques à propos de ses camarades, qu'il cherche également à rabaisser par divers moyens. Les autres élèves ne tentent pas de lui tenir tête, apparemment parce que sa taille et son agressivité verbale les impressionnent. L'enseignante, Mme Pearl, ne sait plus quelle attitude adopter.

> *Selon vous, quels conseils Ginott aurait-il donnés à Mme Pearl ?*

♦ **Quatrième cas : Thomas se montre hostile et provocant.**

Depuis qu'il est entré dans la classe, Thomas semble, comme d'habitude, d'humeur massacrante. En allant tailler son crayon, il a bousculé Frank, qui s'en est plaint. Thomas lui a enjoint, en haussant très fort la voix, de « la fermer ». L'enseignante, Mme Deslandes, est alors intervenue : « Thomas, va t'asseoir. » Ce dernier se retourne pour lui faire face et lui répond, toujours très fort : « J'irai quand je voudrai ! »

> *De quelle façon Ginott aurait-il conseillé à Mme Deslandes d'agir avec Thomas ?*

Questions et activités

1. Pour chacun des énoncés suivants, identifiez le concept fondamental de la théorie de Ginott à propos de la communication enseignant-élève :
   a) « Les garçons, vous êtes en tête sur ma liste des élèves les plus paresseux que j'aie jamais rencontrés. »
   b) « Bien sûr, tu n'as pas fait tes devoirs hier soir parce que ta mère était malade ! »
   c) « Je suis tellement déçue et en colère que je ne sais plus quoi faire ! »
   d) « Aline, tu es la fille la plus intelligente que j'aie jamais rencontrée ! »
2. Peggy et Pauline s'accusent mutuellement de prendre sans permission des objets appartenant à l'autre. Quelle attitude Ginott conseillerait-il à l'enseignant ?
3. Mme Théolis entend un groupe de garçons qui s'amusent à crier des obscénités dans le corridor. Elle se met à crier : « Je n'ai jamais rien vu d'aussi déplorable ! Où vous croyez-vous ? Est-ce qu'on vous permet de vous conduire comme des vauriens à la maison ? Je veux tous vous voir dans mon bureau chaque après-midi, après la classe, pendant les deux prochaines semaines ! » De quelle façon Ginott aurait-il conseillé à Mme Théolis de modifier son approche ?
4. Étudiez le scénario 6 présenté à l'appendice 1. Quelle attitude Ginott aurait-il conseillée à M. Cardinal envers les élèves qui se comportent de façon inappropriée ?

RÉFÉRENCES BIBLIOGRAPHIQUES ET LECTURES SUGGÉRÉES

GINOTT, H. G. (1965), *Between parent and child*, New York, Avon. (Traduit par Betty Delfosse sous le titre *Les relations entre parents et enfants : solutions nouvelles de problèmes anciens*, Paris, Éditions Casterman, 1968.)

——————— (1969), *Between parent and teenager*, New York, Macmillan. (Traduit par Odile Wertheimer sous le titre *Entre parents et adolescents*, Paris, Éditions Robert Laffont, 1970.)

——————— (1971), *Teacher and child*, New York, Macmillan.

——————— (1972), « I am angry ! I am appalled ! I am furious ! », *Today's Education*, vol. 61, p. 23-24.

——————— (1973), « Driving children sane », *Today's Education*, vol. 62, p. 20-25.

GORDON, T. (1989), *Discipline that works : promoting self-discipline in children*, New York, Random House.

KOHN, A. (1993), *Punished by rewards : The trouble with gold stars, incentive plans, A's, praise, and other bribes*, Boston, Houghton Mifflin.

KOUNIN, J. S. (1977), *Discipline and group management in classrooms*, éd. révisée, New York, Holt, Rinehart & Winston (1re éd. 1970).

DEUXIÈME PARTIE

Les modèles pratiques

Chacun des six modèles de discipline étudiés dans cette partie est assez complet pour servir de système de gestion du comportement en classe, et ce à tous les niveaux scolaires. Ces modèles traitent des règles de conduite, des conséquences du comportement, de la prévention d'un comportement inapproprié et de la manière de faire face à pareil comportement, et presque tous accordent une grande importance à la participation des élèves et à leur coopération. Nous avons choisi de les présenter selon l'ordre chronologique dans lequel ils ont commencé à exercer une influence sur la pratique de l'enseignement. Ces six modèles pratiques sont les suivants :

5. LE MODÈLE DE DREIKURS : la discipline axée sur l'enseignement démocratique et la neutralisation des buts erronés.
6. LE MODÈLE DE CANTER : la discipline axée sur la gestion du comportement par l'affirmation de soi.
7. LE MODÈLE DE JONES : la discipline axée sur le langage gestuel, les systèmes de récompense et l'aide efficace.
8. LE MODÈLE DE GLASSER : la discipline sans coercition, axée sur la satisfaction des besoins.
9. LE MODÈLE DE GORDON : la discipline axée sur le développement de la maîtrise de soi.
10. LE MODÈLE DE CURWIN ET MENDLER : la discipline axée sur la dignité et l'espoir.

CHAPITRE 5

Le modèle de Dreikurs

La discipline axée sur l'enseignement démocratique et la neutralisation des buts erronés

RUDOLF DREIKURS

NOTICE BIOGRAPHIQUE

Rudolf Dreikurs (1897-1972) naquit à Vienne, en Autriche. Après avoir obtenu un diplôme en médecine de l'université de Vienne, il fut pendant de nombreuses années le collaborateur du célèbre psychiatre Alfred Adler, avec qui il mena des études sur le soutien psychologique aux familles et aux enfants. En 1937, Dreikurs émigra aux États-Unis; il devint par la suite directeur de l'institut Alfred Adler de Chicago. Il fut également professeur de psychiatrie à la Chicago Medical School. Il ne cessa, tout au long de sa carrière, de s'intéresser au soutien psychologique aux familles et aux enfants. On le considère comme l'un des spécialistes du comportement en classe depuis la publication de *Psychology in the Classroom* (1968), *Discipline without Tears* (1972), écrit en collaboration avec Pearl Cassel, et *Maintaining Sanity in the Classroom* (1982), une œuvre posthume écrite en collaboration avec Bernice Grunwald et Floy Pepper. Ces ouvrages constituent de précieux outils pour les enseignants désireux de mieux comprendre le comportement des élèves et de connaître des techniques pour l'orienter.

Une ancienne élève de Dreikurs, Linda Albert, poursuit son œuvre. Elle a élaboré un système détaillé de discipline en usage partout aux États-Unis, à savoir la discipline axée sur la coopération. La discipline axée sur la coopération repose sur les concepts fondamentaux de la théorie de Dreikurs et met en outre l'accent sur la stratégie CRC, c'est-à-dire la capacité, la relation et la contribution. Albert explique son programme dans *A Teacher's Guide to Cooperative Discipline* (1re éd. 1989; éd. révisée 1996), que l'on peut se procurer, de même que des documents connexes, en écrivant à l'American Guidance Service, 4201 Woodland Road, P.O. Box 99, Circle Pines, MN 55014-1796, États-Unis. Pour l'organisation d'ateliers ou des services de consultation, on peut joindre Linda Albert au Cooperative Discipline Institute, 27134 Paseo Espada, Suite 302, San Juan Capistrano, CA 92675, États-Unis; téléphone: 800-WeWin4U.

APPORT DE DREIKURS AU DOMAINE DE LA DISCIPLINE

Dreikurs fut l'un des premiers à étudier les causes sous-jacentes au mauvais comportement de l'élève en classe. Il en est venu à la conclusion que presque tous les êtres humains ressentent le besoin fondamental d'appartenance, c'est-à-dire qu'ils désirent sentir qu'ils occupent une place importante au sein des groupes dont ils sont membres. Dreikurs qualifie ce besoin de *but fondamental* du comportement social humain et il explique que tous les élèves désirent avant tout sentir qu'ils «appartiennent» à la classe. Selon lui, l'élève qui a gagné un réel sentiment d'appartenance commet rarement des méfaits graves.

Cependant, tous les élèves ne parviennent pas facilement à acquérir un sentiment d'appartenance, et ceux qui en sont incapables se fixent des *buts erronés* dans l'espoir d'acquérir un sentiment d'importance. La poursuite de tels objectifs fait souvent obstacle à l'apprentissage et crée divers problèmes tant pour l'enseignant que pour l'élève. Dreikurs croyait que l'enseignant peut s'assurer de la bonne conduite de tous les élèves en classe en aidant ces derniers à atteindre le but fondamental que représente le sentiment d'appartenance. Il pensait également que la meilleure façon d'y arriver est d'être ce qu'il appelle un *enseignant démocratique* au sein d'une *classe démocratique*. Il reconnaissait néanmoins que, même à l'intérieur de la classe idéale, certains élèves poursuivront inévitablement des but erronés. Pour aider les enseignants aux prises avec cette difficulté, il a donc présenté un ensemble de tactiques d'intervention visant à neutraliser les buts erronés et à réorienter les élèves difficiles vers le but fondamental d'appartenance.

ORIENTATION DES TRAVAUX DE DREIKURS

Les enseignements de Dreikurs à propos de la discipline se regroupent autour de deux idées maîtresses. La première est l'établissement d'une classe démocratique et l'adoption d'un mode d'enseignement démocratique afin d'aider les élèves à acquérir un sentiment d'appartenance. Dreikurs décrit ce qu'il entend par la démocratie en classe et explique la nature de l'enseignement démocratique, qu'il distingue de l'enseignement autocratique ou de l'enseignement permissif. La seconde idée maîtresse est l'identification et la neutralisation des buts erronés poursuivis par les élèves incapables d'atteindre le but fondamental d'appartenance. Dreikurs explique ce que sont les buts erronés, décrit les comportements qui y sont associés et tente d'aider l'enseignant à reconnaître ces buts et à réorienter les comportements inappropriés qui en découlent.

CONCEPTS ET ENSEIGNEMENTS DE DREIKURS

La discipline. Il s'agit du processus au cours duquel l'élève apprend à s'imposer lui-même des limites raisonnables.

L'enseignant autocratique. Dreikurs désigne par ce terme l'enseignant qui fait la loi dans la classe, qui ressent le besoin de constamment diriger les élèves et qui applique des sanctions sévères lors de toute infraction au règlement. L'enseignant autocratique ne favorise guère l'acquisition de l'autodiscipline chez les élèves.

L'enseignant permissif. L'enseignant de ce type n'insiste pas pour que les élèves se conforment à des attentes raisonnables et aux conséquences qui en découlent. Il ne les aide donc pas à se rendre compte que la liberté suppose la responsabilité et il ne les incite guère à l'autodiscipline.

L'enseignant démocratique. Dreikurs désigne par ce terme l'enseignant qui essaie d'inciter les élèves à se motiver eux-mêmes, qui les aide à établir des règles de conduite susceptibles de faire progresser la classe et qui leur donne l'occasion d'user de leur liberté et d'exercer leur sens des responsabilités.

La classe démocratique. Dreikurs entend par ce terme une classe où l'enseignant et les élèves prennent conjointement les décisions qui se rapportent au déroulement des activités, au règlement et aux conséquences relevant des mauvais comportements.

Le but fondamental d'appartenance. Presque tous les élèves poursuivent un but fondamental en classe et fournissent des efforts considérables pour l'atteindre : ils désirent acquérir un sentiment d'appartenance à la classe et le conserver.

Les buts erronés. Si un élève n'arrive pas à atteindre le but fondamental d'appartenance, il poursuit l'un ou l'autre de quatre buts erronés dans l'espoir de se sentir important. Les efforts déployés pour atteindre ces objectifs constituent souvent des comportements inappropriés en classe.

La mauvaise conduite. Dreikurs entend par ce terme le comportement d'un élève qui perturbe fréquemment l'enseignement et l'apprentissage. Un tel comportement découle souvent de la poursuite d'un but erroné.

Le désir d'une attention excessive. Il s'agit là du premier des quatre buts erronés relevés par Dreikurs. L'élève qui n'a pas réussi à acquérir un sentiment d'appartenance cherche habituellement à attirer l'attention de ses pairs et de l'enseignant.

La lutte pour le pouvoir. Cet objectif constitue le deuxième but erroné. Si un élève n'obtient pas l'attention qu'il désire, il cherchera à s'assurer un certain pouvoir en refusant le plus souvent de faire ce que lui demande l'enseignant.

Le désir de vengeance. Il s'agit là du troisième but erroné. L'élève qui a échoué dans sa tentative de se montrer plus fort que l'enseignant cherchera à acquérir un sentiment d'importance en se vengeant de l'enseignant, par exemple en commettant des actes de vandalisme, en perturbant la classe, en trichant ou en répandant des mensonges.

La démonstration de sa totale incompétence. Dreikurs définit ainsi le quatrième but erroné. Si toutes les autres tentatives échouent, l'élève cherchera à éviter de souffrir davantage en se repliant sur lui-même ; il n'essaiera plus de participer aux activités de la classe.

L'encouragement. L'enseignant prodigue des encouragements au moyen de paroles ou d'actions exprimant du respect pour l'élève ou la confiance en ses capacités. Dreikurs distingue l'encouragement de la louange, laquelle est susceptible d'aller à l'encontre du but visé ; d'autre part, il ne faut dispenser de louange que lorsqu'une tâche a été bien accomplie.

Les conséquences logiques. L'expression dit bien ce qu'elle veut dire : une conséquence logique est un événement qui découle logiquement d'un comportement donné. Un comportement approprié entraîne des conséquences agréables, comme l'occasion de participer à une activité favorite ou de parler avec un ami, alors qu'un comportement inapproprié entraîne des conséquences désagréables reliées à la règle transgressée, comme l'obligation de terminer à la maison le travail qui aurait dû être fait en classe.

La punition. Dreikurs définit la punition comme une action par laquelle l'enseignant cherche à exercer des représailles contre l'élève déviant et à lui montrer qui commande. La punition consiste le plus souvent à humilier l'élève ou à l'isoler. Selon Dreikurs, les conséquences logiques constituent l'approche disciplinaire la plus valable.

ANALYSE DU MODÈLE DE DREIKURS

La nature de la discipline

La *discipline* est synonyme de contrôle du comportement. Elle est essentielle au fonctionnement harmonieux de tous les pans de la société, y compris l'école. Elle peut prendre deux formes différentes, l'une libératrice et satisfaisante, l'autre tyrannique et oppressante. La première forme de discipline est l'*autodiscipline* : elle se développe chez l'individu dont le comportement est soumis à des limites raisonnables et qui reconnaît que tout comportement entraîne certaines conséquences. Un comportement approprié a des conséquences agréables, et un comportement inapproprié a des conséquences désagréables. C'est en reconnaissant le lien entre le comportement et ses conséquences que l'on peut finir par acquérir l'autodiscipline.

La seconde forme de discipline est la *discipline aversive* : elle étouffe l'initiative. Elle impose des contraintes déraisonnables et fait suivre toute infraction aux règles de conséquences sévères. On l'emploie dans certaines classes, mais elle n'inculque pas la maîtrise de soi aux élèves. Elle risque au contraire de les inciter à s'opposer à tout contrôle et à faire n'importe quoi pourvu qu'ils s'en tirent à bon compte.

La discipline aversive est encore couramment utilisée parce que les enseignants et les adultes en général ont conservé l'idée que, en matière de discipline, on fait nécessairement face à l'alternative suivante : ou bien l'adulte force l'enfant à être sage ou bien il se fait marcher sur les pieds. De nombreux enseignants pensent que la seule façon d'éviter de se faire marcher sur les pieds, c'est de menacer les élèves de punition et d'avoir effectivement recours à des mesures punitives si l'un d'eux transgresse une règle. De leur côté, les élèves considèrent que la discipline aversive est arbitraire ; à leurs yeux, elle n'a d'autre but que de montrer qui commande. Les enseignants qui ont cette conception de la discipline finissent par se rendre compte qu'ils ne sont pas toujours capables de faire respecter les règles qu'ils ont eux-mêmes établies. Peu à peu, ils ont donc tendance à adopter une attitude autocratique tout en faisant preuve de permissivité dans l'application du règlement.

Dreikurs soutient qu'une bonne discipline s'exerce sans avoir recours à la punition ; en effet, la bonne discipline exige que les élèves aient une grande liberté de choix, tout en comprenant parfaitement les conséquences associées à leurs décisions. Nous verrons plus loin que ces conséquences ne sont pas des punitions sévères, mais qu'elles découlent logiquement des actions, en ce sens qu'elles visent à corriger une situation néfaste créée par un comportement inapproprié. Par exemple, si un élève abîme un manuel, il doit logiquement payer pour son remplacement ; si un élève s'amuse à jeter des papiers par terre, il est logique de lui demander de les ramasser.

Selon ce principe, l'élève choisit lui-même les conséquences de ses actions du seul fait qu'il décide de se comporter de telle ou telle manière. Il connaît à l'avance les conséquences associées à un mauvais comportement ; en effet, il a lui-même participé à leur détermination. Dans le cas où il se conforme au règlement établi par la classe, il pourra profiter de conséquences agréables ; dans le cas contraire, il devra subir les conséquences désagréables. Dès lors, la discipline n'est plus synonyme de punition redoutée infligée par un enseignant sévère ; elle fait partie intégrante des choix de comportement que les élèves ont faits en toute connaissance de cause.

La meilleure façon d'établir la discipline en classe consiste à ce que l'enseignant et les élèves définissent ensemble les limites acceptables, jusqu'à ce que les élèves soient en mesure de s'en imposer eux-mêmes. Il est donc souhaitable que les élèves participent à la définition des comportements les plus susceptibles de favoriser le progrès de la classe de même qu'à la détermination des conséquences découlant de la non-conformité aux règles de conduite sur lesquelles le groupe s'est mis d'accord. Ils acquerront ainsi une meilleure compréhension des raisons qui sous-tendent le règlement et les conséquences et ils prendront conscience du fait que le comportement social entraîne toujours des conséquences, de quelque ordre que ce soit. Dreikurs recommande aux enseignants qui visent un mode d'enseignement démocratique d'insister particulièrement sur les points suivants :

- ♦ L'élève est responsable de ses propres actions.
- ♦ L'élève doit se respecter lui-même et respecter les autres.
- ♦ L'élève est tenu de participer aussi bien à l'élaboration de règles appropriées régissant le comportement en classe qu'à la détermination des conséquences, et il doit se conformer à ces règles.

La discipline et les divers types d'enseignant

Selon Dreikurs, les enseignants démocratiques réussissent mieux que les autres à établir une discipline efficace en classe. Il oppose les enseignants démocratiques aux enseignants autocratiques et aux enseignants permissifs.

L'enseignant autocratique. L'*enseignant autocratique* présente les traits suivants (Dreikurs *et al.*, 1982, p. 76) : il régente, parle sur un ton tranchant, donne des ordres, use de son pouvoir, exerce des pressions, exige la coopération, impose ses idées, critique et punit ; il détermine seul la manière de procéder et établit seul le règlement ainsi que les conséquences des mauvais comportements.

> Voici un exemple. M. Perron entre à grands pas dans la classe ; il mesure les élèves du regard et leur dit : « Bon ! Sortez votre manuel, ouvrez-le à la page 73. Je vais vous faire voir ce chapitre et, à la fin de la semaine, il y aura un examen sur cette matière. La note que vous obtiendrez sera la seule qui comptera. C'est sérieux. Je ne tolérerai aucun bavardage. Si je prends l'un de vous à paresser, il aura un devoir supplémentaire. Si vous me remettez une copie peu soignée, vous devrez recommencer. »
>
> M. Perron commence son cours en expliquant le contenu de chaque paragraphe du chapitre. De temps à autre, il pose une question à un élève. Si la réponse ne le satisfait pas, il exige plus d'information et ridiculise souvent l'élève. Les élèves gardent les yeux baissés, espérant que l'enseignant ne s'adressera pas à eux.

M. Perron correspond tout à fait à la description que donne Dreikurs de l'enseignant autocratique, qui n'incite pas les élèves à l'autodiscipline. Selon Dreikurs et Cassel (1972), l'enseignant autocratique est :

> *bien décidé à « obliger » les élèves à faire ce qu'on leur dit et à apprendre. Si certains ne se conforment pas à ses exigences, il les réprimande ; il punit le moindre écart de conduite et s'oppose à toute liberté d'expression créative. (p. 15)*

L'enseignant permissif. À l'inverse de l'enseignant autocratique, l'*enseignant permissif* n'impose que très peu de limites au comportement des élèves, et parfois pas du tout. Il n'a pas non plus recours aux conséquences logiques lorsque le comportement inapproprié d'un élève perturbe la classe. Certains enseignants permissifs soutiennent qu'ils s'opposent à tout contrôle sur les élèves pour des raisons de philosophie personnelle, mais la majorité se sont tout simplement rendu compte qu'ils étaient incapables d'exercer ce contrôle et ils ont baissé les bras. Dans le scénario suivant, Mme Samuel personnifie une enseignante permissive.

> Mme Samuel entre dans la classe et sourit timidement aux élèves, dont plusieurs ne vont pas s'asseoir comme ils le devraient. Au lieu de les inciter à se mettre au travail, elle leur dit : « Vous pourrez parler à voix basse

pendant que vous travaillez. Formez des groupes et choisissez les activités que vous voulez faire aujourd'hui. » Un vacarme assourdissant remplit bientôt la pièce, mais Mme Samuel reste à son bureau et ne semble pas se rendre compte de ce qui se passe.

Pour Mme Samuel, un élève ne peut pas mal se conduire intentionnellement. Si cela semble parfois se produire, il faut en rechercher la cause dans les expériences vécues au sein d'une société imparfaite. Elle pense que le bon côté d'un enfant finit toujours par se manifester, s'il a l'occasion de faire des expériences sans l'intervention coercitive des adultes. Elle laisse donc beaucoup de latitude aux élèves dans le choix et la méthode de ce qu'ils étudient. À ses yeux, une classe bruyante et désordonnée reflète la participation active des élèves. Elle encourage les élèves à discuter de leurs efforts, mais elle ne donne pas d'examens parce que, selon elle, ils étouffent l'initiative. Elle n'aime guère voir les élèves se chamailler fréquemment et abîmer le matériel, mais elle attribue ces comportements à leur situation familiale. Elle ne peut s'appuyer sur des documents pour faire part des progrès des élèves, ce qui la rend mal à l'aise lors des réunions avec les parents, mais elle dit à ces derniers combien elle aime les enfants et qu'elle est prête à faire tout son possible pour leur venir en aide.

Malheureusement, Mme Samuel réussit encore moins bien que M. Perron à inciter les élèves à apprendre et à faire preuve d'autodiscipline. Elle suscite des problèmes de comportement en permettant aux élèves de travailler dans un environnement qui n'a rien à voir avec la réalité quotidienne. Dans sa classe, les élèves n'apprennent pas que la vie en société exige de se conformer à des règles, que le fait de ne pas les respecter entraîne des conséquences désagréables et que l'on ne peut avoir un comportement acceptable sans autodiscipline. En fait, les élèves font à peu près tout ce qu'ils veulent en classe, ce qui ne les empêche pas de trouver l'atmosphère difficile et stressante.

Il faudrait que Mme Samuel se rende compte que, sans discipline ni contrôle, l'apprentissage en classe ne peut avoir lieu. Les élèves ont besoin d'être soutenus et guidés, et ils souhaitent l'être. Il est également vrai qu'ils désirent participer à l'établissement des règles et qu'ils refusent qu'on les leur impose de façon arbitraire, mais ils sont incapables d'organiser par eux-mêmes leur propre éducation. Sans guide, ils ne peuvent pas mettre au point un règlement et des conséquences applicables.

L'ENSEIGNANT DÉMOCRATIQUE. L'*enseignant démocratique* pratique un *enseignement démocratique*, lequel présente les caractéristiques suivantes: l'enseignant se sert de ses qualités de chef, il a une attitude bienveillante et des manières engageantes, il stimule les élèves, énonce des idées, invite à la coopération, joue le rôle de guide, dispense des encouragements, manifeste qu'il est au courant de ce qui se passe, vient en aide aux élèves et partage avec eux les responsabilités. L'enseignant démocratique crée une *classe démocratique*, dont les caractéristiques sont les suivantes (Dreikurs *et al.*, 1982) :

- Il y règne l'ordre indispensable à l'accomplissement du travail.
- Les élèves ont collaboré à la définition de règles, de responsabilités et de conséquences, lesquelles sont respectées.
- Les élèves et l'enseignant se font mutuellement confiance.
- L'enseignant incite les élèves à la coopération, il ne l'exige pas.
- On y accorde plus d'importance à la coopération qu'à la compétition.
- L'atmosphère y est chaleureuse et amicale.
- On y discute fréquemment des problèmes concernant tout le groupe.
- L'enseignant se soucie davantage des progrès des élèves que de son prestige.
- On y encourage les élèves à tirer profit de leurs erreurs et on les aide à le faire.

La classe de Mme Tellier offre un exemple d'enseignement démocratique dans une classe démocratique.

> Mme Tellier entre dans la classe avec un air dégagé et salue les élèves en les regardant droit dans les yeux. Elle capte leur attention et les invite à s'asseoir. D'un ton chaleureux, elle résume brièvement les objectifs du chapitre dont les élèves vont commencer l'étude ; elle leur dit ce qu'elle attend d'eux mais n'omet pas de leur demander leur opinion, qu'elle examine attentivement. Elle s'interrompt et jette un regard significatif à deux élèves assis dans le fond de la classe en train de bavarder. Ces derniers s'arrêtent immédiatement et écoutent l'enseignante. Elle poursuit l'étude du chapitre avec conviction, tout en encourageant les élèves à participer et à donner leur avis sur le comportement le plus susceptible de favoriser le travail. Elle exprime ses idées avec fermeté et s'y tient, ce qui est une marque de respect de soi, tout en manifestant de la considération envers les élèves, ce qui indique qu'elle les respecte également.

Un enseignant démocratique, comme Mme Tellier, ne se montre ni permissif ni autocratique. Il dirige les élèves avec fermeté, en leur donnant des explications et en les invitant à participer à la détermination des règles et des conséquences. Il cherche des moyens de promouvoir la motivation intrinsèque des élèves. Il maintient l'ordre, tout en multipliant les occasions pour que les élèves interagissent. Il leur rappelle constamment que la liberté suppose la responsabilité de se conformer aux règles de la classe, et que leur transgression entraîne des conséquences désagréables. C'est grâce à ce genre d'attitude que les enseignants démocratiques aident les élèves à acquérir la capacité de s'imposer eux-mêmes des limites en ce qui a trait à leur comportement.

La discipline et les buts erronés

Trois points principaux ressortent des écrits de Dreikurs. Premièrement, les élèves sont des êtres sociaux qui désirent sentir qu'ils appartiennent aux groupes dont ils sont membres : la famille, les pairs, l'école, la classe, etc. Dreikurs appelle ce désir le *but fondamental d'appartenance* et affirme que ce besoin motive fortement le comportement de l'élève. Deuxièmement, l'élève est doté de la *capacité de choisir* son propre comportement. La nature d'un individu ne détermine pas entièrement la manière dont il se conduit en société. Troisièmement, si l'élève ne réussit pas à atteindre le but fondamental d'appartenance, il a tendance à adopter des comportements indésirables parce qu'il croit, à tort, que ces comportements lui procureront la reconnaissance recherchée. Dreikurs appelle ces fausses croyances des *buts erronés*.

Selon Dreikurs, chaque individu ressent le besoin d'appartenance et désire trouver sa place. Chacun met donc à l'essai divers types de comportement afin d'obtenir du prestige et la reconnaissance d'autrui. Si l'emploi de moyens acceptables ne permet pas d'atteindre ces objectifs, on poursuivra des buts erronés qui favorisent le comportement antisocial. Ainsi, le comportement antisocial de l'élève, qu'on appelle *mauvaise conduite* en classe, reflète la fausse croyance qu'il s'agit là d'un moyen efficace pour se procurer la reconnaissance recherchée. Dreikurs identifie quatre buts erronés poursuivis par les élèves incapables de satisfaire leur besoin d'appartenance et qui cherchent à se sentir importants : (1) le désir d'une attention excessive, (2) la lutte pour le pouvoir, (3) le désir de vengeance et (4) la démonstration de leur totale incompétence. Ces objectifs sont généralement, mais pas toujours, poursuivis dans l'ordre indiqué. Ainsi, lorsqu'un individu ne se sent pas accepté, il s'efforcera probablement d'attirer l'attention ; s'il n'y parvient pas, il se lancera dans une lutte pour le pouvoir ; s'il échoue de nouveau, il cherchera à se venger ; et s'il n'y réussit pas, il se repliera sur lui-même et s'efforcera de montrer qu'il est incapable d'accomplir ce qu'on attend de lui. Nous allons examiner plus en détail chacun des quatre buts erronés.

Le désir d'une attention excessive. Si un élève ne reçoit pas la reconnaissance souhaitée, il risque de rechercher une *attention excessive* en adoptant un comportement inapproprié. Il se sent important si l'enseignant lui prête attention. Par exemple, il perturbe la classe, demande qu'on lui accorde des faveurs, pose des questions non pertinentes, requiert sans cesse de l'aide pour ses travaux et refuse de travailler si l'enseignant ne reste pas à ses côtés. Les bons élèves sont tout aussi susceptibles que les élèves médiocres de chercher à attirer l'attention. Ils fonctionnent bien tant qu'ils reçoivent l'approbation de l'enseignant, mais ils auront parfois recours à des moyens plus ou moins acceptables afin de l'obtenir.

L'enseignant doit comprendre que le fait d'accorder de l'attention à un élève qui se conduit mal n'améliorera en rien son comportement ; au contraire, cela ne peut qu'accroître le désir du contrevenant de recevoir de l'attention et l'amener à rechercher des sources de motivation extérieures.

Si le fait d'adopter un comportement visant à attirer l'attention ne procure pas à l'élève la reconnaissance souhaitée, il poursuivra le deuxième but erroné, soit la lutte pour le pouvoir.

LA LUTTE POUR LE POUVOIR. Certains élèves pensent que le seul moyen à leur disposition pour obtenir la reconnaissance souhaitée consiste à défier l'enseignant. Ils peuvent manifester leur désir de mener une *lutte pour le pouvoir* au moyen du raisonnement, de la contradiction, du mensonge, de la colère, du refus de suivre les directives ou encore d'un comportement agressif. Si un élève réussit à provoquer l'enseignant, il a le sentiment d'avoir gagné, qu'il ait eu ou non le dernier mot, car il a ainsi fait preuve de sa capacité à perturber la classe et à mettre l'enseignant sur la défensive. Et même si l'enseignant sort vainqueur de l'affrontement, l'élève se trouve renforcé dans sa conviction que, ce qui compte dans la vie, c'est le pouvoir.

Lorsqu'un élève ne réussit pas à se procurer la reconnaissance souhaitée par le biais de la lutte pour le pouvoir, il adopte un comportement inapproprié encore plus grave, fondé sur le désir de vengeance.

LE DÉSIR DE VENGEANCE. L'élève qui n'a pas réussi à acquérir du prestige en attirant l'attention ou en menant une lutte pour le pouvoir se rabat sur le *désir de vengeance*. Ce nouvel objectif repose sur le raisonnement suivant : « Je me sentirai important uniquement si j'arrive à blesser les autres. Faire du mal aux autres compensera le fait que j'ai moi-même été blessé. »

L'élève animé par le désir de vengeance s'arrange pour être puni. Il se montrera par exemple cruel et, s'il est effectivement puni, il y verra une raison supplémentaire pour exercer des représailles. Plus il se met lui-même en difficulté, plus il a l'impression que ses désirs de vengeance sont justifiés. Il en vient à considérer comme une victoire le fait qu'on ne l'aime pas.

En dépit de ses bravades, les individus de ce type sont profondément découragés. Leur comportement ne leur attire que rebuffades, ce qui les porte à croire plus que jamais qu'ils ne sont bons à rien. Ils se tournent finalement vers le seul but erroné qu'il leur reste : la démonstration de leur totale incompétence.

LA DÉMONSTRATION DE SA TOTALE INCOMPÉTENCE. L'élève qui cherche à faire la *démonstration de sa totale incompétence* se considère lui-même comme un raté. Il ne voit pas l'utilité de tenter quoi que ce soit. Il évite les situations susceptibles d'accroître le sentiment qu'il a d'être une nullité. Il tient à garder le peu d'estime qu'il a de lui-même en évitant toute interaction sociale. Il entretient la fausse croyance suivante : « Si les autres pensent que je suis incompétent, ils me laisseront tranquille. »

L'élève qui poursuit ce but tente de l'atteindre en prétendant être stupide. Il ne réagit pas aux sollicitations de l'enseignant et refuse de participer aux activités de la classe en faisant tout simplement preuve de passivité. Il reste assis, isolé et silencieux. Le comportement associé au quatrième but erroné est grave et il est difficile de le modifier. En outre, étant donné qu'un élève replié sur lui-même ne perturbe pas la classe, l'enseignant risque de ne pas se rendre compte de l'ampleur du problème et, par conséquent, de ne prendre aucune mesure pour corriger la situation.

Que peut faire l'enseignant pour neutraliser les buts erronés ?

Les élèves se fixent l'un ou l'autre des quatre buts erronés dans l'espoir d'acquérir un statut. Cependant, la poursuite de ces objectifs mène non pas au succès, mais à l'échec. Que peut donc faire l'enseignant pour réorienter ces élèves ? Dreikurs donne les conseils suivants.

Identifier le but erroné. Selon Dreikurs, l'enseignant devrait en premier lieu *identifier le but erroné*, et la meilleure façon d'y arriver consiste à noter ses propres réactions au mauvais comportement de l'élève. Si l'enseignant se sent :

- agacé, l'élève recherche probablement une attention excessive ;
- menacé, l'élève tente probablement d'engager une lutte pour le pouvoir ;
- blessé, l'élève cherche probablement à se venger ;
- impuissant, l'élève essaie probablement de faire croire qu'il est incompétent.

Il existe un autre moyen d'identifier le but erroné poursuivi par un élève : il suffit d'observer les réactions de l'élève lorsqu'on tente de corriger son comportement.

Si l'élève :	alors son but est :
met fin au mauvais comportement, mais le reprend plus tard,	d'attirer l'attention.
refuse de mettre fin au mauvais comportement ou l'aggrave,	d'engager la lutte pour le pouvoir.
devient violent ou se montre hostile,	de se venger.
refuse de coopérer, de participer, ou d'interagir avec les autres,	de faire la preuve de son incompétence.

Neutraliser le but erroné. Une fois que l'enseignant a mis au jour le but erroné recherché par un élève, il lui faut *neutraliser le but erroné*. Il devrait expliquer ce dernier à l'élève et discuter avec lui des fausses croyances sous-jacentes. S'il le fait sur un ton amical, il réussira probablement à amener l'élève à examiner son comportement et à le modifier. Dreikurs conseille à l'enseignant de poser les questions suivantes à l'élève, dans l'ordre indiqué, et d'observer les réactions qu'elles provoquent, qui témoigneront ou non de la poursuite d'un but erroné.

1. « Se pourrait-il que tu cherches à attirer mon attention ? »
2. « Est-ce que tu n'essaierais pas de prouver que personne ne peut t'obliger à faire quoi que ce soit ? »
3. « Est-ce que tu cherches à me blesser (ou à blesser quelqu'un d'autre) ? »
4. « Est-ce que tu n'essaierais pas de me faire croire que tu es un incapable ? »

Ces questions permettent à l'enseignant d'établir une communication avec l'élève. Elles sont susceptibles d'amener une réduction du comportement indésirable en éliminant le plaisir que ressent l'élève à provoquer l'enseignant. De plus, elles permettent de renverser la situation : l'élève n'a plus l'initiative et l'enseignant peut alors entreprendre des actions visant à modifier le comportement inapproprié. Dreikurs conseille d'employer les tactiques suivantes pour *réorienter l'élève* vers le but fondamental d'appartenance.

RÉORIENTER LE COMPORTEMENT VISANT À ATTIRER L'ATTENTION. L'élève qui cherche absolument à attirer l'attention se sent très mal à l'aise si on le néglige ; il adopte donc un comportement perturbateur que l'enseignant ne peut manquer de remarquer. Si l'enseignant ne se rend pas compte du stratagème, il reprendra continuellement l'élève, le cajolera ou le réprimandera, ce qui ne fera que renforcer la tendance de l'élève à attirer l'attention et empirer en fait la situation. L'enseignant qui s'aperçoit qu'un élève cherche à obtenir une attention excessive ne devrait pas relever le comportement en question. Ainsi, l'élève sera obligé d'employer d'autres moyens pour se procurer la reconnaissance souhaitée.

Par ailleurs, l'enseignant devrait s'efforcer de s'intéresser à l'élève perturbateur lorsque ce dernier ne fait rien pour attirer l'attention. Il favorisera ainsi le développement de sa motivation intrinsèque plutôt que sa dépendance à l'égard de l'attention extérieure.

Il est parfois impossible que l'enseignant passe sous silence un comportement qui perturbe la classe. Il doit alors accorder son attention au contrevenant, mais de telle sorte qu'il ne s'agisse aucunement d'une récompense pour le comportement inapproprié. Par exemple, il peut le nommer et le regarder droit dans les yeux sans faire aucun commentaire, ou décrire son comportement sans manifester aucun agacement, en disant : « Je me rends compte que tu n'as pas terminé ton travail. »

Il peut s'avérer utile de faire comprendre à l'élève, en tête-à-tête, quel but il poursuit et de lui demander : « Combien de fois crois-tu que tu auras besoin d'attirer mon attention au cours de l'heure qui vient ? » Habituellement, l'élève ne sait que répondre à cette question. L'enseignant peut enchaîner de la manière suivante : « Si je t'accorde mon attention quinze fois, penses-tu que ce sera suffisant ? » L'élève aura l'impression que l'enseignant exagère. S'il se conduit mal, ce dernier réagira en disant simplement : « Joël, une fois », « Joël, deux fois », et ainsi de suite. L'enseignant ne fait donc aucun commentaire à propos du comportement indésirable ni aucune réprimande, ce qui satisferait le besoin d'attention de l'élève ; il se contente de faire savoir à Joël qu'il s'est rendu compte de son comportement indésirable.

Refuser les rapports de force. Lorsqu'un élève tente d'engager une lutte pour le pouvoir avec l'enseignant, il est naturel que ce dernier se sente menacé et ait tendance à se défendre. Mais s'il se laisse entraîner dans ce genre de lutte, l'enseignant ne réussira qu'à accroître la révolte de l'élève, à le rendre encore plus hostile et à susciter chez lui un désir de vengeance. Dreikurs conseille vivement aux enseignants de refuser tout rapport de force avec les élèves. La meilleure stratégie consiste à éviter dès le départ de se laisser entraîner dans une lutte pour le pouvoir.

Pour ce faire, l'enseignant peut s'abstenir par exemple de se présenter comme une figure d'autorité : l'élève ne peut exercer son pouvoir s'il n'a personne avec qui se battre. L'enseignant peut également déclarer au contrevenant et à l'ensemble de la classe qu'il se rend compte que l'élève en question ressent le besoin de dominer. Ou encore, il peut décider d'interrompre toute activité et attendre que l'élève ait mis fin à son comportement perturbateur ; dans ce cas, le contrevenant est susceptible de sentir de la pression de la part de ses pairs plutôt que de celle de l'enseignant.

L'enseignant peut également réorienter le désir de l'élève d'exercer du pouvoir en l'invitant à participer à la prise de décisions ou en lui confiant des responsabilités. Il peut lui dire en aparté : « Je trouve que tu t'exprimes de façon très grossière. Étant donné que les autres élèves ont de la considération pour toi, accepterais-tu de te rendre utile en donnant l'exemple ? » ou encore : « J'ai un problème. Et cela a à voir avec la façon dont tu t'exprimes. À ton avis, qu'est-ce que je devrais faire ? » Ainsi, l'enseignant reconnaît que l'élève a un certain pouvoir, mais il refuse de s'engager dans un conflit.

L'enseignant préfère parfois faire face directement au comportement inapproprié. Dans ce cas, il dira par exemple : « Je ne peux pas poursuivre mon cours lorsque tu parles de cette façon. Crois-tu pouvoir trouver une manière de t'exprimer qui me permette de continuer la leçon ? » Si l'élève n'a pas de suggestions, l'enseignant peut alors lui présenter quelques solutions de rechange.

Prendre des mesures positives pour mettre fin au désir de vengeance. La lutte pour le pouvoir et le désir de vengeance sont étroitement liés. Si l'élève qui cherche à se venger souhaite blesser les autres, c'est peut-être parce qu'il s'est lui-même senti blessé. Les représailles sont donc inutiles : l'élève a besoin qu'on lui témoigne de la compréhension et de l'acceptation. L'enseignant doit s'efforcer de créer des situations dans lesquelles l'élève vindicatif aura l'occasion de démontrer ses talents ou sa force, ce qui l'aidera à se rendre compte de ses capacités à susciter l'acceptation et la considération des autres. L'enseignant peut également demander à l'ensemble de la classe d'encourager le contrevenant. Il faut cependant savoir que l'élève vindicatif rejette souvent dans un premier temps toute offre d'aide. Chacun doit faire preuve de persévérance et de patience pour que la situation change.

Encourager l'élève cherchant à faire la démonstration de son incompétence. L'élève qui n'a pas réussi à acquérir un sentiment d'appartenance, à attirer l'attention, à exercer du pouvoir ou à se venger se replie habituellement sur lui-même. Il cherche à convaincre l'enseignant qu'il ne mérite pas qu'on s'occupe de lui. Il se considère manifestement comme un bon à rien et s'isole pour éviter se faire rappeler son incompétence. L'enseignant ne doit jamais délaisser les élèves qui adoptent cette attitude. Il doit plutôt leur dispenser des encouragements et leur offrir son soutien chaque fois qu'ils fournissent le moindre effort. Il importe également que l'enseignant prenne conscience de ses propres réactions face à un élève replié sur lui-même, car toute manifestation d'un sentiment de défaite ou de frustration renforce la tendance de l'élève à se croire un raté et à faire la preuve de son incompétence.

Quatre exemples de réorientation d'un élève. Les quatre cas suivants illustrent des techniques utilisées par un enseignant pour faire face à un élève qui poursuit un but erroné.

Le cas de Stéphanie

Les élèves de la classe de Mme Moreau sont en train de travailler par eux-mêmes. À tout moment, Stéphanie lève la main et demande un renseignement : Doit-elle numéroter les phrases ? À quel endroit doit-elle inscrire son nom sur la feuille ? La réponse qu'elle vient de trouver est-elle bonne ? Mme Moreau finit par s'exaspérer ; en effet, Stéphanie se comporte de la sorte tous les jours, ce qui oblige l'enseignante à s'interrompre constamment pour lui fournir des explications. Finalement, Mme Moreau avertit Stéphanie qu'elle ne l'aidera plus durant la période de travail individuel. Dorénavant, elle donnera une seule fois des directives à toute la classe et, si Stéphanie ne comprend pas, elle devra attendre et faire le travail durant la récréation. À partir de ce moment, Mme Moreau ne prête plus attention aux demandes d'aide de Stéphanie. Par contre, elle lui dispense des encouragements chaque fois que la fillette travaille par elle-même.

Stéphanie adopte le comportement typique d'un élève qui cherche à attirer l'attention, le plus sûr indice étant la réaction de l'enseignante, à savoir de l'agacement. Mme Moreau agit de la meilleure manière possible dans ce cas :

ne pas prendre en compte les tentatives de Stéphanie pour attirer l'attention et renforcer toute manifestation d'autonomie dans le travail.

Le cas de Gérard

Gérard est en train de se bagarrer avec un autre élève dans l'atelier de menuiserie, à proximité d'outils dangereux. Tous deux savent qu'ils enfreignent ainsi le règlement et sont donc susceptibles d'être expulsés temporairement de l'atelier. M. Gravel s'approche d'eux et leur demande effectivement de sortir. Gérard refuse. M. Gravel est d'abord tenté de l'expulser de force, mais il se rend à l'avant de la classe, fait clignoter la lumière et demande à tous d'interrompre leur travail. Il explique qu'il est impossible de poursuivre la leçon parce que Gérard se conduit de manière inappropriée à proximité d'outils dangereux et qu'il refuse de se conformer au règlement, c'est-à-dire de sortir de l'atelier. Les autres élèves attendent tout en observant Gérard. Ce dernier ne tarde pas à décider de se soumettre aux règles.

Le comportement de Gérard illustre la lutte pour le pouvoir. La première réaction de M. Gravel a été de sentir son autorité menacée. Pendant un moment, il a été tenté d'engager une lutte pour le pouvoir avec l'élève récalcitrant. Cependant, il a eu la sagesse d'y renoncer. Il a admis volontairement devant toute la classe que Gérard avait le pouvoir d'interrompre la leçon. Ce dernier n'avait donc plus personne avec qui se battre. Par la suite, M. Gravel a demandé à Gérard s'il voulait bien se joindre au groupe chargé de réviser le règlement de la classe. Le fait d'occuper une position d'autorité permettra à Gérard de satisfaire de manière constructive son besoin d'exercer du pouvoir.

Le cas de Julie

Sophie est en train de regarder un livre que Mme Allen a apporté pour en lire des passages à la classe. Julie s'approche et arrache le livre des mains de Sophie en affirmant qu'elle était censée être la première à le voir. Mme Allen prend le livre et le remet à Sophie, puis elle réprimande Julie. Au moment, où elle met de l'ordre dans la classe à la fin de la journée, elle découvre qu'on a déchiré des pages du livre et qu'on en a arraché la couverture. Elle se sent blessée et en colère. Elle est certaine que Julie est la coupable et qu'elle a abîmé le livre pour se venger d'avoir été punie. La fillette a réussi à blesser Mme Allen, ce qui était exactement son but.

Il aurait été préférable que l'enseignante invite les deux filles à s'asseoir et à regarder le livre ensemble. Ainsi, Julie se serait sentie acceptée et intégrée à la classe, et non rejetée.

Le modèle de Dreikurs

Le cas de Catherine

M. Ledoux vient de demander à la classe de rédiger une composition et tous les élèves se sont mis au travail, sauf Catherine. L'enseignant s'approche d'elle et lui dit : « Catherine, commence par écrire ton nom et la date en haut de la feuille. » Catherine ne prend pas son stylo ; elle garde les yeux baissés. M. Ledoux se sent frustré et il a envie de dire : « Très bien ! Si tu ne veux pas travailler, je n'ai pas de temps à perdre avec toi. » Mais il ajoute plutôt : « Les écrivains ont parfois besoin de réfléchir avant d'écrire. Je sais que tu te mettras à la tâche quand tu te sentiras prête. »

Catherine cherchait à démontrer son incompétence à M. Ledoux. Si elle avait simplement voulu attirer son attention, elle aurait immédiatement fait ce qu'il lui demandait. Elle a au contraire agi comme s'il n'était pas intervenu. M. Ledoux n'a pas pour autant baissé les bras. Il a essayé d'encourager Catherine et lui a fait savoir qu'il la croyait capable d'accomplir le travail exigé.

LA DIFFÉRENCE CRUCIALE ENTRE ENCOURAGEMENT ET LOUANGE

Dreikurs pense que l'encouragement joue un rôle primordial dans la prévention de la mauvaise conduite. L'enseignant peut s'en servir pour montrer aux élèves que l'apprentissage donne des satisfactions et pour développer leur estime de soi. L'*encouragement* consiste en des paroles ou des actions qui laissent entendre à l'élève que l'enseignant le respecte, croit en ses capacités et l'accepte tel qu'il est. L'encouragement constitue une reconnaissance de l'effort fourni plutôt que de l'accomplissement ; il amène l'élève à se considérer comme un membre actif du groupe ; il suscite la motivation intrinsèque et aide l'élève à prendre conscience de sa force, ce qui lui donne le courage de faire des efforts tout en acceptant de n'être pas parfait en tout. L'enseignant devrait saisir toute occasion qui se présente de reconnaître l'effort fourni par un élève quelle que soit la qualité du résultat.

Il existe une différence importante entre la louange et l'encouragement. La *louange* confirme qu'une tâche a été bien accomplie. Elle met de l'avant l'idée que, si elle ne vient pas couronner une chose, cette dernière n'a pas de valeur. Les élèves à qui on dispense sans cesse des compliments n'apprennent pas à travailler pour la satisfaction qu'ils en retirent. La louange favorise l'attitude suivante : « Qu'est-ce que ce travail va me procurer ? » Les exemples ci-dessous illustrent la différence entre encouragement et louange.

Louange : « Tu es vraiment gentille d'avoir fini ton travail. »

Encouragement : « Je me rends compte que tu as travaillé fort. »

Louange : « Je suis fier de vous. Vous vous êtes très bien conduits durant la réunion. »

Encouragement : « Je suis très content que vous ayez trouvé la réunion intéressante. »

Louange : « Tu joues vraiment bien de la guitare. »

Encouragement : « Tu sembles avoir beaucoup de plaisir à jouer de la guitare. »

Dreikurs (Dreikurs et Cassel, 1972) donne les conseils suivants pour encourager les élèves :

1. Toujours se montrer positif ; éviter de faire des commentaires négatifs.
2. Inciter les élèves à chercher à s'améliorer, non à atteindre la perfection.
3. Inciter les élèves à fournir des efforts. Les résultats ont relativement peu d'importance dans la mesure où ils font de leur mieux.
4. Mettre l'accent sur les points forts des élèves et minimiser leurs faiblesses.
5. Apprendre aux élèves à tirer parti de leurs erreurs. Souligner le fait qu'une erreur ne constitue pas nécessairement un échec.
6. Susciter la motivation intrinsèque. Ne pas exercer de pression extérieure.
7. Inciter les élèves à l'autonomie.
8. Faire savoir aux élèves qu'on croit en leurs capacités.
9. Offrir aux élèves de les aider à surmonter un obstacle.
10. Inciter les élèves à aider ceux qui ont le plus de difficulté. Ils prendront ainsi conscience de leur propre force.
11. Transmettre des messages positifs aux parents, surtout en ce qui concerne les efforts fournis par leur enfant.
12. Se montrer fier du travail des élèves. Afficher ce qu'ils ont fait et inviter des personnes à visiter la classe.
13. Faire preuve d'optimisme et d'enthousiasme : c'est contagieux.
14. Essayer de créer des situations où chacun est assuré de réussir.
15. Faire souvent des remarques encourageantes, comme :
    ♦ Tu as fait beaucoup de progrès !
    ♦ Est-ce que je peux faire quelque chose pour t'aider ?
    ♦ Qu'est-ce que ton erreur t'a permis d'apprendre ?
    ♦ Je sais que tu peux y arriver.
    ♦ Essaie encore !
    ♦ Je sais que tu es capable de résoudre ce problème, mais si tu as vraiment besoin d'aide…
    ♦ Je sais ce que tu ressens, mais je suis certaine que tu en viendras à bout. (p. 51-54)

Dreikurs rappelle qu'il faut toutefois se garder de certains pièges lorsqu'on dispense des encouragements. Il conseille aux enseignants de ne jamais :

- encourager la compétition ou la comparaison avec autrui ;
- faire remarquer à l'élève qu'il pourrait être bien meilleur ;
- employer le « mais », comme dans « Je suis contente de voir que tu fais des progrès, mais… » ;
- faire des commentaires du type : « Il était à peu près temps » ;
- délaisser les élèves qui réagissent peu ou pas du tout.
- Dreikurs conseille aux enseignants de toujours encourager les élèves de manière cohérente.

LES CONSÉQUENCES LOGIQUES PAR OPPOSITION À LA PUNITION

Quels que soient les encouragements que l'enseignant dispense aux élèves, il aura toujours à faire face à des problèmes de comportement. Dreikurs conseille donc à l'enseignant d'établir des conséquences logiques dans le but de prévenir les mauvais comportements et de motiver les élèves à bien se conduire. Les *conséquences logiques* sont des effets résultant systématiquement de comportements donnés ; elles sont établies conjointement par l'enseignant et par les élèves.

Il faut bien distinguer les conséquences logiques de la punition. La *punition* est une action par laquelle l'enseignant vise à exercer des représailles contre l'élève qui s'est mal conduit et à lui montrer qui commande. La punition incite à la vengeance et suscite chez l'élève le sentiment qu'il a le droit de punir à son tour. Par contre, les conséquences logiques ne sont pas des armes entre les mains de l'enseignant. Elles apprennent à l'élève qu'à tout comportement sont associés des effets. Un bon comportement entraîne une récompense, tandis qu'un comportement inacceptable entraîne des conséquences désagréables. Si un élève jette un papier par terre, il devra le ramasser. Si un élève n'a pas fait le travail assigné, il devra le compléter durant ses temps libres.

Il faut expliquer les conséquences logiques aux élèves, s'assurer qu'ils les comprennent et en acceptent l'emploi. Si on les applique à l'improviste au moment où surgit un conflit, elles prendront l'allure d'une punition. Quand il a recours aux conséquences logiques, l'enseignant ne devrait pas agir comme s'il prenait sur lui d'exercer l'autorité ; il devrait simplement faire valoir que la vie en société exige un certain ordre et il devrait mettre en application les règles sur lesquelles le groupe s'est mis d'accord.

Les conséquences logiques sont efficaces à la condition d'être appliquées systématiquement. Si l'enseignant ne les utilise que lorsqu'il se sent de mauvaise humeur ou à l'égard de certains individus seulement, les élèves n'apprendront pas qu'un comportement inapproprié entraîne *toujours* des conséquences désagréables. Donc, ils se comporteront mal en espérant ne pas se faire prendre. Les élèves doivent être convaincus que les conséquences logiques seront appliquées chaque fois qu'ils décident de mal se conduire, sans exception. Ainsi, ils réfléchiront avant d'adopter un comportement inacceptable. Il faut du temps pour se défaire de mauvaises habitudes de conduite, mais l'enseignant ne doit jamais se décourager ni cesser d'avoir recours aux conséquences logiques.

La mise en pratique de telles conséquences incite les élèves à choisir avec soin leur comportement. Ils apprennent à s'en remettre à leur discipline intérieure pour contrôler leurs propres actions. Ils apprennent également que de mauvais choix entraînent immanquablement des conséquences désagréables, dont ils sont les seuls responsables. Enfin, ils apprennent que l'enseignant respecte leur capacité de prendre eux-mêmes des décisions.

Le lien entre les conséquences et le comportement inadéquat devrait être clairement souligné. Par exemple :

1. Un élève qui a endommagé un bien appartenant à l'école devra le remplacer.
2. Un élève qui n'a pas fait le travail assigné devra le terminer après la classe.
3. Un élève qui se bagarre durant la récréation sera privé de récréation.
4. Un élève qui dérange les autres sera mis à l'écart.

Il est important que l'enseignant ne fasse pas preuve de colère ni de triomphalisme lorsqu'il applique des conséquences logiques. Dans le cas d'un travail qui n'a pas été fait, il devrait se contenter de déclarer : « Tu as décidé de parler durant le cours au lieu de faire l'exercice de mathématiques. Tu devras donc finir ton travail après la classe. » Cette façon de procéder montre à l'élève que, lorsqu'il choisit de mal se conduire, il choisit également les conséquences qui s'ensuivent.

Ce qu'il faut faire et ce qu'il ne faut pas faire, selon Dreikurs

La discipline suppose que l'enseignant guide constamment les élèves pour les aider à apprendre la maîtrise de soi. Elle ne devrait pas consister en limites imposées de l'extérieur, uniquement en cas de conflit, mais elle devrait prendre la forme d'un soutien constant visant à favoriser le sentiment de coopération et l'effort de groupe. Pour atteindre cet objectif, Dreikurs (Dreikurs *et al.*, 1982) conseille aux enseignants de faire ce qui suit :

1. Donner aux élèves des directives précises à propos de ce que l'on attend d'eux. Capter l'attention de toute la classe avant d'énoncer ces directives.
2. Essayer d'établir avec chaque individu une relation fondée sur la confiance et le respect mutuel.

3. Employer les conséquences logiques au lieu de la punition traditionnelle, en se rappelant qu'il doit exister un lien direct entre un comportement et la conséquence et que l'élève doit saisir cette relation.
4. Envisager tout comportement dans une juste perspective, ce qui permet d'éviter de monter en épingle un incident mineur.
5. Inciter les élèves à assumer de plus en plus la responsabilité de leurs propres comportement et de leur apprentissage.
6. Traiter les élèves comme des égaux sur le plan social.
7. Se montrer à la fois bienveillant et ferme. Les élèves doivent toujours sentir que l'enseignant est leur ami, mais qu'il n'acceptera en aucun cas certains comportements.
8. Toujours faire la distinction entre une action et son auteur. On témoigne ainsi du respect à l'élève, même lorsqu'il agit de manière inappropriée.
9. Établir dès le départ des limites, tout en favorisant la compréhension mutuelle, le sens des responsabilités et la considération pour autrui.
10. S'en tenir à ce qui a été dit. Se limiter à des exigences raisonnables et s'assurer qu'elles sont respectées.
11. Régler rapidement tout incident et recréer un climat serein. Faire comprendre aux élèves qu'on doit corriger les erreurs, puis qu'on n'en parle plus.

D'autre part, selon Dreikurs, les enseignants devraient absolument éviter de faire ce qui suit :

1. Reprendre constamment les élèves ou les réprimander, puisque cette attitude ne fait que renforcer leur fausse conception quant à la manière d'attirer l'attention.
2. Arracher des promesses aux élèves. La majorité d'entre eux vont promettre de modifier leur comportement dans le seul but de mettre fin à une situation pénible. Il ne s'agit là que d'une perte de temps.
3. Critiquer les élèves. Cela peut blesser leur amour-propre et les décourager.
4. Appliquer deux mesures : l'une pour soi-même et l'autre pour les élèves.
5. Employer la menace pour discipliner les élèves. Bien que cela puisse en intimider certains et les amener à se conformer temporairement aux règles, l'effet n'est pas durable.

SYNTHÈSE CRITIQUE DU MODÈLE DE DREIKURS

Le modèle de Dreikurs s'avère très utile pour l'enseignant qui veut susciter des changements d'attitude réels chez les élèves, grâce auxquels les élèves se comporteront mieux parce qu'ils auront compris qu'il est dans leur intérêt de le faire. Dreikurs utilise fréquemment l'expression *discipline démocratique* pour désigner son approche ; il entend par là que l'enseignant et les élèves décident conjointement des règles et des conséquences logiques et qu'ils se sentent également responsables du maintien dans la classe d'un climat propice à l'apprentissage.

Aux enseignants désireux d'établir une discipline démocratique, Dreikurs conseille de passer beaucoup de temps à discuter avec les élèves des effets, pour eux-mêmes et autrui, de leurs actions, de leurs efforts et de leurs réalisations. Le rôle de conseiller de l'enseignant est de ce fait beaucoup plus important que dans les autres modèles. La discipline démocratique donne d'excellents résultats si l'enseignant a la compétence requise ; malheureusement, de nombreux enseignants n'ont reçu aucune formation dans ce domaine et ils ne savent guère comment s'y prendre.

En dépit de ses multiples avantages, le modèle de Dreikurs ne produit des effets bénéfiques que graduellement, et ce à la condition d'être appliqué de façon constante. Par ailleurs, les responsables de classes difficiles estiment que le modèle de Dreikurs n'offre pas de réponse satisfaisante à la question suivante : que faire lorsqu'un élève les défie ? Dreikurs leur conseille de faire savoir à l'ensemble de la classe qu'ils n'ont pas l'intention de s'engager dans une lutte pour le pouvoir avec les élèves qui ont un comportement inacceptable. Il semble croire que l'ensemble du groupe se rangera du côté de l'enseignant et forcera ainsi le ou les contrevenants à se conformer aux règles. Cependant, les enseignants chevronnés savent que les élèves ont tendance à renforcer le comportement de défi, qui est souvent contagieux, d'où la nécessité d'y mettre un terme le plus rapidement possible.

Dreikurs suggère très peu de techniques pour réprimer les comportements inappropriés. Les enseignants considèrent donc que son modèle est plutôt pauvre en ce qui a trait aux mesures correctives, même s'il offre de nombreuses mesures de prévention et de soutien.

En bref, les enseignants apprécient la place accordée par Dreikurs au respect mutuel, à l'encouragement, aux efforts fournis par les élèves et à la responsabilité en général. Tout comme lui, ils considèrent qu'il est important de développer chez les élèves le sens des responsabilités et le respect à l'égard d'autrui. Cependant, la majorité ne voit guère comment mettre ses idées en pratique.

RAPPROCHEMENT ENTRE DREIKURS ET LES ENSEIGNANTS

Peu d'enseignants ont employé le modèle de Dreikurs, en raison surtout du manque d'indications sur sa mise en pratique dans la classe. Linda Albert, dont nous avons mentionné les travaux en début de chapitre, a comblé cette lacune. Elle a commencé en 1974 à systématiser les concepts de Dreikurs et leur a ajouté des stratégies et des techniques utiles aux enseignants. Albert appelle le programme qui en est résulté « discipline axée sur la coopération » ; elle explique ce programme dans des livres, des manuels et des cassettes vidéo, produits et mis à l'épreuve en collaboration avec un large éventail d'enseignants, d'administrateurs et de parents.

Les principales améliorations apportées par Albert au travail de Dreikurs se rapportent aux éléments suivants.

Le mode d'enseignement démocratique

Albert qualifie l'enseignement démocratique, qui est une pierre angulaire du modèle de Dreikurs, de mode d'enseignement « la main dans la main ». Elle indique aux enseignants comment inciter les élèves à la coopération en organisant des réunions de classe et des activités portant sur le code de conduite, et en mettant sur pied un conseil des élèves. Cette approche met l'accent sur l'importance d'offrir des choix aux élèves et de les inviter régulièrement à participer à la prise de décisions.

Les stratégies concrètes d'intervention

Albert suggère aux enseignants plus de 50 stratégies spécifiques à employer lorsqu'un élève se conduit mal. Ces stratégies sont classées en catégories correspondant aux buts erronés définis par Dreikurs et elles indiquent à l'enseignant ce qu'il doit faire, quand, de quelle manière et en quel lieu. L'enseignant a ainsi le sentiment sécurisant de toujours savoir quoi dire et faire lorsqu'un élève se conduit mal.

L'encouragement au moyen de la stratégie CRC

Pour Dreikurs et Albert, on devrait dispenser continuellement des encouragements aux élèves. Albert met l'accent sur la stratégie CRC, qui aide les élèves à se sentir Capables d'accomplir les tâches assignées, leur indique comment établir des Relations positives avec l'enseignant et leurs camarades de classe et les incite à Contribuer de façon significative au bien-être de la classe et de l'école. Albert suggère des techniques précises pour l'emploi de la stratégie CRC et conseille vivement aux administrateurs de donner la priorité à cette stratégie partout dans l'école et de solliciter non seulement la participation des élèves, mais aussi celle des enseignants et des parents.

LE PLAN D'ACTION POUR FAIRE FACE AUX ÉLÈVES PRÉSENTANT DES PROBLÈMES DE COMPORTEMENT

Les élèves difficiles causent du souci aux enseignants. Albert a élaboré un plan d'action qui favorise la communication et la coopération entre les enseignants, les parents, les élèves et les administrateurs. Ce plan invite les parents et les professionnels à unir leurs efforts pour encourager les élèves déviants à se comporter de façon plus responsable.

LE PLAN D'ACTION POUR LES ADMINISTRATEURS

À l'intention des administrateurs, Albert expose dans leurs grandes lignes des procédés qui peuvent inviter les enseignants à participer à la mise en pratique de la discipline axée sur la coopération et à l'évaluation des résultats obtenus. Ce plan d'action est fondé sur des principes efficaces tirés de programmes d'amélioration de l'école, et il contient des suggestions concrètes quant à la manière de fournir aux enseignants le soutien dont ils ont besoin pendant qu'ils apprennent à mettre en application la méthode préconisée.

EXERCICES

RÉVISION DES TERMES CLÉS

Les termes suivants jouent un rôle crucial dans le modèle de la discipline de Dreikurs. Pouvez-vous en donner la signification ?

- discipline
- autodiscipline
- discipline aversive
- enseignant autocratique
- enseignant permissif
- enseignant démocratique
- enseignement démocratique
- classe démocratique
- but fondamental d'appartenance
- désir d'une attention excessive
- lutte pour le pouvoir
- buts erronés
- mauvaise conduite
- désir de vengeance
- démonstration de sa totale incompétence
- identification des buts erronés
- neutralisation des buts erronés
- encouragement
- louange
- conséquences logiques
- punition
- discipline démocratique

Études de cas

♦ **Premier cas : Kristina se refuse à travailler.**

Dans la classe de M. Saint-Laurent, Kristina se montre une élève très docile. Elle ne dérange personne et se mêle peu aux autres. Mais, en dépit de tous ses efforts, l'enseignant ne parvient pas à la faire participer aux activités de la classe. Kristina ne fait quasiment pas de progrès sur le plan scolaire, elle ne fournit guère d'efforts et ne finit jamais le travail demandé. Elle se contente d'être là.

> *De quelle façon Dreikurs aurait-il agi avec Kristina ?*

Dreikurs aurait conseillé à M. Saint-Laurent d'appliquer les mesures suivantes dans le but d'améliorer le comportement de Kristina.

1. Identifier le but erroné poursuivi par Kristina en prenant conscience de ses propres réactions à la léthargie de Kristina et en notant les réactions des autres élèves lorsqu'il tente de corriger la fillette.
2. Si Kristina cherche à attirer l'attention, l'ignorer.
3. Si Kristina cherche à engager une lutte pour le pouvoir, reconnaître qu'elle détient un certain pouvoir en disant par exemple : « Je ne peux pas t'obliger à travailler. À ton avis, que devrais-je faire ? »
4. Si Kristina cherche à se venger, demander à d'autres membres de la classe de lui prodiguer tout particulièrement des encouragements.
5. Si Kristina cherche à démontrer sa totale incompétence, lui dispenser fréquemment des encouragements et lui fournir constamment du soutien.
6. Discuter ouvertement avec Kristina du but erroné qu'elle poursuit et de son comportement.

♦ **Deuxième cas : Sarah ne peut s'empêcher de parler.**

Sarah est une charmante petite fille qui participe aux activités de la classe et effectue la plupart des travaux qui lui sont assignés, mais pas tous. Elle pourrait faire mieux, mais semble incapable de s'empêcher de parler à ses voisins durant la classe. L'enseignant, M. Gonzales, doit intervenir tellement souvent qu'il finit par s'exaspérer.

> *De quelle façon Dreikurs aurait-il conseillé à M. Gonzales d'agir avec Sarah ?*

♦ **Troisième cas : Julien fait le clown et intimide les autres élèves.**

Julien, qui est plus gros et plus tapageur que ses camarades de classe, cherche continuellement à attirer l'attention, à la fois en faisant le clown et en intimidant les autres élèves. Il fait des plaisanteries, répond avec insolence (tout en souriant) à l'enseignant, imite toutes sortes de bruits, comme des coups de feu et des chocs de voitures, et émet continuellement des commentaires sarcastiques à propos de ses camarades, qu'il cherche également à rabaisser par divers moyens. Ces derniers ne tentent pas de lui tenir tête, apparemment parce que sa taille et son agressivité verbale les impressionnent. L'enseignante, Mme Pearl, ne sait plus quelle attitude adopter.

> *Quel but erroné Julien poursuit-il et quels conseils Dreikurs aurait-il donnés à Mme Pearl?*

♦ **Quatrième cas : Thomas se montre hostile et provocant.**

Depuis qu'il est entré dans la classe, Thomas semble, comme d'habitude, d'humeur massacrante. En allant tailler son crayon, il a bousculé Frank, qui s'en est plaint. Thomas lui a enjoint, en haussant très fort la voix, de «la fermer». L'enseignante, Mme Deslandes, est alors intervenue : «Thomas, va t'asseoir.» Ce dernier se retourne pour lui faire face et lui répond, toujours très fort : «J'irai quand je voudrai!»

> *Quelle stratégie inspirée des travaux de Dreikurs Mme Deslandes aurait-elle pu utiliser dans le cas présent?*

QUESTIONS ET ACTIVITÉS

1. Pour chacun des cas suivants, identifiez d'abord le but erroné poursuivi par l'élève, puis expliquez de quelle façon Dreikurs aurait conseillé à l'enseignant d'agir.

    a) Jean-Marc a l'habitude de s'amuser avec des objets disposés sur son pupitre au lieu d'écouter l'enseignant, qui réagit en interrompant fréquemment la leçon et en rappelant Jean-Marc à l'ordre. Ce dernier obéit mais, en général, il se remet à jouer quelques minutes plus tard.

    b) Lyne semble n'avoir d'autre but dans la vie que de railler et de rabaisser ses camarades. Si l'un d'eux se plaint de son comportement auprès de l'enseignant, elle le harcèle dès qu'ils se retrouvent à l'extérieur de la classe.

    c) Marie s'assied toujours dans le fond de la classe et elle se contente de fixer son pupitre. Elle ne fait jamais le travail assigné et répond de façon sommaire à l'enseignant lorsqu'il lui parle.

    d) Teresa aime faire son entrée dans la classe cinq minutes après le début des cours, en faisant suffisamment de bruit pour déranger tout le monde. Lorsque l'enseignant lui demande d'expliquer son retard, elle l'accuse de s'en prendre toujours à elle.

2. Étudiez le scénario 2 ou 1 présenté à l'appendice, puis indiquez comment Dreikurs aurait conseillé à M. Plante ou à Mme Miller d'agir avec les élèves cherchant à attirer l'attention.

RÉFÉRENCES BIBLIOGRAPHIQUES ET LECTURES SUGGÉRÉES

ALBERT, L. (1996), *A teacher's guide to cooperative discipline*, éd. révisée, Circle Pines, American Guidance Service (1re éd. 1989).

DREIKURS, R. (1968), *Psychology in the classroom*, 2e éd., New York, Harper & Row.

DREIKURS, R. et P. Cassel (1972), *Discipline without tears*, New York, Hawthorn.

DREIKURS, R., B. Grunwald et F. Pepper (1982), *Maintaining sanity in the classroom*, New York, Harper & Row.

CHAPITRE 6

Le modèle de Canter

*La discipline axée
sur la gestion
du comportement
par l'affirmation de soi*

LEE ET MARLENE CANTER

NOTICE BIOGRAPHIQUE

Lee Canter est le directeur de Lee Canter & Associates, un organisme qui dispense une formation dans le domaine de la discipline en classe et publie des documents, tant à l'intention des éducateurs qu'à l'intention des parents. Marlene Canter, sa femme, est aussi sa collaboratrice. Canter a élaboré un modèle, appelé discipline par l'affirmation de soi, pour aider les enseignants à interagir systématiquement avec les élèves de manière calme et bienveillante afin de maintenir l'ordre, de répondre aux besoins de chacun et de s'assurer que l'enseignement et l'apprentissage se déroulent tel que prévu. Canter a fait connaître la discipline par l'affirmation de soi à plus d'un million d'enseignants et d'administrateurs, au moyen d'ateliers et de cours au niveau du deuxième cycle. Son modèle est ainsi devenu très populaire, mais aussi l'un des plus controversés.

La compagnie de Canter produit une grande quantité de documents sur divers sujets tels la motivation, les devoirs à la maison, les problèmes graves de comportement et les activités qui procurent un renforcement positif. Le bulletin *The Assertive Educator* donne la liste complète de ces écrits ; on peut se le procurer à l'adresse suivante : Lee Canter & Associates, P.O. Box 2113, Santa Monica, CA 90406, États-Unis ; téléphone : 310-395-3221.

APPORT DE CANTER AU DOMAINE DE LA DISCIPLINE

L'apport de Canter au domaine de la discipline en classe comprend plusieurs volets importants. Canter a contribué à populariser le concept des droits dans la classe, soit le droit des élèves à avoir un enseignant capable de les aider à apprendre dans un environnement calme et sans danger, et le droit de l'enseignant à enseigner sans être dérangé. Il a mis l'accent à plusieurs reprises sur le fait que les élèves ont besoin de limites les incitant à la bonne conduite, qu'ils désirent qu'on leur en impose et que l'enseignant a la responsabilité d'établir et de faire respecter de telles limites. Canter a été le premier à soutenir que les enseignants ont le droit d'exiger le soutien des administrateurs et la coopération des parents pour amener les élèves à se comporter de façon appropriée. Il a également été le premier à mettre à la disposition des enseignants une méthode facilement applicable pour corriger les comportements inappropriés, à savoir un système efficace de conséquences, soit positives soit négatives.

Canter a graduellement modifié son approche au cours des ans. Il a d'abord pensé que l'enseignant devait agir en véritable chef. Il met l'accent maintenant sur le fait que l'enseignant doit parler davantage avec les élèves difficiles et leur apprendre réellement à bien se conduire. Il explique comment atteindre ces objectifs dans les documents qu'il publie et dans les ateliers qu'il dirige.

ORIENTATION DES TRAVAUX DE CANTER

L'idée maîtresse du modèle de Canter est la suivante : il s'agit de montrer aux enseignants comment prendre la classe en charge de manière responsable et y établir un climat permettant de répondre aux besoins de chacun, de gérer de façon humaine le comportement des élèves et de dispenser l'enseignement tel que prévu. Les moyens préconisés sont les suivants : accorder beaucoup d'attention aux besoins des élèves ; établir des règles appropriées de conduite en classe ; enseigner aux élèves à se conduire de manière acceptable ; prêter régulièrement aux élèves une attention positive ; s'entretenir de manière bienveillante avec les élèves qui se conduisent mal ; ne faire appel aux conséquences qu'en dernier ressort.

CONCEPTS ET ENSEIGNEMENTS DE CANTER

Les droits de l'élève. Les élèves ont besoin d'un enseignant qui s'intéresse vraiment à eux et qui est capable d'imposer des limites cohérentes à leur comportement, tout en faisant preuve de chaleur, d'attention et de soutien. Ils ont également le droit d'avoir un enseignant qui agit dans leur intérêt en leur imposant des limites à l'égard de leur comportement, en leur fournissant de l'aide et en leur dispensant des encouragements.

Les droits de l'enseignant. L'enseignant a le droit d'enseigner dans une classe où il n'est pas constamment dérangé et de compter sur le soutien des parents et des administrateurs.

L'enseignant qui s'affirme. L'enseignant de ce type explique clairement et fermement aux élèves les besoins et les exigences, et il agit conformément à ses dires.

Les obstacles à la discipline par l'affirmation de soi. Cette expression désigne les croyances erronées qui empêchent l'enseignant d'établir une bonne discipline en classe.

L'établissement de limites. Ce processus consiste à établir clairement les comportements acceptables et non acceptables en classe.

Les réactions non affirmatives. Cette expression désigne les réactions d'un enseignant qui ne prend pas les mesures appropriées à la suite d'une infraction aux règles de conduite préétablies.

Les réactions hostiles. Les réactions hostiles de l'enseignant au comportement inapproprié consistent à s'en prendre au contrevenant et à le rabaisser.

Les réactions affirmatives. Les réactions affirmatives de l'enseignant au comportement inapproprié de l'élève aident ce dernier à se conformer aux attentes à son égard. L'enseignant emploie principalement la reconnaissance positive pour étayer ses dires; il ne fait appel aux conséquences qu'en dernier ressort.

La reconnaissance positive. Cette expression désigne l'attention sincère accordée par l'enseignant aux élèves qui se conduisent conformément aux exigences.

Les conséquences. Les conséquences sont des mesures punitives employées par l'enseignant lorsqu'un élève enfreint le règlement de la classe. Il s'agit donc de quelque chose qui est désagréable pour l'élève (rester après la classe, être mis à l'écart, etc.). Cependant, une conséquence ne doit jamais nuire à l'élève, que ce soit sur le plan physique ou psychologique.

L'enseignement d'un comportement responsable. La bonne gestion du comportement exige que l'enseignant ne se contente pas d'établir des limites. Il doit faire beaucoup plus, c'est-à-dire enseigner réellement aux élèves comment se comporter de manière responsable en classe.

La répétition positive. Il s'agit de répéter les directives sous forme d'énoncés positifs adressés aux élèves qui se conforment au règlement de la classe. Par exemple: « Frédérique a pensé à lever la main avant de prendre la parole. C'est très bien. »

L'intervention. Il s'agit de la technique employée lorsqu'un élève ou plusieurs se conduisent constamment de manière inappropriée, sans que les conséquences normales aient d'effet. Cette technique consiste à s'approcher du contrevenant, à le regarder droit dans les yeux, à répéter les directives à suivre et à indiquer les conséquences nouvelles auxquelles il s'exposerait s'il continuait de se comporter de façon inappropriée.

ANALYSE DU MODÈLE DE CANTER

Canter a exposé les principes fondamentaux de la discipline par l'affirmation de soi et les techniques qui y sont associées en 1976. Il a observé que la discipline était une cause majeure de souci tant pour les enseignants que pour les parents, et qu'il fallait impérativement se pencher sur la question. Canter a établi un lien entre la dégradation des conditions sociales et l'incertitude accrue des enseignants à l'égard du contrôle du comportement des élèves. Selon Canter, cette incertitude relève en partie d'une conception erronée de la discipline.

Les fausses idées à propos de la discipline

Les enseignants se demandent ce que devrait être la discipline, comment l'appliquer et quels effets elle est susceptible d'avoir sur les élèves. Cette incertitude vient en partie de *fausses idées à propos de la discipline,* notamment les suivantes:

1. Un bon enseignant devrait être capable de régler lui-même tous les problèmes de discipline, sans l'aide de qui que ce soit.
2. Une discipline ferme nuit aux élèves sur le plan psychologique.
3. Il n'y aura pas de problèmes de discipline si les cours sont suffisamment intéressants.
4. Le mauvais comportement a des causes profondes qui échappent à l'influence de l'enseignant.

Selon Canter, aucun de ces énoncés n'est vrai ; il faut revoir les notions reçues sur la discipline.

LES DROITS DE L'ÉLÈVE DANS LA CLASSE

Canter (Canter et Canter, 1992, p. 12-13) affirme que les élèves ont le droit de trouver dans la classe un environnement chaleureux et propice à l'apprentissage, où l'enseignant s'efforce de les aider à réussir. Les *droits de l'élève* sont les suivants :

- Le droit de savoir exactement ce que l'enseignant attend de lui sur le plan du comportement : il n'a pas à le deviner.
- Le droit de recevoir des directives précises sur ce qu'on attend de lui en ce qui concerne chacun des éléments du programme.
- Le droit de recevoir de la reconnaissance positive et du soutien. (Les élèves ont certes besoin qu'on leur impose des limites claires, mais ils ont aussi besoin que l'enseignant fasse preuve de bienveillance et souligne un comportement approprié.)
- Le droit qu'on lui impose des limites relativement au comportement. (Les élèves ne se conduisent pas *ipso facto* conformément aux attentes de l'enseignant. Ils ont besoin qu'on établisse des limites précisant les conséquences de toute infraction aux règles.)

LES DROITS DE L'ENSEIGNANT DANS LA CLASSE

L'enseignant a lui aussi des droits dans la classe. Canter compte au nombre des *droits de l'enseignant* :

- Le droit de créer pour les élèves un environnement aussi propice que possible à l'apprentissage, en tenant compte de ses propres forces et de ses propres limites.
- Le droit d'exiger des élèves un comportement aussi favorable que possible à la croissance personnelle de chacun.
- Le droit de recevoir le soutien des administrateurs et des parents.

Ces droits fondamentaux de l'enseignant sous-tendent l'établissement d'un climat d'attention et de soutien.

Ce que fait l'enseignant qui s'affirme

Selon Canter (1978), l'*enseignant qui s'affirme* se respecte suffisamment pour ne pas permettre aux élèves de profiter de lui et il respecte suffisamment les élèves pour ne pas accepter de leur part un comportement susceptible de leur nuire. La meilleure façon pour l'enseignant de manifester ce souci de soi et des autres consiste à être positif, ferme et cohérent ; il ne doit pas s'effacer, se montrer hostile, commettre des abus ou proférer des menaces. Canter (Canter et Canter, 1992) écrit :

> *Une enseignante qui s'affirme fait connaître aux élèves ses attentes à leur égard, avec clarté et fermeté, et elle est prête à renforcer ses paroles par des actions appropriées. Sa façon de réagir maximise ses chances de satisfaire son propre besoin d'enseigner sans jamais aller à l'encontre des intérêts des élèves.*

> *L'enseignante qui s'affirme exerce une influence en transmettant un message très clair aux élèves :* « *J'ai bien l'intention de jouer le rôle de chef dans la classe en créant un environnement où je serai capable d'enseigner et où mes élèves seront capables d'apprendre. Pour atteindre cet objectif, je m'engage à enseigner et à amener mes élèves à choisir un comportement responsable qui leur permettra de réussir à l'école et dans la vie. Je prends à cœur mes responsabilités en tant qu'enseignante et je n'accepte pas que des comportements perturbateurs m'empêchent d'enseigner. Je respecte trop mes élèves pour leur permettre de se comporter d'une manière qui va à l'encontre de leurs intérêts.* » *(p. 14-15)*

Dans un ouvrage antérieur, Canter (1976) énumère quelques comportements caractéristiques des enseignants qui s'affirment :

- Établir clairement les attentes.
- Dire volontiers : « J'aime ça » ou « Je n'aime pas ça ».
- Établir des limites précises relativement au comportement en classe.
- Faire preuve de persévérance dans la formulation des attentes et des sentiments.
- Regarder les élèves droit dans les yeux.
- Employer le langage gestuel afin de donner plus de force aux énoncés verbaux.
- Avoir recours aux allusions et aux messages à la première personne pour demander aux élèves de bien se conduire.
- Discuter avec les élèves de ce qu'est un comportement approprié ou inapproprié, de la nécessité d'imposer des règles et de la façon d'améliorer leur comportement.

♦ Si un élève se conduit mal, appliquer les conséquences préalablement établies et s'abstenir de proférer des menaces.

Les étapes dans la mise en application de la discipline par l'affirmation de soi

Canter conseille aux enseignants d'intégrer les éléments fondamentaux de la discipline par l'affirmation de soi dans leur propre mode d'enseignement : (1) en repérant et en éliminant les obstacles à son emploi, (2) en s'exerçant à réagir de manière affirmative, (3) en élaborant un programme de discipline comprenant des règles appropriées et des conséquences précises et efficaces, (4) en enseignant ce programme de discipline aux élèves et (5) en enseignant aux élèves à se conduire de façon responsable. Nous allons examiner en détail ci-dessous chacune des cinq étapes.

Première étape : Repérer et éliminer les obstacles à l'emploi de la discipline par l'affirmation de soi.

Tous les enseignants ont, du moins en puissance, la capacité de dire aux élèves leurs besoins quant à l'enseignement et celle d'obtenir des élèves qu'ils en tiennent compte. Cependant, la majorité des enseignants se heurtent à un ensemble d'obstacles. La première étape consiste donc à repérer puis à éliminer ces *obstacles à l'emploi de la discipline par l'affirmation de soi*.

Le principal obstacle à la gestion efficace de la classe est constitué par les *attentes négatives* de l'enseignant quant à sa capacité de faire face aux élèves perturbateurs. Il s'attend en effet à ce que certains élèves se conduisent mal en raison de problèmes de santé, de difficultés familiales, de traits de personnalité ou encore de l'environnement. Par exemple, Victor a l'habitude de brutaliser ses camarades, Stéphane semble maltraité à la maison et personne n'arrive jamais à quoi que ce soit avec Donald ; la conclusion semble évidente : on ne peut espérer que ces élèves se conduisent bien. Mais une telle attente négative est erronée, il faut la remplacer par une attente positive, à savoir que tous les élèves sont capables de faire preuve du comportement approprié. En fait, selon Canter (Canter et Canter, 1992), il faut « penser que, si un élève se conduit mal, c'est parce qu'il en a décidé ainsi ou parce qu'il ne sait pas se comporter de façon appropriée ». (p. 20)

Il existe un autre obstacle important à l'application de la discipline par l'affirmation de soi : c'est la conviction de l'enseignant d'être *incapable d'exercer une influence positive* sur le comportement des élèves, quel que soit le problème. L'enseignant peut éliminer ce deuxième obstacle en reconnaissant que :

♦ tous les élèves ont besoin qu'on leur impose des limites et il lui revient d'*établir ces limites* ;
♦ les élèves admirent et respectent les enseignants qui ont des attentes élevées et de fortes exigences tout en agissant de façon humaine ;

♦ les élèves ne respectent pas en général les enseignants qui se montrent permissifs.

Il existe un troisième obstacle de taille à la pratique de la discipline par l'affirmation de soi : c'est la supposition que l'enseignant *manque de soutien*. En fait, l'enseignant est en droit d'exiger et de recevoir un soutien substantiel de la part des parents, du directeur et des autres membres du personnel de l'école. Fort de ce soutien, il ne sera pas intimidé par le comportement hostile d'un élève.

Deuxième étape : S'exercer à réagir de manière affirmative.

Canter (Canter et Canter, 1992) affirme que tous les enseignants sont capables d'apprendre à se comporter de manière affirmative et que « c'est le mode de réaction de l'enseignant qui donne le ton à la classe [...] et a des répercussions sur l'estime de soi des élèves et leur réussite scolaire ». (p. 25) Pour expliquer ce qu'il entend par mode de réaction affirmatif, Canter présente trois façons de réagir face à un élève qui se conduit de façon inappropriée, qu'il a observées dans les écoles.

Le mode de réaction non affirmatif. Le *mode de réaction non affirmatif* est le propre des enseignants défaitistes ou qui ont le sentiment qu'il ne faut pas avoir de fortes exigences relativement au comportement des élèves. Par exemple, Guillaume et Richard rient et font tellement de chahut que Mme Brien ne peut pas poursuivre la leçon. L'enseignante les regarde et leur dit : « C'est la dixième fois que je vous demande d'arrêter ce tapage », puis elle continue le cours. Mais, quelques minutes plus tard, les deux garçons reprennent leur chahut.

Les enseignants qui emploient un mode de réaction non affirmatif adoptent une attitude passive à l'égard de la discipline : ou bien ils omettent d'établir des normes précises de conduite ou bien ils ne font pas respecter les normes établies. Ils espèrent que leur bon caractère amènera les élèves à s'y conformer. Ils prient souvent les élèves de faire le travail assigné, de bien se conduire ou de faire mieux la prochaine fois. Ils ne font preuve ni de fermeté ni de persévérance et ils se résignent souvent à accepter tout ce que font les élèves.

Le mode de réaction hostile. M. Cardin se rend compte qu'Alonso et Philippe sont en train de bavarder au lieu de prêter attention à la leçon. Il se met à crier : « Ça suffit, vous deux ! C'est à vous que je parle ! Si vous n'écoutez pas, je vous garantis que vous allez le regretter ! »

Les enseignants qui adoptent un *mode de réaction hostile* ont souvent le sentiment d'être sur le point de perdre le contrôle de la classe. Ils ont recours au sarcasme et profèrent des menaces : en effet, ils sont convaincus qu'il leur faut gouverner d'une main de fer, sans quoi ce sera le chaos. La majorité des élèves se conforment aux exigences d'un enseignant hostile, mais pour la seule raison qu'ils ont peur. Ils ont peu de respect à son égard et rêvent de se venger.

Le mode de réaction affirmatif. Guillaume et Richard sont passés dans la classe de Mme Bédard. Ils continuent à chahuter comme ils en avaient l'habitude dans la classe de Mme Brien. Leur nouvelle enseignante les regarde droit dans les yeux, écrit leur nom sur un tableau et leur déclare : « Il est contraire au règlement de parler durant les cours sans en avoir obtenu la permission. Ceci est un avertissement. » Les garçons savent que, s'ils continuent de chahuter, Mme Bédard aura recours à des mesures punitives. La leçon se poursuit et les deux garçons recommencent leur manège. Mme Bédard inscrit une marque en regard de leur nom et leur dit qu'ils ont choisi de faire deux minutes de retenue après la classe. Elle leur montre par son *mode de réaction affirmatif* qu'elle est décidée à appliquer le règlement.

Troisième étape : Élaborer un programme de discipline comportant des règles appropriées et des conséquences précises et efficaces.

Tous les enseignants devraient élaborer un programme de discipline précis et facilement applicable, comprenant des règles de conduite, des mesures de reconnaissance positive et des conséquences.

Les règles. Les règles doivent indiquer clairement comment les élèves sont censés se conduire. Elles doivent définir des comportements observables, comme « Ne pas bousculer les autres élèves », et non de vagues principes, comme « Faire preuve de respect envers les autres élèves ». Canter (Canter et Canter, 1992) considère que les règles suivantes sont indispensables pour assurer un bon apprentissage dans un environnement favorable :

- Suivre les directives (ce qui garantit l'efficacité au travail).
- Ne pas toucher les autres élèves, avec les mains ou les pieds, et ne pas lancer d'objet (ce qui assure la sécurité physique de tous).
- Ne pas jurer ni taquiner les autres élèves (ce qui contribue au bien-être psychologique de tous). (p. 50)

Canter rappelle aux enseignants que les règles doivent être applicables chaque jour, tout au long d'un cours ou tout au long de la journée. Leur nombre devrait être restreint (trois ou cinq), elles devraient être respectées durant chaque cours et elles devraient se rapporter uniquement au comportement, non à des questions d'ordre scolaire. En tenant compte de ces principes, Canter (Canter et Canter, 1992) conseille d'adopter les règles suivantes, selon le niveau des élèves.

À la maternelle et au primaire :

— Suivre les directives.

— Ne pas toucher les autres élèves, avec les mains ou les pieds, et ne pas lancer d'objet.

— Ne pas sortir de la classe sans en avoir obtenu la permission.
— Ne pas jurer ni taquiner les autres élèves.
— Ne pas crier.

Au secondaire :

— Suivre les directives.
— Ne pas jurer ni taquiner les autres élèves.
— Être assis à sa place au moment où la cloche sonne. (p. 53)

LA RECONNAISSANCE POSITIVE. Canter entend par *reconnaissance positive* le fait d'accorder une attention sincère aux élèves qui se comportent conformément aux attentes. Il affirme qu'on devrait avoir fréquemment recours à la reconnaissance, car elle augmente l'estime de soi, incite à la bonne conduite et contribue à la création d'une atmosphère positive dans la classe. Les enseignants devraient s'efforcer en particulier d'employer les mesures suivantes.

- Féliciter les élèves ayant un comportement approprié. Selon Canter, l'emploi des compliments distingue nettement les enseignants les plus efficaces des enseignants les moins efficaces.

- Transmettre des commentaires positifs aux parents, par écrit et par téléphone. C'est le meilleur moyen pour s'assurer leur soutien, et cela ne demande pas plus de cinq minutes par jour.

- Récompenser le bon comportement. Canter conseille de distribuer plusieurs récompenses chaque semaine ; par exemple, des certificats en vente sur le marché, où l'on peut inscrire le nom de l'élève.

- Accorder des privilèges aux élèves ayant un comportement approprié. Au primaire, les élèves apprécient les choses suivantes :

    — occuper la première place dans les rangs ;
    — aider l'enseignant dans la classe ;
    — lire un livre de leur choix ;
    — pratiquer une activité favorite.

    Au secondaire, les choses suivantes constituent des privilèges plus appropriés :

    — s'asseoir à côté d'un camarade pendant un cours ;
    — utiliser un ordinateur plus longtemps que prévu ;
    — être exempté de passer un test.

- Employer la reconnaissance positive avec l'ensemble de la classe en annonçant aux élèves que, s'ils font tous des efforts, le groupe aura droit à une récompense. On doit faire connaître la récompense à l'avance et dire ce qu'il faut faire pour la mériter. En général, la récompense devrait être octroyée après un laps de temps relativement court, soit de une journée à une semaine au primaire et de une à deux semaines au secondaire. On prend note des progrès accomplis, par exemple en déposant des billes une à une dans un récipient jusqu'à ce qu'il soit rempli, en traçant un graphique où la courbe doit atteindre une certaine ligne d'arrivée, ou en affichant les points obtenus jusqu'à ce qu'ils totalisent un certain chiffre. Voici quelques suggestions de récompenses pour la classe tout entière.

Au primaire :
— la projection d'une cassette vidéo ;
— un projet spécial d'arts plastiques ou d'artisanat ;
— une prolongation de la récréation.

Au secondaire :
— la projection d'une cassette vidéo et la distribution de friandises ;
— la permission de parler calmement avec des camarades en classe ;
— la permission de s'asseoir à la place de son choix pendant une journée ;
— une période de lecture libre ou la possibilité d'effectuer en classe un devoir à faire à la maison.

♦ Distribuer des récompenses concrètes, comme des autocollants, de menus objets ou des friandises, mais uniquement dans le cas où les autres formes de reconnaissance positive n'ont pas eu d'effet. Afin que les élèves comprennent qu'il s'agit d'une récompense pour bonne conduite, il faut distribuer les objets immédiatement après avoir observé un comportement souhaitable et ajouter un compliment, comme : « Jacques, tu as mérité un autocollant. J'apprécie beaucoup le fait que tu travailles calmement, en silence. »

Les conséquences. Les *conséquences* sont des mesures punitives auxquelles l'enseignant a recours lorsqu'un élève ne se conforme pas aux normes de conduite en classe. Ce sont donc des choses désagréables pour les élèves, mais elles ne doivent jamais leur nuire, que ce soit sur le plan physique ou psychologique. De plus, il est important que les élèves connaissent les conséquences dès le départ. Ainsi, lorsqu'on les applique, ils doivent comprendre qu'ils les ont eux-mêmes choisies en se comportant comme ils l'ont fait. Pour la majorité des enseignants, il est difficile d'appliquer les conséquences. Pourtant, selon Canter (Canter et Canter, 1992) :

Le pire que l'on puisse faire à un enfant en classe, c'est de le laisser perturber le groupe ou se conduire mal, sans réagir : cela lui montre qu'on ne s'intéresse pas suffisamment à lui pour lui signifier que son comportement est inacceptable. (p. 79)

Si on se prépare à faire face au mauvais comportement, on sera capable d'y réagir calmement et rapidement. Canter conseille d'établir ce qu'il appelle une *hiérarchie des conséquences*, c'est-à-dire une liste des conséquences indiquant l'ordre dans lequel elles seront appliquées au cours de la journée, chacune étant un peu plus grave que la précédente. (On repart à zéro chaque jour ou, au secondaire, au début de chaque cours.) Voici un exemple de hiérarchie donné par Canter (Canter et Canter, 1992).

- *Un élève perturbe la classe pour la première fois.* Conséquence : « Robert, le règlement interdit de crier. Ceci est un avertissement. »
- *Un élève perturbe la classe pour la deuxième ou la troisième fois.* Conséquence : « Robert, le règlement interdit de bousculer un autre élève. Tu as choisi d'aller t'asseoir pendant cinq minutes dans le fond de la classe. »
- *Un élève perturbe la classe pour la quatrième fois.* Conséquence : « Robert, tu connais le règlement pour ce qui est de frapper un autre élève. Tu as décidé que je devais téléphoner à tes parents. » L'enseignant informe les parents de Robert de la situation. Il est préférable de le faire par téléphone et la mesure sera beaucoup plus efficace si on demande à Robert de leur téléphoner lui-même et de leur expliquer ce qui s'est passé.
- *Un élève perturbe la classe pour la cinquième fois.* Conséquence : « Robert, le règlement interdit de frapper un autre élève. Tu as choisi d'aller discuter de ta conduite avec le directeur. »
- *Infraction grave.* Il arrive qu'un comportement soit tellement grave qu'on ne tienne pas compte de la hiérarchie des conséquences et que l'on applique immédiatement la disposition en cas d'infraction grave, à savoir se rendre au bureau du directeur, dès la première infraction. Conséquence : « Robert, il n'est pas permis de se bagarrer en classe. Tu as choisi d'aller immédiatement au bureau du directeur. Nous reparlerons de ce qui s'est passé plus tard. » (p. 85)

Les enseignants ont intérêt à établir la hiérarchie des conséquences en fonction de leurs besoins. Canter (Canter et Canter, 1992) propose les modèles suivants.

À la maternelle et au premier cycle du primaire	
Infraction à une règle	*Conséquence*
Première	avertissement
Deuxième	mise à l'écart pendant 5 minutes
Troisième	mise à l'écart pendant 10 minutes
Quatrième	téléphoner aux parents
Cinquième	aller au bureau du directeur
Infraction grave	aller au bureau du directeur

Au second cycle du primaire	
Infraction à une règle	*Conséquence*
Première	avertissement
Deuxième	mise à l'écart pendant 10 minutes
Troisième	mise à l'écart pendant 15 minutes et note dans le livre de conduite
Quatrième	téléphoner aux parents
Cinquième	aller au bureau du directeur
Infraction grave	aller au bureau du directeur
Au secondaire	
Infraction à une règle	*Conséquence*
Première	avertissement
Deuxième	retenue de 1 minute après la classe
Troisième	retenue de 2 minutes après la classe et note dans le livre de conduite
Quatrième	téléphoner aux parents
Cinquième	aller au bureau du directeur
Infraction grave	aller au bureau du directeur (p. 88)

Le livre de conduite mentionné dans le tableau ci-dessus est un journal de bord dans lequel les élèves décrivent leur mauvais comportement, expliquent les raisons pour lesquelles ils ont enfreint une règle et indiquent quel comportement plus acceptable ils auraient dû adopter.

S'il choisit d'employer la hiérarchie des conséquences, l'enseignant devra tenir un registre des comportements répréhensibles de chaque élève. Il suffit d'inscrire le nom de tous les élèves sur un tableau et le nombre d'infractions commises par chacun. On peut également noter l'information dans un registre ou, au primaire, utiliser un système de cartes de différentes couleurs que les élèves « retournent » ou changent chaque fois qu'ils enfreignent une règle.

QUATRIÈME ÉTAPE : ENSEIGNER LE PROGRAMME DE DISCIPLINE AUX ÉLÈVES.

Canter insiste sur le fait que l'enseignant doit prendre le temps d'*enseigner le programme de discipline* aux élèves s'il veut que ce dernier soit efficace. Il ne suffit pas de le lire à haute voix ou de l'afficher dans la classe. Il doit réellement faire l'objet d'un enseignement direct.

Canter donne quelques modèles de leçons suggérant des façons d'enseigner le programme de discipline à des élèves de différents niveaux (Canter et Canter,

1992, p. 98-115). Tous ces modèles comprennent les éléments suivants, dans l'ordre indiqué:

1. Expliquer pourquoi il est nécessaire d'établir des règles.
2. Enseigner les règles établies.
3. Vérifier si les élèves ont bien compris les règles.
4. Expliquer de quelle façon le bon comportement sera récompensé.
5. Expliquer pourquoi on a recours à des conséquences.
6. Enseigner les conséquences.
7. Vérifier si les élèves ont bien compris les conséquences.

CINQUIÈME ÉTAPE: ENSEIGNER AUX ÉLÈVES À SE CONDUIRE DE FAÇON RESPONSABLE.

Canter accorde beaucoup d'importance au fait d'*enseigner aux élèves à se conduire de façon responsable* et il montre comment y arriver en adoptant un mode d'enseignement affirmatif. Il attire particulièrement l'attention sur les points suivants: (1) enseigner aux élèves à suivre les directives, (2) employer la reconnaissance positive pour inciter les élèves à bien se conduire et (3) réorienter le comportement non perturbateur des élèves qui ne font pas le travail assigné.

ENSEIGNER AUX ÉLÈVES À SUIVRE LES DIRECTIVES. Selon Canter, «Suivre les directives» est la règle la plus importante. Cependant, on ne peut s'attendre à ce que les élèves sachent *ipso facto* comment s'y conformer au cours de chacune des différentes activités. Canter (Canter et Canter, 1992) met l'accent sur le fait que chaque enseignant a sa propre manière de procéder: «Vos élèves doivent répondre à *vos propres* attentes, non à celles d'un autre enseignant.» (p. 122)

Afin d'éviter que les élèves aient du mal à suivre les directives, Canter suggère à l'enseignant de relever les activités scolaires, les situations habituelles et les situations particulières nécessitant l'énoncé de directives, puis de déterminer quelles directives s'appliquent dans chaque cas. Canter (Canter et Canter, 1992) donne plusieurs exemples de situations exigeant qu'on enseigne aux élèves à suivre les directives.

Les activités scolaires:

— la leçon dirigée par l'enseignant;
— le travail individuel;
— le travail en équipe;
— la discussion de groupe;
— les examens.

Les situations habituelles:

— l'entrée dans la classe et la sortie de la classe;
— le fait de demander la permission pour aller boire ou se rendre aux toilettes;

— la remise des devoirs;
— la transition entre deux activités.

Les situations particulières:
— les exercices d'évacuation en cas d'incendie;
— les réunions auxquelles participent tous les élèves de l'école;
— les sorties éducatives;
— la présence dans la classe d'invités. (p. 123-124)

Canter (Canter et Canter, 1992) donne quelques exemples de la manière dont l'enseignant peut montrer aux élèves à suivre les directives dans diverses situations comme celles qui sont énumérées ci-dessus. En voici deux, l'un se rapportant à une activité scolaire et l'autre, à une situation habituelle.

La leçon dirigée par l'enseignant:
1. Rangez tout ce qui se trouve sur votre pupitre, prenez une feuille et un crayon.
2. Regardez-moi, ne parlez pas en même temps que moi.
3. Levez la main et attendez que je vous donne la parole.

L'entrée dans la classe:
1. Entrez dans la classe.
2. Allez vous asseoir immédiatement à votre place.
3. On ne parle plus après la sonnerie. (p. 126-127)

Le moment le plus propice pour enseigner aux élèves à suivre les directives se situe immédiatement avant toute nouvelle activité (ou immédiatement avant qu'on la reprenne). Avec les jeunes enfants, il faut expliquer les directives et leur demander d'en faire des jeux de rôles. Malgré tout, on devra revenir souvent sur le sujet et renforcer fréquemment le bon comportement. Avec les élèves plus âgés, il est utile d'expliquer la raison d'être des directives et les avantages qu'elles procurent. Canter (Canter et Canter, 1992, p. 131-138) conseille de procéder comme suit:

1. Expliquer la raison d'être des directives.
2. Inviter les élèves à participer en leur posant des questions.
3. Expliquer chaque directive.
4. Vérifier que les élèves ont bien compris en leur posant des questions ou en leur demandant de faire des jeux de rôles sur les directives.

Après les avoir enseignées, on devrait renforcer régulièrement les diverses directives au moyen de la *répétition positive,* c'est-à-dire que, au lieu de repérer et de réprimander un élève qui n'a pas suivi l'une des directives, l'enseignant s'adresse à un ou plusieurs élèves qui s'y conforment: «Josée et Elsa se sont souvenues qu'il faut lever la main.» Au cours des deux premières semaines, il faut rappeler les directives aux élèves chaque fois qu'une activité a lieu. Au cours du mois suivant, on fait une révision rapide tous les lundis, puis, le reste de l'année, il suffit de rappeler les directives au retour des vacances et avant des événements particuliers, comme un jour férié ou une sortie éducative.

L'EMPLOI DE LA RECONNAISSANCE POSITIVE. Pour Canter (Canter et Canter, 1992), le meilleur moyen d'inciter les élèves à se conduire de façon responsable consiste à «utiliser fréquemment la reconnaissance positive envers ceux qui s'acquittent correctement de leurs tâches». (p. 146) Par reconnaissance positive, il entend les compliments et le soutien, qui devraient tous deux être intégrés au cours.

Selon Canter (Canter et Canter, 1992, p. 148-150), les compliments constituent la technique la plus efficace pour encourager les élèves à se conduire de façon responsable. Il suggère diverses manières de les employer:

- Les compliments efficaces s'adressent à l'individu. Il faut donc le nommer et décrire le comportement approprié pour lequel on le félicite: «Jacques, j'apprécie beaucoup que tu travailles calmement et en silence.»
- Les compliments efficaces sont sincères. Ils doivent avoir un lien avec la situation et le comportement, et l'enseignant doit les exprimer avec conviction.
- Les compliments efficaces sont descriptifs et précis. Ils soulignent le comportement approprié et le moment auquel il a eu lieu: «Suzanne, tu as commencé à travailler à ta composition sans perdre de temps. C'est un bon départ.»
- Les compliments efficaces sont adaptés à l'âge des élèves. Les jeunes enfants aiment qu'on les félicite devant toute la classe. Les élèves plus âgés apprécient également les compliments, mais ils préfèrent en général qu'on les félicite en aparté.

Canter propose diverses techniques à l'enseignant qui désire prodiguer des compliments et un soutien.

- L'observation: faire souvent le tour de la classe des yeux afin de repérer les élèves qui travaillent bien.
- Le déplacement dans la classe: se déplacer entre les rangées et accorder une attention particulière à chacun des élèves.
- L'inscription au tableau des noms des élèves qui se conduisent de manière responsable. S'entendre avec l'ensemble de la classe pour atteindre un total d'au moins 20 noms avant la fin de la journée.

LA RÉORIENTATION DU COMPORTEMENT NON PERTURBATEUR D'UN ÉLÈVE QUI NE FAIT PAS LE TRAVAIL ASSIGNÉ. Souvent, les élèves qui ne se comportent pas de manière responsable ne perturbent pas pour autant la classe. Par exemple, ils regardent dehors, lisent un livre ou dessinent, ou encore ils font les devoirs donnés par un autre professeur, rêvassent ou somnolent.

Canter considère qu'il s'agit là de comportements qui ne prêtent pas à conséquences. Selon lui, l'enseignant devrait d'abord essayer de réorienter les contrevenants vers la tâche assignée. Canter (Canter et Canter, 1992, p. 164-166) décrit quatre techniques que l'enseignant peut mettre en pratique :

1. Utiliser « le regard » : regarder le contrevenant dans les yeux et exprimer par la gestuelle sa vigilance et sa désapprobation.
2. Se rapprocher du contrevenant. Cela suffit habituellement pour le rappeler à l'ordre.
3. Nommer le contrevenant. Par exemple, si Tanya et Michel n'écoutent pas, déclarer : « Je veux que chacun d'entre vous, y compris Tanya et Michel, trouve la solution de ce problème. »
4. Féliciter un ou plusieurs élèves se trouvant à proximité du contrevenant. Par exemple, si Jean-Pierre ne fait rien, mais que Aline et Marie, assises près de lui, travaillent bien, dire : « Aline et Marie travaillent très fort pour terminer les exercices avant la fin du cours. »

Les techniques de réorientation décrites ci-dessus s'avèrent habituellement efficaces. Dans le cas contraire, l'enseignant devra faire appel à la hiérarchie des conséquences pour inciter le contrevenant à la maîtrise de soi : il lui donnera un avertissement.

L'APPLICATION DES CONSÉQUENCES

Nous avons vu plus haut que les conséquences sont des mesures punitives désagréables, mais non nuisibles, imposées aux élèves qui enfreignent les règles et perturbent la classe. Tous les élèves ont été, dès le départ, clairement informés de la reconnaissance positive et des conséquences associées au règlement, et on peut même leur avoir demandé de faire des jeux de rôles faisant intervenir ces deux éléments. Ils sont donc conscients que tout comportement fautif va provoquer des conséquences. Canter (Canter et Canter, 1992, p. 170-186) suggère de respecter les principes suivants dans l'application des conséquences.

1. Appliquer calmement les conséquences, en usant d'un ton neutre : « Daniel, le règlement interdit de parler aux autres comme tu viens de le faire. Tu as choisi de rester après la classe. »
2. Faire preuve de cohérence : appliquer une conséquence chaque fois qu'un élève décide de perturber la classe.
3. Après avoir imposé une conséquence à un élève, saisir la première occasion de reconnaître qu'il se conduit de façon appropriée : « Daniel,

j'apprécie le fait que tu travailles bien. C'est une bonne décision. »
4. Procurer un mécanisme de défense à l'élève contrarié qui souhaite discuter de la situation en lui permettant d'exprimer ses sentiments dans le journal de bord.
5. Si un jeune élève perturbe sans cesse la classe, intervenir en restant dans la classe. Par exemple, Daniel vient encore une fois de parler de façon blessante à un autre élève. L'enseignante s'approche de lui et lui dit calmement, mais d'un ton ferme, que son comportement est inacceptable. Elle lui rappelle les conséquences qui lui ont déjà été imposées, de même que la conséquence suivante dans la hiérarchie.
6. Si un élève plus âgé perturbe constamment la classe, intervenir en sortant de la classe. Par exemple, Martha ne cesse de bavarder durant une période de travail individuel. L'enseignante lui demande de l'accompagner dehors, puis elle lui rappelle que son comportement est inacceptable et qu'il entraîne telle conséquence. Ce faisant, elle garde son calme, fait preuve de respect envers les sentiments de Martha et évite toute altercation.

COMMENT AGIR AVEC LES ÉLÈVES DIFFICILES

Selon Canter, l'application des techniques décrites ci-dessus devrait suffire à amener la majorité des élèves à se conduire de manière responsable ; mais pour une petite minorité, soit entre 5 et 10 pour 100, il faudra recourir à des mesures additionnelles. Cette minorité comprend les élèves qui perturbent constamment la classe, ne tiennent aucun compte du règlement, discutent l'autorité de l'enseignant et ne se soucient pas des conséquences, soit les élèves auprès desquels les enseignants craignent d'intervenir ; mais il s'agit également des élèves qui ont le plus besoin d'attention et de soutien. Canter décrit trois approches différentes auxquelles peuvent avoir recours les enseignants qui font face à des élèves difficiles : (1) l'entretien en tête-à-tête orienté vers la résolution des problèmes, (2) le recours au soutien positif afin d'établir une bonne relation avec l'élève et (3) l'élaboration d'un programme individualisé de comportement.

L'ENTRETIEN EN TÊTE-À-TÊTE ORIENTÉ VERS LA RÉSOLUTION DES PROBLÈMES. Au cours de l'*entretien en tête-à-tête orienté vers la résolution des problèmes*, l'enseignant et l'élève discutent d'un problème donné de comportement. L'objectif n'est pas de punir l'élève, mais de mieux comprendre ce qui se passe de manière à lui offrir un soutien plus adéquat. Canter (Canter et Canter, 1992, p. 208-215) donne les conseils suivants.

1. Manifester de la compassion et de l'intérêt envers l'élève. Lui faire savoir qu'on se soucie de ce qui lui arrive et qu'on veut l'aider.
2. Poser de manière bienveillante des questions à l'élève dans le but de découvrir les causes du problème : « Y a-t-il quelque chose qui te

contrarie ? Les autres élèves te causent-ils des soucis ? Trouves-tu les cours trop difficiles ? As-tu des problèmes dans ta famille ? »
3. Déterminer de quelle façon on peut venir en aide à l'élève. Lui accorder encore davantage d'attention positive. Modifier certaines choses qui le gênent dans la classe. Informer les parents de ce qu'ils pourraient faire pour aider leur enfant.
4. Décrire de quelle façon l'élève pourrait améliorer son comportement.
5. Décider conjointement avec l'élève des actions à entreprendre. Lui faire part de ses propres préoccupations et lui demander d'exprimer les siennes. Trouver un terrain d'entente.

LE RECOURS AU SOUTIEN POSITIF AFIN D'ÉTABLIR UNE BONNE RELATION AVEC L'ÉLÈVE. Il importe de montrer à l'élève qu'on ne se soucie pas uniquement de son comportement, mais qu'on s'intéresse aussi à lui en tant que personne. Pour ce faire, l'enseignant doit chercher à établir la communication avec l'élève et le traiter comme il voudrait qu'on traite ses propres enfants. Si l'élève est convaincu que l'enseignant s'intéresse vraiment à lui, il aura moins tendance à contester les limites qui lui sont imposées. Canter (Canter et Canter, 1992, p. 219-225) propose quelques façons d'employer le *soutien positif afin d'établir une bonne relation* avec un élève :

1. Faire la liste des centres d'intérêt de l'élève. Chercher à obtenir des informations à propos de ses frères ou sœurs, de ses amis, de ses activités préférées, de ses passe-temps favoris, des livres qu'il aime lire, des émissions qu'il regarde, de ses projets d'avenir et de ce qu'il aime que l'enseignant fasse.
2. Accueillir chaque élève à l'entrée de la classe en lui adressant personnellement un mot.
3. Passer du temps en tête-à-tête avec chaque élève. Cela peut se faire au cours du repas de midi, pendant la récréation ou, à l'occasion, avant ou après les heures de classe.
4. Rendre visite à l'élève chez lui. C'est une bonne façon de montrer qu'on s'intéresse à lui et aussi d'apprendre certaines choses sur son environnement familial.
5. Téléphoner à un élève pour qui la journée a été difficile. Lui parler directement, plutôt que de s'adresser à ses parents. Lui dire combien on regrette que la journée se soit mal passée et lui manifester de la compassion. Si la journée a été positive, on peut aussi téléphoner à l'élève pour lui dire combien on a apprécié son comportement.
6. Si un élève est malade, lui envoyer des vœux de prompt rétablissement ou téléphoner pour prendre de ses nouvelles.

L'ÉLABORATION D'UN PROGRAMME INDIVIDUALISÉ DE COMPORTEMENT. Le *programme individualisé de comportement* peut s'avérer utile lorsque le programme général de discipline ne donne pas de bons résultats avec un élève. Un programme individualisé doit comprendre une liste des comportements qu'on attend de l'élève, la reconnaissance positive qu'il recevra s'il se conduit de manière appropriée et les conséquences qui lui seront imposées s'il ne respecte pas l'entente.

On ne doit pas essayer de modifier plus de un ou deux comportements à la fois. Il faut définir le comportement souhaité de façon précise, par exemple : « Il est interdit de crier » ou « Il est interdit de frapper un autre élève ». On doit expliquer clairement la reconnaissance positive que l'on accordera en cas de bonne conduite et on veillera à la dispenser systématiquement. Il est souhaitable de chercher les occasions de prodiguer des compliments à propos du travail de l'élève et de son comportement.

Les conséquences devront différer de celles qu'on emploie avec le reste de la classe puisque l'élève ne réagit pas au programme général de discipline. Par exemple, on peut éliminer l'avertissement et imposer une retenue après la classe ou téléphoner aux parents dès la première infraction. Ces derniers ne seront pas surpris parce qu'on les aura invités à participer à l'élaboration du programme individualisé ou, du moins, on leur en aura fait connaître tous les détails. Il est très important que l'élève comprenne que ce programme a été planifié au mieux de ses intérêts et que l'enseignant souhaite faire tout son possible pour l'aider à réussir en classe.

MISE EN PLACE DU MODÈLE DE CANTER

On peut mettre en place la discipline par l'affirmation de soi de Canter à n'importe quel moment, mais il est bien sûr préférable de le faire au début de l'année scolaire ou au retour de vacances. Il faut d'abord décider des comportements qu'on souhaite voir adopter par les élèves, ainsi que de la reconnaissance positive et des conséquences à dispenser. On présente ensuite un programme au directeur et on lui demande de l'approuver afin de recevoir le *soutien des administrateurs*. Dès la première rencontre avec les élèves, on discute avec eux des comportements les plus susceptibles de faire de la classe un milieu agréable, sans danger et productif. On invite les élèves à exprimer des idées et on établit conjointement avec eux trois à cinq règles qui régiront le comportement. On demande à tous les élèves de s'engager à respecter ces règles. On discute avec eux des moyens de reconnaissance et de la hiérarchie des conséquences associés au règlement. On s'assure que les élèves ont bien compris que les règles s'appliquent à tous, sans exception et en tout temps. On envoie une copie du programme de discipline aux parents en leur demandant de la lire, puis de la signer et de la retourner, accompagnée d'une note indiquant leur approbation et leur *soutien*. On invite les élèves à faire des jeux de rôles sur les règles, les moyens de reconnaissance et les conséquences et on leur rappelle fréquemment que le but du programme consiste à offrir à chacun un environnement favorable et sans danger.

SYNTHÈSE CRITIQUE DU MODÈLE DE CANTER

Le modèle de la discipline élaboré par Canter vise à favoriser l'établissement d'un environnement agréable et propice au développement des élèves, qui permet à l'enseignant d'enseigner et aux élèves d'apprendre. Plusieurs des caractéristiques de ce modèle sont propres à Canter : la facilité d'application, la satisfaction tant des besoins de l'enseignant que de ceux des élèves, l'idée d'enseigner aux élèves à se comporter de manière responsable et l'importance accordée au soutien des administrateurs et des parents.

Nombreux sont les enseignants qui réagissent de manière enthousiaste à la discipline par l'affirmation de soi : en effet, elle les aide à réagir de manière efficace au mauvais comportement et elle leur permet d'enseigner sans être dérangés, ou presque. Elle leur évite les affrontements verbaux, toujours ennuyeux et parfois angoissants, augmente le temps réel consacré à l'enseignement et fournit des mesures efficaces de prévention et de soutien. Dans ce modèle, on montre à l'élève comment se conduire et on l'informe dès le départ des récompenses et des conséquences associées respectivement aux comportements appropriés et inappropriés.

Le modèle de la discipline par l'affirmation de soi a fait l'objet de critiques : elle est inutilement sévère, elle accorde trop d'importance à la suppression des comportements indésirables et pas assez à l'acquisition de la maîtrise de soi chez les élèves. Canter rétorque que son modèle prête le flanc à la critique uniquement lorsque le programme a été mal appliqué, et il s'est efforcé de faire comprendre aux enseignants son idée maîtresse : Il faut enseigner aux élèves à se comporter de manière responsable, et ce en leur fournissant le soutien nécessaire, dans un climat de respect et de confiance. Certains spécialistes reprochent à ce modèle l'usage abusif de compliments et d'autres formes de récompense, ce qui, selon eux, réduit la motivation intrinsèque. Par ailleurs, des recherches ont été menées sur l'efficacité de ce modèle, et les résultats suscitent la controverse. Certains auteurs prétendent qu'il est efficace (Canter, 1988 ; McCormack, 1989), alors que d'autres soutiennent le contraire (Curwin et Mendler, 1989 ; Render *et al.*, 1989 ; Kohn, 1993). En tout état de cause, la très grande popularité de la discipline par l'affirmation de soi semble indiquer que ce modèle fournit aux enseignants des outils efficaces qu'ils n'ont pas trouvés dans les autres modèles.

EXERCICES

RÉVISION DES TERMES CLÉS

Les termes suivants jouent un rôle crucial dans le modèle de la discipline de Canter. Pouvez-vous en donner la signification ?

- fausses idées à propos de la discipline
- droits de l'élève
- droits de l'enseignant
- enseignant qui s'affirme
- obstacles à l'emploi de la discipline par l'affirmation de soi
- attentes négatives
- établissement de limites
- mode de réaction non affirmatif
- mode de réaction hostile
- mode de réaction affirmatif
- règles
- reconnaissance positive
- conséquences
- hiérarchie des conséquences
- enseignement du programme de discipline
- enseignement du comportement responsable
- répétition positive
- soutien des administrateurs
- soutien des parents

ÉTUDES DE CAS

♦ **Premier cas : Kristina se refuse à travailler.**

Dans la classe de M. Saint-Laurent, Kristina se montre une élève très docile. Elle ne dérange personne et se mêle peu aux autres. Mais, en dépit de tous ses efforts, l'enseignant ne parvient pas à la faire participer aux activités de la classe. Kristina ne fait quasiment pas de progrès sur le plan scolaire, elle ne fournit guère d'efforts et ne finit jamais le travail demandé. Elle se contente d'être là.

Comment Canter agirait-il avec Kristina ?

Canter conseillerait à M. Saint-Laurent d'appliquer les mesures suivantes :

1. Informer calmement et clairement Kristina de ce que l'on attend d'elle en classe.
2. La réorienter vers un comportement de travail.
3. Avoir avec elle des entretiens en tête-à-tête afin de cerner les raisons pour lesquelles elle ne travaille pas et de déterminer ce que M. Saint-Laurent peut faire pour l'aider.
4. Lui dispenser régulièrement de la reconnaissance positive et tenter d'établir avec elle une relation fondée sur la confiance et le souci de l'autre.

5. Informer les parents de Kristina de sa conduite et leur demander s'ils peuvent fournir à M. Saint-Laurent des renseignements qui l'aideraient dans ses rapports avec la fillette.
6. Au besoin, élaborer un programme individualisé de comportement pour inciter Kristina à travailler.

♦ **Deuxième cas : Sarah ne peut s'empêcher de parler.**

Sarah est une charmante petite fille qui participe aux activités de la classe et effectue la plupart des travaux qui lui sont assignés, mais pas tous. Elle pourrait faire mieux, mais semble incapable de s'empêcher de parler à ses voisins durant la classe. L'enseignant, M. Gonzales, doit intervenir tellement souvent qu'il finit par s'exaspérer.

> *De quelle façon Canter conseillerait-il à M. Gonzales d'agir avec Sarah ?*

♦ **Troisième cas : Julien fait le clown et intimide les autres élèves.**

Julien, qui est plus gros et plus tapageur que ses camarades de classe, cherche continuellement à attirer l'attention, à la fois en faisant le clown et en intimidant les autres élèves. Il fait des plaisanteries, répond avec insolence (tout en souriant) à l'enseignant, imite toutes sortes de bruits, comme des coups de feu et des chocs de voitures, et émet continuellement des commentaires sarcastiques à propos de ses camarades, qu'il cherche également à rabaisser par divers moyens. Ces derniers ne tentent pas de lui tenir tête, apparemment parce que sa taille et son agressivité verbale les impressionnent. L'enseignante, Mme Pearl, ne sait plus quelle attitude adopter.

> *Si Mme Pearl appliquait les techniques de Canter dans sa classe, le comportement de Julien s'améliorerait-il ? Justifiez votre réponse.*

♦ **Quatrième cas : Thomas se montre hostile et provocant.**

Depuis qu'il est entré dans la classe, Thomas semble, comme d'habitude, d'humeur massacrante. En allant tailler son crayon, il a bousculé Frank, qui s'en est plaint. Thomas lui a enjoint, en haussant très fort la voix, de « la fermer ». L'enseignante, Mme Deslandes, est alors intervenue : « Thomas, va t'asseoir. » Ce dernier se retourne pour lui faire face et lui répond, toujours très fort : « J'irai quand je voudrai ! »

> *Comment Canter conseillerait-il à Mme Deslandes d'agir avec Thomas ?*

Questions et activités

1. Identifiez l'élément du modèle de Canter illustré par chacun des cas suivants.

   a) En prenant connaissance de la liste des élèves qui feront partie de sa classe en septembre prochain, Mme Héroux s'exclame : « Oh non ! pas Réjean Tremblay ! Personne n'arrive à lui faire faire quoi que ce soit ! C'est moi qu'il va rendre folle cette année ! »

   b) « Si je te reprends à bavarder durant la classe, tu auras cinq minutes de retenue. »

   c) « Je vous demande d'essayer de ne pas jurer dans la classe. »

   d) Les élèves dont on coche le nom pour la quatrième fois doivent téléphoner à leurs parents et leur expliquer de quelle façon ils se sont comportés.

   e) Si tous les élèves sont particulièrement attentifs et s'ils travaillent avec application, ils auront le droit de bavarder calmement durant les cinq dernières minutes du cours.

2. Pour un niveau ou une matière donnés, élaborez dans ses grandes lignes un programme de discipline par l'affirmation de soi comportant les éléments suivants :

   — quatre règles,
   — les mesures de reconnaissance positive et les conséquences associées à ces règles,
   — les personnes auxquelles vous présenterez votre système et la manière dont vous le présenterez.

3. Étudiez le scénario 3 ou 4 présenté à l'appendice, puis indiquez comment l'emploi de la discipline par l'affirmation de soi pourrait aider Mme Daniels ou Mme Dufour à améliorer le comportement des élèves, la première à la bibliothèque et la seconde, dans sa classe de deuxième année.

RÉFÉRENCES BIBLIOGRAPHIQUES ET LECTURES SUGGÉRÉES

CANTER, L. (1976), *Assertive Discipline: A take-charge approach for today's educator*, Seal Beach, Lee Canter & Associates.

——— (1978), « Be an assertive teacher », *Instructor*, vol. 88, n° 1, p. 60.

——— (1988), « Let the educator beware: A response to Curwin and Mendler », *Educational Leadership*, vol. 46, n° 2, p. 71-73.

CANTER, L. et M. Canter (1986), *Assertive Discipline Phase 2 in-service media package* [videotapes and manuals], Santa Monica, Lee Canter & Associates.

────────── (1989), *Assertive Discipline for secondary school educators: In-service video package and leader's manual*, Santa Monica, Lee Canter & Associates.

────────── (1992), *Assertive Discipline: Positive behavior management for today's class rooms*, 2e éd., Santa Monica, Lee Canter & Associates.

────────── (1993), *Succeeding with difficult students: New strategies for reaching your most challenging students*, Santa Monica, Lee Canter & Associates.

CURWIN, R. et A. Mendler (1988), « Packaged discipline programs: Let the buyer beware », *Educational Leadership*, vol. 46, n° 2, p. 68-71.

────────── (1989), « We repeat, let the buyer beware: A response to Canter », *Educational Leadership*, vol. 46, n° 6, p. 83.

HILL, D. (1990), « Order in the classroom », *Teacher Magazine*, vol. 1, n° 7, p. 70-77.

KOHN, A. (1993), *Punished by rewards: The trouble with gold stars, incentive plans, A's, praise, and other bribes*, Boston, Houghton Mifflin.

McCORMACK, S. (1989), « Response to Render, Padilla, and Krank: But practitioners say it works! », *Educational Leadership*, vol. 46, n° 6, p. 77-79.

RENDER, G., J. Padilla et H. Krank (1989), « What research really shows about Assertive Discipline », *Educational Leadership*, vol. 46, n° 6, p. 72-75.

CHAPITRE 7

Le modèle de Jones

*La discipline axée
sur le langage gestuel,
les systèmes de récompense
et l'aide efficace*

FREDRIC H. JONES

NOTICE BIOGRAPHIQUE

Fredric H. Jones est psychologue et directeur du Classroom Management Training Program, dont le siège social est situé à Santa Cruz, en Californie. Il a travaillé pendant de nombreuses années à l'élaboration de méthodes de formation visant à améliorer l'efficacité des enseignants en ce qui concerne la motivation des élèves, la gestion de classe et l'enseignement proprement dit. Il a également mené des recherches sur les pratiques en classe, alors qu'il était professeur au UCLA Medical Center et à la University of Rochester School of Medicine and Dentistry. Il est consultant depuis 1978 et se consacre désormais aux programmes qu'il a mis au point et qui sont largement utilisés aux États-Unis pour le perfectionnement des maîtres. Les enseignants ont bien accueilli les idées de Jones qui leur offrent un raffinement et une systématisation de pratiques familières.

Ce n'est qu'en 1987 que Jones a publié *Positive Classroom Discipline*, un ouvrage dans lequel il décrit son modèle de gestion du comportement, plusieurs années après avoir élaboré un système « pyramidal » de formation, dans lequel on forme des enseignants qui dispenseront à leur tour la formation à des collègues. Il a publié la même année un ouvrage connexe intitulé *Positive Classroom Instruction*. Le programme *Positive Classroom Discipline* existe également sous forme de cassette vidéo, dont le manuel d'accompagnement a été rédigé par la femme de Jones, JoLynne Talbott Jones (1993a). On peut se procurer ces documents, entre autres, en écrivant à l'adresse suivante: Fredric H. Jones & Associates, Inc., 103 Quarry Lane, Santa Cruz, CA 95060, États-Unis; téléphone: 408-425-8222; télécopieur: 408-426-8222.

APPORT DE JONES AU DOMAINE DE LA DISCIPLINE

Alors que d'autres spécialistes ont mis l'accent sur le rôle de la communication verbale dans le maintien de la discipline en classe, Jones a été le premier à souligner le rôle primordial de la communication non verbale, notamment le langage gestuel, l'expression du visage, le regard et la proximité physique de l'enseignant. Il a également été le premier à mesurer combien il est important de dispenser une aide efficace à l'élève qui se heurte à une difficulté au milieu d'une période de travail individuel et reste bloqué. Le fait que Jones aide les enseignants à faire face à des situations de ce type — sans gravité mais parfois pénibles — explique qu'ils soient si nombreux à être devenus ses adeptes.

ORIENTATION DES TRAVAUX DE JONES

Jones s'intéresse avant tout aux moyens d'aider l'élève à exercer la maîtrise de soi (Jones, 1979). Il préconise l'emploi efficace du langage gestuel, décrit la manière de dispenser des récompenses afin d'inciter les élèves à adopter le comportement souhaité et explique en détail des techniques efficaces pour aider les élèves durant les périodes de travail individuel.

CONCEPTS ET ENSEIGNEMENTS DE JONES

LA MAUVAISE CONDUITE DE L'ÉLÈVE. Jones entend par mauvaise conduite un comportement qui perturbe l'enseignement et l'apprentissage. Environ 99 pour 100 des comportements de ce type consistent à parler sans en avoir la permission, à paresser, à rêvasser, à faire du bruit ou à ne pas rester assis à sa place.

LA PERTE CONSIDÉRABLE DE TEMPS. Dans une classe typique, l'enseignant perd en moyenne 50 pour 100 du temps réservé aux activités scolaires à s'occuper des élèves qui ne travaillent pas ou qui perturbent l'apprentissage d'une manière ou d'une autre.

LA RÉDUCTION DU TEMPS PERDU. L'enseignant peut éviter les pertes de temps en employant systématiquement, et de manière efficace, le langage gestuel et des systèmes de récompense et en dispensant aux élèves une aide efficace.

LA DISCIPLINE. Cette expression désigne le processus par lequel on fait respecter les normes et on établit un climat de coopération, afin de réduire au minimum les comportements perturbateurs et de maximiser l'apprentissage.

LE LANGAGE GESTUEL. Le langage gestuel comprend le regard, la proximité physique, le maintien, l'expression du visage et les gestes.

LA PROXIMITÉ PHYSIQUE. Cette expression désigne la technique par laquelle l'enseignant se tient à une faible distance des élèves enclins à se conduire mal.

LE MAINTIEN. Ce terme englobe la posture et les mouvements de l'enseignant, susceptibles de constituer un moyen très efficace pour établir son autorité.

L'ÉTABLISSEMENT DE LIMITES. Cette expression désigne les habiletés subtiles auxquelles l'enseignant a recours dans la communication interpersonnelle pour faire comprendre aux élèves qu'il pense réellement ce qu'il dit.

LES RÉCOMPENSES. Jones entend par ce terme le fait que l'enseignant promette aux élèves qu'ils auront le droit de s'adonner à leurs activités favorites si tous se conduisent bien. Il s'agit donc d'une récompense gagnée par tous les membres du groupe et dont tous peuvent profiter. Une telle promesse incite les élèves à s'appliquer et à terminer leur travail.

LES RÉCOMPENSES AUTHENTIQUES. Une récompense est qualifiée d'authentique si elle incite tous les élèves à s'appliquer et à se conduire de manière appropriée. Jones établit une distinction entre les récompenses authentiques et les récompenses que l'enseignant croit efficaces. Par exemple, la distribution de friandises à toute la classe peut constituer une récompense authentique, en ce sens qu'elle est susceptible d'inciter tous les élèves à travailler. Par contre, le fait d'accorder un prix au premier qui aura terminé un travail n'est sans doute pas une récompense authentique puisque seuls les élèves les plus doués y trouveront une motivation à s'appliquer.

La règle de grand-mère. La règle de grand-mère s'énonce comme suit : « Quand tu auras fini tes légumes, tu auras un dessert. » Jones rappelle ainsi aux enseignants qu'ils doivent dispenser une récompense aux élèves seulement après que ces derniers se seront bien conduits. Il ne faut jamais leur accorder une récompense en échange de leur promesse de se comporter de manière appropriée.

L'intérêt du groupe. Jones insiste sur le fait que toute récompense doit présenter un attrait pour la classe entière et que tous les membres du groupe doivent pouvoir en profiter également. Les récompenses qui s'adressent à quelques élèves seulement ne favorisent pas la bonne conduite en classe.

Le syndrome de dépendance. Cette expression désigne l'incapacité d'un élève à effectuer une tâche si l'enseignant ne se trouve pas dans le voisinage immédiat et ne lui vient pas constamment en aide. Jones a mis au point une méthode pour dispenser très efficacement de l'aide, pendant les périodes de travail individuel, aux élèves qui font appel à l'enseignant. Selon Jones, l'aide efficace doit comporter les éléments suivants : (1) souligner une chose que l'élève a faite correctement, (2) suggérer clairement la prochaine chose à faire et (3) s'éloigner immédiatement de l'élève. Tout cela doit être accompli en 20 secondes ou moins. Comme le dit Jones succinctement : « Soyez positif, soyez bref, puis disparaissez. »

ANALYSE DU MODÈLE DE JONES

Au cours des années 1970, Jones et ses assistants ont effectué des observations minutieuses et contrôlées, totalisant des milliers d'heures, dans des centaines d'écoles primaires et secondaires aux États-Unis. L'objectif de Jones était alors de relever les méthodes efficaces de gestion de classe et, en particulier, la manière dont les enseignants s'y prennent pour inciter les élèves à s'appliquer au travail, pour apporter à chacun l'aide dont il a besoin et pour mettre fin au *mauvais comportement*.

Les découvertes de Jones sur le mauvais comportement et la perte de temps

Jones a tiré plusieurs conclusions importantes de ces observations, notamment que les problèmes de discipline en classe sont généralement bien différents de la vision que l'on en donne dans les médias ou de la perception que le public s'en fait. Par exemple, certaines écoles étaient situées dans des quartiers défavorisés, ou il s'agissait d'institutions spécialisées accueillant des élèves particulièrement difficiles. Cependant, il n'y avait ni agressivité brutale envers les enseignants ni intimidation ni beaucoup de comportements défiants et hostiles. Autrement dit, Jones n'a pas noté les comportements auxquels les enseignants craignent de faire face et qui, pense-t-on souvent, sont répandus dans les écoles. Par contre, Jones a constaté une *perte considérable de temps,* due au fait que les élèves bavardaient, paressaient ou encore se levaient sans permission. Il a également constaté qu'une perturbation de ce type se produisait toutes les deux minutes environ dans les classes où l'enseignant exerçait un bon contrôle, alors que la fréquence des perturbations s'élevait à environ 2,5 par minute dans les classes bruyantes et indisciplinées. L'enseignant consacrait donc presque 50 pour 100 du temps réservé aux activités scolaires à tenter de faire cesser les comportements inappropriés (Jones, 1987a).

Jones a également découvert qu'il existe un moment critique durant chaque leçon où le risque qu'il se produise des comportements inacceptables est plus grand. Il a en effet constaté que la majorité des cours se déroulent assez bien jusqu'à ce qu'on demande aux élèves de travailler par eux-mêmes. C'est à ce moment-là, selon Jones (1987b, p. 14), que les choses se gâtent. Les élèves qui semblaient écouter et s'appliquer lèvent la main, bavardent, fouillent dans leur pupitre ou regardent par la fenêtre, et certains se lèvent. L'enseignant se met alors à réprimander les élèves et à les rappeler à l'ordre. Tel est le scénario que l'on observe tous les jours dans la majorité des classes, dit Jones : l'enseignant finit par répéter la leçon durant la période consacrée au travail individuel.

Les enseignants ressentent une vive frustration et un sentiment de défaite à l'égard de ce phénomène. Nombreux sont ceux qui expriment une certaine amertume de n'avoir jamais reçu de formation pour faire face à ce type de comportement inapproprié. Les nouveaux enseignants notent qu'ils s'attendaient à apprendre rapidement à maintenir l'ordre dans la classe mais que, n'ayant pas totalement réussi, ils ont recours à des mesures punitives.

Jones relève que les enseignants n'ont pas reçu de formation en gestion du comportement et il ajoute qu'un grand nombre d'entre eux, sinon la majorité, sont incapables d'acquérir sur le tas les habiletés requises. C'est pourquoi il a décidé d'étudier les méthodes employées par certains enseignants qui réussissent à maintenir une bonne discipline en classe. Il a tiré de ces observations son modèle de la discipline.

LES ENSEMBLES D'HABILETÉS DANS LE MODÈLE DE JONES

Jones (1993, p. 55) affirme que le but de la *discipline* est de permettre aux élèves d'apprendre de façon aussi positive que possible, en réduisant au minimum les obstacles. À la suite de l'analyse des nombreuses observations qu'il a effectuées, il a relevé chez les enseignants trois ensembles d'habiletés qui incitent les élèves à apprendre et qui contribuent à prévenir les mauvais comportements ou à y mettre fin rapidement. Ces ensembles d'habiletés se rapportent : (1) au langage gestuel, (2) à la motivation par l'emploi de systèmes de récompense et (3) à l'aide individuelle efficace.

Premier ensemble d'habiletés : le langage gestuel

Selon Jones, la bonne discipline dépend pour une large part, soit pour 90 pour 100 environ, de l'emploi judicieux du langage du corps. Son programme de formation vise donc avant tout à apprendre aux enseignants une gestuelle qui leur permettra d'imposer aux élèves des limites, définies dans le règlement de la classe, et à faire respecter ces limites. Le *langage gestuel* préconisé par Jones a trait notamment : (1) au regard direct, (2) à la proximité physique, (3) au maintien, (4) à l'expression du visage et (5) aux gestes. S'il est réellement efficace, le langage gestuel fera savoir aux élèves que l'enseignant contrôle calmement la classe, qu'il est conscient de ce qui s'y passe et qu'il pense vraiment ce qu'il dit.

Le regard direct. Mme Rémillard est en train d'expliquer la multiplication des fractions. Remarquant que Jacob n'écoute plus, elle s'interrompt. À cause du silence soudain, Jacob regarde l'enseignante et se rend compte qu'elle le fixe du regard. Il se redresse donc et lui prête toute son attention.

Le fait de *regarder un élève droit dans les yeux* est particulièrement efficace pour faire comprendre qu'on maîtrise la situation. Les enseignants expérimentés balaient continuellement la classe du regard et fixent les individus. Ce geste met certaines personnes, enseignants ou élèves, mal à l'aise et bien des élèves détournent les yeux. On obtient malgré tout le résultat escompté puisque les élèves se rendent compte que l'enseignant note ainsi continuellement leur conduite.

Les nouveaux enseignants ne semblent pas naturellement portés à regarder les élèves droit dans les yeux ; ils doivent donc s'y exercer pour être efficaces. Ils ont souvent tendance à regarder par-dessus la tête des élèves ou entre deux élèves, ou à parcourir rapidement la classe des yeux sans fixer qui que ce soit. Il leur arrive de regarder plus ou moins devant eux, ce qui les empêche de voir ce que font les élèves assis dans le fond ou sur les côtés de la classe ; il est plus facile pour certains de ne regarder que deux ou trois élèves qui se conduisent de manière appropriée et participent à la leçon, en ne prêtant aucune attention à ceux qui suivent moins bien.

Ces tendances persistent souvent chez des enseignants expérimentés qui n'ont jamais appris à faire usage du regard. Néanmoins, tout enseignant peut apprendre à regarder chaque élève droit dans les yeux. Ce seul geste indique aux élèves que l'enseignant est vigilant et qu'il exerce un contrôle sur la classe.

Il empêche également les élèves sur le point de mal se conduire de passer à l'acte et manifeste l'approbation ou la désapprobation de l'enseignant.

LA PROXIMITÉ PHYSIQUE. Après avoir fini d'expliquer la multiplication des fractions, Mme Rémillard demande aux élèves de faire des exercices, seuls. Au bout d'un moment, alors qu'elle se trouve dans le fond de la classe, elle s'aperçoit que Jacob parle à Jérôme au lieu de travailler. Elle se dirige vers Jacob. Lorsque ce dernier voit l'ombre de Mme Rémillard, il se remet aussitôt au travail, sans qu'elle ait eu à prononcer une parole.

Jones a conclu de ses observations que la majorité des comportements fautifs se produisent lorsque l'enseignant se trouve à une certaine distance du contrevenant. Il est rare qu'un élève se conduise mal quand l'enseignant est à ses côtés. Les enseignants chevronnés ont appris à se rapprocher des élèves qui ont le plus tendance à se comporter de façon inappropriée, ou ils demandent à ces derniers de s'asseoir au premier rang.

Jones a également constaté que les enseignants qui ont recours à la *proximité physique* n'ont pas besoin de dire quoi que ce soit au contrevenant. Il en a déduit que la verbalisation n'est pas indispensable et qu'elle est même susceptible d'aggraver la situation en provoquant des réactions de défense chez l'élève. En cas de méfait mineur, il conseille donc à l'enseignant de se rapprocher du contrevenant et de le regarder droit dans les yeux, sans prononcer une parole. Dans la majorité des cas, l'élève renonce immédiatement au comportement inapproprié.

Pour faire usage de la proximité physique de manière efficace, il faut que l'enseignant puisse se rapprocher rapidement du contrevenant. Cela peut s'avérer difficile si les pupitres forment de longues rangées ou si les élèves sont assis à des tables regroupées. Jones suggère donc à l'enseignant de placer les pupitres en épi ou en arc de cercle et de limiter le nombre de rangées à trois dans le sens de la profondeur (Jones, 1987a). L'enseignant peut ainsi circuler librement et regarder chaque élève droit dans les yeux ou encore se rapprocher rapidement d'un élève. Cette disposition lui permet également de venir beaucoup plus rapidement en aide à un élève, comme nous le verrons plus loin.

LE MAINTIEN. Jones a constaté que la posture et le *maintien* constituent des moyens très efficaces de faire sentir son autorité. Les élèves interprètent rapidement le langage gestuel: ils sont capables de dire si l'enseignant se sent bien, malade, responsable, fatigué ou intimidé, ou encore s'il s'intéresse ou non à eux. Une posture droite et un maintien assuré évoquent des qualités de chef; une posture affaissée et des mouvements ralentis sont des signes de résignation ou de crainte. Les enseignants efficaces ont tendance à se tenir droits et à se déplacer avec assurance même lorsqu'ils sont fatigués ou tristes. Par ailleurs, s'il arrive à l'enseignant d'être souffrant, il est préférable qu'il en fasse part aux élèves et leur demande de se montrer particulièrement coopératifs et tolérants.

Ces derniers font preuve habituellement de plus de considération qu'on ne s'y attendrait, à la condition qu'on n'abuse pas de cette stratégie.

L'EXPRESSION DU VISAGE. Tout comme le maintien, l'*expression du visage* en dit long aux élèves. Si elle manifeste l'enthousiasme, le sérieux, le plaisir ou l'appréciation, elle incite les élèves à la bonne conduite ; si elle manifeste l'ennui, l'agacement ou la résignation, elle les incite à la mauvaise conduite. Le clin d'œil ou le sourire sont peut-être le meilleur moyen de montrer son sens de l'humour, qui est la caractéristique la plus appréciée chez l'enseignant.

Le visage peut également transmettre d'autres types de messages non verbaux. Nous avons déjà parlé du regard direct. De très légers hochements de tête freinent souvent un élève sur le point de mal se conduire. Le froncement des sourcils est un signe indéniable de désapprobation. Les lèvres pincées et les yeux brillants indiquent très clairement à un individu qu'il outrepasse les limites. Dans la mesure du possible, il est préférable d'avoir recours à de telles expressions du visage plutôt qu'à des paroles. En outre, les expressions du visage expriment l'approbation de façon aussi efficace que les mots. Quand il s'agit d'exercer le contrôle ou de manifester sa désapprobation, elles présentent l'avantage, comparativement aux réprimandes verbales, de ne pas rabaisser les élèves, d'éviter les affrontements et de ne pas inciter les élèves à contre-attaquer.

LES GESTES. Les enseignants chevronnés emploient de nombreux *gestes* pour encourager les élèves à adopter certains comportements, ou les en dissuader, et pour capter leur attention. Ils utilisent entre autres les signaux suivants : montrer la paume de la main (« Arrêtez »), tourner la paume de la main vers le haut et fléchir les doigts (« Continuez »), porter un doigt à ses lèvres (« Silence »), faire claquer ses doigts (« Attention ») et lever le pouce (« C'est bien »). Tous ces gestes transmettent des messages clairs sans nuire à la formulation indispensable de directives verbales.

Exemple de l'emploi du langage gestuel. Voici un exemple de la manière dont Jones conseille d'utiliser le langage gestuel.
1. Samuel et Yves bavardent en riant pendant que M. Sanchez explique la méthode de bissection d'un angle. L'enseignant s'interrompt un moment pour les regarder droit dans les yeux, puis il poursuit ses explications. Il est probable que les deux élèves seront attentifs durant le reste de la leçon, mais s'ils recommencent à parler...
2. M. Sanchez s'interrompt de nouveau, il regarde Samuel et Yves droit dans les yeux et hoche la tête de manière significative. Il peut aussi faire signe de la main pour enjoindre aux deux élèves d'arrêter. Ces derniers réagiront probablement aux signaux de l'enseignant, mais s'ils ne le font pas...
3. M. Sanchez se dirige calmement vers Samuel et Yves et s'immobilise à leurs côtés. Il s'adresse à la classe : « Qui veut aller au tableau et nous

montrer comment on fait la bissection d'un angle? Indique-nous, étape par étape, la méthode à suivre. » Il est presque certain que Samuel et Yves vont cesser de parler. Mais s'ils recommencent...

4. M. Sanchez les regarde droit dans les yeux et leur dit calmement: « Yves et Samuel, je veux que vous cessiez de parler immédiatement. »

Si, pour une raison quelconque, les deux garçons défient l'ordre direct de M. Sanchez, ce dernier interrompt la leçon le temps de les séparer ou, en dernier ressort, d'informer le bureau du directeur qu'il envoie les deux élèves en retenue. De toutes les façons, l'enseignant devra s'entretenir avec eux par la suite et, s'ils continuent à défier son autorité, le problème devra être soumis au directeur, au directeur adjoint, au conseiller et (ou) aux parents.

Il est à noter que, sauf dans le cas le plus grave, M. Sanchez a uniquement employé le langage gestuel. Il a évité l'affrontement verbal. L'enseignement s'est déroulé normalement. À part un léger ralentissement, les élèves ont continué à travailler et il n'y a pas eu de perte du temps d'apprentissage. Jones (1993a) affirme que l'*établissement de limites*, de manière efficace, exige d'apprendre « à ne rien faire lorsqu'on est sous pression ». (p. 55) En d'autres termes, l'enseignant arrivera mieux à mettre fin à un comportement inapproprié en employant un langage gestuel adéquat, sans rien dire ni rien faire d'autre. Jones rappelle qu'on ne peut arriver à maintenir la discipline avec des mots car, si cela était possible, « les réprimandes continuelles auraient mis à leur place tous les enfants il y a un million d'années ». (p. 77) Selon l'expression imagée de Jones, si on ouvre la bouche, on court le risque de s'égorger soi-même.

Deuxième ensemble d'habiletés: les systèmes de récompense

M. Chapdelaine déclare à ses élèves que, s'ils terminent tous le travail assigné en 45 minutes ou moins, ils pourront bavarder avec un camarade durant les 10 dernières minutes du cours. M. Dubois dit à ses élèves que, s'ils promettent de travailler très fort par la suite, ils ont la permission de commencer le cours en discutant de leur travail avec un camarade. Lequel des deux enseignants réussira le mieux à bien faire travailler les élèves?

Ces deux exemples illustrent des manières différentes de faire usage des récompenses. Jones entend par *récompense* une chose extérieure à l'individu qui incite ce dernier à agir. Il s'agit d'une chose que l'on promet en échange du comportement souhaité, mais que l'on accordera seulement après ce dernier. La récompense elle-même peut consister en des friandises, une activité favorite, une surprise, etc. Elle est efficace si les élèves adoptent le comportement souhaité dans le but de la recevoir par la suite.

Dans son modèle de gestion de classe, Jones accorde beaucoup d'importance aux récompenses comme moyen de motiver les élèves. Il a observé que certains des enseignants les plus efficaces font systématiquement usage des récompenses, mais que la majorité des enseignants les emploient sans résultat, ou ne les emploient pas du tout. En général, les enseignants non efficaces distribuent des points ou des étoiles, affichent le travail des élèves, donnent à un élève la permission de sortir de la classe avant les autres, etc. Jones souligne l'inconvénient majeur des récompenses de ce type : elles ne s'adressent qu'aux élèves les plus doués ; les élèves moins doués ne peuvent guère espérer gagner la compétition, ils n'ont donc pas de raison de travailler. De plus, le fait de recevoir un macaron ou d'occuper la première place dans les rangs procure bien moins de plaisir à la majorité des élèves que la permission de bavarder ou de rêvasser.

Quelles sont donc les caractéristiques des récompenses efficaces et quel usage devrait-on en faire ? Selon Jones, les enseignants devraient mettre l'accent sur : (1) les récompenses authentiques, (2) la règle de grand-mère, (3) la valeur éducative, (4) l'intérêt du groupe et (5) la facilité d'application. Nous allons examiner ci-dessous chacune de ces suggestions.

LES RÉCOMPENSES AUTHENTIQUES. Il existe une grande différence entre ce que certains enseignants considèrent comme une récompense (par exemple, « Si vous travaillez fort, vous serez fiers de ce que vous aurez accompli ») et ce qui est une récompense authentique pour les élèves (par exemple, « Si vous terminez les exercices à temps, vous aurez le droit de bavarder avec un camarade pendant cinq minutes »). Cette constatation semble aller de soi ; pourtant, on l'oublie souvent. Par exemple, l'enseignant déclare à la classe : « Le premier qui me remettra une bonne composition aura deux points en prime. » Une telle promesse est susceptible de motiver les plus doués, mais la majorité des élèves savent qu'il ne leur sert à rien d'essayer puisqu'ils n'ont aucune chance de gagner. L'enseignant peut également dire à la classe : « En faisant beaucoup d'efforts, vous arriverez à être le meilleur groupe que j'aie jamais eu », mais cette observation risque fort de ne stimuler que lui seul. Même s'il est agréable aux élèves de penser qu'ils sont les meilleurs, cette idée seule ne les incitera pas à s'appliquer.

Quelles sont donc les récompenses authentiques que l'on peut utiliser en classe ? En général, les élèves réagissent positivement à la promesse de pouvoir s'adonner à l'une de leurs activités de groupe préférées, comme les arts plastiques, la projection d'un film ou une période libre durant laquelle ils choisissent une activité ou bavardent avec un camarade. Il s'agit là d'une *récompense authentique* parce que, d'une part, elle plaît suffisamment aux élèves pour qu'ils fassent tous des efforts pour l'obtenir et, d'autre part, chacun, et pas seulement les plus doués, peut la mériter. De nombreux enseignants distribuent des objets concrets, des prix ou des certificats en guise de récompense. Jones déconseille une telle pratique, car elle peut entraîner des dépenses et s'avérer difficile à appliquer ; en outre, elle n'a aucune valeur sur le plan éducatif.

LA RÈGLE DE GRAND-MÈRE. La *règle de grand-mère* s'énonce comme suit : « Quand tu auras fini tes légumes, tu auras un dessert. » Son application dans la classe suppose que les élèves fassent d'abord ce que l'on exige d'eux ; ensuite seulement, ils feront ce qu'ils veulent. La récompense est un résultat ; pour l'obtenir, les élèves doivent terminer le travail assigné tout en se conduisant de manière appropriée.

Les enfants (et bien des adultes) veulent avoir d'abord leur dessert et promettent de manger ensuite leurs légumes. De même, les élèves désirent recevoir d'abord la récompense et donnent leur parole d'honneur qu'ils travailleront avec application ensuite. Mais chacun sait combien il est difficile, même pour la personne la mieux intentionnée, de faire une chose lorsque la raison en a disparu. Les enseignants qui désirent utiliser des systèmes de récompense de manière efficace ne doivent pas céder à la demande des élèves ; ils doivent exiger que ces derniers s'acquittent convenablement de leur tâche avant de leur accorder une récompense. Autrement dit, si les élèves ne mangent pas leurs petits pois, ils n'auront pas de gâteau.

LA VALEUR ÉDUCATIVE. Dans la mesure du possible, tous les cours devraient être consacrés à des activités ayant une valeur éducative. Il est rarement justifiable de demander aux élèves d'effectuer des tâches qui ne leur apprennent rien. Le même principe s'applique aux systèmes de récompense. Peu d'éducateurs aiment jouer les croquemitaines et interdire tout moment de détente en classe ; néanmoins, du point de vue éducatif, on ne peut approuver l'autre extrême, qui consisterait à organiser, tous les jours ou toutes les semaines, des fêtes dans la classe en guise de récompense pour l'application au travail ou la bonne conduite. Il faut donc trouver un juste milieu.

On peut avoir recours à de nombreuses activités qui, tout en ayant une *valeur éducative*, procurent beaucoup de plaisir aux élèves, soit comme groupe soit comme individu. L'une des activités individuelles les plus prisées consiste à avoir du temps libre pour lire, terminer les devoirs à faire à la maison, travailler à un projet en arts plastiques, faire des projets avec d'autres élèves ou s'adonner à son activité préférée. L'expression *temps libre* ne signifie pas que les élèves peuvent faire n'importe quoi ou qu'on ne leur donne aucune directive. En fait, ils ont la liberté de choisir parmi diverses activités approuvées par l'enseignant.

Si la récompense s'adresse à l'ensemble du groupe, les élèves peuvent voter pour choisir l'activité à laquelle ils s'adonneront durant le temps alloué. Au primaire, ils préfèrent souvent l'éducation physique, les arts plastiques, la musique, le théâtre ou les jeux de construction ; ils aiment également que l'enseignant leur lise une de leurs histoires favorites. Au secondaire, les élèves choisissent plutôt de regarder un film, de se lancer dans une discussion de groupe sur un sujet donné, d'assister à un spectacle monté par des membres de la classe ou de travailler à des projets particuliers, comme la production d'un journal de classe. JoLynne Talbott Jones (Jones, 1993a) donne des indications sur un grand nombre d'activités de classe à valeur éducative, qui plaisent beaucoup aux élèves et peuvent donc très bien servir de récompense.

L'INTÉRÊT DU GROUPE. Nous avons déjà souligné l'inconvénient majeur de plusieurs systèmes de récompense en usage dans les écoles : en effet, seuls quelques élèves, soit les plus rapides ou les plus doués, ont réellement une chance d'obtenir une récompense. Les autres n'ont donc pas de raison de fournir des efforts.

Jones indique un moyen, facile à utiliser, de faire participer tous les membres de la classe. Il s'agit d'inviter chaque élève à faire un effort pour que la classe mérite une récompense. L'*intérêt du groupe* incite alors tous les élèves à s'appliquer, à bien se conduire et à faire le travail assigné. Voici comment on applique ce système.

L'enseignant accepte de désigner une période durant laquelle les élèves pourront s'adonner à l'une de leurs activités préférées. Selon la règle de grand-mère, ce privilège ne leur sera accordé que s'ils consacrent suffisamment de temps au programme scolaire. Ainsi, la période libre se situera à la fin de la journée, soit pendant les 15 ou 20 dernières minutes de classe, ou encore à la fin de la semaine, par exemple durant une demi-heure le vendredi. Les élèves peuvent choisir l'activité qui sera leur « dessert » et, pour la mériter, ils doivent simplement travailler et bien se conduire.

L'enseignant applique le système en se servant d'un chronomètre, de préférence de grandes dimensions pour que chacun puisse le voir. Chaque fois qu'un élève adopte un comportement inapproprié, l'enseignant met ostensiblement le chronomètre en marche. Chaque seconde enregistrée par l'instrument est déduite de la période de temps libre prévue. Il importe que l'enseignant fasse preuve de calme et de fermeté dans l'emploi de cette technique. Un effort de conduite parfaite n'efface pas un mauvais comportement antérieur, car cela laisserait entendre aux élèves qu'ils peuvent se conduire de manière inappropriée à la condition de s'assagir par la suite. L'enseignant ne doit pas non plus accepter de faire abstraction du temps perdu en échange de la promesse de bien se conduire à l'avenir. Les élèves connaissent dès le départ les règles du jeu ; ils savent donc qu'ils choisissent par leur comportement la durée du temps libre qu'ils obtiendront en guise de récompense.

Bon nombre d'enseignants considèrent qu'il est inéquitable de pénaliser toute la classe pour quelques fautifs, et parfois même pour un seul élève. En pratique, cela pose rarement un problème, car les élèves comprennent rapidement qu'il s'agit d'un effort du groupe et non des individus. Toute la classe est donc récompensée ou punie, quelle que soit la personne qui a enfreint les règles. L'un des avantages de cette approche réside dans le fait qu'elle incite chaque élève à exercer une pression sur ses pairs. Alors que les contrevenants reçoivent habituellement un renforcement du groupe sous forme d'attention, de rires ou d'admiration, le système du chronomètre produit l'effet opposé. Le groupe aura tendance à dissuader les individus enclins à enfreindre les règles d'agir de la sorte parce qu'ils le privent d'une chose qu'il désire.

La facilité d'application. Le système de récompense dont Jones préconise l'emploi se distingue des autres systèmes par deux importantes caractéristiques qui agissent de concert : (1) l'efficacité, parce que tous les élèves se sentent concernés, et (2) la facilité d'application. En effet, l'application du système de récompense de Jones ne suppose que quatre éléments :

1. Mettre en place le système et l'expliquer aux élèves.
2. Faire voter de temps à autre les élèves afin qu'ils décident à laquelle des activités approuvées par l'enseignant ils s'adonneront durant la période de temps libre.
3. Se procurer un chronomètre et l'utiliser de manière cohérente.
4. Être prêt, au besoin, à diriger les élèves au cours des activités les moins prisées qui se dérouleront durant la période soustraite au temps libre à cause de la mauvaise conduite de certains individus.

Le cas où les récompenses n'ont pas d'effet. Si un système de récompense devient inefficace, l'un ou l'autre des trois facteurs suivants est probablement en cause :

1. Les élèves s'intéressent moins aux activités qu'ils préféraient auparavant. On peut facilement remédier à ce problème en permettant à la classe d'en discuter et de faire de nouveaux choix.
2. Les élèves sont surexcités parce que la température est inhabituelle pour la période de l'année, des vacances approchent, des événements particuliers ont eu lieu à l'école, etc. Dans ce cas, l'enseignant peut mettre fin temporairement au programme de récompense, après avoir donné des explications aux élèves et leur avoir permis d'en discuter.
3. Des individus ont manqué de maîtrise d'eux-mêmes et ont décidé de défier l'enseignant. Dans ce cas, l'enseignant doit mettre à l'écart le ou les contrevenants ou leur demander de se rendre au bureau du directeur. Il peut aussi avertir les autres élèves que, dorénavant, ils ne seront plus pénalisés par la mauvaise conduite du ou des individus perturbateurs.

Troisième ensemble d'habiletés : l'aide individuelle efficace

L'un des résultats les plus intéressants, les plus importants et les plus utiles des recherches de Jones se rapporte à la manière dont les enseignants dispensent de l'aide aux élèves qui se heurtent à un obstacle durant la période de travail individuel. Prenons l'exemple d'une leçon de grammaire. L'enseignant fait connaître le sujet étudié, il donne des explications au tableau, pose quelques questions pour s'assurer que les élèves ont bien compris, puis il leur demande de faire 10 exercices par eux-mêmes. Très rapidement, un élève va lever la main parce qu'il n'y arrive pas sans aide. Si cela se répète seulement trois ou quatre fois, il n'y a pas de problème. Mais si 20 élèves agitent la main en même temps, la plupart resteront plusieurs minutes sans rien faire avant que l'enseignant puisse leur accorder un peu d'attention. Pour chacun, le temps d'attente est du temps perdu et une occasion de mal se conduire.

Au cours de ses recherches, Jones a demandé aux enseignants combien de temps ils passaient en moyenne avec un élève ayant sollicité leur aide. Souvent, les enseignants pensaient qu'ils consacraient entre une et deux minutes à chaque élève mais, lorsque Jones a minuté ce temps, il a constaté qu'ils passaient en réalité environ quatre minutes avec un élève. Ils ne pouvaient donc aider que quelques individus durant une période de travail individuel. Même si le temps consacré à chacun n'est que de une minute, plusieurs élèves restent sans rien faire pendant plusieurs minutes.

Jones a observé un autre phénomène susceptible d'aggraver la situation, qu'il a appelé *syndrome de dépendance* : certains élèves ont l'habitude de lever la main pour demander l'aide de l'enseignant même s'ils n'en ont pas réellement besoin. Le fait que ce dernier se dirige vers eux et leur accorde son attention constitue certainement une récompense, et ce renforcement ne fait qu'accentuer la dépendance.

Jones a conclu de ces observations que le travail individuel s'accompagne de quatre difficultés : (1) l'enseignant n'a pas le temps de répondre à toutes les demandes d'aide ; (2) plusieurs élèves perdent du temps ; (3) le risque que des élèves se conduisent mal est élevé et (4) la dépendance risque d'être renforcée. C'est la raison pour laquelle Jones accorde une importance primordiale à cette question dans son programme de formation.

Selon Jones, il est possible d'éliminer ces quatre difficultés en proposant aux enseignants diverses techniques pour dispenser une *aide efficace* aux élèves :

Première étape. Disposer les pupitres de sorte que l'enseignant puisse s'approcher facilement de chaque élève ; la disposition en demi-cercles représente peut-être la meilleure solution. S'il ne peut se déplacer facilement et rapidement d'un point à l'autre de la classe, l'enseignant perd du temps et dépense inutilement de l'énergie.

Deuxième étape. Employer des aide-mémoire graphiques, comme des modèles ou des tableaux, afin de fournir aux élèves des exemples et des instructions claires. On peut ainsi rappeler aux élèves les différentes étapes d'un algorithme, la présentation d'une lettre d'affaires ou les directives pour la leçon en cours. Les aide-mémoire sont affichés et les élèves s'y réfèrent avant de demander l'aide de l'enseignant.

Troisième étape. La dernière étape constitue l'un des traits distinctifs du modèle de Jones. Elle suppose que l'on réduise au minimum le temps consacré à un élève en particulier. Pour y arriver, il faut d'abord se rendre compte que les enseignants sont généralement très inefficaces, comme en témoignent les questions suivantes :

> « Qu'est-ce qui ne va pas ? »
>
> « Très bien. Quelle est la première chose à faire ? » [L'enseignant attend, puis il répète sa question.]
>
> « Non. Ça, c'est la deuxième chose. Tu sautes la première étape. Qu'est-ce que c'est ? Réfléchis bien. » [L'enseignant attend jusqu'à ce que l'élève donne une réponse plus ou moins au hasard.]
>
> « Non. Je vais te donner un autre exemple pour t'aider à comprendre. Supposons... »

S'il procède de la sorte, l'enseignant se trouve souvent dans la situation où il explique de nouveau le concept ou la méthode à chacun des élèves qui sollicite son aide. Ainsi, chaque intervention peut facilement durer quatre minutes, sans qu'on s'en rende réellement compte. Si on veut dispenser de l'aide plus rapidement, il faut mettre en doute le bien-fondé de cette technique de questionnement. En fait, Jones montre aux enseignants comment dispenser de l'aide d'une tout autre façon et il insiste sur le fait qu'il ne faut jamais consacrer plus de 20 secondes à chaque élève, et si possible 10 secondes au maximum. Pour ce faire, ils doivent procéder comme suit lorsqu'ils s'adressent à un élève :

1. Trouver rapidement une chose que l'élève a effectuée correctement et la souligner : « Ta copie est bien présentée » ou « Ce que tu as fait jusqu'ici est très bien ».

2. Donner un indice à l'élève ou lui faire une suggestion simple qui lui permettront de poursuivre son travail : « Effectue la deuxième étape décrite au tableau » ou « Fais un lien ici ».

3. S'éloigner immédiatement de l'élève. Voici ce que conseille Jones : « Soyez positif, soyez bref, puis disparaissez. »

En appliquant cette méthode pour dispenser de l'aide, l'enseignant résout les principaux problèmes qui surgissent habituellement durant les périodes de travail individuel. Ainsi, il a le temps de répondre à chaque élève qui sollicite son aide ; il ne fait pas attendre longtemps les élèves ; il réduit la fréquence des mauvais comportements ; il contribue à diminuer le syndrome de dépendance, surtout s'il accorde de l'attention aux élèves qui travaillent sans réclamer de l'aide. En outre, le fait que l'enseignant peut se déplacer rapidement dans la classe lui permet de mieux superviser le travail des élèves qui ne lèvent pas la main. S'il remarque une erreur, il les aide en employant précisément la méthode que Jones recommande dans le cas des élèves dépendants.

Le mémento de Jones à l'intention des enseignants

Les trois ensembles d'habiletés étudiés ci-dessus, se rapportant respectivement au langage gestuel, aux récompenses et à l'aide efficace, forment le noyau central du modèle de la discipline de Jones. Voici en résumé un mémento à l'intention des enseignants, présenté dans un article de Rardin (1978).

- ♦ Être vigilant, de manière à se rendre compte de tout mauvais comportement et à réagir à celui-ci immédiatement.
- ♦ Employer le langage gestuel de préférence au langage verbal. Faire sentir, par sa posture, son regard, l'expression de son visage et ses gestes, que l'on pense vraiment ce que l'on dit.
- ♦ Employer la proximité physique pour réagir aux élèves se conduisant mal ou ayant une attitude de défi.
- ♦ Dispenser des récompenses au groupe (en appliquant la règle de grand-mère) pour inciter tous les élèves à travailler et à bien se conduire.
- ♦ Dispenser l'aide individuelle de manière efficace ; s'efforcer de limiter la durée de chaque interaction à 10 secondes.
- ♦ Ne pas proférer de menaces ; établir des règles et réagir au mauvais comportement.

MISE EN PLACE DU MODÈLE DE JONES

Jones (1987a, p. 321) conseille de mettre en place son modèle de la discipline sous la forme d'un système à trois volets, ou de techniques, étroitement reliés : (1) l'établissement de limites, (2) les récompenses et (3) les systèmes de soutien. Les trois volets doivent être planifiés et mis en place simultanément.

La première étape du processus consiste à organiser une discussion à propos du règlement à suivre ; on formule alors des règles délimitant les droits de l'élève dans la classe. On informe les élèves que l'infraction à une règle entraînera une légère punition à caractère social, qui rendra tout au plus le contrevenant mal à l'aise, à savoir le regarder droit dans les yeux ou se rapprocher de lui.

Pour faire respecter de manière efficace les limites établies, il faut apporter un contrepoids aux punitions légères en dispensant aux élèves qui se conforment aux règles des récompenses et des renforçateurs sociaux, telles la reconnaissance et l'approbation. On discute des récompenses avec les élèves et on leur explique les modalités d'obtention de ces récompenses. De plus, on leur rappelle que ces récompenses doivent avoir une valeur éducative.

Il est également essentiel que l'enseignant discute avec les élèves des *systèmes de soutien* auxquels il aura recours si un élève se rend responsable d'un méfait grave ou refuse de satisfaire à une demande positive. Jones accorde peu de place dans son modèle aux systèmes de soutien, car il estime que les enseignants ne devraient utiliser ni des réprimandes ni des menaces; il reconnaît toutefois que l'enseignant n'arrive pas toujours à amener certains élèves à se conformer aux règles. Il peut alors dire à l'élève récalcitrant: « Si tu refuses de travailler, reste assis en silence et ne dérange pas les autres. » Dans le cas où des élèves commettent des actes graves de défi ou d'agression, l'enseignant doit avoir prévu un moyen de les mettre à l'écart ou d'aller chercher du secours au besoin.

SYNTHÈSE CRITIQUE DU MODÈLE DE JONES

Le modèle de Jones est très utile dans l'ensemble pour la discipline de prévention et de soutien; cependant, il n'offre guère d'indications pour faire face aux élèves particulièrement difficiles. Jones a relevé les comportements « naturels » d'enseignants qui appliquent une certaine discipline. C'est pourquoi ses suggestions reçoivent en général un accueil favorable auprès des enseignants. Toutes les techniques de discipline préconisées par Jones peuvent être apprises; cela ne s'avère guère facile pour de nombreux enseignants dans le contexte quotidien de la classe, mais ils peuvent participer à des sessions de formation pour les assimiler.

Cependant, il ne faut pas s'attendre à des miracles: la lecture des ouvrages de Jones ne va pas transformer un enseignant du jour au lendemain. Il faut d'abord qu'il comprenne véritablement les techniques qui sont décrites, puis qu'il les exerce à maintes reprises. Les séminaires de formation constituent bien sûr le meilleur moyen d'effectuer cette préparation, mais les enseignants peuvent aussi évaluer leur comportement dans la classe à la lumière des conseils prodigués par Jones; ils peuvent ensuite essayer de mettre en œuvre dans la classe quelques techniques de contrôle et étudier leur efficacité. Il s'agit là en fait de l'une des caractéristiques les plus attrayantes des idées de Jones: il n'est pas nécessaire de mettre en pratique l'ensemble du modèle, tel un produit fini; on peut s'exercer à quelques techniques, les perfectionner, puis les intégrer peu à peu à son enseignement.

EXERCICES

RÉVISION DES TERMES CLÉS

Les termes suivants jouent un rôle crucial dans le modèle de la discipline de Jones. Pouvez-vous en donner la signification?

mauvais comportement
perte considérable de temps
discipline
langage gestuel
regard direct
proximité physique
maintien
expression du visage
gestes

établissement de limites
récompense
récompense authentique
règle de grand-mère
intérêt du groupe
syndrome de dépendance
aide efficace
système de soutien

Études de cas

♦ Premier cas : Kristina se refuse à travailler.

Dans la classe de M. Saint-Laurent, Kristina se montre une élève très docile. Elle ne dérange personne et se mêle peu aux autres. Mais, en dépit de tous ses efforts, l'enseignant ne parvient pas à la faire participer aux activités de la classe. Kristina ne fait quasiment pas de progrès sur le plan scolaire, elle ne fournit guère d'efforts et ne finit jamais le travail demandé. Elle se contente d'être là.

> *Comment Jones agirait-il avec Kristina?*

Jones conseillerait à M. Saint-Laurent d'appliquer les mesures suivantes pour améliorer le comportement de Kristina :

1. La regarder souvent droit dans les yeux. Même si elle baisse les yeux, M. Saint-Laurent devrait s'efforcer de la regarder directement. Elle s'en rendra compte et se sentira peut-être suffisamment mal à l'aise pour décider de se mettre au travail.
2. Se rapprocher de Kristina. Rester près d'elle tout en poursuivant la leçon.
3. Faire une expression et des gestes encourageants chaque fois qu'il réussit à capter le regard de Kristina.
4. Dispenser fréquemment de l'aide à Kristina pendant les périodes de travail individuel. S'assurer à plusieurs reprises si elle fait des progrès durant la leçon. Lui faire quelques suggestions précises, puis s'éloigner d'elle rapidement.
5. Élaborer un système individualisé de récompenses à l'intention de Kristina ; par exemple, lui dire qu'elle pourra s'adonner à l'une de ses activités favorites si elle fait tel travail.
6. Élaborer un système grâce auquel Kristina peut, en travaillant, gagner

une récompense destinée à toute la classe. Elle aura ainsi l'attention et le soutien de ses pairs.

- **Deuxième cas : Sarah ne peut s'empêcher de parler.**

    Sarah est une charmante petite fille qui participe aux activités de la classe et effectue la plupart des travaux qui lui sont assignés, mais pas tous. Elle pourrait faire mieux, mais semble incapable de s'empêcher de parler à ses voisins durant la classe. L'enseignant, M. Gonzales, doit intervenir tellement souvent qu'il finit par s'exaspérer.

    > *De quelle façon Jones conseillerait-il à M. Gonzales d'agir avec Sarah ?*

- **Troisième cas : Julien fait le clown et intimide les autres élèves.**

    Julien, qui est plus gros et plus tapageur que ses camarades de classe, cherche continuellement à attirer l'attention, à la fois en faisant le clown et en intimidant les autres élèves. Il fait des plaisanteries, répond avec insolence (tout en souriant) à l'enseignant, imite toutes sortes de bruits, comme des coups de feu et des chocs de voitures, et émet continuellement des commentaires sarcastiques à propos de ses camarades, qu'il cherche également à rabaisser par divers moyens. Ces derniers ne tentent pas de lui tenir tête, apparemment parce que sa taille et son agressivité verbale les impressionnent. L'enseignante, Mme Pearl, ne sait plus quelle attitude adopter.

    > *Quels éléments, parmi les suggestions de Jones, pourraient aider Mme Pearl dans ses interactions avec Julien ?*

- **Quatrième cas : Thomas se montre hostile et provocant.**

    Depuis qu'il est entré dans la classe, Thomas semble, comme d'habitude, d'humeur massacrante. En allant tailler son crayon, il a bousculé Frank, qui s'en est plaint. Thomas lui a enjoint, en haussant très fort la voix, de « la fermer ». L'enseignante, Mme Deslandes, est alors intervenue : « Thomas, va t'asseoir. » Ce dernier se retourne pour lui faire face et lui répond, toujours très fort : « J'irai quand je voudrai ! »

    > *Selon vous, les conseils de Jones seraient-ils utiles à Mme Deslandes dans ses interactions avec Thomas ?*

QUESTIONS ET ACTIVITÉS

1. Dans chaque cas, relevez d'abord le problème sous-jacent au comportement indésirable, puis décrivez la manière dont Jones conseillerait à l'enseignant d'agir.

a) M. Théroux essaie d'aider chacun de ses élèves durant les périodes de travail individuel, mais il n'arrive pas à répondre à tous ceux qui lèvent la main.

b) Mme Sévigny désire montrer à ses élèves qu'elle a confiance en eux. Elle leur permet d'écouter quelques-unes de leurs chansons favorites en échange de leur promesse de travailler avec assiduité par la suite. Mais les élèves parlent beaucoup durant la dernière partie du cours et ils ne terminent pas la tâche assignée.

c) M. Gregory s'épuise tous les jours à essayer de contrôler trois élèves qui font les clowns et perturbent continuellement la classe, les autres élèves riant de leurs plaisanteries.

2. Étudiez le scénario 10 ou 2 présenté à l'appendice, puis indiquez quels changements Jones conseillerait à Mme Thériault ou à M. Plante afin de créer dans la classe un climat plus propice à l'apprentissage.

RÉFÉRENCES BIBLIOGRAPHIQUES ET LECTURES SUGGÉRÉES

JONES, F. H. (1979), «The gentle art of classroom discipline», *National Elementary Principal*, vol. 58, p. 26-32.

─────── (1987a), *Positive classroom discipline*, New York, McGraw-Hill.

─────── (1987b), *Positive classroom instruction*, New York, McGraw-Hill.

─────── (1993a), *Instructor's guide: Positive classroom discipline — a video course of study*, Santa Cruz, Fredric H. Jones & Associates.

─────── (1993b), *Instructor's guide: Positive classroom instruction — a video course of study*, Santa Cruz, Fredric H. Jones & Associates.

RARDIN, R. (1978, septembre), «Classroom management made easy», *Virginia Journal of Education*, p. 14-17.

Le modèle de Glasser

*La discipline
sans coercition,
axée sur la satisfaction
des besoins*

WILLIAM GLASSER

NOTICE BIOGRAPHIQUE

William Glasser est psychiatre et consultant en éducation; il se penche depuis longtemps sur des questions reliées à l'éducation de qualité, auxquelles il a consacré plusieurs ouvrages et sur lesquelles il a donné de nombreuses conférences. Né en 1925 à Cleveland, en Ohio, aux États-Unis, il a entrepris d'abord des études de chimie avant de se tourner vers la psychologie, puis la psychiatrie. Dans ce dernier domaine, il a obtenu un succès immédiat lors de la publication en 1965 de son premier livre, intitulé *Reality Therapy: A New Approach to Psychiatry* (traduit en français sous le titre *La thérapie par le réel*); il y expose la théorie selon laquelle, dans le traitement des problèmes de comportement, ce ne sont pas les événements passés qui doivent retenir l'attention mais la réalité du moment. Par la suite, Glasser a appliqué la thérapie par le réel au domaine de l'éducation. Le travail qu'il avait effectué auprès de jeunes délinquants l'avait convaincu que les enseignants peuvent aider les élèves à faire de meilleurs choix de comportement à l'école, et il expliquait de quelle manière dans un livre publié en 1969, *Schools without Failure* (traduit en français sous le titre *Des écoles sans déchets*), que l'on considère en général comme l'un des ouvrages ayant eu le plus de retentissement dans le domaine de l'éducation depuis le début du siècle.

En 1986, Glasser a publié *Control Theory in the Classroom*, où il présente une nouvelle approche sur la discipline, qu'il résume lui-même comme suit: les élèves ne s'appliqueront pas et ne se comporteront pas de manière appropriée à moins de « croire que le fait de travailler contribuera suffisamment à satisfaire leurs besoins pour que cela vaille la peine de continuer à fournir des efforts » (p. 15). Depuis, Glasser a mis l'accent sur le rôle de l'école dans la satisfaction des besoins fondamentaux de l'élève: selon lui en effet, l'école constitue le meilleur moyen d'encourager les adolescents à travailler et à se conduire de manière adéquate. Il développe d'ailleurs ce thème dans un ouvrage paru en 1992, *The Quality School: Managing Students without Coercion* (traduit en français sous le titre *L'école qualité*).

Étant donné que Glasser a privilégié des thèmes différents au cours de sa carrière, et que ses premiers travaux ont marqué le domaine de l'éducation, nous avons divisé l'étude de son modèle de la discipline en deux parties: avant 1985 et après 1985. Nous nous sommes contentés de donner un bref résumé du modèle antérieur à 1985, car il ne représente pas la pensée actuelle de Glasser. On peut joindre William Glasser en écrivant à l'adresse suivante: Institute for Reality Therapy, 7301 Medical Center Drive, Suite 104, Canoga Park, CA 91307, États-Unis; téléphone: 818-888-0688; télécopieur: 818-888-3023.

LES TRAVAUX DE GLASSER AVANT 1985

Jusqu'en 1985, Glasser s'est surtout intéressé à la façon d'aider les élèves à faire de bons choix de comportement, c'est-à-dire des choix susceptibles d'assurer leur réussite personnelle, non seulement dans la classe, mais aussi dans la vie.

CONCEPTS ET ENSEIGNEMENTS DE GLASSER

LES CHOIX DE L'ÉLÈVE ET LA MAÎTRISE DE SOI. Les élèves sont des êtres rationnels, capables de contrôler leur propre comportement. Ils choisissent de se conduire de telle ou telle manière.

LES BONS ET LES MAUVAIS CHOIX. De bons choix entraînent un bon comportement et de mauvais choix, un mauvais comportement.

L'ENSEIGNANT ET LES CHOIX DES ÉLÈVES. L'enseignant doit toujours s'efforcer d'aider les élèves à faire de bons choix, quotidiennement et tout au long de la journée.

LE REJET DE TOUTE EXCUSE. L'enseignant qui se soucie réellement des élèves n'accepte aucune excuse visant à justifier un mauvais comportement.

LES CONSÉQUENCES DU COMPORTEMENT. L'enseignant doit s'assurer que tout comportement, bon ou mauvais, de l'élève entraîne des conséquences raisonnables.

LES RÈGLES DE CONDUITE EN CLASSE. Il est essentiel d'établir dans la classe un ensemble de règles régissant le comportement, qui soient facilement applicables, et de les faire respecter de manière cohérente.

LA RÉUNION DE CLASSE. La réunion de classe constitue un moyen efficace pour traiter des questions relatives au règlement de la classe, au comportement et aux conséquences. On doit planifier régulièrement de telles réunions, au cours desquelles l'enseignant et les élèves s'assoient en cercle (on appelle cette disposition *cercle de Glasser*). Le but n'est pas de critiquer les élèves ou de désigner des coupables, mais uniquement de chercher des solutions aux problèmes rencontrés dans la classe.

ANALYSE DU MODÈLE DE GLASSER

CE QUE L'ÉCOLE OFFRE À L'ÉLÈVE

Dans ses premiers écrits sur la discipline, Glasser soutient que l'école offre à l'élève une excellente occasion de réussir et d'être reconnu. En fait, pour de nombreux élèves, elle représente l'unique possibilité de satisfaire leurs besoins. La réussite scolaire permet à l'élève de prendre conscience de sa propre valeur et de se voir comme un gagnant, et ces deux sentiments sont susceptibles de prévenir les comportements déviants. Le développement d'une telle identité prend sa source dans de bonnes relations avec des personnes qui s'intéressent véritablement à l'enfant. L'école est souvent le seul endroit où les enfants issus de milieux défavorisés peuvent rencontrer des adultes qui se soucient réellement de leur bien-être.

Cependant, bien des élèves hésitent à établir de bonnes relations avec leur enseignant, soit qu'ils aient peur de lui, soit que le fait de manifester du mépris à son égard leur vaille d'être récompensés par leurs pairs, soit qu'ils ne fassent pas confiance aux adultes en général. Les enseignants doivent donc faire preuve de persévérance pour aider les élèves. Selon Glasser, les élèves n'arriveront pas à faire des choix meilleurs et plus responsables tant qu'ils n'auront pas établi de relations affectives avec des personnes faisant elles-mêmes de tels choix dans leur propre vie, comme des enseignants.

Ce que les enseignants devraient faire

Glasser pensait que la bonne discipline dépend essentiellement des enseignants. En 1978, il décrivait leurs responsabilités de la manière suivante :

1. Insister sur le fait que chaque élève a la responsabilité de faire de bons choix et qu'il devra assumer les conséquences de ses choix.
2. Établir des règles de conduite en classe qui favorisent la réussite des élèves. Selon Glasser, de telles règles sont indispensables, et il ne tient guère en haute estime les enseignants qui souhaitent les éliminer sous le prétexte qu'elles freinent l'initiative, défavorisent l'autodiscipline et inhibent le sens des responsabilités. L'enseignant devrait formuler les règles conjointement avec les élèves et insister sur le fait que ces derniers sont à l'école pour étudier et apprendre.
3. Rejeter toutes les excuses. S'il accepte une excuse, l'enseignant laisse en effet entendre aux élèves qu'il leur est permis de ne pas tenir un engagement ou de se faire eux-mêmes du tort. S'il se soucie vraiment des élèves, il refusera toute excuse.
4. Demander aux élèves de porter des jugements de valeur. L'enseignant devrait exiger d'un élève se conduisant mal qu'il porte un jugement de valeur sur ses propres actions.
5. Suggérer des solutions de rechange. Si un élève est incapable de trouver des solutions de rechange à un comportement inapproprié, l'enseignant devrait lui proposer deux ou trois possibilités et l'inciter à en choisir une.
6. Appliquer des conséquences raisonnables au comportement des élèves. Ces conséquences seront agréables si l'élève adopte un comportement

approprié et désagréables s'il adopte un comportement inapproprié. Le fait de connaître les conséquences auxquelles il s'expose, quelles qu'elles soient, incite l'élève à se prendre en main et à contrôler sa propre conduite.
7. Faire preuve de persévérance. Les enseignants bienveillants ont un objectif principal : inciter les élèves à adopter un comportement approprié. Pour ce faire, ils aident constamment les élèves à faire des choix et exigent que les contrevenants portent un jugement de valeur sur leurs choix inadéquats.
8. Réviser continuellement le système de discipline. Selon Glasser, il est important de réévaluer périodiquement le système de discipline, quel qu'il soit, et de le réviser au besoin.

En conclusion, Glasser décrit l'école sous un jour très favorable dans ses premiers travaux. Tout en reconnaissant que les élèves font face à des difficultés, il pense que l'école représente l'endroit idéal, sinon le seul, pour que les élèves établissent de bonnes relations avec des adultes responsables, qui s'intéressent véritablement à eux. Il pense que l'école offre à un grand nombre d'élèves une chance inespérée d'acquérir un sentiment d'appartenance, de connaître la réussite et de se forger une identité positive. Il faut s'assurer qu'ils ne laissent pas passer cette occasion unique : on leur demande donc constamment de porter un jugement de valeur sur tout comportement inapproprié, on leur conseille vivement d'effectuer de bons choix et, pour ce faire, d'élaborer un plan qui augmentera leurs chances d'effectuer ces choix. Dans le même temps, on leur impose continuellement les conséquences que leur vaut leur comportement.

LES TRAVAUX DE GLASSER APRÈS 1985

Les premiers travaux de Glasser ont exercé une profonde influence sur les pratiques disciplinaires à l'école. Vous avez d'ailleurs probablement remarqué que Canter (voir le chapitre 6) et Jones (voir le chapitre 7) ont intégré plusieurs de ces enseignements dans leur propre modèle de la discipline. Cependant, depuis 1985, Glasser a apporté des modifications notables à sa conception de la discipline. Il avait jusqu'alors décrit l'école comme un milieu accueillant, offrant des possibilités illimitées à l'élève auquel il revenait d'en tirer tout le parti possible. Depuis, ayant observé que la discipline en classe pose de plus en plus de problèmes, que les élèves font de moins en moins d'efforts et se conduisent de plus en plus mal, il en est venu à la conclusion que la seule façon d'améliorer le système scolaire et le comportement des élèves consiste à modifier le fonctionnement de la classe. Ses travaux récents portent donc essentiellement sur les approches susceptibles d'inciter les élèves à participer de leur plein gré aux activités scolaires. En effet, selon Glasser, le recours à la coercition est voué à l'échec.

ORIENTATION DES TRAVAUX DE GLASSER

Selon Glasser, si l'on veut assurer la survie de l'école, il faut reconcevoir sa mission et mettre l'accent sur la qualité du travail de l'élève. Il faut abandonner le recours à la coercition parce que cette approche s'avère stérile. Il faut plutôt susciter l'intérêt des élèves pour un apprentissage centré sur ce qui a de l'importance pour eux. Depuis 1985, Glasser essaie avant tout de décrire les pratiques d'enseignement les plus susceptibles d'inciter les élèves à participer à des activités scolaires intéressantes. Il met l'accent sur un aspect primordial : les activités scolaires contribuent à la satisfaction des besoins fondamentaux des élèves, c'est-à-dire la survie, l'appartenance, le pouvoir, le plaisir et la liberté. Glasser a renoncé aux techniques qu'il proposait dans ses premiers ouvrages, lesquelles visaient à faire prendre conscience à l'élève de son mauvais comportement : en effet, si l'élève n'est pas amené à apprendre de son plein gré, toute exhortation à la discipline échouera ; il décrochera de toutes les façons, qu'il quitte ou non l'école.

CONCEPTS ET ENSEIGNEMENTS DE GLASSER

LA MOTIVATION ET LE COMPORTEMENT. Tout comportement constitue un effort de maîtrise de soi visant à satisfaire l'un ou l'autre de cinq besoins fondamentaux.

LES BESOINS FONDAMENTAUX. Comme tout un chacun, les élèves cherchent continuellement à satisfaire les besoins fondamentaux suivants : la survie, l'appartenance, le pouvoir, le plaisir et la liberté. La vie à l'école est surtout liée aux quatre derniers besoins et, parfois même, à la survie.

LES BESOINS ET LES ÉMOTIONS. Les élèves ressentent du plaisir lorsque leurs besoins sont satisfaits, de la frustration lorsqu'ils ne le sont pas.

LES ÉMOTIONS ET LA MOTIVATION. À l'heure actuelle, la moitié au moins des élèves ne font tout simplement pas l'effort d'apprendre si la vie à l'école leur paraît ennuyeuse, frustrante ou insatisfaisante.

L'APATHIE ACTUELLE. À l'heure actuelle, peu d'élèves travaillent de leur mieux à l'école. La très grande majorité font preuve d'apathie et nombreux sont ceux qui ne font rien du tout.

CE QUE L'ÉCOLE DOIT FAIRE. L'école actuelle doit créer les conditions propices au travail de qualité afin d'éviter qu'un nombre élevé d'élèves et d'enseignants ressentent de la frustration. Il est essentiel que les élèves acquièrent un sentiment d'appartenance, de pouvoir, de plaisir à apprendre, tout en faisant l'expérience de la liberté.

L'ENGAGEMENT À DISPENSER UNE FORMATION DE QUALITÉ. Les écoles doivent désormais s'engager à dispenser une formation de qualité ; en d'autres termes, il faut créer des écoles de qualité où les élèves recevront encouragement, soutien et aide de la part des enseignants.

LE PROGRAMME SCOLAIRE DE QUALITÉ. On devrait limiter le programme scolaire à des savoirs présentant une certaine utilité pour l'élève, lequel devrait les acquérir grâce à des activités susceptibles de l'intéresser, de l'inciter à une participation active, de lui procurer du plaisir et d'aboutir à des réalisations qui ont un sens pour lui.

L'APPRENTISSAGE DE QUALITÉ. Au cours du processus que représente l'apprentissage de qualité, l'élève acquiert des connaissances substantielles sur des sujets dont il reconnaît l'utilité dans sa propre vie. Il fait la preuve qu'il a assimilé l'information en démontrant ou en expliquant comment, pourquoi et dans quelles circonstances il peut employer ce qu'il a appris.

L'ENSEIGNEMENT DE QUALITÉ. L'enseignement de qualité n'accorde pas de place aux réprimandes, aux punitions ou aux mesures coercitives. Au contraire, l'enseignant fait preuve de bienveillance envers les élèves ; il leur dispense des encouragements, les stimule et leur montre constamment qu'il souhaite les aider.

L'ENSEIGNANT AUTORITAIRE. L'enseignant autoritaire dicte la marche à suivre, il ordonne aux élèves de travailler et les réprimande s'ils n'obéissent pas.

L'ENSEIGNANT DIRECTIF. L'enseignant directif crée un milieu d'apprentissage stimulant, il dispense des encouragements aux élèves et les aide de son mieux.

ANALYSE DU MODÈLE DE GLASSER

Tout en continuant d'accorder de l'importance au comportement de l'élève dans la classe, Glasser a cessé de s'intéresser aux techniques de maintien de la discipline dans un environnement traditionnel pour se tourner vers l'éducation de qualité. Si les élèves participent de leur plein gré à l'éducation de qualité, ils n'auront guère de raisons de mal se conduire.

LES BESOINS DE L'ÉLÈVE

Le changement d'orientation de Glasser, qui a longtemps pensé que l'élève a la responsabilité de faire des choix susceptibles d'assurer sa propre réussite, est remarquable. Comment un tel changement conceptuel sur la discipline en classe s'est-il produit ?

Glasser s'est rendu compte que, lorsqu'ils travaillent, la majorité des élèves se contentent d'un travail de qualité médiocre. Il a constaté que, « dans les écoles secondaires, la moitié des élèves, tout au plus, acceptent de faire l'effort d'apprendre; il est donc impossible d'enseigner quoi que ce soit à l'autre moitié » (Glasser, 1986, p. 3). Il ajoute: « Je pense que [étant donné l'apathie des élèves] les écoles secondaires de structure traditionnelle sont actuellement dans une impasse. » (p. 6)

Selon Glasser, il faut donc trouver des moyens d'améliorer l'éducation. Actuellement, 15 pour 100 des élèves du secondaire tout au plus effectuent un travail de qualité (Glasser, 1996, p. 24). Il faut donc modifier le système de sorte qu'une forte majorité d'élèves fournissent un travail de grande qualité. Pour ce faire, on doit inciter les élèves à travailler tout en leur dispensant des encouragements et de l'aide, et ce d'une manière susceptible de satisfaire leurs besoins. Cette approche ne nécessite que peu de changements dans les programmes scolaires et les équipements, mais elle exige une modification profonde de la façon dont les enseignants travaillent avec les élèves.

Pour Glasser, le métier d'enseignant (et d'un enseignant efficace) est le plus difficile qui soit. Il fait part de sa sympathie à l'égard des enseignants du secondaire qui se sentent constamment frustrés parce que la majorité des adolescents font très peu d'efforts pour apprendre. Lorsque ces enseignants font part des principaux problèmes de discipline auxquels ils font face, ils ne mentionnent pas l'attitude de défi ou la turbulence, mais ils soulignent l'apathie des élèves ainsi que leur refus de participer aux activités de la classe et d'accomplir le travail assigné. De leur côté, les élèves déclarent qu'ils ne trouvent pas les tâches imposées trop difficiles, mais qu'elles sont tout simplement ennuyeuses (Glasser, 1996, p. 26). Glasser en conclut que le travail scolaire n'apporte pas la satisfaction des principaux besoins psychologiques des élèves.

Selon Glasser, on peut remédier à ce problème en adoptant les trois mesures fondamentales suivantes:

1. Élaborer le programme scolaire de manière à satisfaire les besoins de survie, d'appartenance, de pouvoir, de plaisir et de liberté des élèves.
2. Remplacer les examens et les évaluations traditionnels, portant sur des savoirs fragmentaires et ennuyeux, par l'exigence d'un travail de qualité et l'autoévaluation de l'élève (de la qualité de son travail).
3. Délaisser les pratiques d'enseignement traditionnelles pour mettre en œuvre un enseignement de qualité.

Nous allons examiner ci-dessous ces trois propositions.

Les besoins de l'élève. Tout être humain a des besoins innés reliés: (1) à la survie (la nourriture, le logement, la protection du danger), (2) à l'appartenance (le sentiment de sécurité, de bien-être et d'avoir sa place dans le groupe), (3) au pouvoir (le sentiment d'être important et respecté), (4) au plaisir (éprouver de la satisfaction tant sur le plan émotionnel que sur le plan intellectuel) et (5) à la liberté (la possibilité de faire des choix, de s'autodiscipliner et d'assumer des responsabilités).

Selon Glasser, un système d'éducation qui n'accorde pas la priorité aux besoins d'appartenance, de pouvoir, de plaisir et de liberté est voué à l'échec. Il n'est pas besoin d'être psychologue pour tenir compte des *besoins fondamentaux des élèves*. Les élèves acquièrent le sentiment d'*appartenance* lorsqu'on les invite à participer aux activités de la classe, qu'ils reçoivent de l'attention de la part des enseignants et d'autres personnes et qu'ils ont la possibilité de discuter de questions concernant la classe. Ils ont le sentiment d'avoir du *pouvoir* lorsque l'enseignant leur demande de décider avec lui quels sujets seront étudiés en classe et quelle méthode de travail sera adoptée. Le sentiment d'avoir du pouvoir peut aussi naître du fait que l'élève se voit assigner certaines responsabilités dans la classe, comme aider à faire l'appel, à prendre soin des petits animaux de la classe, à distribuer et à ranger soigneusement le matériel pédagogique ou encore à s'occuper de l'équipement audiovisuel. Les élèves éprouvent du *plaisir* lorsqu'on leur permet de travailler ensemble et de bavarder, de participer à des activités intéressantes et de faire part de leurs réalisations à leurs camarades. Ils éprouvent un sentiment de *liberté* lorsqu'on leur permet de faire des choix responsables quant à la matière à étudier et aux méthodes employées tant pour acquérir des connaissances que pour montrer ce qu'ils ont appris. Pour Glasser, les groupes d'apprentissage fondés sur la coopération sont un bon moyen d'aider les élèves à satisfaire leurs besoins fondamentaux.

LE PROGRAMME SCOLAIRE ET LE TRAVAIL DE QUALITÉ. Selon Glasser (1996, p. 44), on définit actuellement l'éducation en fonction du nombre d'éléments d'information que les élèves sont capables de retenir jusqu'à ce qu'ils passent un test normalisé. Les élèves se montrent récalcitrants à cette forme d'apprentissage. Glasser critique sévèrement les programmes, la manière de les présenter et les modes d'évaluation du savoir des élèves. L'école, dit-il, devrait être un lieu où l'élève assimile de l'information utile. Pour atteindre cet objectif, il est essentiel d'élaborer des *programmes scolaires de qualité*. Il faudrait donc réviser les programmes actuels de sorte qu'ils consistent uniquement en apprentissages agréables et utiles pour les élèves ; on devrait considérer tout le reste comme non pertinent et l'éliminer (Glasser, 1992). Lorsque l'enseignant aborde un nouveau sujet, il devrait en discuter avec les élèves et, s'ils sont assez âgés, leur demander quels aspects ils aimeraient examiner en profondeur, de manière à réserver suffisamment de temps à leur étude. Il est toujours préférable d'acquérir des connaissances profondes sur quelques sujets que d'étudier superficiellement un grand nombre de choses, dit Glasser, qui qualifie la première approche d'*apprentissage de qualité*. De plus, l'évaluation des connaissances devrait consister à demander à l'élève d'expliquer en quoi ce qu'il a appris a de la valeur et comment et dans quelles circonstances ce savoir peut lui être utile. On devrait également inviter régulièrement chaque élève à évaluer la qualité de ses propres efforts.

L'enseignement de qualité. Il peut s'avérer difficile de modifier sa façon d'enseigner, même pour les enseignants qui, sur le plan intellectuel, adhèrent à l'enseignement de qualité : en effet, ils peuvent avoir du mal à préciser les changements nécessaires et à les réaliser. Pourtant, Glasser (1993, p. 22 *et sqq.*) pense que cela est possible si l'enseignant s'efforce d'appliquer les préceptes suivants, garants d'un *enseignement de qualité* et d'un apprentissage de qualité.

1. Créer dans la classe un climat chaleureux et propice à l'apprentissage. L'enseignant y arrive en se faisant connaître et aimer des élèves. Il saisit toute occasion de leur dire qui il est, ce qu'il pense, ce qu'il attend ou n'attend pas d'eux, ce qu'il est prêt à faire pour eux et ce qu'il ne fera pas. Il leur montre qu'il est toujours disponible s'ils ont besoin de lui.

2. Demander aux élèves de ne faire que du travail utile. Le travail utile consiste en des habiletés, non de l'information, lesquelles, du point de vue des élèves, peuvent leur servir dans la vie. L'enseignant doit souvent mettre en évidence l'importance des habiletés à acquérir, mais les élèves ne fourniront pas d'efforts soutenus tant qu'ils ne seront pas convaincus. On doit leur demander de mémoriser uniquement les informations faisant partie intégrante des habiletés étudiées. En général, on ne doit enseigner des connaissances, et demander aux élèves de les apprendre, que si elles satisfont aux critères suivants (1993, p. 48) :

   ♦ elles sont directement liées à une habileté étudiée ;
   ♦ les élèves ont exprimé le désir de les apprendre ;
   ♦ elles sont particulièrement utiles, du point de vue de l'enseignant ;
   ♦ elles font partie des préalables pour l'admission au cégep ou à l'université.

3. Demander constamment aux élèves de faire de leur mieux. Il faut du temps pour amener les élèves à faire un travail de qualité. Glasser (1993, p. 77) suggère de procéder comme suit pour que la qualité devienne peu à peu le centre d'intérêt :

   ♦ Discuter du travail de qualité avec les élèves jusqu'à ce qu'ils aient compris de quoi il s'agit.
   ♦ Choisir un travail suffisamment important pour qu'il soit évident qu'il vaut la peine de bien le faire.
   ♦ Demander aux élèves de faire ce travail de leur mieux ; ne pas attribuer de notes, parce que cela leur laisserait entendre que le travail est terminé.

Par la suite :

4. Demander aux élèves d'évaluer leur propre travail et de l'améliorer. La qualité résulte des modifications apportées lorsqu'on s'efforce d'améliorer un produit. Glasser conseille aux enseignants d'adopter les mesures suivantes après que les élèves ont terminé un travail sur un sujet qu'ils considèrent comme important :

- ♦ Demander aux élèves de parfaire leur travail.
- ♦ Demander aux élèves d'expliquer pourquoi ils considèrent que leur travail est de grande qualité. S'ils comprennent combien il est important d'améliorer leur travail, ils s'efforceront d'arriver à des résultats de haute qualité.
- ♦ Amener progressivement les élèves à employer la technique AAR, c'est-à-dire le processus d'Autoévaluation, d'Amélioration et de Répétition, jusqu'à ce qu'ils accomplissent un travail de qualité.

5. Aider les élèves à découvrir par la pratique que le travail de qualité leur procure un sentiment de bien-être. Glasser (1993) écrit :

> *Rien n'est plus agréable pour un être humain que le sentiment découlant de la satisfaction de faire quelque chose d'utile, de la certitude de le faire de son mieux et de la reconnaissance de ce fait par autrui. (p. 25)*

6. Aider les élèves à prendre conscience que le travail de qualité n'est jamais nuisible, ni pour soi-même ni pour autrui ni pour l'environnement. L'enseignant doit amener les élèves à comprendre qu'ils ne pourront jamais éprouver la satisfaction que procure le travail de qualité s'ils nuisent aux autres, s'en prennent aux biens d'autrui ou font du tort à l'environnement ou aux animaux.

L'ENSEIGNANT AUTORITAIRE ET L'ENSEIGNANT DIRECTIF

En appliquant les mesures décrites ci-dessus, on s'éloigne d'un mode d'enseignement autoritaire pour se tourner vers un mode d'enseignement directif. Selon Glasser, la majorité des enseignants ont tendance à se comporter de manière autoritaire parce qu'ils ne se rendent pas compte que la motivation des élèves ne peut venir de l'extérieur : elle est nécessairement intrinsèque. Il attribue aux *enseignants autoritaires* les caractéristiques suivantes :

1. Ils décident seuls du travail à faire et des normes à suivre.
2. Ils expliquent verbalement les choses plutôt que d'en faire la démonstration et demandent rarement la participation des élèves.
3. Ils procèdent seuls à l'évaluation du travail des élèves.
4. Ils emploient la coercition lorsqu'un élève se montre récalcitrant.

Pour illustrer la manière dont fonctionne un enseignant autoritaire, nous allons voir ci-dessous comment M. Márquez aborde avec ses élèves l'étude de la géographie de l'Amérique du Sud.

« Nous commençons aujourd'hui l'étude de la géographie de l'Amérique du Sud. Voici ce que vous devez faire :

1. Apprenez le nom de tous les pays d'Amérique du Sud.
2. Situez chaque pays sur une carte muette.
3. Décrivez le relief de chaque pays.
4. Nommez deux produits associés à chaque pays.
5. Décrivez la population de chacun des pays en donnant son origine ethnique et sa situation économique.
6. Nommez les principaux fleuves coulant vers le nord, l'est et le sud-est, et situez-les.

« Vous trouverez les informations nécessaires dans votre manuel et dans les encyclopédies. Il y aura deux examens. Le premier… »

L'approche autoritaire de M. Márquez entrave autant la productivité que le travail de qualité. La majorité des élèves trouveront probablement la tâche ennuyeuse et ils se contenteront de faire juste ce qu'il faut, et juste assez bien, pour obtenir la note de passage.

Glasser conseille aux enseignants de renoncer au mode de fonctionnement de M. Márquez, c'est-à-dire de cesser d'être autoritaires, pour devenir des meneurs. L'*enseignant directif* sait que la véritable motivation à apprendre ne peut être qu'intrinsèque. Il sait également que son rôle est d'aider par tous les moyens les élèves à apprendre. Selon Glasser, l'enseignant devrait consacrer la plus grande partie de son temps aux deux tâches suivantes : organiser des activités intéressantes et dispenser de l'aide aux élèves. Ainsi, l'enseignant directif adopte la méthode suivante :

1. Discuter du programme scolaire avec les élèves et relever plusieurs sujets les intéressant particulièrement.
2. Inviter les élèves à nommer quelques sujets qu'ils aimeraient étudier en profondeur.
3. Discuter avec les élèves de la nature du travail scolaire qu'ils sont susceptibles de produire, en mettant l'accent sur la qualité et en leur demandant de définir des critères de la qualité.
4. Examiner avec les élèves les ressources nécessaires et le temps requis pour la production d'un travail de qualité.
5. Montrer aux élèves la manière dont ils peuvent faire le travail en faisant appel à des modèles reflétant la qualité.
6. Insister sur le fait qu'il est important que les élèves examinent et évaluent constamment leur propre travail en fonction des critères de la qualité.
7. Bien faire comprendre aux élèves que l'enseignant fera de son mieux pour leur procurer des outils adéquats et un milieu d'apprentissage propice, où l'on n'a pas recours à la coercition ni aux affrontements.

Pour illustrer la manière dont fonctionne un enseignant directif, nous allons voir ci-dessous comment M. García aborde avec ses élèves l'étude de la géographie de l'Amérique du Sud.

«Est-ce qu'il y en a parmi vous qui ont déjà vécu en Amérique du Sud? Samuel, tu es d'origine sud-américaine? De quel pays? Le Pérou? C'est fantastique! Quel pays intéressant! Je viens moi-même du Brésil. J'ai voyagé en Amazonie et j'ai passé quelque temps chez des indigènes. On dit qu'ils ont été chasseurs de têtes. Mais cela est du passé. J'apporterai demain un arc et des flèches ayant appartenu à un membre de la tribu chez laquelle j'ai vécu. Samuel, as-tu mangé du singe quand tu étais au Pérou? Je pense que le Pérou et le Brésil sont très semblables sous certains aspects, mais très différents par ailleurs. Comment était-ce au Pérou comparativement à ici? Es-tu déjà allé dans les Andes? On dit que le pays est parsemé de vestiges fabuleux et qu'on y trouve des réseaux de lignes creusées dans le sol, sur plusieurs centaines de mètres, formant des dessins. Peux-tu nous apporter des photographies ou des diapositives prises là-bas? Ton aide nous serait précieuse; tu pourrais nous apprendre beaucoup de choses.

«Samuel a vécu au Pérou et il a voyagé dans les Andes. S'il accepte de nous raconter ce qu'il connaît de ce pays, qu'est-ce que vous aimeriez particulièrement apprendre à propos du Pérou?»

La classe discute pendant un moment et nomme quelques sujets d'étude.

«Nous avons l'occasion dans ce cours d'apprendre énormément de choses à propos de l'Amérique du Sud, de ses montagnes et de ses prairies, de ses forêts tropicales humides et de ses fleuves immenses, des peuples fascinants et des animaux étranges qui l'habitent. Saviez-vous que des colons anglais, gallois, italiens et allemands se sont installés dans plusieurs pays d'Amérique du Sud, en particulier en Argentine? Saviez-vous que certains croient qu'il existe encore, dans la jungle, des tribus indigènes sans aucun contact avec le reste du monde? Saviez-vous que presque la moitié de toute l'eau douce du globe se trouve dans le bassin amazonien et que, en certains endroits, l'Amazone est tellement large que, lorsqu'on est au milieu, on ne voit pas les rives?

«À propos de l'Amazone, je me suis un jour baigné dans un lac où vivent des piranhas et, comme vous pouvez le constater, j'ai encore mes deux bras et mes deux jambes. Cela vous surprend? Si la vie dans la jungle amazonienne vous intéresse, qu'est-ce que vous aimeriez le plus apprendre à ce sujet?»

Cette dernière question donne lieu à une discussion de tous les élèves.

«Que savez-vous des peuples qui ont vécu dans les grandes Andes? Connaissez-vous par exemple les Incas, qui, on ne sait toujours pas comment, ont découpé d'énormes blocs de pierre pour en faire des murailles où tous les blocs s'ajustent parfaitement les uns aux autres ? Samuel les connaît, lui. Les Incas étaient très puissants à une certaine époque, leur civilisation était très avancée et leur empire s'étendait sur environ 5 000 kilomètres. Pourtant, une poignée de cavaliers espagnols ont réussi à le conquérir. Comment cela a-t-il bien pu se produire ? Si vous pouviez en apprendre davantage à propos de ce peuple, qu'aimeriez-vous savoir ? »

La discussion se poursuit, les élèves relevant d'autres sujets d'intérêt qui les incitent à apprendre.

« Dites-moi ce que vous pensez de ceci. J'ai noté les sujets qui vous intéressent et je peux vous aider à trouver des sources d'information, y compris des objets, susceptibles de vous être utiles. J'ai chez moi des diapositives, de la musique sud-américaine et des objets que je me suis amusé à collectionner. Je connais deux personnes qui ont vécu l'une en Argentine, l'autre en Colombie, que nous pourrions inviter ici en classe. Je vous propose le marché suivant : nous concentrons notre étude sur les centres d'intérêt que vous avez notés, je fais tout ce qui est en mon pouvoir pour vous aider et, en échange, vous vous engagez à faire de votre mieux. Nous devrons discuter des moyens par lesquels vous pourrez ensuite démontrer la qualité de votre apprentissage. De plus, j'espère que j'arriverai à convaincre chacun d'entre vous d'évaluer régulièrement lui-même son propre travail. Comprenez-moi bien : ce n'est pas moi qui ferai cette évaluation et je ne vous demande pas de vous attribuer une note, mais de remarquer ce que vous réussissez très bien et en quoi vous pourriez vous améliorer.

« Que pensez-vous de cette méthode ? Êtes-vous d'accord pour l'essayer ? »

LA RELATION ENTRE L'ENSEIGNEMENT DE QUALITÉ ET LA DISCIPLINE

Glasser pense que l'enseignant qui a appris à jouer le rôle de chef dans une classe de qualité devient rarement l'adversaire des élèves ; tout antagonisme détruit tant la motivation d'apprendre que le plaisir d'enseigner. En évitant de tomber dans ce piège, l'enseignant favorise l'apprentissage de qualité tout en réduisant au minimum les problèmes de discipline.

Glasser reconnaît toutefois qu'aucune approche ne va éliminer tous les problèmes de comportement et que l'enseignant doit, conjointement avec les élèves, établir des règles de conduite en classe. À ce propos, il donne les conseils suivants.

LES RÈGLES DE CONDUITE. L'enseignant devrait d'abord discuter avec les élèves de ce à quoi il donne la priorité dans la classe, soit un travail de qualité, et leur indiquer qu'il fera de son mieux pour les aider, sans user de moyens de coercition. Il fera ensuite naturellement le lien avec les *règles de conduite*: lesquelles aideront les élèves à accomplir leur travail et à apprendre vraiment? Selon Glasser, si l'enseignant arrive à convaincre les élèves de l'importance de la courtoisie, il ne sera pas nécessaire de faire appel à une autre règle. Par exemple, les élèves de deuxième année de Mme Brasseur ont décidé qu'ils avaient besoin de deux règles seulement pour être en mesure de bien travailler:

1. Être aimable avec les autres.
2. Faire de son mieux.

Pour le cours d'éducation physique donné par M. Jasmin, les élèves ont décidé d'établir les règles suivantes:

1. Être ponctuel.
2. Jouer avec prudence.
3. Adopter une attitude sportive.
4. Prendre soin de l'équipement.

L'enseignant devrait également demander aux élèves ce qu'il faut faire, selon eux, si quelqu'un enfreint une règle. D'après Glasser, ils suggéreront d'imposer une punition au contrevenant, même s'ils savent que ce procédé n'est pas efficace. Si on insiste, ils reconnaîtront que le meilleur moyen de résoudre les problèmes de comportement consiste à chercher la raison pour laquelle une règle a été enfreinte et à trouver une solution. Glasser conseille aux enseignants de demander au contrevenant: «Que puis-je faire pour t'aider?» et d'organiser une *réunion de classe* dans le but de trouver des solutions de rechange au comportement inapproprié. Une fois que l'unanimité est faite sur les règles et les conséquences, on devrait les mettre par écrit. Chaque élève appose ensuite sa signature pour attester qu'il comprend les règles et qu'il s'engage, dans le cas où il en enfreindrait une, à essayer avec l'aide de l'enseignant de résoudre le problème en cause.

Selon Glasser, en procédant de la sorte pour établir les règles et les faire respecter, l'enseignant montre qu'il s'intéresse avant tout à la qualité du travail, non au pouvoir, et qu'il est convaincu que la lutte pour le pouvoir constitue le principal obstacle à une formation de qualité.

L'INFRACTION AUX RÈGLES. Tout enseignant sait que, même dans la classe la plus disciplinée, certains élèves enfreindront les règles. Glasser (1996, p. 173) suggère une façon d'intervenir qui, sans être punitive, mettra fin au mauvais comportement et réorientera le contrevenant vers le travail scolaire. Prenons l'exemple de Jonathan, qui a manifestement l'air contrarié lorsqu'il entre dans la classe. Dès le début du cours, il se retourne impétueusement et lance un objet à Michel. Glasser conseille à l'enseignant d'agir comme suit:

> **Enseignant:** Jonathan, tu sembles avoir un problème. Qu'est-ce que je peux faire pour t'aider à le résoudre? [Jonathan se renfrogne.]
>
> **Enseignant:** Essaie de te calmer. Nous discuterons de ce qui ne va pas dans un moment. Je pense que nous arriverons à trouver une solution.

Selon Glasser, l'enseignant doit bien faire comprendre à Jonathan qu'il ne lui viendra pas en aide tant que ce dernier n'aura pas retrouvé son calme. Il doit aussi éviter de hausser le ton puisque le fait de manifester de la colère ne servirait qu'à mettre l'élève sur la défensive.

Si Jonathan ne se calme pas, il n'y a pas moyen de résoudre convenablement le problème. Glasser (1996) conseille de lui accorder vingt secondes pour retrouver la maîtrise de soi et, si cela ne suffit pas, il faut admettre qu'on ne peut rien faire pour le moment. Il ne reste plus qu'à mettre l'élève à l'écart, mais sans proférer de menaces ni donner d'avertissement.

> **Enseignant:** Jonathan, je veux réellement t'aider à résoudre ton problème. Je n'ai pas du tout l'intention de te punir. Peu importe ce qui te préoccupe; cherchons une solution. Pour le moment, tu dois aller t'asseoir dans le fond de la classe. Tu pourras reprendre ta place lorsque tu te seras calmé.

Plus tard, au moment opportun, l'enseignant discutera de la situation avec Jonathan, plus en moins en ces termes (p. 180):

> **Enseignant:** «Qu'étais-tu en train de faire lorsque les choses ont mal tourné? Ce que tu faisais était-il contraire au règlement? Est-il possible de faire en sorte que cela ne se reproduise plus? Qu'est-ce que nous pouvons faire, toi et moi, pour éviter que la même situation ne se répète?»

Si la mauvaise humeur de Jonathan était due à un conflit entre lui et Michel, les deux garçons devraient participer à la discussion, laquelle devrait être menée de la manière suivante (p. 180):

> **Enseignant:** «Qu'étiez-vous en train de faire tous les deux lorsque le conflit est survenu? Que pouvons-nous faire tous les trois pour éviter que la même situation ne se répète?»

Il est important de noter que l'enseignant ne cherche pas à rejeter le blâme sur Jonathan ni sur Michel. Il ne perd pas son temps à essayer de trouver le coupable. Il fait bien comprendre aux deux garçons qu'il veut simplement trouver une solution afin d'éviter que la même situation ne se répète.

Selon Glasser, si l'enseignant fait preuve de respect et de courtoisie envers Jonathan et Michel, s'il leur montre qu'il ne désire pas les punir ou se donner de l'importance, et s'il s'adresse à eux à la manière de quelqu'un qui désire résoudre un problème, le comportement des deux garçons en classe et la qualité de leur travail s'amélioreront graduellement.

MISE EN PLACE DU MODÈLE DE GLASSER

Si un enseignant veut mettre en pratique dans sa classe les idées de Glasser sur l'école et sur la discipline, comment devrait-il s'y prendre ? Nous avons déjà décrit le cadre général dont Glasser suggère la mise en place aux enseignants qui visent un enseignement de qualité. Mais si l'on veut appliquer sans délai ses idées, il semble bien que l'on doive commencer par des discussions fréquentes en classe, au cours desquelles l'enseignant essaie de faire comprendre aux élèves qu'il souhaite faire les choses suivantes avec leur coopération :

1. Rendre le programme scolaire aussi intéressant que possible pour eux.
2. Discuter avec eux des sujets à étudier, des méthodes de travail, des procédés qu'ils devront employer pour faire la démonstration de leurs réalisations, des règles de conduite en classe et des mesures à prendre dans le cas où un élève se comporte de manière inappropriée. L'enseignant donnera son opinion, mais il promet d'écouter attentivement les suggestions des élèves.
3. Organiser, dans la mesure du possible, les activités qu'ils auront suggérées et faire tout son possible pour les aider à apprendre et à réussir.
4. Apprendre à devenir un enseignant directif, plutôt qu'un enseignant autoritaire. (Nous avons illustré plus haut l'enseignement directif en décrivant la manière dont M. García aborde avec ses élèves l'étude de la géographie de l'Amérique du Sud.)
5. Organiser régulièrement des réunions de classe pour discuter du programme scolaire, des méthodes, du comportement et d'autres sujets de nature éducative. Ces réunions viseront toujours l'amélioration des conditions d'apprentissage ; elles ne doivent pas être l'occasion de désigner des coupables, de réprimander les élèves ou de les critiquer.
6. Discuter des mauvais comportements et des raisons pour lesquelles ils sont inappropriés en classe. Demander aux contrevenants ce que l'enseignant pourrait faire pour leur venir davantage en aide. Si un élève commet un méfait grave ou se conduit souvent mal, avoir avec lui un entretien en tête-à-tête, au moment opportun.

Il n'est pas toujours facile de trouver le temps ou un lieu adéquat pour organiser ce genre d'entretien. Voici la solution imaginée par Maureen Lewnes, qui enseigne à une classe regroupant des élèves de deux niveaux, soit de quatrième et de cinquième années.

Quand je désire m'entretenir en tête-à-tête avec un élève, je le fais dans mon « bureau privé », c'est-à-dire un espace derrière mon pupitre, délimité par une table et un classeur, qui mesure un peu plus d'un mètre de longueur. L'élève s'assoit sur une petite chaise d'enfant, et il aime bien cela parce que je me penche pour lui parler, de sorte que le reste de la classe ne nous voit pas, et que cela crée un climat d'intimité.

Au début de l'année, j'explique aux élèves ce qu'est mon « bureau privé ». Je les informe que je demanderai à l'occasion à certains d'entre eux de venir y discuter de leur travail en classe ou de leur comportement, ou que je les y inviterai pour leur dire à quel point j'apprécie leur coopération et leur application au travail. J'insiste bien sur ce dernier point.

Cet espace présente de nombreux avantages. Au besoin, je dis à un élève: « Puis-je te voir dans mon bureau privé durant l'étude? » La conversation qui s'ensuit me permet souvent de comprendre ce qui préoccupe l'élève, et les plus timides parlent plus facilement de leurs sentiments, de leurs intérêts et de leurs problèmes.

La majorité des élèves réagissent bien à un entretien en tête-à-tête, dont ils apprécient le caractère privé. Je me suis rendu compte que c'est le meilleur moyen de régler les problèmes de comportement. Lorsque je leur demande leur avis, les élèves me disent qu'il devrait y avoir un « bureau privé » dans chaque classe parce qu'ils y sont plus à l'aise pour parler avec l'enseignant.

SYNTHÈSE CRITIQUE DU MODÈLE DE GLASSER

Comme nous l'avons vu, Glasser a cessé d'attribuer à l'élève la responsabilité de son mauvais comportement. Il met en évidence le fait que l'école exige de l'élève qu'il reste assis, qu'il attende et qu'il effectue un travail ennuyeux, ce qui va à l'encontre de sa nature. Selon Glasser, demander cela aux élèves, « c'est comme demander à une personne assise sur un poêle chauffé au rouge de rester immobile et d'arrêter de se plaindre » (1986, p. 53).

Glasser conseille vivement aux enseignants de « n'employer aucun système de discipline les obligeant à faire quelque chose *aux* élèves, ou *pour* eux, dans le but de mettre fin à leur mauvais comportement dans une classe qui ne leur apporte aucune satisfaction. Seul un programme de discipline dans lequel on accorde de l'importance à la satisfaction en classe donne de bons résultats » (p. 56). Glasser développe ce thème dans *L'école qualité*, où il décrit la manière dont on peut mettre de l'avant la qualité du travail à l'école. Il s'agit pour l'enseignant d'être directif, d'apporter tout son soutien aux élèves et de leur dispenser beaucoup d'encouragements, de ne pas exercer de coercition, de ne pas faire l'important ni d'employer des mesures punitives. Si les élèves trouvent que leurs besoins innés sont satisfaits, ils seront plus enclins à demeurer à l'école et leur travail sera de meilleure qualité. Glasser met moins l'accent sur la discipline maintenant: en effet, selon lui, si l'on gère l'école et la classe en fonction de ce qu'il définit comme le concept de qualité, il y aura peu de problèmes de discipline et ces derniers seront relativement faciles à résoudre.

Malheureusement pour les enseignants, il est peu probable que les écoles adoptent rapidement le schéma proposé par Glasser. S'il est possible que ce changement se produise avec le temps, pour l'instant et dans le futur proche, il est plus vraisemblable que la majorité des écoles continueront à essayer de faire apprendre aux élèves la plus grande quantité possible du contenu des manuels scolaires, afin qu'ils obtiennent de bons résultats aux examens actuellement imposés.

Dans ces conditions, les enseignants peuvent-ils réellement tirer profit du plus récent modèle de la discipline élaboré par Glasser? Nous pensons que oui. Comme dans le cas du modèle de Jones, il n'est pas nécessaire d'appliquer le modèle de Glasser dans son ensemble. En particulier, les enseignants devraient prêter attention au conseil de Glasser: se concentrer sur la résolution des problèmes et mettre de côté les affrontements verbaux et les punitions. Par ailleurs, il est possible pour tous les enseignants de mettre en pratique la méthode de Glasser et d'en évaluer les effets sur le climat de la classe et le moral des élèves. Rappelons également que Glasser n'a jamais prétendu que l'école de qualité, telle qu'il l'entend, mettrait fin à tous les problèmes de discipline. Les élèves sont des êtres humains et il arrive même aux mieux intentionnés d'enfreindre occasionnellement une règle, de bâcler un devoir et d'entrer en conflit avec les autres, y compris l'enseignant. Dans ce cas, l'enseignant peut cerner calmement le problème, puis, sans jeter le blâme sur qui que ce soit, demander aux élèves concernés de s'engager à en corriger la cause.

Dans notre synthèse critique du modèle de Dreikurs (voir le chapitre 5), nous avons souligné que l'approche proposée, même si elle exige de l'enseignant qu'il y consacre beaucoup de son temps et qu'il possède des habiletés de conseiller, lui fournit une méthode efficace pour aider les élèves à s'autodiscipliner et à devenir responsables. Nous pensons que le modèle de Glasser est aussi prometteur sur ce plan.

EXERCICES

RÉVISION DES TERMES CLÉS

Glasser utilise peu de termes nouveaux dans ses écrits sur l'éducation et la discipline. Néanmoins, les expressions de la liste suivante jouent un rôle crucial dans son modèle. Pouvez-vous en donner la signification?

besoins fondamentaux des élèves	apprentissage de qualité
appartenance	enseignement de qualité
pouvoir	enseignant autoritaire
plaisir	enseignant directif
liberté	règles de conduite
programme scolaire de qualité	réunion de classe

Études de cas

♦ Premier cas : Kristina se refuse à travailler.

Dans la classe de M. Saint-Laurent, Kristina se montre une élève très docile. Elle ne dérange personne et se mêle peu aux autres. Mais, en dépit de tous ses efforts, l'enseignant ne parvient pas à la faire participer aux activités de la classe. Kristina ne fait quasiment pas de progrès sur le plan scolaire, elle ne fournit guère d'efforts et ne finit jamais le travail demandé. Elle se contente d'être là.

Comment Glasser agirait-il avec Kristina ?

En premier lieu, Glasser conseillerait à M. Saint-Laurent d'examiner attentivement le programme et le fonctionnement de la classe dans le but de déterminer s'il existe des obstacles empêchant Kristina de satisfaire ses besoins d'appartenance, de pouvoir, de plaisir et de liberté. Il conseillerait ensuite à M. Saint-Laurent de discuter de la question avec elle, sans lui adresser de reproches, mais en lui faisant remarquer qu'elle n'est pas très productive, puis de lui demander en quoi consiste le problème et ce qu'il peut faire pour l'aider. M. Saint-Laurent peut également poser à Kristina des questions comme :

1. Tu as du mal à faire ce travail, n'est-ce pas ? Est-ce que je peux faire quelque chose pour t'aider à en venir à bout ?
2. Est-ce que je peux faire quelque chose qui rendrait les cours plus intéressants pour toi ?
3. Est-ce qu'il y a quelque chose que tu aimes particulièrement dans la classe ? Est-ce que tu aimerais ne faire que ces choses-là pendant un certain temps ?
4. Est-ce qu'il y a un sujet dont nous avons déjà parlé en classe que tu aimerais connaître vraiment à fond ? Qu'est-ce que je peux faire pour t'aider à réaliser cela ?
5. Si je faisais certaines choses d'une manière différente, est-ce que cela te donnerait un peu plus envie d'apprendre ?

M. Saint-Laurent ne devrait pas punir Kristina ni lui manifester sa désapprobation. Chaque jour, il devrait s'efforcer de discuter avec elle, sur un ton amical et courtois, de sujets ne concernant pas l'école : les voyages, les animaux de compagnie, le cinéma, etc. En lui parlant ainsi simplement, mais souvent, il réussira peut-être à la convaincre qu'il s'intéresse à elle et désire être son ami.

Glasser rappellerait aussi à M. Saint-Laurent qu'il n'existe pas de formule magique pour régler les problèmes de tous les élèves, que la seule chose qu'il peut faire, c'est de dispenser des encouragements et du soutien à Kristina. Les réprimandes et les mesures coercitives ne feraient probablement qu'empirer la situation. Si M. Saint-Laurent persiste à traiter Kristina en amie, elle en viendra problablement à faire plus d'efforts et à produire un travail de meilleure qualité.

♦ **Deuxième cas : Sarah ne peut s'empêcher de parler.**

Sarah est une charmante petite fille qui participe aux activités de la classe et effectue la plupart des travaux qui lui sont assignés, mais pas tous. Elle pourrait faire mieux, mais semble incapable de s'empêcher de parler à ses voisins durant la classe. L'enseignant, M. Gonzales, doit intervenir tellement souvent qu'il finit par s'exaspérer.

De quelle façon Glasser conseillerait-il à M. Gonzales d'agir avec Sarah ?

♦ **Troisième cas : Julien fait le clown et intimide les autres élèves.**

Julien, qui est plus gros et plus tapageur que ses camarades de classe, cherche continuellement à attirer l'attention, à la fois en faisant le clown et en intimidant les autres élèves. Il fait des plaisanteries, répond avec insolence (tout en souriant) à l'enseignant, imite toutes sortes de bruits, comme des coups de feu et des chocs de voitures, et émet continuellement des commentaires sarcastiques à propos de ses camarades, qu'il cherche également à rabaisser par divers moyens. Ces derniers ne tentent pas de lui tenir tête, apparemment parce que sa taille et son agressivité verbale les impressionnent. L'enseignante, Mme Pearl, ne sait plus quelle attitude adopter.

Comment Glasser conseillerait-il à Mme Pearl d'agir avec Julien ?

♦ **Quatrième cas : Thomas se montre hostile et provocant.**

Depuis qu'il est entré dans la classe, Thomas semble, comme d'habitude, d'humeur massacrante. En allant tailler son crayon, il a bousculé Frank, qui s'en est plaint. Thomas lui a enjoint, en haussant très fort la voix, de « la fermer ». L'enseignante, Mme Deslandes, est alors intervenue : « Thomas, va t'asseoir. » Ce dernier se retourne pour lui faire face et lui répond, toujours très fort : « J'irai quand je voudrai ! »

Comment Glasser conseillerait-il à Mme Deslandes d'agir avec Thomas ?

QUESTIONS ET ACTIVITÉS

1. Choisissez un niveau d'enseignement et (ou) une matière scolaire. Puis, en vous plaçant du point de vue de l'enseignant, et conformément aux idées de Glasser, décrivez brièvement les éléments dont il faut tenir compte ainsi que la manière de procéder en ce qui concerne les points suivants:
   a) L'organisation de la classe, l'élaboration du programme scolaire et des cours et la planification des activités afin de mieux satisfaire les besoins d'appartenance, de plaisir, de pouvoir et de liberté des élèves.
   b) Les efforts constants de l'enseignant pour aider les élèves à améliorer la qualité de leur travail.
2. Faites une analyse comparative des modèles de la discipline de Glasser et de Canter. Expliquez les conclusions de cette analyse relativement aux points suivants:
   a) L'efficacité en ce qui a trait à la suppression des comportements indésirables.
   b) L'efficacité quant à l'amélioration durable du comportement.
   c) La facilité d'application.
   d) L'influence sur l'image de soi des élèves.
   e) L'effet sur la relation de confiance entre l'enseignant et les élèves.
   f) Le degré de précision avec lequel chaque modèle décrit les attitudes et le comportement réels des élèves.
3. Étudiez le scénario 9 ou 10 présenté à l'appendice, puis indiquez ce que Glasser conseillerait à M. Wong ou à Mme Thériault dans le but d'améliorer les conditions d'apprentissage dans la classe.

RÉFÉRENCES BIBLIOGRAPHIQUES ET LECTURES SUGGÉRÉES

GLASSER, W. (1965), *Reality therapy: A new approach to psychiatry*, New York, Harper & Row. (Traduit par Marie-Thérèse d'Aligny sous le titre *La thérapie par le réel*, Paris, ÉPI éditeurs, 1971.)

—————— (1969), *Schools without failure*, New York, Harper & Row. (Traduit par J. Chambert sous le titre *Des écoles sans déchets*, Paris, Éditions Fleurus, 1973.)

—————— (1977), «10 steps to good discipline», *Today's Education*, vol. 66, p. 60-63.

—————— (1978), «Disorders in our schools: Causes and remedies», *Phi Delta Kappan*, vol. 59, p. 331-333.

—————— (1986), *Control theory in the classroom*, New York, Harper & Row.

———————— (1990), *The quality school: Managing students without coercion*, New York, Harper & Row, éd. révisée en 1992. (Traduit par Jean-Pierre Laporte sous le titre *L'école qualité*, Montréal, Les Éditions Logiques, 1996.)

———————— (1992), « The quality school curriculum », Phi Delta Kappan, vol. 73, n° 9, p. 690-694.

———————— (1993), *The quality school teacher*, New York, Harper Perennial.

———————— (1993b), *Instructor's guide: Positive classroom instruction — a video course of study*, Santa Cruz, Fredric H. Jones & Associates.

CHAPITRE 9

Le modèle de Gordon

*La discipline axée
sur le développement
de la maîtrise de soi*

THOMAS GORDON

NOTICE BIOGRAPHIQUE

Thomas Gordon est psychologue clinicien et président fondateur de Effectiveness Training International, une organisation qui offre des sessions de formation partout dans le monde, notamment aux parents, aux enseignants, aux médecins, aux cadres et aux jeunes. Gordon a publié plusieurs ouvrages, dont *Parent Effectiveness Training: A Tested New Way to Raise Responsible Children* (1970, paru en français sous le titre *Parents efficaces*), *Teacher Effectiveness Training* (1974, paru en français sous le titre *Enseignants efficaces*), *P.E.T. in action* (1976, paru en français sous le titre *La méthode Gordon expérimentée et vécue*) et *Discipline that Works: Promoting Self-Discipline in Children* (1989, paru en français sous le titre *Comment apprendre l'autodiscipline aux enfants*). Gordon décrit dans ces livres des techniques susceptibles d'aider les parents et les enseignants à développer chez les enfants l'autonomie, la maîtrise de soi, le sens des responsabilités et la coopération. On peut obtenir des informations sur le programme de Gordon auprès des organismes suivants :

- au Québec, Actualisation
  Place du Parc, 300, rue Léo-Pariseau, bureau 705, C.P. 1142
  Montréal (Québec) H2W 2P4
  téléphone : (514) 284-2622 ; télécopieur : (514) 284-2625.
- en France, Formation Gordon France
  7, rue de Surènes, 75008 Paris
  téléphone : (1) 47.42.19.18 ; télécopieur : (1) 47.42.12.44.
- en Belgique, École des parents et des éducateurs
  14, Place des Acacias, B-1040 Bruxelles
  téléphone : (2) 733.95.50 ; télécopieur : (2) 733.02.26.
- en Suisse, Centre Gordon Suisse Romande
  C.P. 339, CH-1224 Genève
  téléphone : (22) 349.79.63 ; télécopieur : (22) 349.24.23.

APPORT DE GORDON AU DOMAINE DE LA DISCIPLINE

Gordon joue actuellement un rôle prédominant dans le domaine de la discipline scolaire, notamment dans le courant de pensée qui met l'accent sur le développement du sens des responsabilités et de la maîtrise de soi chez l'élève. À l'instar de Richard Curwin et d'Allen Mendler (1988), de William Glasser (1990), de Kay Burke (1992) et d'Alfie Kohn (1993), Gordon croit que ni la coercition ni les systèmes de récompense et de punition ne représentent des moyens efficaces pour établir la discipline ; il faut plutôt amener chaque individu à intégrer la discipline à sa personnalité.

Gordon a porté ses idées à la connaissance du public pour la première fois en 1962, lorsqu'il a commencé à travailler avec des parents dans le cadre d'un nouveau programme qu'il avait élaboré et appelé Parent Effectiveness Training (P.E.T.). La majorité des participants aux premières sessions de formation avaient vu leurs relations avec leurs enfants se détériorer au fil des ans et le programme de Gordon les aidait à mieux faire face aux problèmes de discipline. Dès le début, le programme P.E.T. a visé à faire acquérir aux parents des techniques qui leur permettraient non pas de corriger les comportements inacceptables, mais d'établir avec leur enfant une relation susceptible de réduire les comportements indésirables.

De nombreux parents ont constaté une amélioration dans leur relation avec leurs enfants à la maison après avoir suivi le programme de Gordon, et ils ont fait connaître ses idées aux autorités scolaires. Ces dernières ont rapidement offert aux enseignants des sessions de formation et il en est résulté un programme intitulé Teacher Effectiveness Training (T.E.T.), qui met l'accent sur l'amélioration des interactions entre les enseignants et les élèves.

En 1989, Gordon a publié *Comment apprendre l'autodiscipline aux enfants*, dans lequel il reprend les idées contenues dans ses programmes destinés aux parents et aux enseignants. À la suite de l'examen des règlements de discipline en vigueur dans les écoles, il en est arrivé à la conclusion que les mesures punitives font du tort aux enfants, car elles les incitent à adopter un comportement autodestructeur et à commettre des actes antisociaux. Selon Gordon, les punitions infligées par des adultes autoritaires ne permettent pas d'établir dans la classe une discipline réellement efficace. Cependant, il reconnaît que, en éducation, une attitude permissive est aussi peu judicieuse que l'autoritarisme. Il propose donc des techniques situées entre ces extrêmes, qui sont conçues pour aider les enfants à prendre des décisions positives, à devenir plus autonomes et à mieux contrôler leur propre comportement. Gordon (1990) résume de la manière suivante ses inquiétudes à propos des pratiques disciplinaires actuelles et de leurs effets potentiels :

> *En tant que société, il est urgent que [nous nous fixions comme objectif de trouver et d'enseigner] des solutions de rechange efficaces à l'autorité et au pouvoir qui marquent nos rapports avec les autres, enfants ou adultes ; des solutions susceptibles de produire des êtres humains assez courageux, autonomes et disciplinés pour résister à l'autorité si, [afin d'obéir, ils devaient aller à l'encontre de] leur propre notion du bien et du mal. (p. 114)*

ORIENTATION DES TRAVAUX DE GORDON

Selon Gordon, la seule discipline vraiment efficace consiste à amener chaque enfant à exercer la maîtrise de soi, et les enseignants peuvent jouer un rôle majeur dans le développement de cette aptitude. S'ils veulent aider l'enfant à contrôler son propre comportement et à ne dépendre que de lui-même dans la prise de décisions positives, les enseignants doivent d'abord renoncer à leur pouvoir de « coercition ». Gordon (1990) écrit :

> On influence davantage les jeunes lorsqu'on ne cherche pas à exercer son pouvoir sur eux! [...] plus on cherche à dominer les gens par le pouvoir, moins on influence leur vie. (p. 26)

Les travaux de Gordon portent essentiellement sur la façon dont les enseignants acquièrent de l'influence auprès des élèves et sur l'usage qu'ils devraient faire de cette influence.

CONCEPTS ET ENSEIGNEMENTS DE GORDON

Gordon se penche sur plusieurs concepts relativement nouveaux dans le domaine de la discipline.

L'AUTORITÉ. Une personne en situation d'autorité peut utiliser cette autorité pour influencer les autres ou pour les contrôler. Il existe au moins quatre définitions de l'autorité : (1) l'*autorité C* est fondée sur la compétence dans un domaine donné ; (2) l'*autorité F* est fondée sur la description du poste occupé par une personne, ou sa fonction ; (3) l'*autorité E* résulte d'une entente ou d'un contrat ; (4) l'*autorité P* est fondée sur le pouvoir de contrôler d'autres personnes. Les trois premières formes d'autorité constituent des sources d'influence, alors que la quatrième est une source de contrôle.

LES MÉTHODES NON COERCITIVES DE MODIFICATION DU COMPORTEMENT. Il s'agit de méthodes que l'enseignant peut employer pour *influer* sur le comportement des élèves, au lieu de faire appel à un pouvoir autoritaire ou à un système de récompense et de punition pour les *contrôler*.

LES PROBLÈMES. Gordon entend par ce terme un événement ou une situation allant à l'encontre des désirs ou des besoins d'une personne.

LE PRINCIPE D'APPARTENANCE DU PROBLÈME. Dans la terminologie de Gordon, un problème « appartient » à la personne qui voit ses désirs ou ses besoins contrecarrés par l'événement ou la situation problématique.

LA FENÊTRE DU COMPORTEMENT. Il s'agit d'une représentation graphique que Gordon conseille d'utiliser pour déterminer s'il existe un problème et, si oui, à qui il appartient.

LES SENTIMENTS PRIMAIRES. Gordon qualifie de primaires les sentiments fondamentaux éprouvés par une personne en réaction au comportement inacceptable d'une autre personne.

LES SENTIMENTS SECONDAIRES. Gordon qualifie de secondaires les sentiments fabriqués, manifestés par une personne après la résolution d'un problème. Par exemple, un enseignant se sent extrêmement inquiet (sentiment primaire) lorsqu'un enfant se blesse dans la cour de récréation mais, dès qu'il se rend compte que l'enfant n'a rien de grave, il manifeste de la colère (sentiment secondaire) parce que l'enfant a enfreint le règlement régissant le comportement dans la cour de récréation.

LE MESSAGE À LA PREMIÈRE PERSONNE. Cette expression désigne un énoncé par lequel une personne exprime ce qu'elle-même pense ou ressent par rapport au comportement d'une autre personne ou aux conséquences de ce comportement. Par exemple : « J'ai du mal à me concentrer parce qu'il y a trop de bruit dans la classe. »

LE MESSAGE À LA DEUXIÈME PERSONNE. Cette expression désigne un énoncé par lequel une personne exprime des reproches par rapport au comportement d'une autre personne. Par exemple : « Les filles, vous faites trop de bruit. Vous devriez être capables de vous conduire mieux que ça. »

LE MESSAGE DE CONFRONTATION À LA PREMIÈRE PERSONNE. Les messages de ce type ont pour but d'inciter une autre personne à mettre fin à un comportement inacceptable. « Je suis contente de voir que vous avez presque tous une idée à exprimer sur ce sujet mais, si vous parlez tous en même temps, personne ne comprendra rien à ce que vous dites. »

LE CHANGEMENT D'ATTITUDE. Il s'agit du fait de cesser d'émettre des messages de confrontation et au contraire d'adopter une attitude d'écoute. Cette technique s'avère utile lorsqu'un élève ne tient pas compte des messages à la première personne de l'enseignant ou fait preuve d'un comportement défensif.

LES MÉCANISMES DE DÉFENSE DE L'ÉLÈVE. Les élèves réagissent habituellement à l'exercice du pouvoir coercitif par l'affrontement (ils combattent la personne avec laquelle ils sont en conflit), la fuite (ils cherchent à éviter la situation conflictuelle) ou la soumission (ils obéissent à la personne en position d'autorité).

LA MÉTHODE GAGNANT-PERDANT DE RÉSOLUTION DE CONFLIT. Ce processus de résolution de conflit met fin (temporairement) à la divergence en produisant un « gagnant » et un « perdant », ce qui a généralement des effets néfastes pour ce dernier.

LA MÉTHODE SANS PERDANT DE RÉSOLUTION DE CONFLIT. Ce processus de résolution de conflit met fin à la divergence tout en permettant à chacune des deux parties de sortir « gagnante ».

LES INVITATIONS À LA COMMUNICATION. Cette expression désigne des paroles et des actions susceptibles d'inciter une personne à exprimer ce qu'elle pense ou ressent.

L'ÉCOUTE ACTIVE. Il s'agit du fait de prêter réellement attention à ce que dit une personne et de lui faire savoir que l'on comprend ce qu'elle tente d'exprimer.

Les obstacles à la communication. Cette expression désigne des commentaires, formulés par des enseignants bien intentionnés, qui découragent néanmoins les élèves de s'ouvrir à eux.

Le message de prévention à la première personne. Les messages de ce type visent à prévenir les comportements susceptibles de poser un problème. Par exemple : « Je souhaite vraiment que la classe soit calme durant la visite du directeur. Essayons tous ensemble de nous rappeler ce que nous pouvons faire pour cela, voulez-vous ? »

Le message de prévention à la deuxième personne. Il faut éviter d'employer des messages de ce type. Par exemple : « Vous avez été très impolis la dernière fois que le directeur est venu dans la classe. Vous m'avez vraiment fait honte. J'espère que vous vous conduirez mieux cette fois-ci. »

La gestion de classe démocratique. Cette manière de diriger la classe permet aux élèves de participer à la résolution de problème et à la prise de décision pour tout ce qui concerne la classe, y compris les règles de conduite.

La résolution de problème. Il s'agit du processus par lequel on cerne un problème, on suggère des solutions, on choisit parmi les solutions proposées celle qui semble la plus acceptable pour tous, on applique la solution retenue et on évalue les effets de son application.

ANALYSE DU MODÈLE DE GORDON

Nous avons vu plus haut que, pour Gordon, la bonne discipline en classe repose sur le développement de la maîtrise de soi de l'élève. Les techniques qu'il préconise visent à aider les enseignants à apprendre l'autodiscipline aux élèves. Selon Gordon, les modes traditionnels d'intervention, qui font appel à l'autorité fondée sur le pouvoir et à la résolution de conflit en termes de gagnant et de perdant, vont à l'encontre du but recherché. Par ailleurs, il conseille vivement aux enseignants de n'employer ni les récompenses ni les punitions pour contrôler le comportement des élèves. Afin de mieux comprendre la conception de Gordon dans son ensemble, nous allons examiner ci-dessous ses vues sur l'autorité, les récompenses et les punitions, les comportements inacceptables, le principe de l'appartenance du problème, la fenêtre du comportement et les techniques à la disposition de l'enseignant, notamment les techniques de confrontation, d'aide et de prévention.

L'AUTORITÉ

L'*autorité* peut être employée soit pour influencer les autres soit pour les contrôler. Selon Gordon, il s'agit d'un concept complexe, dont on peut donner au moins quatre définitions.

1. L'*autorité C* (compétence) découle des connaissances spécialisées, de l'expérience, de la formation, des habiletés, de la sagesse et de l'éducation d'une personne. Par exemple, la compétencu d'un artiste lui permet d'exercer une influence sur autrui en tout ce qui touche à son art.
2. L'*autorité F* (fonction) est fondée sur la fonction exercée par une personne. Ainsi, grâce à sa fonction, le directeur d'une école influe sur les décisions en matière d'éducation prises par les parents, les enseignants et d'autres personnes.
3. L'*autorité E* (engagement, entente ou contrat) découle des interactions quotidiennes entre les individus et des arrangements, ententes ou contrats qui s'ensuivent. Si les élèves participent activement à l'établissement des règles de conduite en classe, cela les incite fortement à respecter ces dernières.
4. L'*autorité P* (pouvoir) désigne la capacité d'une personne à contrôler les autres, plutôt qu'à les influencer. Par exemple, le fait que l'enseignant a le pouvoir de donner une mauvaise note à un élève lui permet de contraindre ce dernier à faire certains travaux.

Les enseignants qui emploient les formes d'autorité C, F ou E exercent une influence positive sur les élèves. Par contre, ceux qui utilisent l'autorité P pour contrôler les élèves ont peu d'efficacité. Le modèle de la discipline de Gordon comporte des *techniques non coercitives* de modification du comportement, fondées sur les trois premiers types d'autorité.

LES RÉCOMPENSES ET LES PUNITIONS

Gordon (1990) résume de la manière suivante ses inquiétudes à propos d'une discipline axée sur les récompenses :

> *On essaie tellement souvent de maîtriser le comportement des enfants par le biais de récompenses que l'on met rarement en doute l'efficacité de celles-ci. [...] le fait que tant d'adultes recourent aux récompenses avec une si grande fréquence et une si grande inefficacité prouve qu'elles ne produisent pas les résultats escomptés. [...] L'inutilité des récompenses pour gouverner les enfants est partiellement attribuable au fait que cette méthode exige un niveau très élevé de compétence technique de la part du dominateur, niveau que peu d'adultes atteignent jamais. (p. 51-52)*

> *Compte tenu du nombre de conditions précises devant être réunies et du temps qu'exige cette méthode complexe, je suis convaincu que le système de récompenses ne sera jamais d'aucune utilité pour les parents ou les enseignants. (p. 54-55)*

Quels sont donc les effets négatifs de la modification du comportement? Selon Gordon, on peut s'attendre à observer les résultats suivants si on fait appel aux *récompenses* pour influer sur le comportement :

- Les élèves cherchent uniquement à obtenir une récompense; ils ne se soucient plus d'apprendre ou de se conduire de manière appropriée.
- Si on élimine les récompenses, les élèves ont tendance à revenir immédiatement à des comportements inacceptables.
- Les élèves qui ont l'habitude de recevoir des récompenses sont enclins à interpréter l'absence de récompense comme une punition.
- Il est vraisemblable que, en cas de comportement inapproprié, les élèves reçoivent de leurs pairs des récompenses plus stimulantes que les récompenses dispensées par l'enseignant en cas de comportement approprié.

Par ailleurs, pourquoi les *punitions* ne constituent-elles pas un outil efficace pour développer l'autodiscipline? D'après Gordon, les punitions ont des effets négatifs durables, notamment les suivants:

- L'élève puni se sent rabaissé et il éprouve de la colère et de l'hostilité.
- L'élève puni souhaite encore moins coopérer avec l'enseignant.
- L'élève puni aura probablement davantage tendance à mentir ou à tricher pour éviter une nouvelle punition.
- Les punitions donnent naissance à la croyance erronée que la force prime le droit.

Qu'entend-on par «comportement inacceptable» et «principe de l'appartenance du problème»?

Selon Gordon (1979), le concept de *comportement inacceptable* est propre aux adultes: il s'agit d'une action de l'enfant qui, du point de vue de l'adulte, a des conséquences indésirables *pour l'adulte*. C'est donc l'enseignant, et non l'élève, qui a le sentiment que le comportement de l'élève est «mauvais».

L'enseignant doit oublier le concept traditionnel de mauvais comportement s'il veut développer la maîtrise de soi chez les élèves. Selon Gordon, l'enseignant doit d'abord apprendre à déterminer correctement à qui appartient un problème donné: à lui-même ou à l'élève. L'exemple suivant illustre ce que Gordon entend par le *principe de l'appartenance du problème.* Lorsque Gabriela se sent triste parce que des camarades de classe l'ont blessée, elle boude mais ne dérange personne. Étant donné que personne ne se sent affecté en dehors de Gabriela, c'est à elle que le problème «appartient»; elle est ennuyée mais la situation ne pose de problème ni à l'enseignant ni aux autres élèves. En fait, le comportement de Gabriela peut sembler tout à fait acceptable à l'enseignant, car le cours se poursuit normalement. Par contre, si Gabriela décide d'affronter les fillettes qui l'ont blessée, la prise de bec qui s'ensuit cause des difficultés à l'enseignant (les autres élèves cessent d'être attentifs et la leçon est perturbée). Dans ce cas, on dit que c'est l'enseignant qui a le problème. Il sent l'obligation d'intervenir pour mettre fin à la dissipation de la classe.

La fenêtre du comportement

Gordon se sert d'une représentation graphique pour mieux faire comprendre le principe de l'appartenance du problème. La *fenêtre du comportement* (tableau 9.1) permet à l'enseignant de visualiser le comportement de l'élève, notamment de déterminer quelle personne a le problème ; pour ce faire, l'enseignant utilise comme critère le fait que lui-même juge le comportement acceptable ou inacceptable.

Tableau 9.1

Fenêtre du comportement	Point de vue de l'enseignant
Le comportement de l'élève pose un problème à l'élève uniquement. **Le problème appartient à l'élève.**	Comportement acceptable
Le comportement de l'élève ne pose de problème ni à l'élève ni à l'enseignant. **Il n'y a pas de problème.**	Comportement acceptable
Le comportement de l'élève pose un problème à l'enseignant. **Le problème appartient à l'enseignant.**	Comportement inacceptable

Source : Adapté de T. Gordon, *Comment apprendre l'autodiscipline aux enfants*, 1990, p. 124.

Les comportements classés dans la section supérieure de la fenêtre du comportement sont acceptables du point de vue de l'enseignant, même s'ils perturbent l'élève. Les besoins de ce dernier ne sont pas satisfaits, il se sent triste ou frustré, ou il fait face à des difficultés, mais son comportement ne dérange pas vraiment l'enseignant ni les autres élèves. Par exemple, le fait que Marc ne se soit pas présenté, comme convenu, pour passer une audition pour une pièce de théâtre (parce qu'il est trop timide) ne touche que Marc lui-même ; c'est donc lui qui a le problème. Sa professeure d'art dramatique, Mme Morgan, ne prendra probablement aucune mesure corrective mais, si elle est consciente de ce qu'il éprouve, elle décidera peut-être de lui parler en employant des techniques d'aide, telle l'écoute active.

Les comportements classés dans la section inférieure de la fenêtre du comportement sont inacceptables du point de vue de l'enseignant ; autrement dit, ils lui posent un problème. Par exemple, Marc regarde ses camarades en train de passer une audition pour une pièce de théâtre et il chahute. Son comportement perturbe les essais, ce qui dérange Mme Morgan. C'est donc elle qui a le problème : il lui revient d'essayer de modifier le comportement perturbateur de Marc.

Les comportements classés dans la section centrale de la fenêtre du comportement ne posent pas de problème. Tant que la conduite des élèves se situe dans cette section, l'enseignant et les élèves travaillent ensemble dans un climat agréable. Par exemple, Marc ne veut pas passer d'audition pour la pièce de théâtre, mais il accepte de s'occuper des décors et de l'éclairage ; ainsi, il n'est pas en conflit avec Mme Morgan.

Grâce à la fenêtre du comportement, l'enseignant est à même de déterminer à qui appartient un problème, mais il doit se rendre compte que cette fenêtre n'est pas statique. Gordon (1979) explique que le « point de vue de l'enseignant » dépend autant de son humeur que de l'élève en cause et de l'environnement. Ainsi, les différentes sections de la fenêtre rapetissent ou s'agrandissent en fonction de l'humeur de l'enseignant (il est dispos ou préoccupé), du comportement de l'élève (il est tranquille et attentif ou agressif et bruyant) et de l'environnement (en classe ou dans la cour de récréation, durant une période de travail en silence ou une activité de groupe).

En apprenant à utiliser la fenêtre du comportement, l'enseignant augmente ses chances de réagir de façon efficace au comportement des élèves. Gordon décrit diverses techniques d'intervention applicables non seulement dans les cas de comportements inappropriés, mais également dans les cas d'interactions habituelles. Il regroupe ces techniques en trois ensembles d'habiletés :

1. Les *techniques de confrontation* comprennent diverses mesures, entre autres la modification de l'environnement, l'identification et l'expression des sentiments primaires, la formulation de messages à la première personne (lesquels ne risquent pas, contrairement au recours au pouvoir, de mettre en action les mécanismes de défense de l'élève), le changement d'attitude et l'emploi de la méthode sans perdant de résolution de conflit. L'enseignant fait appel à ces techniques lorsque c'est lui qui a le problème.

2. Les *techniques d'aide* comprennent diverses mesures, entre autres l'écoute passive, les réactions d'acceptation, l'invitation à la communication, l'écoute active et l'évitement des obstacles à la communication. L'enseignant fait appel à ces techniques lorsque c'est l'élève qui a le problème.

3. Les *techniques de prévention* comprennent diverses mesures, entre autres l'établissement de règles de conduite, la formulation de messages de prévention à la première personne, de même que la résolution de problème et la prise de décision démocratiques. L'enseignant emploie ces techniques lorsqu'il n'y a de problème de comportement ni pour lui-même ni pour l'élève.

En d'autres termes, les techniques de confrontation aident l'enseignant à satisfaire ses propres besoins ; les techniques d'aide permettent de satisfaire les besoins des élèves ; et les techniques de prévention servent à garantir la satisfaction des besoins et de l'enseignant et des élèves. Nous allons examiner ci-dessous les relations entre les trois sections de la fenêtre du comportement et les techniques associées à chacune d'elles.

Premier ensemble d'habiletés : les techniques de confrontation

Les techniques de confrontation se rattachent à la section inférieure de la fenêtre du comportement (tableau 9.2). Gordon explique que l'enseignant a davantage tendance à intervenir le premier lorsque c'est lui qui a le problème. Dans ce cas, il peut satisfaire ses besoins en mettant l'élève face à son comportement inacceptable, à la condition de procéder de manière positive, sans formuler de reproches. Gordon propose cinq techniques de confrontation : (1) modifier l'environnement, (2) identifier et exprimer ses sentiments primaires, (3) émettre des messages à la première personne qui ne mettent pas en action les mécanismes de défense de l'élève, (4) changer d'attitude et (5) employer la méthode sans perdant de résolution de conflit.

Tableau 9.2

Fenêtre du comportement	Classe de techniques
Le comportement de l'élève pose un problème à l'élève uniquement. **Le problème appartient à l'élève.**	Techniques d'aide
Le comportement de l'élève ne pose de problème ni à l'élève ni à l'enseignant. **Il n'y a pas de problème.**	Techniques de prévention
Le comportement de l'élève pose un problème à l'enseignant. **Le problème appartient à l'enseignant.**	Techniques de confrontation

Source : Adapté de T. Gordon, *La méthode Gordon expérimentée et vécue*, 1976, p. 33-35.

1. Modifier l'environnement. L'enseignant peut éliminer certains problèmes de comportement, ou du moins les réduire au minimum, en *modifiant l'environnement* (plutôt que le comportement de l'élève), c'est-à-dire en créant un environnement plus stimulant ou en ôtant des éléments distrayants. Pour susciter la curiosité et le désir d'apprendre chez les élèves, il peut mettre en place des « centres d'apprentissage » dans la classe, coller des affiches aux murs ou inviter les élèves à faire une peinture murale, ou encore accrocher des objets reliés au sujet à l'étude. Si ces mesures distraient certains élèves, il peut aménager un coin plus dénudé ou un espace demi-cloisonné où les élèves ayant besoin d'une atmosphère plus calme pourront se retirer temporairement pour étudier.

L'enseignant peut aussi mettre de la musique douce durant certaines activités et aménager un coin de la classe où les élèves peuvent travailler individuellement ou en équipe. Si les déplacements fréquents des élèves durant les cours d'arts plastiques dérangent l'enseignant, il peut disposer le matériel sur les pupitres des élèves.

2. Identifier et exprimer ses sentiments primaires. Face à une situation pleine d'émotivité, on ressent généralement de la peur, de l'inquiétude, de la déception ou de la culpabilité, et il arrive que ces *sentiments primaires* se manifestent ultérieurement sous forme de colère. Selon Gordon, la colère est un *sentiment secondaire,* c'est-à-dire un sentiment fabriqué, provoqué par un sentiment primaire. Par exemple, lorsque Marie et Suzanne se disputent en classe, Mme Martin a grande envie de leur crier après. Mais si elle prend le temps de réfléchir, elle se rend compte qu'elle n'est pas vraiment en colère; en fait, elle est déçue de constater que tout le temps qu'elle a consacré à la discussion de ce problème en classe n'a eu aucun effet sur les deux fillettes. Elle n'exprimera donc pas sa déception en donnant libre cours à son sentiment secondaire de colère; elle émettra plutôt un message à la première personne.

3. Émettre régulièrement des messages à la première personne. Si l'enseignant a un problème parce que le comportement d'un élève entrave la satisfaction de ses besoins ou ne respecte pas ses droits, il est préférable qu'il manifeste ses sentiments au moyen d'un *message à la première personne,* au lieu de réprimander l'élève. Un tel message, pour être complet, doit énoncer trois choses : (1) le comportement qui pose un problème à l'enseignant, (2) les sentiments de l'enseignant par rapport à ce comportement et (3) les raisons pour lesquelles le comportement pose problème. Ainsi, le message suivant de Mme Laborit est clair : « Lorsque vous enfreignez les règles de conduite en classe, comme vous êtes en train de le faire, je me fais du souci parce que cela nous empêche d'effectuer le travail prévu et démontre un manque de respect envers les autres. »

Le message à la première personne est bien différent du *message à la deuxième personne*. Le premier décrit une situation et reflète les sentiments de l'enseignant; il n'est donc pas blessant pour l'élève. Le second exprime par contre un jugement sévère et il risque donc de rabaisser l'élève; c'est le cas des messages suivants : « Tu as vraiment bâclé ce travail », « Tu devrais avoir honte de passer ton temps à jacasser » et « Tu n'es donc pas capable de suivre des directives aussi simples ? »

L'enseignant emploie un type particulier de message, soit le *message de confrontation à la première personne,* pour inviter les élèves à coopérer ou à faire des suggestions. Par exemple : « Lorsque je dois attendre que vous vous taisiez et que vous soyez prêts, je suis obligée de vous donner les directives à toute vitesse et je perds ensuite du temps à les répéter parce qu'elles n'étaient pas claires. Avez-vous des suggestions à faire sur la manière de régler ce problème ? »

4. CHANGER D'ATTITUDE. Il arrive que le message à la première personne formulé par l'enseignant provoque une réaction de défense chez l'élève. Lorsque l'enseignant s'en rend compte, il est important qu'il se montre sensible à cette réaction et qu'il remplace son attitude affirmative d'«émetteur» par une attitude compréhensive de «récepteur». Ce *changement d'attitude* incite l'élève à réagir de manière plus positive et accroît généralement les chances d'arriver à une solution acceptable, car l'élève a alors le sentiment que l'enseignant tient compte de ses besoins et comprend ce qu'il ressent. Par exemple, lorsque M. Fabre émet un message de confrontation à la première personne à l'intention de Marc pour lui faire remarquer qu'il s'absente souvent, ce dernier lui répond avec véhémence: «Il n'y a pas que l'école. J'ai aussi des responsabilités à la maison. Je ne peux pas faire autrement que de manquer les cours de temps à autre.» M. Fabre change alors d'attitude et dit à Marc: «Il semble que tu fais face à des situations difficiles à l'extérieur de l'école. Est-ce que je peux faire quelque chose pour t'aider?»

Quand ils se rendent compte que leur message à la première personne ne donne pas les résultats escomptés, certains enseignants font appel à leur pouvoir pour modifier le comportement de l'élève. Cette méthode est généralement inefficace, car l'élève a alors tendance à se rebiffer en employant des *mécanismes de défense*, que Gordon regroupe en trois grandes catégories: l'affrontement, la fuite ou la soumission. Certains individus sont enclins à *affronter* les personnes avec lesquelles ils entrent en conflit. Toutefois, s'ils se rendent compte qu'ils ont peu de chances de sortir victorieux de la lutte engagée ou s'ils craignent que la lutte pour le pouvoir n'ait des conséquences trop graves pour eux (par exemple, des punitions sévères ou des sévices physiques ou psychologiques), ils éviteront probablement d'entrer en conflit avec les autres et auront plutôt une réaction de *fuite*. Les élèves qui refusent l'affrontement et ne voient aucune possibilité de fuite (par exemple, lorsque l'enseignant impose un système de discipline punitive) ont généralement une réaction de *soumission*. Cependant, ils n'adoptent pas volontiers ce comportement. La majorité préfère mentir, tricher ou rejeter le blâme sur quelqu'un d'autre plutôt que d'accepter d'être puni ou de perdre leur dignité. S'ils sont punis malgré tout, ils garderont vraisemblablement rancune à l'enseignant pendant longtemps.

5. EMPLOYER LA MÉTHODE SANS PERDANT DE RÉSOLUTION DE CONFLIT. Il est inévitable que des conflits surgissent de temps à autre dans la classe. Gordon conseille alors à l'enseignant de désamorcer la situation et de chercher une solution acceptable pour tous. Selon Gordon, il peut y arriver en employant la méthode sans perdant de résolution de conflit.

Pour mieux comprendre le fonctionnement de cette méthode, examinons d'abord les effets de la *méthode gagnant-perdant de résolution de conflit*. Cette méthode donne lieu à une lutte entre personnalités et, une fois le conflit résolu, l'une des parties est victorieuse, et l'autre est perdante. Par exemple, Mme Palmier insiste pour que Marthe finisse le travail assigné avant de quitter la classe. L'élève se plaint que, étant donné sa lenteur, elle n'arrivera jamais à faire ce qu'on lui demande avant la fin du cours et qu'il est injuste de l'obliger à rester en classe plus longtemps que les autres. L'enseignante pense que Marthe fait de la procrastination ; elle lui dit donc : « Ou bien tu finis ce travail ou bien je te donne un F. Choisis. » Marthe décide de terminer son travail, mais elle bout de colère. Mme Palmier sort gagnante de ce conflit et Marthe est perdante, du moins en apparence. En réalité, les deux antagonistes sont peut-être perdantes, car l'affrontement a vraisemblablement détérioré leur relation de travail.

Gordon conseille de remplacer la méthode gagnant-perdant de résolution de conflit par une approche qu'il appelle la *méthode sans perdant de résolution de conflit*. Comme son nom l'indique, cette méthode permet de trouver une solution acceptable pour les deux parties. En évitant la lutte pour le pouvoir, on ménage l'amour-propre de chacun, on n'entrave pas le déroulement normal des activités et on ne risque pas d'aboutir à une détérioration des relations entre les personnes en cause. Selon l'approche préconisée par Gordon, Marthe et Mme Palmier discutent de ce qu'elles ressentent et de ce qui les oppose. Elles tentent ensuite de trouver une solution qui leur paraisse acceptable à toutes deux, comme accorder plus de temps à Marthe pour faire son travail durant les heures de classe. En outre, l'enseignant peut obtenir de bons résultats en appliquant la même méthode afin de résoudre les conflits surgissant entre deux élèves.

Deuxième ensemble d'habiletés : les techniques d'aide

Les techniques d'aide sont associées à la section supérieure de la fenêtre du comportement (tableau 9.3), c'est-à-dire à la section où c'est l'élève qui a un problème. Gordon définit deux grandes classes de techniques d'aide : (1) les techniques d'écoute et (2) les méthodes permettant d'éviter la création d'obstacles à la communication.

Tableau 9.3

Fenêtre du comportement	Classe de techniques
Le comportement de l'élève pose un problème à l'élève uniquement. **Le problème appartient à l'élève.**	Techniques d'aide
Le comportement de l'élève ne pose de problème ni à l'élève ni à l'enseignant. **Il n'y a pas de problème.**	Techniques de prévention
Le comportement de l'élève pose un problème à l'enseignant. **Le problème appartient à l'enseignant.**	Techniques de confrontation

Source : Adapté de T. Gordon, *La méthode Gordon expérimentée et vécue,* 1976, p. 33-35.

1. **Utilisation des techniques d'écoute.** L'enseignant devrait toujours écouter avec soin les élèves et prêter une attention particulière aux problèmes qu'ils expriment. Cela ne signifie pas cependant que l'enseignant doive tenter de résoudre les problèmes à la place des élèves. Au lieu de dire à ces derniers ce qu'ils devraient faire, l'enseignant efficace fait appel à quatre *techniques d'écoute* que Gordon appelle l'écoute passive (en silence), les réactions d'acceptation, les invitations à la communication et l'écoute active.

L'écoute passive. Seule une écoute silencieuse réussit parfois à amener un élève à parler de ce qui le préoccupe. Dans l'*écoute passive*, l'enseignant manifeste qu'il est attentif en adoptant une posture éloquente, en se rapprochant de l'élève, en le regardant droit dans les yeux et en donnant des signes de sa vigilance. Par exemple, M. Aragon emploie cette technique lorsqu'il s'assoit près de Julien quand ce dernier commence à lui parler de sa situation familiale difficile.

Les réactions d'acceptation. Les *réactions d'acceptation* peuvent être verbales («Oui, oui» ou «Ah bon!») ou non verbales (hochement de tête, sourire, froncement de sourcils). Dans les deux cas, l'enseignant les emploie pour manifester son intérêt et montrer qu'il est attentif. Par exemple, Mme Héroux sourit et hoche la tête en signe d'acquiescement pendant que Michel raconte le voyage qu'il a fait récemment avec sa famille à Paris.

Les invitations à la communication. Les *invitations à la communication* sont des interventions qui incitent l'élève à discuter de ses problèmes. Si ce dernier a besoin d'encouragement, l'enseignant lui dit par exemple: «Aimerais-tu me parler de ce qui te préoccupe?» ou «J'ai l'impression que tu as quelque chose à dire à ce propos.» De tels commentaires n'expriment pas de jugement; le fait qu'ils ne soient pas menaçants incite l'élève à se confier. Par exemple, M. Saulnier note que Frédéric paraît découragé devant certains exercices de mathématiques; il l'invite donc à parler de ses difficultés: «Tu ne sembles pas très disposé à faire ce travail, Frédéric. Veux-tu me dire ce qui ne va pas?»

L'écoute active. Dans l'*écoute active*, l'enseignant reflète ce que dit l'élève. L'emploi de cette technique confirme à l'élève que l'enseignant est attentif et comprend ce qu'il dit. Les commentaires ne constituent ni un jugement ni une évaluation. L'enseignant se contente d'aider l'élève à exprimer clairement ses difficultés et ses sentiments: «Tu es arrivé en retard aux cours cette semaine parce que c'est toi qui fais la fermeture du restaurant. Tu es tellement fatigué que tu n'entends pas le réveil sonner le matin.»

2. **Évitement des obstacles à la communication.** Gordon note que, en tentant d'entrer en communication avec les élèves, certains enseignants créent par inadvertance des obstacles qui font taire même ceux qui désiraient parler. Gordon explique en détail comment identifier les *obstacles à la communication* et éviter de les employer. Il en énumère douze: commander, menacer, sermonner,

conseiller, argumenter, critiquer, ridiculiser, analyser, complimenter, rassurer, questionner et s'esquiver. Nous illustrons ci-dessous la manière dont un enseignant peut réagir à une situation donnée soit en créant un obstacle soit en invitant l'élève à la communication. Voici la situation de départ : à l'école Saint-Bruno, les cours d'éducation physique sont obligatoires pour les élèves du premier cycle du secondaire. Denis a de l'embonpoint, ce qui le gêne beaucoup ; il déteste donc les cours d'éducation physique et il a fourni de nombreuses excuses dans l'espoir d'en être exempté.

Commander. L'enseignant *commande* lorsqu'il dicte à Denis ce qu'il doit faire : « Cela ne t'avance à rien de te plaindre à propos d'une chose sur laquelle tu n'as aucun contrôle. Va immédiatement te changer pour le cours d'éducation physique. » L'intervention suivante, par exemple, serait plus efficace : « Est-ce que je peux faire quelque chose pour rendre la situation moins pénible pour toi ? »

Menacer. L'enseignant *menace* lorsqu'il dit à Denis : « Ça suffit. Va immédiatement te changer pour le cours d'éducation physique ou je te fais faire dix tours de piste. » L'intervention suivante, par exemple, serait plus efficace : « Je me rends compte que ça te dérange beaucoup d'avoir à suivre les cours d'éducation physique. Veux-tu que nous en parlions après la classe ? »

Sermonner. L'enseignant *sermonne* lorsqu'il rappelle à Denis ce qu'il est bon de faire ou ce qu'il devrait faire : « Tu devrais savoir qu'il est important de faire de l'exercice. Tu devrais essayer de te mettre en forme. » L'intervention suivante, par exemple, serait plus efficace : « Certaines personnes aiment faire de l'exercice, d'autres non. De quelle façon pourrais-je t'aider à faire l'exercice dont tu as besoin ? »

Conseiller. L'enseignant *conseille* lorsqu'il fait des suggestions à Denis ou qu'il lui propose des solutions : « Si tu ne te sens pas capable de suivre les autres, fixe-toi tes propres objectifs et essaie de les atteindre. » L'intervention suivante, par exemple, serait plus efficace : « Il y a de très bons athlètes qui n'ont jamais aimé les cours d'éducation physique. As-tu déjà entendu certains d'entre eux en parler ? »

Argumenter. L'enseignant *argumente* lorsqu'il présente à Denis des faits logiques pour venir à bout de sa résistance : « Je peux t'assurer que si tu prends maintenant l'habitude de faire de l'exercice, tu vas te rendre compte que ça te fait du bien et tu vas conserver cette habitude jusqu'à la fin de tes jours. » L'intervention suivante, par exemple, serait plus efficace : « Bien sûr, il est parfois tentant de rester assis au lieu de faire de l'exercice. Mais, si tu manques souvent les cours d'éducation physique, quel effet penses-tu que cela peut avoir sur ta santé ? »

Critiquer. L'enseignant *critique* lorsqu'il souligne les fautes de Denis ou son manque d'adaptation : « Est-ce que j'ai bien entendu ? C'est vraiment lamentable d'inventer des excuses pareilles. » L'intervention suivante, par exemple, serait plus efficace : « Je pense que je commence à comprendre ce que tu essaies de me dire. Peux-tu m'expliquer davantage ce qui se passe ? »

Ridiculiser. L'enseignant *ridiculise* Denis lorsqu'il l'étiquette ou se moque de lui : « On peut s'attendre à ce qu'un enfant de troisième année fasse des histoires quand il lui faut se changer pour le cours d'éducation physique, mais n'es-tu pas un peu grand et un peu gros pour être en troisième année ? » L'intervention suivante, par exemple, serait plus efficace : « Sincèrement, je ne comprends pas pourquoi tu es si réticent. Peux-tu m'aider à mieux comprendre ce qui se passe ? »

Analyser. L'enseignant *analyse* lorsqu'il interprète le comportement de Denis ou qu'il pose un diagnostic : « Ce que tu es en train de dire, en fait, c'est que tu as peur que les autres rient de toi à cause de ton embonpoint. » L'intervention suivante, par exemple, serait plus efficace : « Je t'écoute. Peux-tu m'expliquer davantage ce que tu viens de dire ? »

Complimenter. L'enseignant *complimente* lorsqu'il a recours à des formules positives ou à des louanges pour encourager Denis : « Tu as une meilleure coordination que la plupart des garçons de ton âge. Tu t'en sortiras très bien durant le cours. » L'intervention suivante, par exemple, serait plus efficace : « Je comprends ce qui te dérange. Est-ce que je peux faire quelque chose pour que tu trouves le cours d'éducation physique plus agréable ? »

Rassurer. L'enseignant *rassure* lorsqu'il offre sa sympathie et son soutien à Denis dans l'espoir qu'il se sente mieux : « Je sais ce que tu ressens. Tu sais, il y a des tas de garçons qui sont comme toi. Au bout d'un moment, tu ne penseras plus à ce qui te préoccupe. » L'intervention suivante, par exemple, serait plus efficace : « Connais-tu d'autres garçons qui ont le même problème que toi ? Qu'est-ce qu'ils font pour le résoudre ? »

Questionner. L'enseignant *questionne* lorsqu'il tente d'obtenir des informations supplémentaires de Denis : « De quoi as-tu peur exactement ? Selon toi, qu'est-ce qui risque d'arriver ? » L'intervention suivante, par exemple, serait plus efficace : « Tu ne penses pas qu'on s'attend souvent au pire ? As-tu déjà été dans une autre situation qui te dérangeait autant que celle-ci ? »

S'esquiver. L'enseignant *s'esquive* lorsqu'il change de sujet pour ne pas avoir à tenir compte des préoccupations de Denis : « Allons ! Je ne veux plus entendre d'excuses. Va te changer immédiatement et rends-toi au gymnase. » L'intervention suivante, par exemple, serait plus efficace : « Est-ce que tu penses que d'autres élèves ont les mêmes préoccupations que toi ? Veux-tu que j'en parle à toute la classe ou préfères-tu que ça reste entre nous ? »

TROISIÈME ENSEMBLE D'HABILETÉS : LES TECHNIQUES DE PRÉVENTION

Les techniques de ce type sont associées à la section centrale de la fenêtre du comportement, c'est-à-dire à la section sans problème (tableau 9.4). Gordon divise les techniques spécifiques de prévention en trois grandes classes : (1) les messages de prévention à la première personne, (2) l'établissement démocratique de règles de conduite et (3) la gestion de classe démocratique. Elles visent toutes à maintenir des relations harmonieuses entre l'enseignant et les élèves.

TABLEAU 9.4

Fenêtre du comportement	Classe de techniques
Le comportement de l'élève pose un problème à l'élève uniquement. **Le problème appartient à l'élève.**	Techniques d'aide
Le comportement de l'élève ne pose de problème ni à l'élève ni à l'enseignant. **Il n'y a pas de problème.**	Techniques de prévention
Le comportement de l'élève pose un problème à l'enseignant. **Le problème appartient à l'enseignant.**	Techniques de confrontation

Source : Adapté de T. Gordon, *La méthode Gordon expérimentée et vécue,* 1976, p. 33-35.

1. LES MESSAGES DE PRÉVENTION À LA PREMIÈRE PERSONNE. Les *messages de prévention à la première personne* permettent d'éviter des problèmes de comportement en exerçant une influence sur les actions futures des élèves. En voici un exemple : « Nous allons faire une sortie éducative la semaine prochaine. Je veux m'assurer que nous aurons tous du plaisir et qu'il n'y aura pas de problème. Je demande à chacun d'entre vous de faire attention de ne pas s'éloigner du groupe ; ainsi, personne ne risque de se perdre. » Par contre, il faut éviter l'emploi de *messages de prévention à la deuxième personne,* comme : « Vous avez très mal agi pendant la dernière sortie éducative. J'espère que vous vous conduirez mieux cette fois-ci. »

2. L'ÉTABLISSEMENT DÉMOCRATIQUE DE RÈGLES DE CONDUITE. Gordon rappelle que les règles de conduite sont nécessaires pour garantir la sécurité, l'efficacité et l'harmonie dans la classe. Il croit que ces règles doivent être établies conjointement par l'enseignant et les élèves au cours de discussions où tous expriment leurs désirs et leurs besoins, chacun s'engageant ensuite à respecter le résultat de ce processus démocratique. Il existe une similarité entre l'*établissement démocratique de règles de conduite* et la méthode sans perdant de résolution de conflit : en effet, les élèves comme l'enseignant sont gagnants parce qu'on tient compte des besoin de chacun.

3. LA GESTION DE CLASSE DÉMOCRATIQUE. Gordon soutient que les classes les plus efficaces sont celles où l'enseignant partage le pouvoir avec les élèves et invite ces derniers à participer au processus de prise de décision. Il conseille

d'adopter la *gestion de classe démocratique,* où l'enseignant et les élèves prennent conjointement les décisions concernant les règles de conduite, l'aménagement de la classe, l'attribution des places et les activités préférées des élèves. Ce mode de gestion motive les élèves, favorise le développement de la confiance en soi et de l'estime de soi et incite les élèves à prendre des risques et à se conduire de manière responsable.

Selon Gordon, le processus de *résolution de problème* fait partie intégrante de la gestion démocratique; il permet à l'enseignant de montrer aux élèves comment résoudre leurs problèmes et prendre de bonnes décisions. Ce processus comprend les étapes suivantes.

Première étape: Identifier et définir le problème ou la situation. La découverte de solutions valables dépend de l'identification précise du problème. Voici quelques-unes des questions qu'il est bon de se poser dès que surgit une situation problématique: «Que se passe-t-il réellement?», «Quelle est la nature exacte du problème?», «Quel est le problème à résoudre, qu'avons-nous besoin de faire?» et «Existe-t-il un problème sous-jacent plus fondamental?»

Deuxième étape: Proposer des solutions. Une fois que le problème est cerné, il faut proposer des solutions. Les questions et les énoncés suivants permettent souvent de faire jaillir des idées: «Que pouvons-nous changer à notre façon de faire pour qu'il soit plus facile de travailler et que le travail soit de meilleure qualité?», «Quelles règles ou quelles méthodes devrions-nous adopter?», «Combien de solutions avons-nous à proposer?» et «Y a-t-il d'autres solutions que nous devrions envisager?»

Troisième étape: Évaluer les solutions proposées. Une fois que toutes les solutions possibles ont été énumérées, on invite les participants à les commenter, l'objectif étant de trouver une solution acceptable pour tous. Il est donc utile de poser les questions suivantes à propos de chaque possibilité: «Que pensez-vous de cette suggestion?», Quels avantages et quels inconvénients cette solution présente-t-elle?», «Y a-t-il des besoins que cette solution ne satisfait pas?» et «Si on applique cette solution, que se produira-t-il selon vous?»

Quatrième étape: Choisir l'une des solutions proposées. Après avoir examiné toutes les possibilités, on choisit la solution qui semble la plus acceptable au plus grand nombre de personnes.

Cinquième étape: Mise à l'essai de la solution retenue. On met en pratique la solution retenue en gardant à l'esprit le fait qu'elle peut ou non donner les résultats escomptés et qu'on pourra toujours la remplacer par une autre au besoin.

Sixième étape: Réévaluer la solution adoptée. On analyse et évalue les effets de la solution adoptée. Il est souvent utile de poser les questions suivantes : « Avons-nous pris la bonne décision ? », « La solution adoptée a-t-elle vraiment résolu le problème ? », « Est-ce que tout le monde est satisfait des résultats ? » et « À quel point la solution adoptée a-t-elle été efficace ? » Si on en vient à la conclusion que la solution retenue a donné des résultats satisfaisants, on n'effectue aucun changement. Dans le cas contraire, on propose des changements ou une nouvelle solution, que l'on met aussitôt à l'essai.

MISE EN PLACE DU MODÈLE DE GORDON

Supposons que nous soyons au début de l'année scolaire. Les idées de Gordon vous semblent intéressantes et vous désirez les intégrer à votre système de discipline. Que faites-vous exactement au cours des premiers jours de classe pour mettre en place le modèle de Gordon ? Le psychologue n'a pas précisé comment appliquer son programme dans la classe, mais il laisse entendre qu'on devrait adopter les mesures suivantes. (Vous adapteriez évidemment votre langage et vos démonstrations aux élèves dont vous avez la charge.)

Première étape : Identifier les comportements des élèves. Vous devez vous interroger sur les comportements propices ou défavorables à l'apprentissage en classe. Quand organiserez-vous des activités réunissant toute la classe, du travail en équipe, des activités individuelles ? Quand est-il préférable de demander aux élèves de garder le silence ? Quand le fait de bavarder entre eux à voix basse peut-il leur venir en aide ? Quand faut-il tenir des discussions de groupe ? Quand les élèves ont-ils besoin de se déplacer dans la classe ?

Il est également important de réfléchir à vos propres besoins à l'égard du comportement des élèves. Quel niveau de bruit êtes-vous capable de tolérer ? Quelles marques de politesse voulez-vous que les élèves utilisent en s'adressant à vous ou en parlant entre eux ? Dans quelle mesure avez-vous besoin d'encadrer le comportement des élèves ? Acceptez-vous que les élèves prennent spontanément la parole ou exigez-vous qu'ils lèvent d'abord la main ? Comment voulez-vous que se fassent l'entrée dans la classe et la sortie de la classe ? Quelles sont vos exigences en matière de propreté et d'ordre ?

Deuxième étape : Discuter de vos attentes avec les élèves. Dès la première journée, présentez le programme scolaire aux élèves et faites leur part de ce que vous attendez d'eux tant sur le plan du travail que sur le plan du comportement. Ne manquez pas de les inviter à donner leur avis et examinez attentivement leurs suggestions, puisque c'est là la base de la gestion démocratique. Au cours de ce processus, les élèves participent à l'établissement de conditions et de relations de travail susceptibles de créer un climat agréable et propice à l'apprentissage. Il est important d'employer l'écoute active et d'encourager la communication. Si les élèves sont en désaccord sur certains points, l'application du processus de résolution de problème permet généralement d'arriver à une entente. Pour clore cette étape, mettez par écrit les engagements qui ont été pris et affichez une copie de l'entente dans la classe.

Troisième étape : Enseigner aux élèves à respecter leur engagement. L'atteinte de cet objectif nécessite de nombreux rappels, de la pratique et, peut-être, des jeux de rôle sur les comportements à adopter. Vous devrez employer des techniques de prévention, d'aide et de confrontation en tenant compte du principe de l'appartenance du problème. Au fil des semaines, vous apprendrez aux élèves à faire preuve de plus en plus d'autodiscipline tout en faisant preuve vous-même, dans votre pratique quotidienne, d'autodiscipline, de flexibilité et de capacité à communiquer et à résoudre les problèmes.

SYNTHÈSE CRITIQUE DU MODÈLE DE GORDON

En proposant des solutions de rechange et des techniques susceptibles de favoriser le développement de l'autodiscipline chez les enfants, Gordon a fourni aux enseignants une nouvelle méthode pour aider les élèves à devenir des décideurs autonomes, capables de contrôler leur propre comportement. Gordon s'écarte des extrêmes que représentent les disciplines punitive et permissive. Il préconise d'abandonner la gestion du comportement axée sur les récompenses et les punitions et de la remplacer par des méthodes non coercitives visant à exercer une influence sur le comportement des élèves, et non une contrainte.

Bien que les idées de Gordon reçoivent en général un bon accueil, elles suscitent aussi la controverse. De nombreux enseignants, en particulier ceux qui s'occupent de classes difficiles, ne sont pas convaincus que les élèves soient aussi bien intentionnés que Gordon le laisse entendre. Ils sont donc peu disposés à mettre de côté les techniques de discipline qui leur permettent de maintenir l'ordre et d'enseigner, même si elles ont un caractère coercitif.

On se demande également si les enseignants peuvent facilement apprendre les techniques proposées par Gordon. Ils n'ont pas reçu une formation de psychologue et ils ne sont pas des consultants chevronnés. Le modèle de Gordon suppose que l'enseignant considère désormais comme un «comportement inacceptable» uniquement le comportement qui lui pose un problème. Ainsi, il doit examiner chaque problème et décider à qui il appartient. Il doit de plus avoir la capacité de bien écouter les élèves et de les inciter à se confier à lui. Il doit être capable d'émettre des messages à la première personne qui soient clairs et reflètent les sentiments qu'il éprouve face au comportement des élèves. Il doit pouvoir changer au besoin d'attitude, en cessant de transmettre des messages à la première personne pour faire de l'écoute active, s'il veut mener à bien le processus de résolution de problème. Il doit être prêt à mettre en place une classe démocratique, où les élèves participent à la prise de décision, et modeler continuellement le processus de prise de décision. Est-il réaliste de penser que l'enseignant moyen, assumant une lourde tâche, est capable et désireux d'effectuer ce changement d'attitude essentiel et d'acquérir, puis de mettre en pratique, une telle panoplie d'habiletés nouvelles ? Selon Gordon, même s'il s'agit d'un processus difficile, il est essentiel d'implanter ce système, et de plus en plus d'éducateurs se disent d'accord avec lui.

EXERCICES

Révision des termes clés

Les expressions de la liste suivante jouent un rôle crucial dans le modèle de la discipline de Gordon. Pouvez-vous en donner la signification ?

- autorité
- autorité C
- autorité F
- autorité E
- autorité P
- technique non coercitive
- récompense
- punition
- comportement inacceptable
- principe de l'appartenance du problème
- fenêtre du comportement
- techniques de confrontation
- techniques d'aide
- techniques de prévention
- modification de l'environnement
- sentiment primaire
- sentiment secondaire
- message à la première personne
- message à la deuxième personne
- message de confrontation à la première personne
- changement d'attitude
- mécanismes de défense
- méthode gagnant-perdant de résolution de conflit
- méthode sans perdant de résolution de conflit
- écoute passive
- réaction d'acceptation
- invitation à la communication
- écoute active
- obstacle à la communication
- message de prévention à la première personne
- message de prévention à la deuxième personne
- établissement démocratique de règles de conduite
- gestion de classe démocratique
- résolution de problème

Études de cas

♦ **Premier cas : Kristina se refuse à travailler.**

Dans la classe de M. Saint-Laurent, Kristina se montre une élève très docile. Elle ne dérange personne et se mêle peu aux autres. Mais, en dépit de tous ses efforts, l'enseignant ne parvient pas à la faire participer aux activités de la classe. Kristina ne fait quasiment pas de progrès sur le plan scolaire, elle ne fournit guère d'efforts et ne finit jamais le travail demandé. Elle se contente d'être là.

> *Comment Gordon conseillerait-il à M. Saint-Laurent d'agir avec Kristina ?*

Gordon lui suggérerait d'adopter la ligne de conduite suivante :

1. Reconnaître que c'est lui qui a un problème, non Kristina.
2. Ne pas tenter de contraindre Kristina à terminer le travail assigné.
3. Employer des messages à la première personne pour faire comprendre à Kristina qu'il s'intéresse à elle.
4. Inciter Kristina à parler du travail qu'elle a à faire et employer des techniques d'écoute active. Lui demander ce qu'il peut faire pour l'aider.
5. Demander à Kristina d'examiner avec lui, en appliquant le processus de résolution de problème, les raisons pour lesquelles elle ne travaille pas. L'inviter à suggérer des solutions.
6. En employant des messages à la première personne, faire comprendre à tous les élèves à quel point il est important que chacun, y compris l'enseignant, fasse le travail qu'on attend de lui à l'école. S'abstenir toutefois d'attirer l'attention sur Kristina.

♦ **Deuxième cas : Sarah ne peut s'empêcher de parler.**

Sarah est une charmante petite fille qui participe aux activités de la classe et effectue la plupart des travaux qui lui sont assignés, mais pas tous. Elle pourrait faire mieux, mais semble incapable de s'empêcher de parler à ses voisins durant la classe. L'enseignant, M. Gonzales, doit intervenir tellement souvent qu'il finit par s'exaspérer.

> *Quels conseils Gordon donnerait-il à M. Gonzales pour l'aider à améliorer le comportement de Sarah ?*

♦ **Troisième cas : Julien fait le clown et intimide les autres élèves.**

Julien, qui est plus gros et plus tapageur que ses camarades de classe, cherche continuellement à attirer l'attention, à la fois en faisant le clown et en intimidant les autres élèves. Il fait des plaisanteries, répond avec insolence (tout en souriant) à l'enseignant, imite toutes sortes de bruits, comme des coups de feu et des chocs de voitures, et émet continuellement des commentaires sarcastiques à propos de ses camarades, qu'il cherche également à rabaisser par divers moyens. Ces derniers ne tentent pas de lui tenir tête, apparemment parce que sa taille et son agressivité verbale les impressionnent. L'enseignante, Mme Pearl, ne sait plus quelle attitude adopter.

> *Quels éléments de la théorie de Gordon pourraient, selon vous, aider Mme Pearl dans ses interactions avec Julien ?*

♦ **Quatrième cas : Thomas se montre hostile et provocant.**

Depuis qu'il est entré dans la classe, Thomas semble, comme d'habitude, d'humeur massacrante. En allant tailler son crayon, il a bousculé Frank, qui s'en est plaint. Thomas lui a enjoint, en haussant très fort la voix, de « la fermer ». L'enseignante, Mme Deslandes, est alors intervenue : « Thomas, va t'asseoir. » Ce dernier se retourne pour lui faire face et lui répond, toujours très fort : « J'irai quand je voudrai ! »

> *Comment Gordon conseillerait-il à Mme Deslandes d'agir avec Thomas ?*

Questions et activités

1. Décrivez comment un professeur d'anglais pourrait appliquer le processus de résolution de problèmes si ses élèves exprimaient de l'inquiétude parce qu'ils doivent terminer plusieurs devoirs à peu près pour la même date et se préparer en même temps pour plusieurs examens.
2. Étudiez le scénario 2 présenté à l'appendice, puis indiquez laquelle des idées de Gordon serait le plus susceptible d'aider M. Plante dans ses interactions avec Arlène.
3. Étudiez le scénario 4 présenté à l'appendice, puis expliquez comment Mme Dufour pourrait utiliser les idées de Gordon pour améliorer la situation dans sa classe de deuxième année.
4. Quel type d'autorité chacun des énoncés suivants reflète-t-il plus spécifiquement ?
    a) « M. Lejeune est membre de la tribu des Kiowas. Il viendra aujourd'hui nous raconter quelques légendes transmises par son peuple. »
    b) « Je vous demande de travailler en silence et de faire tous les exercices d'ici la fin du cours. Ceux qui n'auront pas fini devront rester après la classe. »

c) « Mme Santos est policière. Elle est venue ce matin vous expliquer ce que vous devriez faire si un étranger vous adresse la parole dans la rue. »

5. Dites si chacun des énoncés suivants correspond : (1) à une modification de l'environnement, (2) à une gestion de classe démocratique, (3) à un message de confrontation à la première personne ou (4) à un message de prévention à la première personne.

   a) « Avant que vous commenciez à travailler à votre projet en arts plastiques, décidons d'abord ce qu'il faut faire de la peinture et des pinceaux pour avoir le temps de tout nettoyer avant la sonnerie. »

   b) « Nous allons nous asseoir dans notre cabane au milieu de la jungle, puis je vais baisser la lumière pendant que je vous lirai une histoire. »

   c) « Je me sens fatiguée. Cela nous ferait du bien de nous lever. Êtes-vous prêts ? Très bien. Simon dit… »

   d) « Je suis tellement déçue quand je vois un élève manquer de respect envers l'un de ses camarades. »

RÉFÉRENCES BIBLIOGRAPHIQUES ET LECTURES SUGGÉRÉES

BURKE, K. (1992), *What to do with the kid who…: Developing cooperation, self-discipline, and responsibility in the classroom*, Palatine, IRI/Skylight.

CURWIN, R. et A. Mendler (1988), *Discipline with dignity*, Alexandria, Association for Supervision and Curriculum Development.

DEWEY, J. (1938), *Logic : The theory of inquiry*, New York, Holt, Rinehart & Winston. (Traduit par Gérard Deledalle sous le titre *Logique : la théorie de l'enquête*, Paris, Presses Universitaires de France, 1967.)

GLASSER, W. (1986), *Control theory in the classroom*, New York, Harper & Row.

────── (1990), *The quality school : Managing students without coercion*, New York, Harper & Row, éd. révisée en 1992. (Traduit par Jean-Pierre Laporte sous le titre *L'école qualité*, Montréal, Les Éditions Logiques, 1996.)

GORDON, T. (1970), *Parent Effectiveness Training : A tested new way to raise responsible children*, New York, New American Library. (Traduit par Jean Roy et Jacques Lalanne sous le titre *Parents efficaces*, Montréal, Le Jour, éditeur, 1976.)

────── (1974), *T.E.T.: Teacher Effectiveness Training*, David McKay. (Traduit par Jacques Lalanne sous le titre *Enseignants efficaces : enseigner et être soi même*, Montréal, Le Jour, éditeur, 1979.)

────── (1976), *P.E.T. in action*, New York, Bantam Books. (Traduit par Stéphane Donadey et Adrien Desormeaux sous le titre *La méthode Gordon expérimentée et vécue*, Paris, Belfond, 1976 ; réédité par Marabout en 1995 sous le titre *Être parent, ça s'apprend*.)

——— (1989), *Discipline that works: Promoting self-discipline in children*, New York, Random House. (Traduit par Louise Drolet sous le titre *Comment apprendre l'autodiscipline aux enfants*, Montréal, Le Jour, éditeur, 1990.)

KOHN, A. (1993), *Punished by rewards: The trouble with gold stars, incentive plans, A's, praise, and other bribes*, Boston, Houghton Mifflin.

CHAPITRE 10

Le modèle de Curwin et Mendler

*La discipline axée
sur la dignité
et l'espoir*

RICHARD CURWIN
ALLEN MENDLER

NOTICE BIOGRAPHIQUE

Richard Curwin, né en 1944, a obtenu un doctorat en sciences de l'éducation à University of Massachusetts en 1972. Il a débuté sa carrière d'enseignant dans une classe de septième année, composée de garçons très indisciplinés. Cette expérience l'a amené à se spécialiser dans la discipline scolaire, d'abord en tant qu'enseignant, puis comme professeur d'université, consultant et auteur.

Allen Mendler, né en 1949, a obtenu un doctorat en psychologie à Union Institute en 1981. En tant que psychologue scolaire et consultant en psycho-éducation, il a travaillé avec un grand nombre d'élèves et d'enseignants de tous niveaux.

Curwin et Mendler se sont fait connaître par l'ouvrage qu'ils ont publié conjointement en 1983, *Taking Charge in the Classroom*. Une édition révisée a paru en 1988 sous le titre *Discipline with Dignity*, qui reflète mieux l'idée centrale de leur approche. Ils ont également écrit conjointement *The Discipline Book: A Complete Guide to School and Classroom Management* (1980) et plusieurs articles dans des revues spécialisées. En 1992, Curwin a publié *Rediscovering Hope: Our Greatest Teaching Strategy*, un ouvrage destiné aux enseignants désireux d'améliorer le comportement des élèves très indisciplinés s'acheminant vers l'échec scolaire.

Curwin et Mendler dirigent régulièrement des sessions de formation. On peut les joindre en écrivant à l'adresse suivante : Discipline Associates, P.O. Box 20481, Rochester, NY 14602, États-Unis ; téléphone : 800-772-5227.

APPORT DE CURWIN ET MENDLER AU DOMAINE DE LA DISCIPLINE

Curwin et Mendler se sont notamment penchés dans leurs travaux sur l'élaboration de techniques visant à faire renaître les sentiments de dignité et d'espoir chez les élèves et, par le fait même, à améliorer leur comportement en classe. Il s'agit là de leur apport principal au domaine de la discipline scolaire. Les idées de Curwin et de Mendler se sont avérées particulièrement utiles pour les enseignants qui travaillent avec des élèves très indisciplinés. Ces derniers, qui représentent environ 5 pour 100 de la population scolaire, perturbent souvent les cours et le processus d'apprentissage et compliquent singulièrement la tâche des enseignants. On les qualifie de «cas désespérés»; en fait, ils s'acheminent vers un échec à moins qu'on ne leur manifeste beaucoup de respect et d'attention. Curwin et Mendler expliquent de quoi les élèves désespérés ont besoin pour réussir en classe et ils fournissent aux enseignants des techniques susceptibles de les aider à «récupérer» les plus indisciplinés.

ORIENTATION DES TRAVAUX DE CURWIN ET MENDLER

Les travaux de Curwin et Mendler portent essentiellement sur l'amélioration du comportement des élèves tout en reconnaissant leur dignité et en leur redonnant de l'espoir. Le modèle de Curwin et Mendler offre des suggestions sur la manière de motiver les élèves, de les amener à réussir sur le plan scolaire et de leur apprendre à se conduire de façon responsable.

CONCEPTS ET ENSEIGNEMENTS DE CURWIN ET MENDLER

L'ÉLÈVE AYANT UN COMPORTEMENT À RISQUE. Cette expression désigne l'élève qui s'achemine à court terme vers l'échec scolaire à cause de son comportement inapproprié en classe.

L'ESPOIR. La majorité des élèves indisciplinés ont perdu tout espoir de trouver à l'école quoi que ce soit ayant de la valeur à leurs yeux. L'une des responsabilités primordiales de l'enseignant est d'amener ces élèves à penser que l'école peut leur procurer des avantages et qu'ils exercent un certain contrôle sur leur vie.

LA DIGNITÉ. Curwin et Mendler entendent par dignité le fait d'accorder de la valeur à l'être humain. Les élèves cherchent par tous les moyens à éviter qu'on ne porte atteinte à leur dignité et à leur amour-propre. La plupart des comportements déviants graves résultent de la poursuite de ce but.

LES PROFESSIONNELS ET LES CLIENTS DE L'ÉCOLE. Curwin et Mendler insistent sur le fait que l'école a été créée pour les élèves, non pour les enseignants. Ces derniers sont des employés engagés par l'école pour aider ses clients, à savoir les élèves. Au fond, le rôle de l'enseignant est simple : faire de son mieux pour aider les élèves à apprendre et à se conduire de manière responsable.

LES PRINCIPES SOUS-JACENTS À UNE DISCIPLINE EFFICACE. Ces principes sont au nombre de cinq : (1) la discipline fait partie intégrante de l'enseignement ; (2) les solutions à court terme sont rarement efficaces ; (3) on doit en tout temps traiter les élèves avec respect ; (4) la discipline ne doit pas entraver la motivation à apprendre ; (5) le sens des responsabilités prime l'obéissance.

LES SOLUTIONS À COURT TERME. Les solutions à court terme aux problèmes de discipline, comme le fait d'inscrire le nom du contrevenant au tableau, s'avèrent souvent catastrophiques à long terme. Lorsqu'on s'en prend à la dignité d'un élève, on réduit sa motivation, on accroît sa résistance et on suscite chez lui des sentiments de vengeance.

LE SENS DES RESPONSABILITÉS PAR OPPOSITION À L'OBÉISSANCE. Le développement du sens des responsabilités, qui se traduit par la prise de décisions éclairées, entraîne presque toujours des changements durables de comportement, plus efficaces que ceux qui résultent de l'obéissance aux demandes de l'enseignant.

Les dimensions de la discipline. Une approche globale de la discipline en classe comporte trois dimensions : (1) la prévention (les mesures visant à éviter les comportements inappropriés), (2) l'action (les mesures prises lors d'une infraction à une règle) et (3) la résolution (les mesures spéciales visant à améliorer le comportement des élèves très indisciplinés).

Les conséquences. Les conséquences sont des mesures planifiées, auxquelles on a recours lorsqu'une règle de conduite est enfreinte. L'enseignant établit les conséquences avec la participation et l'accord des élèves.

La règle envers l'insubordination. Cette expression désigne une règle essentielle du contrat social, selon laquelle tout élève qui refuse d'accepter la conséquence découlant du non-respect du règlement sera exclu de la classe jusqu'à ce qu'il accepte de s'y soumettre. L'application de cette règle requiert le soutien du personnel administratif de l'école.

Le contrat social. Après avoir établi les règles de conduite en classe et les conséquences, on les met par écrit et les élèves et l'enseignant s'engagent à les respecter. On appelle cette entente le contrat social pour le comportement en classe.

Les réactions créatives. Cette expression désigne des réactions efficaces de l'enseignant au comportement inapproprié, qui surprennent les élèves. Par exemple, inverser les rôles, enregistrer le comportement des élèves sur bande vidéo et se mettre occasionnellement en colère.

La prévention de l'escalade. Généralement, dans un affrontement entre enseignant et élève, les deux antagonistes cherchent à « remporter la partie ». Il arrive souvent que cette lutte pour le pouvoir prenne de plus amples proportions. L'enseignant avisé tente donc de désamorcer les situations conflictuelles en employant l'écoute active, en émettant des messages à la première personne et en ne discutant pas du conflit devant toute la classe.

La motivation des élèves indisciplinés. Les élèves très indisciplinés n'ont guère de motivation à apprendre. On peut améliorer leur comportement en classe en leur dispensant des cours stimulants sur des sujets qui les intéressent particulièrement, ce qui leur permettra de participer aux activités et d'acquérir des habiletés ayant de la valeur à leurs yeux.

ANALYSE DU MODÈLE DE CURWIN ET MENDLER

L'élève ayant un comportement à risque

On étiquette souvent comme *élève ayant un comportement à risque* ceux qui, pour diverses raisons, s'acheminent à court terme vers l'échec scolaire. Ce qualificatif, comme la plupart des étiquettes, est souvent mal compris ou mal employé. Afin d'éviter toute confusion, Curwin et Mendler précisent qu'ils utilisent ce terme uniquement pour décrire un comportement: «C'est ce que fait un élève dans des circonstances données, non ce qu'il est, qui constitue le risque.» (Curwin, 1992, p. xiii)

Selon Curwin et Mendler, les élèves ayant un comportement à risque sont ceux dont les enseignants disent qu'ils échappent à tout contrôle: ceux que l'on qualifie de paresseux, ceux qui semblent ne porter aucun intérêt aux activités de la classe, qui manifestent de la colère ou de l'hostilité, se montrent irresponsables, perturbent la classe ou se replient sur eux-mêmes. On dit également de ces élèves qu'ils ont des «problèmes d'attitude». Ils ne font aucun effort pour apprendre, ne tiennent aucun compte des demandes ou des directives de l'enseignant et entravent le déroulement normal des cours. Leur façon d'agir compromet leurs chances de réussir à l'école. Curwin et Mendler décrivent ces élèves de la façon suivante (1992):

- Ils accumulent les échecs.
- On leur a infligé, sans résultat, la plupart des punitions et (ou) des conséquences en vigueur à l'école.
- Ils ont une mauvaise opinion d'eux-mêmes par rapport à l'école.
- Ils n'ont aucun espoir, ou très peu, de réussir à l'école.
- Ils ont tendance à fréquenter des élèves ayant un comportement similaire, dont ils reçoivent un renforcement.

Le nombre d'élèves ayant un comportement à risque ne cesse d'augmenter, pour diverses raisons: la famille ne procure pas à l'enfant la sécurité dont il a besoin sur le plan émotionnel, social et intellectuel; un nombre accru de mères consomment de l'alcool ou de la cocaïne pendant leur grossesse; le taux de violence dans la société s'accroît; les tensions raciales resurgissent; les enfants n'ont pas de modèles qu'ils admirent et désirent imiter; la satisfaction personnelle a remplacé la notion du bien et du mal. Tous ces facteurs expliquent pourquoi un grand nombre de jeunes ont perdu tout espoir, et pourquoi ils se croient incapables de jouer un rôle dans la vie scolaire. Certains pensent qu'ils vont mourir jeunes et de plus en plus d'adolescents se sentent déprimés et envisagent de se suicider. Les élèves qui ont perdu tout espoir n'accordent aucune importance à leur comportement en classe. Il leur est parfaitement indifférent d'échouer, de déranger l'enseignant ou de perturber la classe.

FAIRE RENAÎTRE L'ESPOIR CHEZ LES ÉLÈVES

Les enseignants ne peuvent pas faire grand-chose pour améliorer les conditions sociales, mais ils peuvent faire beaucoup pour faire renaître l'espoir chez les élèves. En effet, c'est l'*espoir* qui anime tout être humain, qui insuffle du courage et donne la force de surmonter les obstacles. Sans espoir, la vie n'a pas de sens; les êtres désespérés n'ont aucune raison de faire des efforts, et c'est le cas de la majorité des élèves ayant un comportement à risque.

Selon Curwin et Mendler, on peut redonner de l'espoir aux élèves désespérés et, ce faisant, améliorer leur comportement. Pour y arriver, disent-ils, il faut rendre l'apprentissage beaucoup plus intéressant.

> *Les élèves ne s'investiront pas dans le processus d'apprentissage [...] à moins d'avoir l'espoir d'en retirer quelque chose qui vaille la peine de prendre des risques. [...] Les activités scolaires donnent des résultats lorsque l'élève croit qu'elles vont lui permettre d'acquérir des habiletés ayant de l'importance à ses yeux. (Curwin, 1992, p. 25)*

Il ne suffit pas que l'apprentissage présente de l'intérêt, il faut qu'il mène à la réussite. Les élèves ayant un comportement à risque ne vont pas persévérer dans leurs efforts s'ils n'obtiennent aucun succès, même s'ils portent intérêt au sujet à l'étude. Les enseignants peuvent accroître les chances de réussite de ces élèves en modifiant le programme scolaire, en les encourageant à explorer de nouveaux modes de pensée, en faisant appel à différents types d'apprentissage et diverses modalités sensorielles, en favorisant la créativité et l'expression artistique, et en employant des systèmes d'évaluation qui procurent aux élèves une rétroaction encourageante et n'entravent pas leur volonté de faire des efforts. Curwin (1992) écrit:

> *Dans le cas des élèves indifférents, timorés ou convaincus que l'école n'a rien à leur offrir, il faut modifier les conditions d'apprentissage pour faire naître l'espoir. (p. 28)*

LA DIGNITÉ

Bien que des activités intéressantes et la réussite soient des facteurs essentiels pour redonner de l'espoir aux élèves ayant un comportement à risque, le sentiment de dignité est un facteur tout aussi primordial. On entend par *dignité* le respect de la vie et de soi-même. Ce concept occupe depuis longtemps une place centrale dans les travaux de Curwin et de Mendler. Dans *Discipline with Dignity*, ils soulignent que les élèves très indisciplinés se considèrent comme des perdants et qu'ils ont renoncé à se faire accepter en employant les moyens habituels car, à leurs yeux, il est préférable de ne pas essayer plutôt que de subir un nouvel échec; de même, il vaut mieux être perçu comme un fauteur de troubles que d'être taxé d'imbécile.

Il est impératif de tenir compte de la dignité des élèves. Ceux qui ont l'habitude de mal se conduire essaient à tout prix de préserver leur dignité, parfois même au risque de leur vie (Curwin et Mendler, 1988a). Les enseignants doivent non seulement prendre garde de ne pas porter atteinte à la dignité des élèves, mais aussi faire de leur mieux pour l'accroître, si possible. Curwin (1992) affirme:

> *Nous devons [...] accueillir les élèves à risque comme des êtres humains. Ils viennent à l'école en tant que personnes à part entière ; ce ne sont pas des cerveaux qu'il faut entraîner. L'interprétation que nous faisons de leur comportement social doit tenir compte du fait que leurs comportements négatifs sont des tentatives de protection ou de fuite. Ils font de leur mieux, étant donné les habiletés qu'ils ont acquises, face à des conditions défavorables. [...] Lorsqu'ils font preuve de malveillance, ils pensent, à tort ou à raison, être en droit de se défendre contre les atteintes à leur dignité. (p. 27)*

Pour la majorité des enseignants, il est difficile de conserver une attitude compréhensive et bienveillante, surtout lorsqu'un élève leur manifeste du mépris ou emploie un langage odieux. Bon nombre d'entre eux deviennent cyniques et renoncent à aider les élèves qui font régulièrement preuve de défiance et d'hostilité. Certains quittent l'enseignement, car la satisfaction qu'ils retirent de leur métier ne compense pas les difficultés qu'ils doivent endurer.

Bien qu'ils adoptent une attitude positive envers les enseignants, Curwin et Mendler insistent sur le fait que l'école a été créée pour les élèves, non pour les enseignants. En tant que *professionnels*, les enseignants ont le devoir d'aider leurs *clients*, à savoir les élèves, et tous les étudiants en sciences de l'éducation devraient être conscients de cette réalité. Si l'enseignant est convaincu que son rôle est d'aider l'élève à préserver sa dignité, et non d'engager avec lui une lutte pour le pouvoir, il lui sera plus facile de poursuivre le but qu'il s'est fixé. Il doit s'attendre à faire face à des comportements reflétant les malaises sociaux, mais cela ne devrait pas l'empêcher de croire qu'il peut influencer, et influencera de fait, la vie de ses élèves, même si les résultats ne se manifestent pas immédiatement.

POURQUOI LES ÉLÈVES ENFREIGNENT-ILS LES RÈGLES DE CONDUITE ?

Il arrive à tous les élèves de se comporter de façon inappropriée. Par exemple, ils parlent sans en demander l'autorisation, se montrent sarcastiques envers leurs camarades ou rient à contretemps. Certains se conduisent mal parce qu'ils s'ennuient et d'autres, parce qu'ils ne peuvent s'empêcher de faire telle ou telle chose (bavarder par exemple). D'autres encore enfreignent les règles tout simplement par opportunisme. Il s'agit là de comportements déviants relativement bénins. Ils agacent l'enseignant, mais ne placent pas l'élève en situation d'échec.

Par contre, les élèves ayant un comportement à risque enfreignent les règles pour des raisons beaucoup plus graves, habituellement reliées au fait qu'ils se sont sentis atteints dans leur dignité. Le mauvais comportement chronique représente pour l'élève un moyen d'exercer un certain contrôle sur un système qui l'a blessé dans son amour-propre (Curwin, 1992, p. 49). C'est pourquoi ces élèves refusent de se conformer aux exigences de l'enseignant, argumentent avec ce dernier et lui répondent avec insolence, tambourinent sur leur pupitre avec leur crayon ou font tomber leurs livres ou encore refusent de participer aux activités de la classe. Ces élèves sont persuadés qu'ils ne sont pas très doués pour apprendre mais qu'ils ont beaucoup de talent pour mal se conduire et que, en agissant de la sorte, ils peuvent satisfaire leurs besoins d'attention et de pouvoir. Bien que les élèves de ce type soient relativement peu nombreux, ils ne sont pas isolés. Ils s'associent entre eux, ce qui les incite à se conduire encore plus mal.

Pourquoi est-il si difficile d'inculquer la discipline aux élèves à risque ?

Il est difficile d'exercer quelque contrôle que ce soit sur les élèves ayant un comportement à risque pour diverses raisons. Bon nombre d'entre eux ont accumulé les échecs scolaires. Comme ils ne peuvent compter sur la réussite pour préserver leur dignité, ils se protègent en se repliant sur eux-mêmes ou en affichant leur indifférence. Par expérience, ils savent qu'ils se sentent mieux en se conduisant mal qu'en respectant des règles qui ne les mènent nulle part. Curwin (1992) illustre ce point comme suit :

> *Imaginez que vous venez d'obtenir 56 pour 100 à un examen important et demandez-vous ce qui vous consolerait le mieux de votre échec. Dire à vos amis : « J'ai travaillé fort mais je suis trop stupide pour obtenir la note de passage » ou leur dire : « C'était un examen idiot. Je déteste ce cours et le prof est vraiment ennuyeux »? (p. 49)*

L'élève qui s'est senti atteint dans sa dignité à plusieurs reprises se plaît à insulter les autres. Plus il se conduit mal, moins il a l'occasion d'agir de manière responsable. S'il a un comportement inapproprié en classe, on le met à l'écart des autres en lui demandant d'aller s'asseoir dans le fond de la classe ; s'il se bat, on lui enjoint d'arrêter immédiatement et de présenter des excuses à son adversaire. On l'écarte ainsi des situations où il pourrait apprendre à avoir un comportement responsable. Curwin (1992) écrit :

> *Personne ne dirait à un frappeur se démenant à la base que, s'il veut participer à l'entraînement, il doit d'abord s'améliorer. Personne ne dirait à un mauvais lecteur qu'il n'a pas le droit de jeter les yeux sur quelque livre que ce soit tant qu'il ne saura pas mieux lire. De façon analogue, on n'apprendra jamais à un élève à jouer de manière appropriée dans la cour de récréation en l'en excluant, ou à bien gérer son temps en planifiant tout pour lui. L'apprentissage de la responsabilité ne peut se faire que par la pratique. (p. 50)*

Les élèves ayant un comportement à risque savent et acceptent qu'on leur colle l'étiquette « problème de discipline ». Ils se sentent incapables de répondre aux exigences scolaires et sont conscients de gêner et d'agacer l'enseignant et certains élèves. De quelque côté qu'ils se tournent, on leur renvoie une image négative. Ils ont fini par se percevoir comme de « mauvaises personnes ».

Comment un enseignant peut-il aider un élève ayant cette opinion de lui-même et qui, à l'école, ne trouve de satisfaction que dans le fait d'être une source de problèmes ?

LES MÉTHODES INEFFICACES DE DISCIPLINE

Il faut d'abord reconnaître que les méthodes traditionnelles de discipline ne donnent pas les résultats escomptés avec les élèves ayant un comportement à risque. Ces derniers ne réagissent plus aux réprimandes, aux sermons, aux sarcasmes, aux retenues, aux devoirs supplémentaires, à la mise à l'écart, à l'inscription de leur nom au tableau et aux entretiens avec le directeur. Il ne sert à rien de leur faire remarquer ce qu'ils ont fait de mal, car ils le savent déjà ; il est tout aussi inutile de les interroger sur leur capacité à effectuer le travail scolaire et à respecter les règles puisqu'ils n'ont pas confiance en leurs capacités et n'ont pas l'intention de respecter le règlement. Les remarques sarcastiques de l'enseignant ne font qu'empirer la situation parce qu'elles portent atteinte à la dignité ; or les élèves à risque ont déjà subi nombre d'humiliations. Les mesures punitives sapent leur désir de coopérer. Ils refusent de s'engager à adopter un meilleur comportement et ne peuvent donc pas satisfaire les exigences de l'enseignant.

LA DISCIPLINE ADAPTÉE AUX ÉLÈVES DIFFICILES

Puisque les méthodes traditionnelles de discipline ne donnent pas les résultats escomptés avec les élèves difficiles, quel système doit-on employer ? Quelles méthodes pourraient s'avérer efficaces ? Étant donné la difficulté de l'entreprise, cela vaut-il réellement la peine que les enseignants consacrent du temps à essayer d'aider les élèves récalcitrants ?

Curwin et Mendler ont établi des principes et des approches qui leur semblent plus efficaces que les méthodes traditionnelles. Les deux auteurs reconnaissent qu'il n'est jamais facile de s'occuper d'élèves indisciplinés et que le taux de succès n'est pas optimal ; néanmoins, ils soutiennent qu'on peut obtenir des changements significatifs dans 25 à 50 pour 100 des cas (Curwin et Mendler, 1992).

Les principes sous-jacents

Curwin (1992) conseille aux enseignants de s'inspirer des *principes sous-jacents* suivants pour planifier leurs interventions disciplinaires.

    1. La discipline fait partie intégrante de l'enseignement. (p. 51)

La majorité des enseignants n'aiment guère s'occuper de problèmes de comportement mais, en tant que professionnels, ils sont tenus de faire de leur mieux pour aider leurs clients. Ils devraient donc considérer que les écarts de conduite offrent l'occasion de promouvoir le sens des responsabilités. Ils devraient s'efforcer d'enseigner tant la bonne conduite que les matières scolaires.

2. « *Les solutions à court terme s'avèrent souvent catastrophiques à long terme.* » (p. 51)

La plupart des techniques de discipline employées par les enseignants constituent des *solutions à court terme*, qui visent à réprimer le mauvais comportement afin que la leçon puisse se poursuivre. Cependant, ces mesures, telles que l'inscription du nom du contrevenant au tableau, les réprimandes, les sarcasmes et les retenues, s'avèrent souvent catastrophiques à long terme : en effet, elles altèrent l'image de soi de l'élève et réduisent ainsi son désir d'apprendre, ce qui l'incite encore plus à désobéir.

3. « *On doit en tout temps traiter les élèves avec respect.* » (p. 52)

La dignité est essentielle au bien-être de tout être humain, il ne faut jamais l'oublier. Traiter les élèves avec dignité, cela signifie les respecter en tant que personnes, tenir compte de leurs besoins et s'efforcer de comprendre leur point de vue. La discipline efficace ne porte pas atteinte à la dignité des élèves ; au contraire, elle leur redonne espoir. Curwin et Mendler conseillent aux enseignants de se poser la question suivante avant de réagir au comportement inapproprié d'un élève : « Est-ce que je me sentirais atteint dans ma dignité si un enseignant employait cette technique avec moi ? »

4. « *Une bonne discipline n'entrave pas la motivation de l'élève à apprendre.* » (p. 53)

Toute technique de discipline qui diminue la motivation de l'élève à apprendre va à l'encontre du but recherché. En effet, les élèves motivés présentent peu de problèmes de comportement. Ceux qui se conduisent mal ne sont généralement pas motivés ; ils n'ont pas de raisons d'apprendre et ne se sentent guère encouragés à le faire. Curwin conseille aux enseignants de se poser également la question suivante avant de réagir à un comportement inapproprié : « Quel effet l'emploi de cette technique aura-t-il sur la motivation de l'élève ? »

5. « *Le sens des responsabilités prime l'obéissance.* » (p. 54)

Curwin fait la distinction suivante entre obéissance et sens des responsabilités : l'*obéissance* consiste pour un individu à « faire ce qu'on lui dit de faire », alors que le *sens des responsabilités* consiste à « prendre la meilleure décision possible ». L'obéissance est souhaitable en ce qui touche à la santé ou à la sécurité mais, quand il s'agit de corriger un comportement inapproprié, elle constitue une solution à court terme et incite souvent les élèves à se rebeller. Ces derniers acquièrent graduellement le sens des responsabilités lorsqu'ils ont l'occasion d'examiner des faits et de prendre des décisions, et le rôle de l'enseignant est aussi de leur fournir de telles occasions.

Esquisse d'un programme général de discipline

Selon Curwin et Mendler (1988a), un programme efficace de discipline doit comporter *trois dimensions* : (1) la prévention, (2) l'action et (3) la résolution. La *prévention* a trait aux mesures permettant d'éviter les problèmes de discipline ; l'*action* concerne les mesures à prendre lorsque surgit un problème de discipline ; la *résolution* vise à enseigner aux élèves indisciplinés à prendre des décisions répondant à leurs besoins et à s'y tenir. Ces trois dimensions jouent un rôle essentiel dans la discipline en général et plus particulièrement dans le cas des élèves ayant un comportement à risque.

LA PRÉVENTION. En matière de prévention, l'enseignant accorde de l'importance à la motivation des élèves et à l'établissement d'un contrat social, c'est-à-dire à la formulation de règles de conduite en classe et de conséquences. Les *règles de conduite* permettent de préciser ce qui est un comportement acceptable en classe et ce qui ne l'est pas. Si elles sont bien choisies, elles permettent à chacun de mieux satisfaire ses besoins. Selon Curwin et Mendler (1992), un bon règlement définit ce qu'on attend des élèves sur le plan du comportement ; il est bref, clair et logique aux yeux de tous. L'enseignant doit être prêt à intervenir de manière adéquate en cas d'infraction à une règle.

Les *conséquences* sont les mesures appliquées lorsqu'un élève enfreint une règle. Curwin et Mendler (1988a) conseillent à l'enseignant d'établir dès le départ une liste des conséquences possibles, dans laquelle il choisira une mesure appropriée quand il doit réagir à une infraction. Ainsi, si Suzanne ne remet jamais ses devoirs à temps, Mme Martin aura recours à une conséquence tirée de la liste préétablie, par exemple un rappel, un avertissement, un entretien avec la fillette et ses parents. Contrairement aux autres spécialistes de la discipline, Curwin et Mendler n'associent pas de conséquences spécifiques à l'infraction aux règles. Selon eux, il est préférable que l'enseignant dispose d'un ensemble de possibilités, en partant du principe que *l'équité n'est pas toujours synonyme d'égalité*. Les élèves n'ont pas tous les mêmes besoins, ils ne se comportent pas tous de la même façon et ne réagissent pas tous de la même manière. On ne doit donc pas les traiter de manière identique.

Par ailleurs, Curwin et Mendler soulignent qu'il ne faut pas considérer les conséquences comme des punitions. Les conséquences doivent être logiques, en ce sens qu'elles consistent généralement à refaire correctement ce qui avait été fait de manière inappropriée. Ainsi, si Réjean lance des boules de papier et laisse traîner ses affaires dans un coin de la classe, on lui demandera par exemple de nettoyer. Il est important que les conséquences ne portent pas atteinte à la dignité des élèves et qu'elles leur fournissent l'occasion de prendre des décisions réfléchies.

On doit bien faire comprendre aux élèves une règle en particulier, à savoir la *règle envers l'insubordination*, et prendre des mesures adéquates chaque fois qu'elle est enfreinte. Cette règle s'énonce comme suit : « Tout élève qui refuse d'accepter la conséquence découlant du non-respect d'une règle sera exclu de la classe tant qu'il maintiendra son refus. » Il s'agit là d'un règle fondamentale, dont l'objet est d'éviter que les élèves défient impunément l'enseignant. Il est évidemment essentiel que le directeur donne son accord à l'établissement de la règle envers l'insubordination.

Une fois que les élèves et l'enseignant ont établi conjointement, au cours de discussions de groupe, les règles et les conséquences les plus susceptibles de créer un bon climat en classe, leur entente (qui devrait être mise par écrit et affichée dans la salle) constitue le *contrat social* régissant le comportement en classe. Curwin et Mendler (1992, p. 79) conseillent de faire passer aux élèves un test portant sur ce contrat afin de s'assurer qu'ils ont bien compris le règlement. Voici quelques exemples de questions, ayant trait soit aux règles soit aux conséquences :

- Quand dois-tu remettre tes devoirs ?
- Nomme trois choses que tu dois toujours apporter en classe.
- Si quelqu'un est en train de parler et que tu désires prendre la parole, tu dois d'abord _____.

L'ACTION. L'enseignant entreprend une certaine action, c'est-à-dire prend certaines mesures, lorsqu'une règle de conduite est enfreinte. Curwin et Mendler conseillent à l'enseignant de choisir dans une liste préétablie la conséquence convenant le mieux à la situation. Il ne s'agit pas d'associer automatiquement telle conséquence à telle infraction, mais de saisir l'occasion d'interagir de manière profitable avec l'élève en cause. Selon les deux auteurs, la façon dont on applique une conséquence est tout aussi importante que la conséquence même. Ils rappellent aux enseignants qu'ils doivent éviter de s'engager dans une lutte pour le pouvoir ; au contraire, ils doivent toujours conserver une attitude positive et préserver la dignité des élèves.

LA RÉSOLUTION. La résolution a trait à l'établissement, dans un esprit positif, d'un plan d'action destiné aux élèves indisciplinés. Comme nous l'avons vu plus haut, ces derniers ont perdu tout espoir de réussir et ils ne réagissent plus aux techniques habituelles, qui ont trop souvent été employées à leur égard. Dans toute interaction avec un élève récalcitrant, l'enseignant doit trouver des mesures susceptibles d'éviter la répétition du comportement inapproprié, établir un programme acceptable pour lui-même et pour l'élève, appliquer ce programme et en faire le suivi, et faire preuve de créativité au besoin. (Nous expliquerons plus loin la notion d'approche créative.)

À PROPOS DES CONSÉQUENCES

Curwin et Mendler accordent beaucoup d'importance à la nature des conséquences et à la façon de les appliquer. Selon eux, les élèves doivent parfaitement savoir à quoi ils s'exposent s'ils enfreignent une règle. On doit donc énoncer les conséquences de manière explicite et s'assurer qu'elles ne risquent pas d'atteindre les élèves dans leur dignité. L'emploi de conséquences humiliantes ou déshumanisantes n'est jamais justifiable.

L'enseignant qui applique les conséquences conformément à la méthode préconisée par Curwin et Mendler n'agira pas de la même façon avec tous les élèves. Ces derniers, de même que leurs parents, se plaindront peut-être de cette inégalité, qui est néanmoins équitable, disent les deux auteurs. Curwin (1992) conseille aux enseignants auxquels des parents font ce reproche de s'adresser à eux à peu près dans les termes suivants:

> *M. et Mme Renoir, je vous remercie d'être venus me rencontrer. Je suis contente d'avoir l'occasion de m'entretenir avec vous à propos de votre fille. Il est vrai que je n'ai pas agi envers elle comme avec les autres élèves [...]. J'essaie de lui apprendre à se conduire de manière responsable et je ferai de mon mieux pour y arriver. Si, selon vous, je n'emploie pas une méthode appropriée, je suis prête à écouter vos suggestions. [...] Cependant, [...] ne me demandez pas de traiter votre fille comme tous les autres. Elle mérite beaucoup mieux que cela. (p. 74-75)*

Curwin et Mendler distinguent quatre types de conséquences, à savoir les conséquences (1) logiques, (2) traditionnelles (3) génériques et (4) éducatives.

Les conséquences logiques. Les *conséquences logiques* consistent à refaire correctement ce qui a été effectué de manière inappropriée ou à réparer les dommages causés. Si un élève salit quelque chose, il doit nettoyer; s'il endommage volontairement du matériel, il doit le remplacer; s'il s'est montré blessant envers les autres, il doit s'exercer à parler de manière non blessante.

Les conséquences traditionnelles. Les *conséquences traditionnelles* regroupent des mesures courantes, comme la mise à l'écart du groupe, l'expulsion de la classe et l'exclusion temporaire. Curwin et Mendler conseillent de modifier les conséquences de ce type de manière à inciter l'élève à s'engager davantage. Dans le cas de la mise à l'écart du groupe, au lieu d'imposer la mesure pour un intervalle de temps déterminé, ils suggèrent de dire par exemple: « Tu as choisi d'être mis à l'écart. Tu pourras reprendre ta place dans le groupe quand tu seras décidé à apprendre. » Dans le cas de l'expulsion de la classe, il ne faut pas mettre l'élève dans l'embarras ni l'humilier; on peut l'envoyer dans une autre classe, lui demander de s'asseoir au fond de la salle et lui interdire de participer aux activités. Dans le cas de l'exclusion temporaire, si on se contente de renvoyer l'élève chez lui, la mesure corrective peut aller à l'encontre du but recherché. Il est préférable d'obliger l'élève à venir à l'école: il devra se présenter dans la salle désignée et faire les travaux assignés. Il pourra réintégrer la classe lorsqu'il sera capable d'indiquer comment il compte s'y prendre pour travailler.

LES CONSÉQUENCES GÉNÉRIQUES. Les *conséquences génériques* comprennent des mesures applicables à presque tous les comportements inappropriés, comme le rappel, l'avertissement, l'invitation à faire un choix et l'élaboration d'un programme d'amélioration. Il arrive souvent qu'un simple *rappel* suffise à mettre fin à un comportement inacceptable : « Nous devons finir ce travail avant la fin du cours. » L'*avertissement* est un rappel exprimé sur un ton très ferme : « C'est la deuxième fois que je vous demande de vous mettre au travail. Si vous m'obligez à vous le répéter, vous devrez aller vous asseoir au fond de la classe. » L'*invitation à faire un choix* consiste à demander à l'élève de choisir, entre trois ou quatre possibilités, une mesure lui permettant d'améliorer son comportement. L'*élaboration d'un programme* est, d'après Curwin, « la conséquence la plus efficace que l'on puisse appliquer à un élève ayant enfreint une règle quelconque » (p. 78). Elle consiste à demander au contrevenant de trouver lui-même une solution à un problème fréquent de comportement. Le recours à cette mesure montre à l'élève que l'enseignant a confiance en sa capacité d'agir, ce qui l'incite à s'engager. Le programme doit indiquer les mesures précises que l'élève entend mettre en pratique ; il s'agit d'un engagement écrit, daté et signé.

LES CONSÉQUENCES ÉDUCATIVES. Les *conséquences éducatives* visent à enseigner à l'élève à se conduire de manière appropriée. Il ne suffit pas de savoir ce que l'on doit faire pour être capable de bien se comporter. Il est plus facile d'acquérir certains comportements, comme lever la main avant de prendre la parole ou s'exprimer de manière courtoise, en s'y exerçant, avec l'aide d'une autre personne.

L'APPLICATION DES CONSÉQUENCES. Curwin (1992, p. 79-80) donne certains conseils aux enseignants quant à l'emploi des conséquences, dont les suivants.

- Faire suivre d'une conséquence toute infraction à une règle, sans exception.
- Choisir dans une liste préétablie la conséquence la plus susceptible d'aider l'élève, en tenant compte de la nature de l'infraction, de la situation et de l'individu en cause.
- Indiquer au contrevenant la règle enfreinte et la conséquence. Il est inutile d'ajouter quoi que ce soit.
- Respecter la confidentialité. Seuls les élèves impliqués doivent être mis au courant.
- Ne pas mettre l'élève dans l'embarras.
- Ne pas examiner la situation dans la perspective gagnant-perdant. Il ne s'agit pas d'une compétition. Refuser de s'engager dans une lutte pour le pouvoir.
- Maîtriser sa colère. Rester calmer et parler d'un ton neutre, mais refuser toute excuse invoquée par l'élève.

- Il est parfois préférable de laisser l'élève choisir lui-même la conséquence.
- Un professionnel doit toujours chercher le meilleur moyen d'aider son client.

Les réactions créatives au mauvais comportement chronique

Curwin et Mendler (1988a, p. 151-155) incitent les enseignants à faire preuve de créativité lorsque les conséquences habituelles ne donnent plus de résultat avec des élèves ayant un comportement à risque. Ils énumèrent sept *réactions créatives* : (1) inverser les rôles, (2) avoir recours à l'humour ou à l'absurde, (3) se dire d'accord avec la rebuffade ou le dénigrement exprimés, (4) donner une réponse invraisemblable, (5) se comporter de façon paradoxale, (6) se mettre occasionnellement en colère et (7) enregistrer le comportement de la classe sur bande vidéo.

INVERSER LES RÔLES. *Inverser les rôles* consiste à confier à un élève la responsabilité d'enseigner à la classe pendant un certain intervalle de temps, soit un quart d'heure au primaire, une heure ou deux au premier cycle du secondaire et tout un cours au deuxième cycle du secondaire. L'enseignant prend la place de l'élève et se conduit comme ce dernier a l'habitude de le faire. Par la suite, l'enseignant et l'élève discutent en tête-à-tête, chacun jouant encore le rôle de l'autre durant l'entretien.

AVOIR RECOURS À L'HUMOUR OU À L'ABSURDE. Cette technique consiste à établir d'abord une liste d'énoncés humoristiques et (ou) absurdes. Lorsqu'un élève indiscipliné enfreint de nouveau une règle, l'enseignant le surprend en employant l'un des énoncés, comme dans l'exemple suivant. Cela fait trois fois de suite que Sylvain arrive en retard au cours. L'enseignant s'exclame : « Sylvain ! Sais-tu que si six scies scient six cyprès, six cent six scies scient six cent six cyprès ? » Tout en reconnaissant que cette tactique ne produira pas de modification durable du comportement, Curwin et Mendler pensent que *le recours à l'humour ou à l'absurde* contribue à réduire la tension et facilite la communication.

SE DIRE D'ACCORD AVEC LA REBUFFADE OU LE DÉNIGREMENT EXPRIMÉS. Pour *se dire d'accord avec la rebuffade ou le dénigrement exprimés*, l'enseignant procède comme suit. Quand un élève émet un commentaire désagréable à son sujet, il désamorce la situation en reconnaissant qu'il y a du vrai dans ce que dit l'élève et en revenant immédiatement au problème. Ainsi, si un élève déclare : « C'est pas étonnant qu'un prof idiot donne un travail aussi idiot », l'enseignant répond par exemple : « Tu as peut-être raison. Je n'ai pas passé de test d'intelligence depuis longtemps. Mais tu dois malgré tout faire ce travail. »

DONNER UNE RÉPONSE INVRAISEMBLABLE. Lorsqu'un élève défie l'enseignant, ce dernier peut parfois désamorcer la situation en donnant une *réponse* *invraisemblable*. Par exemple, après qu'on lui a demandé de se rendre à la salle réservée aux élèves en retenue, un contrevenant réplique: «Et si je refuse d'y aller, qu'est-ce que vous faites?», ce à quoi l'enseignant répond: «Hum! Je pense que je vais aller faire mes valises et partir en vacances. Mais avant mon départ, je souhaite que tu nous rendes service à tous deux en acceptant de te rendre à la salle de retenue.»

SE COMPORTER DE FAÇON PARADOXALE. L'enseignant *se comporte de façon paradoxale* lorsqu'il demande aux élèves de se conduire de manière inacceptable. Curwin et Mendler (1988) affirment que cette technique est particulière efficace avec les élèves indisciplinés et ils donnent l'exemple suivant pour faire ressortir la différence entre comportement normal et comportement paradoxal.

> *Comportement normal*: «Cela fait trois jours de suite que tu ne remets pas tes devoirs. En conséquence, tu vas rester en retenue après la classe.»
>
> *Comportement paradoxal*: «Cela fait trois jours de suite que tu ne remets pas tes devoirs. Ton devoir ce soir, c'est de faire de ton mieux pour oublier de faire tes devoirs pour demain.» [Cela doit être dit sur un ton sérieux et sincère, non sarcastique.]

Il faut naturellement faire preuve de discernement dans l'emploi de cette technique. On ne doit jamais y avoir recours dans les cas où un mauvais comportement s'est soldé par une blessure à un élève, a causé des dommages matériels ou a grandement perturbé la classe.

SE METTRE OCCASIONNELLEMENT EN COLÈRE. Il peut s'avérer profitable pour tous que l'enseignant *se mette en colère* après avoir été sérieusement provoqué, à la condition que cela ne se produise que très rarement. Il peut crier, jeter ses livres sur son pupitre, se montrer exaspéré et faire un sermon à propos du manque de courtoisie ou du refus de certains élèves de fournir des efforts. Mais il doit prendre garde de ne pas viser des individus. Il peut employer des messages à la première personne du type: «Je suis tellement furieux que je ne sais plus quoi dire!», «Est-ce que je vais réussir un jour à vous faire comprendre cela?» ou encore «Mais enfin! Je n'en reviens pas!» Cependant, selon Curwin et Mendler, si un enseignant se met en colère plus de trois ou quatre fois par année, cette technique n'a plus d'effet.

ENREGISTRER LE COMPORTEMENT DE LA CLASSE SUR BANDE MAGNÉTIQUE OU VIDÉO. En général, lorsque les élèves savent qu'on les enregistre, leur comportement s'améliore sensiblement. Après avoir *enregistré le comportement de la classe*, l'enseignant devrait, s'il y a lieu, organiser un entretien en tête-à-tête avec chaque élève ayant perturbé le déroulement des activités; au cours de cet entretien, ils peuvent discuter de ce que le contrevenant éprouve à propos de son comportement déviant et tenter de trouver ensemble un moyen de modifier celui-ci. L'enseignant effectue un suivi durant une semaine afin de vérifier s'il y a une réelle amélioration, puis il s'entretient de nouveau avec l'élève. Dans le cas de comportements particulièrement perturbateurs et surtout si l'élève refuse de reconnaître ce genre de conduite, Curwin et Mendler (1988a, p. 155) conseillent de dire au contrevenant: «À partir d'aujourd'hui, je vais enregistrer ton comportement sans arrêt. Je pense qu'il est important que, toi et tes parents, vous compreniez que nous avons un problème. Je leur montrerai donc la bande vidéo lorsque nous nous rencontrerons pour discuter de l'amélioration de ton comportement. Bonne chance!»

Éviter l'escalade

Lorsqu'un enseignant réagit au comportement inacceptable d'un élève, il arrive souvent que ce dernier lui décoche un trait malveillant et qu'il s'ensuive une lutte pour le pouvoir, ni l'adulte ni l'élève ne voulant céder. Curwin et Mendler rappellent aux enseignants que leur devoir n'est pas de «remporter une compétition», mais d'aider les élèves de leur mieux. Pour ce faire, ils doivent orienter les échanges vers une discussion rationnelle du problème, ce qui est impossible s'ils humilient l'élève, provoquent sa colère, le mettent dans l'embarras ou le rabaissent. Il est particulièrement important de tenir compte de ce fait avec les élèves à risque, enclins à réagir de façon négative. Curwin (1992) conseille aux enseignants de prendre les mesures suivantes dès le début d'un conflit pour *prévenir l'escalade*.

1. Employer l'écoute active: l'enseignant laisse entendre à l'élève qu'il comprend ce que dit ce dernier, par exemple en paraphrasant ses propos, sans manifester d'approbation ni de désapprobation et sans porter de jugement de valeur.
2. Avoir un entretien avec l'élève dès que la tension est tombée. Il est plus facile de discuter de manière positive lorsque la colère s'est dissipée.
3. Assurer la confidentialité à l'élève dans la mesure du possible. L'élève ne veut pas perdre la face devant ses pairs, et il est réticent à se conformer à des exigences formulées en présence de toute la classe. De son côté, l'enseignant ne souhaite pas se montrer faible devant les élèves. Si les entretiens ont lieu en tête-à-tête, ils donneront probablement de meilleurs résultats, car il s'agira moins d'une affaire d'amour-propre.
4. Si un élève refuse d'accepter une conséquence, appliquer la règle envers l'insubordination.

LA MOTIVATION DES ÉLÈVES INDISCIPLINÉS

Il est indispensable d'avoir recours à des règles, des conséquences et des mesures coercitives dans la classe. Pourtant, le facteur clé dans l'amélioration du comportement des élèves est la *motivation à apprendre*. La majorité des élèves ont un certain désir d'apprendre et de se conduire de façon acceptable, parce qu'ils trouvent les cours intéressants, qu'ils aiment faire plaisir à l'enseignant ou encore, tout simplement, qu'ils souhaitent réussir. Mais tel n'est pas le cas des élèves ayant un comportement à risque, qui sont très peu motivés.

Il n'existe certes pas de techniques magiques pour aider les individus appartenant à cette seconde catégorie. Néanmoins, les enseignants savent ce qui motive les élèves en général, et ceux qui ont un comportement à risque ont en gros les mêmes besoins et les mêmes intérêts que les autres. Mais, comme ils ont subi de nombreux échecs, ils cherchent à protéger leur estime de soi en opposant de la résistance et en se comportant de manière inappropriée. Curwin (1992, p. 130-144) suggère d'avoir recours aux moyens suivants afin d'accroître la motivation chez les élèves ayant un comportement à risque.

1. Dans la mesure du possible, faire porter les cours sur des sujets auxquels les élèves s'intéressent et accordent de l'importance.
2. Établir des objectifs d'apprentissage appropriés, soit l'acquisition de compétences réelles, dont les élèves pourront faire la démonstration et dont ils seront fiers.
3. Tenir compte des intérêts et des valeurs des élèves dans la présentation des sujets à l'étude.
4. Inciter les élèves à participer activement aux cours. Leur offrir l'occasion de faire appel à leurs sens et leur permettre de se déplacer dans la classe et de parler. Rendre les leçons aussi amusantes que possible. Il n'est pas nécessaire qu'elles soient faciles, mais il faut qu'elles soient intéressantes et agréables.
5. Fournir aux élèves des occasions fréquentes de courir des risques et de prendre des décisions sans craindre l'échec.
6. Faire preuve d'énergie et manifester un intérêt réel pour le sujet à l'étude. Il est bon que les élèves sentent que l'enseignant aime travailler avec eux et que ce dernier établisse une relation avec chacun, en tant que personne.
7. Chaque jour, l'enseignant devrait planifier une activité qu'il apprécie particulièrement. Il ne doit pas hésiter à montrer qu'il est fier de son savoir et de ses habiletés, cette fierté pouvant être contagieuse.
8. Faire en sorte que les élèves aient envie de participer aux activités en classe et qu'ils aient hâte de voir comment se déroulera la suite du cours.

MISE EN PLACE DU MODÈLE DE CURWIN ET MENDLER

Supposons que plusieurs élèves de votre classe soient très indisciplinés et que vous croyiez que le modèle de Curwin et Mendler est susceptible de vous aider à faire face à cette situation. Comment procéderiez-vous pour mettre en place ce modèle ?

LES PRINCIPES À ACCEPTER

Pour employer l'approche de Curwin et de Mendler, il est nécessaire d'accepter les principes sous-jacents à une discipline efficace énoncés plus haut. L'un des principes les plus fondamentaux, c'est qu'il faut sauvegarder la dignité de l'élève. Il faut être conscient du fait que ce dernier fera tout en son pouvoir pour protéger sa dignité s'il la sent menacée. Il ne veut pas avoir l'air stupide, avoir l'impression d'être incompétent ou être rabaissé, surtout en présence de ses pairs. Lorsqu'ils se croient menacés, les élèves adoptent un comportement antisocial afin de détourner l'attention, en particulier ceux qui ont un comportement à risque. Il est donc essentiel que l'enseignant évite de porter atteinte à la dignité des élèves, même lorsque ces derniers le blessent dans son amour-propre.

Le deuxième principe, c'est que la discipline fait partie intégrante de l'enseignement. Le rôle de l'enseignant est d'aider les élèves, notamment les élèves indisciplinés dont le comportement les mène tout droit à l'échec, et ce même si ces derniers se montrent particulièrement récalcitrants. Le meilleur moyen de leur venir en aide consiste à les encourager à être plus sociables.

Le troisième principe, c'est que les changements durables ne se produisent que graduellement. Il n'existe pas de solution immédiate au mauvais comportement chronique mais, si on arrive à motiver les élèves et à les aider à apprendre, le comportement de certains d'entre eux s'améliorera sensiblement.

Le quatrième principe, c'est que le sens des responsabilités prime l'obéissance. La capacité d'évaluer des faits et de prendre de bonnes décisions est bien plus importante dans la vie d'un être humain que l'obéissance aux demandes d'autrui. Il ne faut pas hésiter à placer les élèves dans des situations où ils auront à prendre des décisions à propos de choses les concernant, de leur permettre de se tromper et de les aider à faire un nouvel essai. Ainsi, ils apprendront peu à peu à se comporter de manière plus avantageuse pour eux-mêmes et pour les autres.

LE CONTRAT SOCIAL

Nous supposons que l'enseignant a déjà longuement réfléchi à la façon dont il aimerait que les choses se passent dans sa classe et au comportement qu'il souhaiterait observer chez les élèves. Lors de sa première rencontre avec ces derniers, il devrait prendre tout le temps nécessaire pour discuter des objectifs fixés, des activités susceptibles de contribuer à l'atteinte de ces buts et du comportement en classe propice à la création d'un climat agréable et favorable à l'apprentissage. C'est aussi le moment d'établir conjointement avec les élèves les règles de conduite en classe et les conséquences qui leur sont associées. Il est essentiel que les élèves participent activement à la prise de décisions et s'engagent à respecter l'entente. Il est important de mettre par écrit les règles et les conséquences. Le document, daté, doit ensuite être signé par tous, élèves et enseignant, puis affiché dans la classe ; il est également souhaitable d'en donner une copie au personnel administratif de l'école et aux parents.

LA MOTIVATION ET LA BIENVEILLANCE

Il faut dès le départ structurer les cours de telle manière que les élèves aient envie de participer et qu'ils aient des chances de réussir. Il est préférable que les élèves s'engagent dans des activités qu'ils trouvent intéressantes, plutôt que de parcourir péniblement le programme scolaire imposé. L'énergie manifestée par l'enseignant, son propre plaisir d'apprendre et la fierté que lui procure l'exercice de son métier ont un effet positif sur les élèves ; son désir d'aider ces derniers, sans les affronter, finira par avoir raison de leur résistance.

SYNTHÈSE CRITIQUE DU MODÈLE DE CURWIN ET MENDLER

Tous les enseignants ont à faire face à des comportements inappropriés en classe. La majorité d'entre eux ont trouvé des moyens de réagir efficacement aux infractions mineures, comme le fait de parler à contretemps ou trop fort, de mastiquer de la gomme à mâcher ou de ne pas faire ses devoirs. Cependant, tous les enseignants craignent d'avoir affaire à des élèves indisciplinés au point de perturber continuellement la classe et de se placer eux-mêmes en situation d'échec. Lorsque cela se produit, les enseignants se sentent impuissants et complètement dépassés. Il semble que le modèle de Curwin et Mendler leur fournisse des outils appropriés pour travailler avec les élèves indisciplinés. Les deux auteurs affirment que l'école a été créée pour les élèves et que la première responsabilité de l'enseignant, comme de tout bon professionnel, est d'aider ses clients. Pour ce faire, il doit leur procurer un environnement propice à l'apprentissage et les inciter à adopter un comportement socialement acceptable.

Curwin et Mendler mettent en évidence l'inefficacité des méthodes traditionnelles de discipline, le fait que l'on porte fréquemment atteinte à la dignité des élèves à l'école et que les luttes pour le pouvoir dans lesquelles s'engagent l'enseignant et les élèves vont à l'encontre du but recherché. Les deux auteurs ne prétendent pas que l'approche qu'ils préconisent permette de modifier le comportement de tous les élèves difficiles, mais ils soutiennent qu'elle peut éviter l'échec à certains d'entre eux et que cela en vaut la peine.

Mais est-il possible que les enseignants s'adaptent à la méthode préconisée par Curwin et Mendler ? Peuvent-ils conserver leur calme lorsqu'un élève les insulte ou reconnaître qu'il y a une part de vérité dans les accusations que ce dernier leur lance au visage ? Peuvent-ils persister à aider ceux-là mêmes qui opposent leur mépris à toute tentative d'amélioration de leur sort? Peuvent-ils avoir la patience d'attendre des semaines, ou même des mois, pour voir leurs efforts porter des fruits, si tant est qu'ils observent des résultats? Ce que Curwin et Mendler demandent aux enseignants semble contraire à la nature humaine.

Il faut reconnaître malgré tout la justesse de leur argument, à savoir que l'enseignant est un professionnel dont le rôle est d'aider les élèves de son mieux. Ceux qui acceptent cette prémisse accepteront également la notion que, si les élèves se conduisent mal, c'est dans le but de préserver leur dignité, non parce qu'ils prennent un malin plaisir à défier les adultes. Par ailleurs, les enseignants savent que Curwin et Mendler ont raison lorsqu'ils affirment que la modification du comportement est un processus graduel, même s'ils souhaiteraient obtenir un succès immédiat.

En fin de compte, la seule manière pour les enseignants d'évaluer réellement l'approche de Curwin et Mendler, c'est de la mettre à l'essai dans leur classe. Ils n'ont pas grand-chose à y perdre et ont beaucoup à y gagner.

EXERCICES

Révision des termes clés

Les expressions de la liste suivante jouent un rôle crucial dans le modèle de la discipline de Curwin et Mendler. Pouvez-vous en donner la signification?

élève ayant un comportement à risque
espoir
dignité
professionnel
client
principes sous-jacents
  à une discipline efficace
solution à court terme
obéissance
sens des responsabilités

trois dimensions de la discipline
règles de conduite
conséquences
l'équité n'est pas toujours
  synonyme d'égalité
règle envers l'insubordination
contrat social
réactions créatives
prévention de l'escalade

Études de cas

♦ **Premier cas : Kristina se refuse à travailler.**

Dans la classe de M. Saint-Laurent, Kristina se montre une élève très docile. Elle ne dérange personne et se mêle peu aux autres. Mais, en dépit de tous ses efforts, l'enseignant ne parvient pas à la faire participer aux activités de la classe. Kristina ne fait quasiment pas de progrès sur le plan scolaire, elle ne fournit guère d'efforts et ne finit jamais le travail demandé. Elle se contente d'être là.

> *Comment Curwin et Mendler conseilleraient-ils à M. Saint-Laurent d'agir avec Kristina ?*

Ils lui suggéreraient de prendre les mesures suivantes, dans l'ordre indiqué :
1. Reconnaître que le comportement de Kristina est probablement dû à un profond sentiment d'incompétence. Elle cherche vraisemblablement à se protéger en ne faisant rien.
2. Établir avec Kristina une relation de personne à personne.
3. Discuter amicalement avec elle de ce qu'elle vit, de ses intérêts.
4. Cerner des sujets intéressant Kristina et élaborer des cours portant sur ces sujets. Demander à Kristina de faire un travail qui lui permettrait d'acquérir des habiletés dans les domaines qui l'intéressent le plus.
5. Avoir un entretien en tête-à-tête avec Kristina. Lui demander de suggérer des moyens de rendre la vie à l'école plus intéressante. Lui faire comprendre que l'enseignant s'intéresse à elle et désire l'aider.
6. Si Kristina commence à travailler et à participer aux activités, continuer à avoir avec elle des entretiens en tête-à-tête qui lui permettent de se considérer comme une gagnante.

♦ **Deuxième cas : Sarah ne peut s'empêcher de parler.**

Sarah est une charmante petite fille qui participe aux activités de la classe et effectue la plupart des travaux qui lui sont assignés, mais pas tous. Elle pourrait faire mieux, mais semble incapable de s'empêcher de parler à ses voisins durant la classe. L'enseignant, M. Gonzales, doit intervenir tellement souvent qu'il finit par s'exaspérer.

> *Quels conseils Curwin et Mendler donneraient-ils à M. Gonzales pour l'aider à améliorer le comportement de Sarah ?*

♦ **Troisième cas : Julien fait le clown et intimide les autres élèves.**

Julien, qui est plus gros et plus tapageur que ses camarades de classe, cherche continuellement à attirer l'attention, à la fois en faisant le clown et en intimidant les autres élèves. Il fait des plaisanteries, répond avec insolence (tout en souriant) à l'enseignant, imite toutes sortes de bruits, comme des coups de feu et des chocs de voitures, et émet continuellement des commentaires sarcastiques à propos de ses camarades, qu'il cherche également à rabaisser par divers moyens. Ces derniers ne tentent pas de lui tenir tête, apparemment parce que sa taille et son agressivité verbale les impressionnent. L'enseignante, Mme Pearl, ne sait plus quelle attitude adopter.

> *Quels éléments de l'approche de Curwin et Mendler pourraient, selon vous, aider Mme Pearl dans ses interactions avec Julien?*

♦ **Quatrième cas : Thomas se montre hostile et provocant.**

Depuis qu'il est entré dans la classe, Thomas semble, comme d'habitude, d'humeur massacrante. En allant tailler son crayon, il a bousculé Frank, qui s'en est plaint. Thomas lui a enjoint, en haussant très fort la voix, de « la fermer ». L'enseignante, Mme Deslandes, est alors intervenue : « Thomas, va t'asseoir. » Ce dernier se retourne pour lui faire face et lui répond, toujours très fort : « J'irai quand je voudrai ! »

> *Comment Curwin et Mendler conseilleraient-ils à Mme Deslandes d'agir avec Thomas?*

QUESTIONS ET ACTIVITÉS

1. Divisez la classe en petits groupes et demandez aux participants de mettre en scène des situations où les élèves font des commentaires blessants à l'égard de l'enseignant. Utilisez d'abord les exemples donnés ci-dessous, puis servez-vous de situations observées en classe ou risquant de se produire selon vous. Chacun devrait remplir à son tour le rôle de l'enseignant et réagir aux commentaires en appliquant les conseils de Curwin et de Mendler.

Exemple 1

ENSEIGNANT : Michel, je voudrais que tu aies fini ce travail avant la fin du cours.

MICHEL : [Sur un ton acerbe.] Bon ! Qu'est-ce qui vous empêche de le finir pour moi si c'est ce que vous voulez ?

ENSEIGNANT :

Exemple 2

ENSEIGNANT : Danièle, c'est la deuxième fois que tu enfreins la règle interdisant d'employer des jurons. J'aimerais discuter avec toi après le cours.

DANIÈLE : Non merci ! Ça me suffit de voir ta sale tête pendant tout le cours.
ENSEIGNANT :

Exemple 3

ENSEIGNANT : Martin, j'aimerais que tu te remettes au travail, s'il te plaît.

MARTIN : [Il ne dit rien, mais fait nonchalamment un bras d'honneur à l'enseignant. Les autres élèves, qui l'ont observé, se mettent à ricaner.]

ENSEIGNANT :

Inventez d'autres exemples et mettez en pratique les techniques de désamorçage de telles situations : évitez d'être sur la défensive, de riposter du tac au tac ou de renoncer aux exigences exprimées.

2. Étudiez le scénario 1 ou 2 présenté à l'appendice, puis indiquez de quelle façon Curwin et Mendler conseilleraient à Mme Miller ou à M. Plante de réagir à la situation décrite.

3. Curwin et Mendler donnent divers conseils aux enseignants qui cherchent à motiver les élèves peu disposés à apprendre, par exemple : « Faites en sorte que les élèves aient envie de participer aux activités de la classe et qu'ils aient hâte de voir comment se déroulera la suite du cours. »

Choisissez d'abord un niveau scolaire et faites réfléchir les élèves sur les moyens de mettre en pratique la suggestion de Curwin et Mendler.

RÉFÉRENCES BIBLIOGRAPHIQUES ET LECTURES SUGGÉRÉES

CURWIN, R. (1980), « Are your students addicted to praise ? », *Instructor*, vol. 90, p. 61-62.

———— (1992), *Rediscovering hope : Our greatest teaching strategy*, Bloomington, National Educational Service.

———— (1993), « The healing power of altruism », *Educational Leadership*, vol. 51, n° 3, p. 36-39.

CURWIN, R. et A. Mendler (1980), *The discipline book : A complete guide to school and classroom management*, Reston, Reston Publishing.

———— (1984), « High standards for effective discipline », *Educational Leadership*, vol. 41, n° 8, p. 75-76.

———— (1988a), *Discipline with dignity*, Alexandria, Association for Supervision and Curriculum Development.

———— (1988b), « Packaged discipline programs : Let the buyer beware », *Educational Leadership*, vol. 46, n° 2, p. 68-71.

———— (1992), *Discipline with dignity* [Workshop participants handout], Rochester, Discipline Associates.

MENDLER, A. et R. Curwin (1983), *Taking charge in the classroom*, Reston, Reston Publishing.

TROISIÈME PARTIE

Les systèmes personnels de discipline

Le principal objectif de cet ouvrage est d'aider le lecteur à élaborer son propre système de discipline, c'est-à-dire un système qui tienne compte à la fois des besoins de ses élèves et de sa propre personnalité, de sa philosophie de la vie et de sa manière d'enseigner. Cette dernière partie comprend les chapitres suivants :

11. UNE CLASSE QUI INCITE À LA BONNE CONDUITE.
12. L'ÉLABORATION D'UN SYSTÈME PERSONNEL DE DISCIPLINE.
13. EXEMPLES DE SYSTÈMES PERSONNELS DE DISCIPLINE.

Une classe qui incite à la bonne conduite

Comme nous allons nous pencher maintenant sur les systèmes de discipline adaptés aux besoins particuliers d'un groupe d'élèves et d'un enseignant, il est bon de rappeler qu'un gramme de prévention est nettement préférable à un kilogramme de mesures correctives. Lorsqu'un comportement inapproprié se produit, on ne peut éviter, même en employant les meilleures techniques d'intervention, que l'enseignement soit perturbé et que des sentiments négatifs, nuisibles à la relation enseignant-élèves, se fassent jour. Il est évidemment impossible d'éliminer tout à fait les comportements inacceptables mais, en organisant la classe de manière à promouvoir la bonne conduite, l'enseignant peut réduire leur occurrence au minimum. L'objectif visé est donc de créer dans la classe un climat chaleureux, stimulant et propice à l'apprentissage et de fournir aux élèves les outils dont ils ont besoin pour réussir. Nous allons examiner dans le présent chapitre diverses techniques susceptibles d'aider l'enseignant à atteindre ce but, par rapport à trois dimensions de la vie scolaire : la *dimension personnelle*, la *gestion de classe* et l'*attitude de l'enseignant*.

LA DIMENSION PERSONNELLE

La *dimension personnelle* comprend aussi bien l'attitude des élèves que la manière dont on les traite. Lorsqu'ils se sentent en sécurité, les élèves n'ont généralement guère d'autres comportements inacceptables que de bavarder et de rire à contretemps. Mais à l'heure actuelle, comme le soulignent William Glasser (voir le chapitre 8), Richard Curwin et Allen Mendler (voir le chapitre 10), un grand nombre d'élèves ont une piètre image d'eux-mêmes et manifestent peu d'intérêt pour l'école. Ils font fréquemment preuve d'un comportement inapproprié, lequel reflète leur besoin de protéger ou de renforcer leur sentiment de dignité.

L'AMÉLIORATION DE L'IMAGE DE SOI DE L'ÉLÈVE

L'enseignant a le pouvoir d'aider les élèves à améliorer leur image de soi, le plus souvent (1) en accordant régulièrement à chacun, en tant que personne, l'attention dont il a besoin, (2) en faisant en sorte que chaque élève connaisse des réussites sur le plan scolaire et (3) en veillant à ce que ces réalisations soient reconnues. En outre, l'enseignant doit s'assurer qu'il n'y a pas de place dans sa classe pour l'échec, le rejet et l'humiliation. S'il réussit à aider les élèves à rehausser leur image de soi, il facilitera l'apprentissage et diminuera par le fait même la fréquence des comportements inappropriés.

L'attention accordée par l'enseignant à chaque élève, en tant que personne

Lorsqu'on repense aux enseignants qu'on a le plus appréciés, on se rappelle habituellement ceux qui nous ont prêté le plus d'attention : ceux qui nous ont accepté, parlé, encouragé, parfois bousculé un peu, et se sont réjouis de nos progrès. Ils ont réussi à nous persuader que nous avions de la valeur. Ils ont fait croître en nous un sentiment d'appartenance et de compétence et nous ont montré qu'une personne importante se souciait de nous. Tout cela a contribué à accroître la confiance que nous avions en nous-mêmes.

Ce que nos meilleurs enseignants ont fait pour nous n'était pas particulièrement difficile. Ils nous ont simplement traité comme tout élève désire l'être : ils nous ont accordé attention et soutien et nous ont prodigué des encouragements. En outre, ils nous ont fait comprendre que nous n'avions pas le droit de nous satisfaire de la médiocrité ; ils nous ont incité à viser l'excellence.

Assurer à l'élève une réussite authentique

Il est facile de faire croire à une personne qu'elle réussit, alors qu'il n'en est rien. Ainsi, on peut dire à un élève qu'il « apprend bien » ou « se conduit très bien » quand c'est tout le contraire en réalité. Certains enseignants emploient cette tactique dans l'espoir de maintenir la motivation d'un élève. Cependant, tout sentiment de réussite fondé sur des compliments non justifiés s'évanouit tôt ou tard au contact des événements.

Il est donc essentiel que les élèves fassent l'expérience de *réussites authentiques*, qui reposent sur des réalisations véritables, des progrès significatifs et des efforts consentis. L'une des obligations fondamentales de l'enseignant, c'est d'enseigner de telle sorte que les élèves fassent régulièrement ce type d'expérience. Ils peuvent y parvenir : (1) en fixant des buts clairs et réalistes et en ne les perdant pas de vue, (2) en suivant un programme scolaire susceptible de promouvoir la compétence, (3) en dispensant des directives, des conseils et un soutien adéquats, (4) en employant un matériel pédagogique approprié et (5) en enseignant aux élèves à bien se conduire.

DES BUTS CLAIRS ET RÉALISTES. Les élèves réussiront plus facilement s'ils comprennent bien les buts fixés, se jugent capables de les atteindre et considèrent que ces buts valent la peine de faire des efforts. On devrait vérifier au cours de discussions de groupe si ces trois conditions sont remplies ; si tel n'est pas le cas, il faut modifier les buts. Il est conseillé d'établir un échéancier et des méthodes de contrôle afin d'évaluer les progrès des élèves par rapport aux objectifs à long terme car cela leur permet de se rendre compte du chemin parcouru et maintient leur motivation.

UN PROGRAMME SCOLAIRE SUSCEPTIBLE DE PROMOUVOIR LA COMPÉTENCE. Un bon programme scolaire doit mener à la réalisation de véritables objectifs, c'est-à-dire à l'acquisition d'habiletés importantes ; il ne doit pas consister en une série d'activités planifiées un peu n'importe comment, dans le seul but d'occuper les élèves. Dans un programme judicieusement élaboré, on construit les nouvelles connaissances sur la base de savoirs déjà acquis, ce qui permet aux élèves de se rendre compte que leur compétence dans un domaine donné augmente graduellement. Il est important de fournir aux élèves le moyen d'évaluer régulièrement leurs progrès et de les leur faire remarquer.

Les directives, les conseils et le soutien. Certains élèves manquent d'autonomie et de maîtrise de soi et, par conséquent, s'avèrent incapables d'effectuer un bon travail par eux-mêmes, quel que soit le soin avec lequel les activités sont planifiées. L'enseignant doit les surveiller, les guider, leur donner des conseils, les aider et les encourager à fournir un travail de qualité. Ce rôle de soutien est primordial et il ne faut pas le négliger. On se rend vite compte dans la pratique que, pour apprendre, de nombreux élèves ont besoin de l'attention d'un superviseur bienveillant.

L'emploi d'un matériel pédagogique approprié. Un bon matériel pédagogique rend l'apprentissage plus agréable en faisant ressortir l'intérêt du sujet à l'étude et en facilitant sa compréhension. Il offre des suggestions, des exemples, des illustrations, des problèmes et des jeux. Il permet d'explorer un sujet à fond et fournit à l'élève des moyens de mettre en application son nouveau savoir. On ne peut emmener les élèves visiter la jungle amazonienne, les pyramides d'Égypte, l'Antarctique ou encore la Finlande pour rencontrer des Lapons. Il est impossible de leur faire observer une molécule, le système solaire ou le fonctionnement d'un réacteur nucléaire. Pourtant, on leur demande d'étudier des sujets de ce type. Si on veut favoriser leur compréhension et leur réussite, il faut leur fournir un matériel pédagogique adéquat.

L'enseignement de la bonne conduite. La majorité des enseignants prennent pour acquis que les élèves savent se conduire de manière appropriée et c'est peut-être vrai de manière générale. Néanmoins, on a observé une amélioration du comportement des élèves lorsque l'enseignant explique clairement ses attentes quant à leur comportement en classe, sur les plans scolaire et social, et qu'il les invite à mettre en pratique ces directives au cours d'activités dirigées et de jeux de rôles mettant en scène diverses situations.

Le développement de l'esprit de groupe

L'esprit de groupe améliore le climat d'apprentissage : en effet, il procure de la stimulation, une orientation et du plaisir, il favorise la détermination et suscite le désir de travailler dans l'intérêt du groupe.

Il n'existe malheureusement pas de recette pour développer l'esprit de groupe. On sait toutefois que l'enthousiasme de l'enseignant, l'attention qu'il accorde aux élèves en tant que personnes, l'application de la règle d'or, l'intérêt du programme scolaire et la détermination du groupe constituent autant de facteurs favorables. Bon nombre de classes où existe un esprit de groupe se sont fixé un objectif important, comme de remporter un concours ou de donner un spectacle. Mais il arrive aussi tout simplement que les individus se découvrent des affinités, ce qui les amène à prendre un réel plaisir à accomplir quelque chose ensemble. Il ne faut cependant pas en déduire que l'esprit de groupe se forme spontanément. L'enseignant dispose de plusieurs moyens pour le mettre en place ; nous allons en examiner quelques-uns ci-dessous.

La solidarité. En premier lieu, il faut faire comprendre aux élèves que la classe est un tout, formé de personnes vivant et travaillant ensemble. Les membres de la classe s'efforcent d'atteindre un but commun, ils font face aux mêmes obstacles et ils ont avantage à s'entraider. Ils ressentent tous les effets de l'échec subi par l'un d'entre eux et ils retirent tous de la fierté à propos des réalisations du groupe.

On peut faire ressortir les différences entre cette vision de la solidarité et la vision individualiste, selon laquelle l'élève qui réussit est louangé et récompensé, alors que celui qui échoue est ignoré ou déprécié. Dans ce dernier cas, l'élève renonce rapidement et cesse de participer aux activités de la classe, ce qui crée un sentiment désagréable d'échec chez l'enseignant, ou encore il adopte un comportement perturbateur, ce qui entrave l'apprentissage en classe et cause du souci à l'enseignant.

Pour favoriser la solidarité, l'enseignant devrait discuter régulièrement avec les élèves de ce qu'ils peuvent accomplir en tant que groupe, de la manière dont ils entendent faire face aux problèmes du groupe et comment ils peuvent travailler ensemble afin d'assurer la réussite de chacun. De plus, on doit faire en sorte que chaque membre du groupe assume des responsabilités, on doit encourager les élèves à exprimer leur opinion au cours de discussions visant précisément à trouver des solutions et on doit inciter tous les élèves à participer aux activités de la classe.

La détermination. Si les élèves comprennent bien ce que l'on attend d'eux et comment ils peuvent atteindre les objectifs fixés, ils feront preuve de plus de détermination. Il est donc utile d'établir des buts précis, à court terme, par exemple terminer la peinture murale en cours au plus tard le vendredi suivant, obtenir une note d'au moins 90 pour 100 au test de vocabulaire ou encore résoudre six problèmes de mathématiques d'ici la fin du cours. De tels objectifs précis, à court terme, sont de loin préférables à des buts vagues, à long terme, comme jouir davantage de la vie, réussir l'examen à la fin de l'année scolaire ou avoir une meilleure situation une fois adulte.

Notons que la détermination ne dépend pas seulement du caractère agréable des activités. Elle est également fonction, du moins chez les élèves d'un niveau plus élevé que le primaire, de la compréhension du rôle que les nouvelles connaissances sont susceptibles de jouer, immédiatement, dans leur vie. Les élèves n'aiment pas faire un travail destiné uniquement à les occuper, sauf si celui-ci est particulièrement intéressant, et même dans ce cas ils se rendent très bien compte qu'il n'a aucune valeur éducative.

LA RECONNAISSANCE PUBLIQUE. La préparation d'un événement public renforce énormément l'esprit de groupe. Ainsi, lorsqu'une classe de maternelle prépare la fête annuelle, à laquelle les parents sont invités, ils travaillent avec ardeur à la confection de costumes en papier et à la décoration de la salle de classe et se donnent du mal pour apprendre des chansons. Les élèves des cours de science travaillent avec enthousiasme aux projets qu'ils présenteront lors de l'exposition scientifique semi-annuelle. Les élèves des cours d'éducation physique sont fiers de faire des démonstrations de gymnastique rythmique et d'acrobatie et de participer aux jeux d'équipe lors de la soirée récréative organisée pour les parents. On donne souvent un compte rendu de ces événements dans le journal local et parfois même à la télévision ; les élèves désirent en général recevoir cette reconnaissance, et ils font preuve de plus de détermination et d'un sens accru des responsabilités. Ils deviennent plus conscients de leur capacité de réussir et, par le fait même, ont une meilleure image de soi.

Il est évident que seulement une petite partie du travail accompli pendant un semestre ou une année scolaire fait l'objet d'une exposition ou d'un spectacle, mais nous indiquons ci-dessous les moyens employés par certains enseignants pour reconnaître les progrès des élèves, au sein même de la classe.

LA REPRÉSENTATION GRAPHIQUE DES PROGRÈS DU GROUPE. Il est possible de représenter graphiquement les progrès accomplis par l'ensemble de la classe. Au primaire, la courbe des progrès est souvent faite d'une corde ou d'une bande de papier collées au mur. Dans d'autres classes, les élèves dessinent une peinture murale illustrant les activités de la classe et les réalisations du groupe. Au primaire et au secondaire, on peut tenir un journal de bord, et ce sont les élèves qui décident de ce qui y sera inscrit ; de nombreux élèves éprouvent un grand plaisir à relire ce document durant l'année.

LA REPRÉSENTATION GRAPHIQUE DES PROGRÈS INDIVIDUELS. La représentation graphique des progrès individuels constitue un autre moyen d'inciter les élèves à fournir des efforts. Cependant, il vaut mieux ne pas afficher ces graphiques en classe lorsqu'ils sont peu flatteurs pour certains élèves ; ces derniers peuvent les conserver dans leur dossier personnel, qu'ils sont tenus de montrer uniquement à l'enseignant et à leurs parents. Le graphique peut indiquer si un objectif a été ou non atteint, la quantité de travail fournie, le pourcentage de bonnes réponses à des tests, etc. La majorité des parents apprécient le fait de pouvoir consulter des documents de ce type, car ceux-ci font état des méthodes employées par l'enseignant et de ses efforts pour aider leur enfant.

LA COMMUNICATION ENSEIGNANT-PARENTS. Les élèves sont généralement plus motivés lorsqu'ils savent que l'enseignant informe régulièrement leurs parents des progrès qu'ils font en classe, et non seulement de leurs manquements. Les renseignements sont fournis soit par l'intermédiaire de l'élève soit directement par l'enseignant ou encore au moyen de documents. Pour aider l'élève à informer ses parents de ce qu'il fait en classe, l'enseignant peut, à la fin de la journée au primaire et à la fin de la semaine au secondaire, prendre quelques minutes pour passer en revue ce que la classe a accompli. Il suffit alors à l'élève de transmettre cette information de retour à la maison.

Le fait de communiquer régulièrement avec les parents permet à l'enseignant de faire ressortir aussi bien les progrès du groupe que les progrès individuels. Cette pratique demande du temps, mais elle porte fruit. Ainsi, l'enseignant peut transmettre ses commentaires aux parents par l'intermédiaire de l'élève, rédiger à l'occasion un bulletin faisant état des accomplissements de la classe et avoir de brèves conversations téléphoniques avec les parents. Dans tous les cas, l'objectif est de faire ressortir les progrès des élèves, non de discuter des problèmes. Il faut bien sûr chercher également à résoudre les difficultés, mais au cours d'échanges réservés à cet effet.

Les parents aiment toujours voir des échantillons du travail de leur enfant et prendre connaissance du contenu des cours et des résultats aux examens. Mais les enseignants ont tout intérêt à vérifier minutieusement les travaux que l'enfant rapporte à la maison, car les parents sont prompts à déceler les erreurs ou les lacunes de l'enseignant et une toute petite erreur suffit parfois à diminuer le respect qu'ils lui portent.

LA PARTICIPATION DANS LA CLASSE. La reconnaissance de leurs efforts et de leurs réussites par les pairs contribue également à motiver les élèves. Les exposés, les démonstrations et l'affichage du travail des élèves sont autant de moyens d'accorder à chacun l'attention dont il a besoin. Certains élèves hésitent au début à participer à ces activités mais, la plupart du temps, un peu d'encouragement vient à bout de leur réticence.

LA RÉDACTION D'UN BULLETIN DE CLASSE. De nombreux élèves trouvent du plaisir à collaborer à la rédaction d'un bulletin hebdomadaire ou trimestriel dans lequel on explique les projets de la classe, on publie des textes écrits par les élèves et on annonce les expositions ou les spectacles en préparation. Le bulletin devrait être rédigé sur un ton sérieux et tous les numéros devraient citer, à propos d'une chose ou d'une autre, le nom de chaque élève. On peut envoyer le bulletin aux membres du personnel administratif, aux parents, à d'autres membres de la communauté et même parfois à des organisations ou à des commerces. Les journaux locaux s'intéressent souvent à ce type de bulletin. Chacun tire avantage de l'attention positive suscitée par le bulletin de classe.

LA GESTION DE CLASSE

La gestion de classe comprend la manière dont on traite les élèves et dont on structure, dirige et surveille les activités scolaires. Dans une classe bien gérée, les élèves font leur travail sans que l'enseignant ait besoin de les amadouer. Les comportements perturbateurs sont réduits au minimum et les conflits sont rares. Les élèves apprennent, l'enseignant a le sentiment de bien remplir sa tâche et il en retire de la satisfaction. Par contre, dans une classe mal gérée, il existe un climat d'agitation. Les élèves sont souvent bruyants sans raison, insatisfaits et indisciplinés. L'enseignant ressent beaucoup de stress au travail et une continuelle frustration. Étant donné qu'une bonne gestion incite à l'efficacité, à la détermination et à la bonne conduite, l'enseignant devrait prêter particulièrement attention aux divers points que nous présentons ci-dessous.

LE CLIMAT DE LA CLASSE

On entend par climat l'ambiance qui prédomine dans la classe ; le climat découle d'un ensemble d'attitudes, de sentiments, de valeurs et de relations. Tous les enseignants en sont conscients et peuvent presque toujours dire immédiatement, en entrant dans une classe, si le climat y est bon ou mauvais.

Un climat médiocre est en général synonyme de chaos ou de désorganisation, ou alors c'est la froideur, la malveillance et l'insécurité qui dominent. Il n'y a pas de place pour l'humour : le sarcasme et l'animosité prévalent. Un tel climat entrave l'apprentissage. Même si on réussit à faire travailler les élèves par la contrainte dans un environnement menaçant, ils en viendront vraisemblablement à détester et l'enseignant et l'école. Les élèves sur lesquels on exerce un contrôle froid et rigide ont peur de commettre des erreurs. Ils obéissent au règlement dans le seul but d'éviter les représailles.

Par contre, un bon climat est chaleureux, agréable et propice à l'apprentissage des élèves. Les relations sont amicales, la bonne humeur règne. Les élèves se sentent acceptés, encouragés, soutenus et en sécurité. Un tel climat est favorable au travail productif et engendre un sentiment de satisfaction et d'accomplissement. Voici comment Cécile Duchesne, responsable d'une classe de deuxième année, décrit la manière dont elle procède pour donner le ton dans sa classe.

> *Au début de l'année scolaire je discute avec les élèves de ce que j'attends d'eux. Je leur dis qu'ils forment ma « famille à l'école ». Je leur explique que, comme dans toutes les familles, il nous arrivera de ne pas être d'accord, mais que cela ne m'empêchera pas de me soucier d'eux. Je leur dis que chaque enfant est unique et très important à mes yeux et que je vais faire de mon mieux pour qu'ils passent une bonne année.*
>
> *J'ajoute que, étant donné qu'ils sont tous très importants pour moi, je n'accepterai pas qu'ils se montrent cruels ou peu aimables les uns envers les autres. Je m'attends à ce que, de tous les élèves de l'école, ce soit eux qui se conduisent le mieux, tant dans la classe que dans la cour de récréation. Je leur dis que la bonne conduite, c'est tout simplement avoir de bonnes manières, c'est-à-dire être*

> *respectueux envers les autres, enfants ou adultes. Je leur parle également de la règle d'or et j'installe un tableau d'affichage réservé à ce thème. Je présente la règle d'or comme la devise de la classe. En fait, c'est la seule règle de la classe et je discute avec les élèves du fait qu'elle recouvre toutes les situations. S'ils ne veulent pas se faire insulter, ils ne doivent pas insulter les autres; s'ils veulent être écoutés, ils doivent écouter les autres; et, par-dessus tout, s'ils veulent avoir des amis, ils doivent se montrer aimables.*
>
> *Les enfants semblent bien comprendre et accepter ce que je leur dis: ils considèrent cette façon d'agir comme équitable et sensée. Ces échanges leur prouvent que je m'intéresse réellement à eux.*

LES RELATIONS HUMAINES ET LE CLIMAT DANS LA CLASSE

Les techniques de communication permettent d'améliorer la qualité des interactions dans la classe et, par le fait même, d'y créer une atmosphère positive. Il vaut donc la peine de s'arrêter aux trois types d'interaction suivants et de mettre en pratique les techniques s'y rapportant: (1) les relations humaines en général, (2) les relations avec les élèves et (3) les relations avec les parents.

Les relations humaines en général

Quatre techniques facilitent les relations humaines en général, dans presque toutes les situations: (1) la bienveillance, (2) une attitude positive, (3) la capacité d'écoute et (4) l'habileté à dispenser des compliments sincères.

LA BIENVEILLANCE. Tout le monde admire les personnes bienveillantes, mais nombreux sont ceux qui ont de la difficulté à faire preuve eux-mêmes de bienveillance, surtout lorsqu'ils se sentent menacés ou lorsqu'ils se trouvent en présence de personnes qui leur déplaisent. Pourtant, en faisant un petit effort, chacun est capable de se montrer aimable même envers les personnes qui ne lui sont pas sympathiques: il suffit de sourire, de parler sur un ton amical, d'appeler l'autre par son nom, de s'enquérir de sa santé et de lui parler de sa famille, de son travail, etc. Quand on se conduit de cette façon, on se rend vite compte que les autres ont tendance à adopter la même attitude.

UNE ATTITUDE POSITIVE. Avoir une attitude positive, cela signifie voir le bon côté des choses. Ainsi, lorsqu'on fait face à un problème, on concentre son attention sur la recherche d'une solution au lieu de se lamenter à propos des obstacles rencontrés ou d'essayer de trouver un coupable. On évite de se plaindre, de dénigrer autrui et de répandre des ragots. Quand on s'adresse aux autres dans un esprit positif, ils sont enclins à adopter la même attitude.

LA CAPACITÉ D'ÉCOUTE. On admire en général les gens capables d'écouter, mais on en est souvent soi-même incapable. La plupart des gens préfèrent parler. Pourtant, une bonne écoute a souvent d'excellents effets et tous les enseignants devraient tâcher d'acquérir cette habileté. Le fait d'écouter une personne lui montre qu'on s'intéresse vraiment à elle. Ce premier pas dans l'établissement d'une bonne relation indique à l'autre que ses opinions comptent et améliore la communication en permettant un véritable échange d'idées.

L'HABILETÉ À DISPENSER DES COMPLIMENTS SINCÈRES. On accorde relativement peu d'attention, dans les relations humaines, à l'habileté à prodiguer des compliments sincères, et pourtant elle exerce une influence considérable. Bien des gens éprouvent de la réticence à faire des compliments parce qu'ils ont souvent observé des personnes faisant des flatteries dans le but d'obtenir une faveur. Néanmoins, tout le monde aime recevoir des compliments. Il suffit pour s'en convaincre de comparer notre propre attitude à l'égard de ceux dont on reçoit des félicitations et de ceux qui n'en font pas (ou qui font des «critiques constructives», non sollicitées). Avec quel type de personnes préfère-t-on travailler et passer ses temps libres?

Cependant, lorsqu'on dispense des compliments, il faut que cela soit sincère et il est préférable d'être explicite. Ainsi, au lieu de s'exclamer: «C'est une idée brillante», on dira: «Tu nous as très bien expliqué le mode de vie des Mésopotamiens». De même, sur le plan personnel, au lieu de s'exclamer: «Tu es très jolie aujourd'hui!», il vaudra mieux dire: «Cette couleur te va très bien».

Les relations avec les élèves

Les techniques mentionnées ci-dessus à propos des relations humaines s'appliquent à tous, quelle que soit la situation. Cependant, dans son travail avec les élèves, l'enseignant devrait employer trois techniques additionnelles: (1) prêter régulièrement attention à chaque élève, (2) se montrer toujours disposé à aider les élèves et (3) être pour les élèves un modèle de courtoisie et de savoir-vivre.

PRÊTER RÉGULIÈREMENT ATTENTION À CHAQUE ÉLÈVE. Le fait de prêter régulièrement attention à chacun des élèves est un excellent moyen de gagner leur confiance et de s'assurer de leur coopération. L'enseignant doit s'intéresser à tous les élèves, et pas seulement à ceux qu'il préfère ou à ceux qui se conduisent mal.

SE MONTRER TOUJOURS DISPOSÉ À AIDER LES ÉLÈVES. Les élèves apprécient particulièrement les enseignants qui se montrent toujours disposés à les aider. Ils sont attirés par les enseignants bienveillants, les admirent et se souviennent généralement d'eux avec respect pendant de nombreuses années. On entend souvent des commentaires du genre: «C'est vrai que Mme Jourdan était exigeante, mais elle essayait vraiment d'aider tous les élèves.»

ÊTRE POUR LES ÉLÈVES UN MODÈLE DE COURTOISIE ET DE SAVOIR-VIVRE. L'enseignant doit s'efforcer d'être pour les élèves un exemple de courtoisie et de savoir-vivre. Il doit se montrer aimable même lorsqu'un élève est grossier et conserver de bonnes manières même lorsqu'il se conduit mal. S'il souhaite que les élèves respectent la règle d'or, il doit la mettre en pratique lui-même.

Les relations avec les parents

Il revient à l'enseignant de communiquer avec les parents. Certains tirent profit de cette responsabilité, alors que d'autres cherchent à l'éviter parce qu'ils sont convaincus soit de l'indifférence des parents soit du fait que les résultats n'en valent pas la peine. Pourtant, une bonne communication avec les parents est souvent le meilleur moyen de s'assurer leur soutien. S'il désire établir de bonnes relations avec les parents, l'enseignant devrait mettre en pratique les techniques présentées plus haut à propos des relations humaines en général, de même que les quatre techniques suivantes : (1) communiquer régulièrement avec les parents, (2) donner des informations claires, (3) décrire ses attentes envers les élèves et (4) mettre en évidence les progrès de l'enfant et ne pas trop insister sur ses points faibles.

COMMUNIQUER RÉGULIÈREMENT AVEC LES PARENTS. L'enseignant devrait communiquer régulièrement avec les parents soit par lettre soit par téléphone ou au moyen d'un bulletin de classe. C'est une façon de manifester du respect pour les parents et de l'intérêt pour leur enfant et de gagner en retour le respect des parents.

DONNER DES INFORMATIONS CLAIRES. Pour donner aux parents des informations claires, il faut se rappeler que bon nombre d'entre eux ne connaissent pas le jargon de l'éducation, par exemple des expressions comme « pensée critique » ou « niveau cognitif » et des sigles comme TAT ou EAO. Il est également préférable d'éviter d'employer des structures de phrases complexes et des mots compliqués quand on peut facilement s'exprimer dans le langage courant. En bref, il faut s'assurer de transmettre aux parents des messages clairs, simples et directs.

DÉCRIRE SES ATTENTES ENVERS LES ÉLÈVES. L'enseignant fait connaître aux parents ses attentes envers les élèves en leur décrivant le programme scolaire dans ses grandes lignes, les activités auxquelles leur enfant participe et les exigences qu'il doit satisfaire, la manière dont son travail est évalué, les exigences à propos des devoirs à faire à la maison et le rôle dévolu aux parents. La majorité des parents apprécient qu'on leur donne de telles informations.

METTRE EN ÉVIDENCE LES PROGRÈS DE L'ENFANT. Il faut toujours garder à l'esprit que les parents n'aiment pas qu'on critique leur enfant. La critique va sûrement provoquer une certaine animosité de leur part. Il est conseillé de mettre en évidence les progrès de l'élève et de parler de ses points faibles comme d'apprentissages à faire.

Les rencontres enseignant-parents

Rencontrer les parents, soit à intervalles fixes soit lorsqu'une difficulté se présente, fait partie de la tâche des enseignants. En général, ces rencontres suscitent de l'anxiété de part et d'autre. L'enseignant craint que les parents critiquent son programme d'activités, son jugement, sa façon d'enseigner ou de se comporter avec les élèves, tandis que les parents ne souhaitent pas se faire dire que leur enfant a des défauts, parce qu'ils ont alors l'impression que les reproches s'adressent à eux.

Cependant, le but des rencontres enseignant-parents est d'accroître les chances de réussite de l'enfant. Si l'enseignant ne perd pas de vue cet objectif et s'il se prépare de façon adéquate, il constatera probablement que l'entretien avec la majorité des parents a été agréable et profitable.

LA PRÉPARATION D'UNE RENCONTRE AVEC LES PARENTS. Il est essentiel que l'enseignant prépare minutieusement chaque rencontre avec les parents afin d'assurer son succès.

1. Passer en revue les points forts et les besoins de chaque élève.
2. Préparer un dossier attrayant pour chacun des élèves, portant son nom.
3. Mettre dans chaque dossier un résumé du programme d'activités indiquant ce qui a déjà été fait et ce qui reste à accomplir.
4. Mettre dans le dossier de chaque élève quelques-uns des travaux qu'il a remis.
5. Avoir avec soi les relevés de notes et les tests ayant servi à l'évaluation des élèves.
6. Se préparer à répondre aux questions les plus probables des parents :
    ♦ Comment mon enfant s'entend-il avec les autres ?
    ♦ Mon enfant cause-t-il des problèmes ?
    ♦ Mon enfant progresse-t-il a un rythme normal ?
    ♦ Quels sont exactement les besoins de mon enfant ?
    ♦ Puis-je faire quelque chose pour aider mon enfant ?

Après s'être bien préparé, l'enseignant doit se concentrer sur l'entretien avec les parents.

1. Se mettre à la place des parents, faire preuve de tact et de politesse.
2. Accueillir les parents de façon amicale et détendue.
3. S'asseoir à une table à côté des parents plutôt qu'en face d'eux, à un pupitre.
4. Parler de l'élève en tant que personne. Rassurer les parents en mettant d'abord en évidence les bons côtés de leur enfant.

5. Expliquer aux parents les documents contenus dans le dossier de l'élève et commenter les exemples de travaux. Au besoin, se référer aux relevés de notes et aux examens.
6. Inviter les parents à parler de ce qui les préoccupe. Les écouter attentivement et leur faire comprendre que leur opinion a de l'importance. Éviter d'argumenter avec eux et de les critiquer, ce qui provoquerait leur ressentiment. Les parents ne sont généralement pas objectifs en ce qui concerne leur enfant.
7. Tout au long de la rencontre, l'enseignant doit s'assurer que les parents se rendent compte qu'il désire donner la meilleure formation possible à leur enfant.
8. L'enseignant termine la rencontre en expliquant aux parents ce qu'il a l'intention de faire pour que leur enfant continue de progresser. Il leur demande ensuite s'il peut compter sur leur soutien, puis les remercie d'être venus le rencontrer pour parler de leur enfant.

L'enseignant doit-il ou non donner des conseils aux parents ?

L'enseignant doit se montrer prudent lorsqu'il s'agit de donner des conseils aux parents sur des sujets en dehors de son champ de compétence. Il vaut mieux qu'il s'en tienne à des questions scolaires et aux comportements normaux influant sur l'apprentissage et que, pour ce qui concerne d'autres sujets, il conseille aux parents de prendre rendez-vous avec l'infirmière de l'école, le psychologue ou tout autre spécialiste. S'ils demandent des conseils à propos des devoirs à faire à la maison, l'enseignant peut leur suggérer de réserver un coin tranquille pour cette activité et de discuter de ce sujet avec leur enfant. S'ils veulent savoir comment mettre fin à des comportements inappropriés à la maison, l'enseignant peut se contenter de leur expliquer sur quels points il insiste lui-même en classe : le respect de quelques règles fondamentales de conduite, l'acceptation de conséquences raisonnables en cas de non-respect de ces règles, une communication franche et la nécessité de montrer à l'enfant que sa présence est appréciée et qu'il est aimé et respecté.

LA GESTION DES ACTIVITÉS EN CLASSE

En général, les enseignants efficaces savent établir un emploi du temps qui contribue à réduire les comportements perturbateurs et favorise le travail productif. Voici comment Marc Tremblay, professeur de mathématiques au secondaire, a l'habitude de commencer ses cours.

> *J'aime que les cours se déroulent dans le calme. Au début de chaque cours, je demande aux élèves de faire un exercice chronométré d'une durée de une minute. Ils savent tous que je leur donnerai le signal de départ*

immédiatement après la sonnerie et que, s'ils n'ont pas déjà à portée de la main un crayon, une feuille de papier et le test, ils n'ont aucune chance de réussir : il ne leur reste plus qu'à essayer de se rattraper le lendemain.

J'accorde beaucoup d'importance au contenu des cours. J'exige de tous les élèves qu'ils effectuent le travail assigné. Ceux qui n'ont pas terminé doivent rédiger eux-mêmes une note, qu'ils remettent à leurs parents, précisant ce qui reste à faire et pour quelle raison. En outre, ils doivent rattraper le retard sur leur temps libre. J'explique bien aux élèves chaque exercice que je leur donne afin qu'ils sachent exactement ce que j'attends d'eux. Ils connaissent également à l'avance les dates des examens et savent ce qu'ils doivent faire pour réussir. Ainsi, ils sont responsables des résultats qu'ils obtiennent.

Je reçois parfois un appel d'un parent dont l'enfant a échoué à un examen pour la première fois. La colère du parent se dissipe rapidement lorsque je lui rappelle que l'élève savait exactement ce qu'il devait faire pour réussir et que, malgré cela, il a fait très peu d'efforts.

Je vous parais peut-être sévère, mais je fais preuve de beaucoup de respect et de courtoisie envers les élèves. Je m'adresse toujours à eux en leur disant « S'il vous plaît » et « Merci ». Je reconnais mes erreurs et je sais m'excuser. Les élèves suivent mon exemple. Nous sommes courtois et respectueux les uns envers les autres, le climat dans la classe est agréable et, ce qui importe le plus, nous faisons le travail que nous avons à faire.

L'emploi du temps, les tâches quotidiennes et le travail de routine jouent dans la discipline un rôle bien plus important qu'on ne le croit. Un emploi du temps bien structuré permet aux élèves de savoir exactement ce qu'ils ont à faire, ce qui réduit les temps morts incitant au mauvais comportement. L'enseignant devrait mettre au point une marche à suivre précise pour : (1) commencer et terminer chaque activité, (2) utiliser le matériel pédagogique, (3) remettre les travaux, (4) confier des tâches aux élèves et (5) aider les élèves durant les périodes de travail individuel.

Commencer et terminer une activité

Dans bien des classes, les élèves perdent beaucoup de temps au moment de se mettre au travail. Ils ne cessent pas de bavarder en entrant dans la salle de classe, ils se rendent lentement à leur place et continuent de parler une fois assis jusqu'à ce que l'enseignant réussisse à attirer leur attention. On peut remédier à cette situation en indiquant aux élèves comment se conduire en entrant dans la classe. Il est généralement préférable de leur demander de se mettre immédiatement au travail et cela peut constituer l'une des règles de conduite en classe. L'enseignant peut inscrire au tableau la première tâche à effectuer. Les élèves entrent dans la salle, s'asseyent immédiatement à leur place et se mettent au travail en une minute au plus après la sonnerie. Au primaire, on peut leur demander d'écrire dans leur journal, de lire en silence un livre de leur choix, de faire des exercices de mathématiques ou de vocabulaire pendant que l'enseignant fait l'appel. Les très jeunes enfants peuvent commencer la journée en s'amusant avec des jeux éducatifs ou en restant assis en silence pendant que l'enseignant leur lit une histoire. Dans tous les cas, on incite les élèves à se mettre immédiatement au travail plutôt que de bavarder et de perdre du temps.

Il est tout aussi important de mettre au point une façon précise de terminer chaque activité. Dans les cours d'arts plastiques, de menuiserie ou d'éducation physique, il faut donner aux élèves le temps de nettoyer ou de se changer. Dans la majorité des cours, il faut prévoir du temps pour remettre en place le matériel utilisé, ramasser les copies et se préparer à quitter la pièce. On doit apprendre aux élèves à procéder selon la marche à suivre dès qu'on leur en donne le signal.

L'utilisation du matériel pédagogique

Dans les classes inefficaces, les élèves perdent du temps chaque fois qu'ils reçoivent du matériel ou le remettent en place après s'en être servi. L'enseignant devrait établir une marche à suivre permettant la distribution rapide du matériel. Par exemple, quelques élèves peuvent être chargés de donner à cinq ou six de leurs camarades ce dont ils ont besoin ou encore chaque élève peut prendre lui-même ce dont il a besoin sur des étagères ou dans des armoires disposées de manière qu'il n'ait pas à faire la queue. La taille des crayons est une cause fréquente de distraction. Certains enseignants exigent qu'elle se fasse avant le début des cours ; d'autres mettent à la portée des élèves un contenant rempli de crayons bien taillés, chaque élève pouvant ainsi échanger le sien au besoin.

À la fin de chaque cours, les élèves doivent procéder de manière aussi efficace pour remettre en place le matériel utilisé. On doit leur indiquer précisément la marche à suivre et ne leur donner qu'une minute pour effectuer cette opération.

La remise des travaux

Il faut indiquer très clairement aux élèves la marche à suivre pour remettre leurs travaux. Si l'on permet à chacun de se rendre au pupitre de l'enseignant pour lui donner sa copie, cela entraînera inévitablement du bruit et une perte de temps et distraira les élèves qui n'ont pas encore terminé. Certains enseignants emploient des méthodes plus efficaces : chaque élève place sa copie sur le coin de son pupitre ou dans une corbeille disposée à un endroit approprié. L'enseignant ou l'élève chargé de cette tâche s'occupe ensuite de ramasser les copies.

Confier des tâches aux élèves

On recommande vivement aux enseignants d'assigner aux élèves des tâches dans la classe. Non seulement cette façon de faire aide l'enseignant, mais elle a également un effet favorable sur l'attitude des élèves. Au secondaire, ces derniers peuvent se charger de distribuer le matériel et de le ramasser, ainsi que s'occuper du réapprovisionnement et de l'entretien du matériel. On leur demande fréquemment d'effectuer des vérifications, de tenir des registres ou de faire des travaux de dactylographie ou de photocopie. Au primaire, certains enseignants assignent un rôle à chaque élève : être président, s'occuper d'allumer et d'éteindre, s'occuper d'ouvrir et de fermer les fenêtres, faire le messager, diriger le groupe pendant les déplacements en rangs, être responsable d'une table à la cafétéria, prendre soin d'une plante ou de l'un des petits animaux de la classe, s'occuper du matériel pédagogique ou audiovisuel, accueillir les visiteurs, etc. Il y a plein de choses qu'on peut demander aux élèves de faire et chacun devrait être invité à participer.

Aider les élèves durant les périodes de travail individuel

Nous avons vu, en étudiant le modèle de Jones (voir le chapitre 7), que bon nombre d'enseignants sont relativement inefficaces lorsqu'ils viennent en aide aux élèves durant les périodes de travail individuel, notamment parce qu'ils accordent trop de temps à chacun des élèves qui sollicite leur aide. Par conséquent, les élèves qui attendent perdent du temps ou adoptent un comportement inapproprié. Jones fait d'excellentes suggestions quant à la manière d'aider les élèves de manière efficace. Nous avons déjà présenté les suggestions suivantes :

1. S'assurer que les élèves savent ce qu'ils ont à faire et comment ils doivent le faire.
2. Fournir aux élèves un modèle écrit qu'ils puissent consulter.
3. Se déplacer dans la classe pour vérifier les progrès des élèves et corriger leurs erreurs.
4. Si un élève lève la main, lui dispenser l'aide individuelle dont il a besoin, en 20 secondes tout au plus, puis s'éloigner immédiatement. Ne pas accepter qu'un élève devienne dépendant au point de ne pouvoir travailler que sous la supervision directe de l'enseignant.
5. Éviter de répéter la leçon à chaque élève ou de poser une question à un élève et d'attendre la réponse. Si plusieurs élèves butent sur la même difficulté, expliquer de nouveau le concept ou le processus à toute la classe.

L'ATTITUDE DE L'ENSEIGNANT

Bien que tous les enseignants puissent finir par adopter de bonnes techniques de discipline, certains ne vont y arriver qu'au prix d'efforts considérables. D'autres semblent faire peu de cas de la discipline, et pourtant le calme règne dans leur classe et ils rencontrent peu de problèmes. On dit souvent de ces derniers que ce sont des enseignants-nés, même si leurs façons d'enseigner diffèrent grandement entre elles. Ils ont cependant une chose en commun : ils semblent capables de prévoir les difficultés et de prendre des mesures adéquates pour prévenir les problèmes.

Les enseignants qui ont de la facilité à appliquer une discipline préventive appartiennent généralement à l'une des catégories suivantes : (1) les enseignants très appréciés des élèves, (2) les enseignants efficaces et (3) les enseignants experts. Il ne s'agit évidemment pas de catégories mutuellement exclusives. Non seulement se chevauchent-elles, mais un même enseignant peut très bien changer de catégorie d'une journée à l'autre, surtout en ce qui a trait à l'efficacité.

Les *enseignants très appréciés* attirent les élèves parce qu'ils leur prêtent attention en tant que personnes, organisent des activités intéressantes, savent créer une atmosphère détendue et ont un sens de l'humour à toute épreuve. Dans les classes dirigées par un enseignant de ce type, les élèves progressent parfois rapidement sur le plan scolaire, mais il arrive également que leurs progrès soient moyens, voire faibles. Ils se conduisent bien dans le but de plaire à l'enseignant et d'être apprécié de lui.

Les *enseignants efficaces* sont doués pour la planification, l'organisation, l'enseignement et la gestion de classe ; ils ne laissent rien au hasard. Les élèves progressent rapidement sur le plan scolaire, mais ils n'apprécient pas nécessairement l'enseignant, surtout si l'efficacité semble plus importante pour lui que la stimulation ou l'intérêt porté aux élèves. À cause du malaise créé par un environnement peu chaleureux, ces derniers ont peu de plaisir à fréquenter l'école. Ils se comportent généralement bien parce qu'ils ne peuvent pas vraiment faire autrement avec un emploi du temps très structuré, des règles de conduite strictes et des conséquences très sévères.

On retrouve chez les *enseignants experts* les caractéristiques les plus enviables des deux autres catégories. Ils sont efficaces tout en faisant preuve de flexibilité ; ils font comprendre aux élèves qu'ils se soucient d'eux ; ils font de leur mieux pour rendre l'apprentissage intéressant, stimulant et satisfaisant. Les élèves progressent rapidement sur le plan scolaire, ils admirent et respectent l'enseignant et, en général, l'apprécient en tant que personne. Ils se conduisent bien parce que l'enseignant établit des règles de conduite sensées et leur accorde son attention, en tant que personnes, si bien qu'ils cherchent à lui faire plaisir.

COMMENT DEVIENT-ON UN ENSEIGNANT EXPERT ?

Si vous croyez être apprécié de vos élèves, mais que vous reconnaissiez manquer d'efficacité, essayez de trouver des moyens pour amener les élèves à s'appliquer davantage. Structurez mieux vos cours, fournissez plus de soutien aux élèves et efforcez-vous de réduire au minimum les comportements perturbateurs. N'oubliez pas cependant que, même si l'enseignant expert sait s'organiser, il ne devient pas pour autant esclave de l'efficacité : il est capable de s'adapter aux circonstances.

L'une des caractéristiques de l'enseignant expert est de dispenser des cours stimulants. Il sait ajouter un certain mystère et du suspense à son enseignement et il incite les élèves à participer. Il sait également utiliser des techniques de communication pour établir de bonnes relations avec les élèves, ce qui contribue à créer un esprit de groupe, soit l'une des réalisations les plus souhaitables dans la classe.

EXERCICES

1. Étudiez le commentaire d'une enseignante, Colleen Meagher, rapporté ci-dessous, et identifiez les mesures se rapportant respectivement à l'environnement physique, au climat de la classe et à l'emploi du temps.

   Je fais en sorte que les activités de la journée se déroulent sans anicroche et que je n'aie pas à donner inutilement des directives. Je chronomètre les transitions entre deux activités à l'aide d'un compte-minutes et je mets les élèves au défi de tout ranger et de se préparer pour ce qui suit avant que la sonnerie se déclenche. Je permets aux élèves de travailler en groupe et parfois aussi de parler à voix basse et de se déplacer dans la classe. Les pupitres sont disposés en U, face au tableau, de sorte que je peux regarder chaque élève droit dans les yeux ou me rapprocher facilement de lui.

2. M. Thériault a rédigé la note suivante, qu'il a l'intention d'envoyer aux parents des élèves afin de leur expliquer les buts qu'il s'est fixés pour la classe.

   J'ai l'intention de mettre l'accent sur la maximisation de l'image de soi des élèves, en employant des approches et traditionnelles et récentes. J'expliquerai aux élèves, sur le plan du vécu et non d'un point de vue behavioriste, les habiletés que je souhaite les aider à acquérir. J'évaluerai les progrès accomplis selon une méthode observationnelle. Votre participation serait appréciée.

   M. Thériault vous demande de lire cette note et de lui suggérer des modifications s'il y a lieu. Que lui direz-vous ?

3. Choisissez d'abord un niveau d'enseignement, une matière et un sujet, puis indiquez comment vous procéderiez pour la distribution et le

rangement du matériel, quel emploi du temps vous adopteriez et comment vous dispenseriez aux élèves l'aide dont ils ont besoin durant les périodes de travail individuel.

4. Choisissez d'abord un niveau d'enseignement ou une matière et décrivez le message que vous aimeriez transmettre aux parents au début de l'année scolaire et comment vous vous y prendriez pour y arriver. Tenez compte du temps et des efforts requis dans le choix de la méthode.

5. Vous êtes en train de vous préparer pour la rencontre prévue avec le père de Jérôme, un jeune garçon plein d'humour et bien intentionné qui obtient tout juste la note de passage dans toutes les matières. Il ne travaille guère à l'école et vous vous doutez qu'il ne fait absolument rien à la maison. Le directeur vous a informé que le père de Jérôme exige que son fils travaille à l'atelier de rembourrage dont il est propriétaire après les heures de classe. Quelle attitude adopterez-vous envers le père et que lui direz-vous ?

6. Étudiez le scénario 1 ou 2 présenté à l'appendice, puis indiquez les changements susceptibles d'inciter, et non de contraindre, les élèves à mieux se conduire.

RÉFÉRENCES BIBLIOGRAPHIQUES ET LECTURES SUGGÉRÉES

ANGELL, A. (1991), « Democratic climates in elementary classrooms : A review of theory and research », *Theory and Research in Social Education*, vol. 19, p. 241-266.

AUGUSTINE, D., K. Gruber et L. Hanson (1990), « Cooperation works ! », *Educational Leadership*, vol. 47, p. 4-7.

BANBURY, M. et C. Hebert (1992), « Do you see what I mean ? language in classroom interactions », *Teaching Exceptional Children*, vol. 24, p. 24-28.

BARTELL, J. (1992), « Starting from scratch », *Principal*, vol. 72, p. 13-14.

BROPHY, J. (1987), « Synthesis on strategies for motivating students to learn », *Educational Leadership*, vol. 45, p. 40-48.

BROPHY, J. et J. Putnam (1979), « Classroom management in the elementary school », *in* D. L. Duke (dir.), *Classroom management : The seventy-eighth yearbook of the National Society for the Study of Education* (p. 182-216), Chicago, University of Chicago Press.

CANGELOSI, J. (1993), *Classroom management strategies : Gaining and maintaining students' cooperation*, 2e éd., White Plains, Longman.

CANTER, L. et M. Canter (1992), *Assertive Discipline : Positive behavior management for today's classrooms*, 2e éd., Santa Monica, Lee Canter & Associates.

CAWTHORNE, B. (1981), *Instant success for classroom teachers, new and substitute teachers in grades K through 8*, Scottsdale, Greenfield.

CHARLES, C. et G. Senter (1995), *Elementary classroom management*, 2ᵉ éd., White Plains, Longman.

CORNO, L. (1992), « Encouraging students to take responsibility for learning and performance », *Elementary School Journal*, vol. 93, p. 69-83.

EMMER, E., C. Evertson et L. Anderson (1980), « Effective classroom management at the beginning of the school year », *Elementary School Journal*, vol. 80, p. 219-231.

EVERTSON, C. (1989a), « Classroom organization and management », *in* M. Reynolds (dir.), *Knowledge base for the beginning teacher*, Oxford, Pergamon Press.

─────── (1989b), « Improving elementary classroom management: A school-based training program for beginning the year », *Journal of Educational Research*, vol. 83, p. 82-90.

EVERTSON, C. *et al.* (1989), *Classroom management for elementary teachers*, Englewood Cliffs, Prentice-Hall.

EVERTSON, C. et A. Harris (1992), « What we know about managing classrooms », *Educational Leadership*, vol. 49, n° 7, p. 74-78.

FRASER, B. et P. O'Brien (1985), « Student and teacher perceptions of the environment of elementary school classrooms », *Elementary School Journal*, vol. 85, n° 5, p. 567-580.

JONES, V. et L. Jones (1990), *Comprehensive classroom management: Motivating and managing students*, Needham Heights, Allyn & Bacon.

KRAMER, P. (1992), « Fostering self-esteem can keep kids safe and sound », *PTA Today*, vol. 17, n° 6, p. 10-11.

LATHAM, G. (1993), *Managing the classroom environment to facilitate effective instruction* [Six-part videotape in-service training program], Logan, P & T Ink.

MARKOFF, A. (1992), *Within reach: Academic achievement through parent-teacher communication*, Novato, Academic Therapy Publications.

NOVELLI, J. (1990), « Design a classroom that works », *Instructor*, vol. 100, n° 1, p. 24-27.

SCHELL, L. et P. Burden (1992), *Countdown to the first day of school: A 60-day get-ready checklist for first-time teachers, teacher transfers, student teachers, teacher mentors, induction-program administrators, teacher educators* (NEA Checklist series), Washington, National Education Association.

SIDMAN, M. (1989), *Coercion and its fallout*, Boston, Authors Cooperative.

SLAVIN, R. (1991), « Synthesis of research on cooperative learning », *Educational Leadership*, vol. 48, p. 71-82.

WEADE, R. et C. Evertson (1988), « The construction of lessons in effective and less effective classrooms », *Teaching and Teacher Education*, vol. 4, n° 3, p. 189-213.

WEINSTEIN, C. (1992), « Designing the instructional environment: Focus on seating », *in Proceedings of selected research and development presentations at the Convention of the Association for Educational Communications and Technology*, ERIC Document Reproduction Service.

WONG, H. et R. Wong (1991), *The first days of school: How to be an effective teacher*, Sunnyvale, Harry K. Wong.

CHAPITRE 12

L'élaboration d'un système personnel de discipline

Le principal objectif du présent ouvrage est d'aider le lecteur à élaborer un système de discipline efficace, adapté tant à sa propre personnalité qu'aux caractéristiques et aux besoins de ses élèves. Les relations enseignant-élèves ont longtemps relevé de l'affrontement plutôt que de la coopération, mais cette perspective n'a plus cours aujourd'hui. Nous avons vu dans les chapitres précédents qu'il est possible d'amener les élèves à adopter un comportement acceptable en classe en ayant recours à des méthodes non coercitives, lesquelles nécessitent une moins grande dépense d'énergie, occasionnent moins de pertes de temps, assurent de meilleures relations interpersonnelles et permettent de garder un bon moral.

Désormais, la question essentielle qui se pose à un enseignant ne concerne pas sa capacité à instaurer un comportement acceptable en classe, mais la façon dont il peut y arriver tout en permettant à chacun de satisfaire ses besoins fondamentaux. Pour ce faire, on pourrait penser que la meilleure approche consiste à analyser tous les modèles présentés dans cet ouvrage, puis à choisir celui qui semble le plus adéquat. Mais de nombreux enseignants ont constaté que les systèmes « préfabriqués » donnent rarement les résultats escomptés. Par exemple, ils se rendent vite compte que les très jeunes enfants réagissent bien aux techniques de modification du comportement, mais que ce n'est pas toujours le cas pour les élèves plus âgés ou particulièrement turbulents. En outre, ils finissent souvent par se lasser d'avoir à dispenser continuellement des renforçateurs et ils se demandent si les élèves n'en viennent pas à travailler uniquement dans le but de recevoir des récompenses concrètes. De même, de nombreux enseignants se refusent à employer la discipline par l'affirmation de soi : ils reconnaissent que ce système est extrêmement bien structuré et qu'il s'avère efficace pour contrôler le comportement, mais ils estiment qu'il est trop sévère dans le cas des jeunes enfants ; par ailleurs, selon eux, ce système ne permettrait guère de développer la maîtrise de soi et le sens des responsabilités chez les élèves, quel que soit le niveau d'enseignement. Chacun des modèles de discipline suscite des commentaires semblables ; en dépit de leurs avantages respectifs, aucun de ces modèles n'est parfaitement adapté à tous les groupes et à toutes les situations. Les élèves diffèrent par leur histoire personnelle, leur appartenance à une communauté linguistique, leurs valeurs, leur expérience et le soutien qu'ils reçoivent de leurs parents. Les enseignants aussi diffèrent. Si on en choisit cinq au hasard, on découvrira probablement qu'ils présentent cinq personnalités et cinq conceptions de la vie différentes, de même que des différences majeures quant à leurs préférences et à la manière de communiquer et d'enseigner. Étant donné la diversité des milieux sociaux, des écoles, des élèves et des enseignants, il n'est pas étonnant que les systèmes « préfabriqués » de discipline ne répondent pas à toutes les attentes d'un enseignant.

C'est pourquoi il est préférable que l'enseignant élabore un système personnel de discipline adapté à ses élèves, aux conditions dans lesquelles il travaille et à ses propres préférences. Cette tâche ne pose pas de difficulté, car les modèles existants fournissent quantité de méthodes et de techniques, facilement applicables, parmi lesquelles l'enseignant peut choisir.

ÉLÉMENTS DE BASE POUR L'ÉLABORATION D'UN SYSTÈME PERSONNEL DE DISCIPLINE

Judith Schulman (1989) rapporte l'expérience de Michael, détenteur d'une maîtrise en biologie marine et occupant depuis peu un poste d'enseignant dans un quartier défavorisé.

> *Le choc avec la réalité a été brutal. Je me suis trouvé face à des groupes d'élèves indisciplinés, dont certains appartenaient à des gangs, et chez lesquels les capacités scolaires étaient fort limitées. J'étais convaincu que, à force de gentillesse et de patience, j'arriverais à les aider tous, une fois que je leur aurais fait comprendre que je m'intéressais réellement à eux. Plein d'ardeur dans mon souci de transmettre mon savoir, je me suis lancé dans la préparation des cours. J'ai préparé des feuilles de travaux pratiques où j'expliquais en détail ce que les élèves devaient mesurer et quelles unités métriques ils devaient employer. J'ai ensuite assigné une place à chacun des élèves au laboratoire, en formant des équipes de deux élèves auxquelles j'ai donné un mètre. Il en est résulté un charivari indescriptible.*
>
> *J'avais pensé aller voir chaque équipe et répondre à toutes les questions, ce qui m'aurait donné l'occasion de faire connaissance avec les élèves. Malheureusement, comme j'ai dû le constater, les intentions n'ont souvent pas grand-chose à voir avec la réalité. (p. 4)*

CE QUE LES ENSEIGNANTS DÉSIRENT

Les enseignants redoutent de se trouver dans le genre de situation décrite ci-dessus. Ils souhaitent que les élèves se conduisent bien et manifestent un intérêt sincère pour l'apprentissage. Mais, étant donné qu'ils ont rarement affaire à des groupes modèles, ils cherchent à s'appuyer sur un système de discipline :

1. qui soit susceptible de prévenir la plupart des comportements inacceptables ;
2. qui permette de réorienter de manière positive les comportements inacceptables ;
3. qui favorise l'établissement d'une relation de confiance entre l'enseignant et les élèves ;
4. qui soit considéré comme équitable par les élèves ;
5. qui incite les parents à apporter leur soutien et leur aide ;
6. qui soit efficace et facilement applicable.

Vérifiez si les éléments de cette liste décrivent vos attentes à l'égard d'un système de discipline, et modifiez cette liste s'il y a lieu. Vous pourrez vous y référer lorsque vous élaborerez votre propre système de discipline.

Ce que les enseignants savent, et ne savent pas, au sujet des élèves

Si l'on veut qu'un système de discipline donne les résultats escomptés, il faut tenir compte des traits de caractère des élèves. Certains, d'ordre génétique, sont relativement bien compris ; mais d'autres, d'origine culturelle, sont plus difficiles à expliquer. Notre société subit des changements rapides. Une proportion importante de la population fait usage de drogues. La pauvreté gagne du terrain et touche un nombre grandissant d'enfants ; il y a des sans-abri dans chaque grande ville ou presque. Des dizaines de milliers d'enfants vivent dans des familles monoparentales et un pourcentage significatif d'entre eux se retrouvent livrés à eux-mêmes durant la journée. Un grand nombre souffrent de malnutrition et ne reçoivent pas les soins médicaux requis.

Il est donc parfois difficile pour les enseignants de connaître les conditions de vie réelles de leurs élèves, et tous les facteurs qui peuvent les conduire à l'échec scolaire. Par contre, les divers groupes sociaux et économiques présentent des caractéristiques communes, dont nous allons traiter ci-dessous.

La maternelle et le premier cycle du primaire (de 4 à 9 ans).

Les enfants entrent à la maternelle à l'âge de 4 ou 5 ans ; ce ne sont encore que des bébés à bien des points de vue. Ils jouent à faire semblant, se parlent à eux-mêmes, se fatiguent rapidement, font des difficultés à propos de rien, pleurent et ont souvent besoin de se reposer. Ils trébuchent, avancent à quatre pattes et s'allongent sur le plancher. Ils ne font pas vraiment la différence entre le travail et le jeu et ont besoin d'être surveillés de près. Certains enfants s'amusent bien en groupe, alors que d'autres, ayant été gâtés, ne veulent en faire qu'à leur tête.

À ce niveau scolaire, les enseignants établissent généralement deux ou trois règles de conduite, tout en sachant qu'elles seront enfreintes régulièrement. Ils passent beaucoup de temps à les rappeler aux enfants et à inciter ces derniers à bien se conduire. Cette façon de procéder prévaut jusqu'en deuxième année ; les élèves apprennent peu à peu à se comporter de façon acceptable à l'école, c'est-à-dire à lever la main avant de prendre la parole, à marcher en rangs et à attendre patiemment leur tour.

Les élèves du primaire ne questionnent pas l'autorité des adultes, mais ils essaient fréquemment de s'y soustraire. Ils réagissent positivement aux compliments, aux manifestations d'affection et à l'attention qu'on leur porte.

Le deuxième cycle du primaire (de 9 à 12 ans).

Les élèves de quatrième année commencent à être plus autonomes même s'ils désirent encore recevoir de l'attention et de l'affection de la part de l'enseignant. Ils ressentent moins le besoin de se faire serrer dans ses bras et se contentent de lui tenir la main.

À cet âge, les élèves reconnaissent la nécessité des règles de conduite et des mesures pour les faire respecter. Ils acceptent qu'on impose des conséquences raisonnables si quelqu'un enfreint le règlement, surtout s'ils ne sont pas eux-mêmes responsables de l'infraction. Ils sont capables de participer à l'établissement des règles et des conséquences et aiment bien généralement discuter des mesures correctives.

Ils n'acceptent plus aveuglément l'autorité de l'enseignant. Ils sont enclins à argumenter, à répliquer et à faire preuve de mauvaise volonté. Par ailleurs, on peut s'attendre à ce qu'ils se plaignent si les règles et les conséquences ne sont pas appliquées de façon cohérente et impartiale.

LE PREMIER CYCLE DU SECONDAIRE (DE 12 À 15 ANS). À cet âge, les élèves éprouvent de grandes difficultés à se conduire de manière appropriée et l'enseignant doit faire preuve de beaucoup d'habileté pour garder le contrôle de la classe, enseigner de manière satisfaisante et établir de bonnes relations avec eux.

La tâche d'enseignant est particulièrement ardue à ce niveau pour plusieurs raisons. Les changements que les élèves observent dans leur propre corps suscitent chez eux de l'inquiétude, de la perplexité, de l'excitation et de l'étonnement. Leurs découvertes à propos de l'autre sexe les émeuvent et les déroutent. La séparation psychologique de leurs parents provoque un sentiment de perte et d'isolement. Et c'est à ce moment qu'on leur demande de s'adapter à une nouvelle structure scolaire, à un nouveau programme et à de nouvelles façons d'enseigner.

Tous les facteurs énumérés ci-dessus constituent autant d'entraves à l'apprentissage des élèves. On constate par ailleurs une tendance accrue à la rébellion et à la marginalité. Les élèves n'éprouvent plus de crainte à l'égard de l'enseignant, mais ils sont capables d'éprouver du respect et de l'affection pour lui s'il les encourage et les soutient.

LE DEUXIÈME CYCLE DU SECONDAIRE (DE 15 À 17 ANS). Le deuxième cycle du secondaire est une période d'apaisement, au cours de laquelle les élèves se découvrent et commencent à accepter leurs corps et leurs émotions. Certains ont déjà une idée de ce qu'ils veulent faire plus tard ; d'autres, malheureusement, ont de plus en plus de difficulté à s'intégrer au système scolaire.

Les relations avec les adultes s'établissent sur une autre base. La majorité des élèves abandonnent l'alternance amour-haine qu'ils avaient adoptée au cours des années précédentes ; leur respect pour les adultes croît au fur et à mesure qu'ils prennent conscience de faire eux-mêmes partie de la communauté au sens large.

L'enseignant devrait alors traiter les élèves en adultes, sans renoncer à son autorité. Il est toujours en charge de la classe, mais les élèves sont de plus en plus responsables de leur propre apprentissage et de leur comportement; l'enseignant devient pour eux un guide et un modèle.

Les problèmes chroniques

Les enseignants savent qu'ils feront nécessairement face à des problèmes chroniques, qui les empêcheront parfois de se concentrer. Les difficultés suivantes comptent parmi les plus fréquentes.

Le bavardage. Le bavardage est ce qui exaspère le plus fréquemment les enseignants du primaire. Il est préférable qu'ils résistent à l'envie de faire des réprimandes aux élèves et se contentent de dire: « Une règle de conduite dans la classe interdit de bavarder » ou « Peux-tu attendre à la récréation pour me parler de cela ? » ou encore « Veux-tu écrire ce que tu as à me dire et je le lirai plus tard ? »

L'attitude décontractée. Ce comportement, qui est un moyen très agaçant d'attirer l'attention, apparaît durant la préadolescence et s'intensifie durant l'adolescence. L'élève enfreint les règles tout en évitant l'affrontement direct. Par exemple, il arrive légèrement en retard aux cours, fait preuve d'une légère impertinence tout en conservant une expression aimable, fait des signes non verbaux à ses camarades, adopte une tenue vestimentaire à la limite de l'acceptable et répond volontairement de travers aux questions de l'enseignant. Ce comportement est renforcé par les pairs qui admirent leur camarade sans oser l'imiter. L'enseignant avisé s'abstient d'entrer dans une controverse (de laquelle l'élève décontracté se retirera avec le sourire) et cherche plutôt à régler le problème au moyen de discussions en classe et d'entretiens tête-à-tête avec le contrevenant ainsi qu'en demandant l'aide des parents.

Les cliques. Les cliques d'élèves, très prisées par les préadolescentes mais également recherchées par d'autres groupes, sapent le moral de la classe. Elles provoquent inévitablement des exclusions, des humiliations, de la colère et de la jalousie. Elles sont particulièrement populaires à un âge où la sensibilité est à fleur de peau, et d'autant plus nuisibles. L'enseignant devrait discuter de ce sujet en classe et inciter les élèves à s'abstenir de former de tels groupes. Il devrait également constituer des équipes de travail de manière que les membres d'une même clique soient séparés.

Le refus de travailler ou le manque d'application. On observe ce comportement chez les élèves de tous les niveaux, et plus particulièrement au secondaire. Il fait parfois partie intégrante de l'attitude décontractée mais peut aussi refléter une perte d'intérêt pour l'école. Les enseignants qui ont tenté de l'enrayer au moyen de punitions, comme les mauvaises notes, ont dû se rendre à l'évidence : on ne peut forcer un élève à travailler. On obtient généralement de meilleurs résultats en proposant aux élèves des sujets d'étude intéressants et en mettant sur pied des équipes de travail, car ces deux mesures augmentent la motivation des élèves.

Mémento

Rappelez-vous les points suivants au moment où vous entreprendrez l'élaboration de votre propre système de discipline. En premier lieu, il est impossible de prévenir tout à fait les comportements inappropriés. Les élèves ont besoin qu'on leur impose une discipline pour se développer de manière harmonieuse sur le plan social et sur le plan scolaire. L'enseignant est responsable au premier chef du maintien de l'ordre dans la classe, mais il doit inviter les élèves à participer à l'élaboration et à la mise en application d'un système de discipline. Il est également préférable qu'il explique ce système aux parents et au personnel administratif. Même si cette façon de procéder ne lui plaît pas, il est essentiel et pour lui-même et pour les élèves qu'il l'adopte.

Lors de la mise en application de votre système personnel de discipline, n'oubliez pas que l'exemple constitue le moyen le plus efficace pour enseigner la bonne conduite. Il est étonnant de voir à quel point les élèves imitent le comportement de l'enseignant. Si vous vous montrez bienveillant et respectueux envers eux, ils seront enclins à faire de même ; si vous êtes négatif et sarcastique, ils adopteront probablement la même attitude. Vous retirerez de la satisfaction de votre travail si vous avez la possibilité d'enseigner à des élèves attentifs, coopératifs et reconnaissants, et seule l'application d'un bon système de discipline fournit cette possibilité. Rappelez-vous que Canter insiste sur les droits fondamentaux suivants : (1) le droit des élèves à apprendre dans un environnement chaleureux et (2) le droit de l'enseignant à enseigner sans être dérangé.

L'ÉLABORATION DE VOTRE PROPRE SYSTÈME DE DISCIPLINE

Les trois composantes de la discipline

Les trois composantes suivantes de la discipline ont une égale importance : (1) les mesures préventives, (2) les mesures de soutien et (3) les mesures correctives.

Les mesures préventives. Il est nettement préférable de prévenir le mauvais comportement, plutôt que d'avoir à y mettre fin. Certains affirment que le meilleur moyen de prévenir les comportements inappropriés en classe consiste à présenter aux élèves un programme scolaire intéressant, qui les incite à s'engager dans des activités et leur fasse oublier de mal se conduire. Sachant qu'il est rarement possible d'employer une telle stratégie, ces mêmes personnes conseillent également aux enseignants d'adopter une attitude très ferme dès le début afin d'éviter que les élèves ne les défient. Cette suggestion était peut-être pertinente naguère, mais cela ne suffit pas pour établir la discipline aujourd'hui. Voici quelques exemples de *mesures préventives* efficaces.

- *Rendre le programme scolaire aussi utile et attrayant que possible.* Se concentrer sur les apprentissages ayant le plus de valeur aux yeux des élèves et concevoir des activités agréables. Se rappeler que les besoins fondamentaux des élèves sont le plaisir, le sentiment d'appartenance, la liberté, le pouvoir et la dignité.
- *Demeurer l'autorité suprême dans la classe.* Se montrer agréable et bienveillant envers les élèves, inviter ces derniers à coopérer et à participer à l'élaboration du règlement et à la résolution de problèmes, mais se réserver le droit de prendre des décisions sans appel et en assumer la responsabilité.
- *Établir conjointement avec les élèves des règles appropriées de conduite dans la classe.* Se rappeler que ces règles doivent être concises, claires et peu nombreuses. Discuter de chacune avec les élèves, puis afficher le règlement dans la classe et s'y référer ou le rappeler au besoin.
- *Insister continuellement sur l'importance des bonnes manières et de la règle d'or.* Faire bien comprendre aux élèves, dès le départ, qu'on s'intéresse suffisamment à eux pour exiger qu'ils aient un comportement approprié et de bonnes manières et évitent de faire preuve de cruauté. Être soi-même un modèle pour les élèves en leur montrant qu'on se soucie d'eux, en respectant le règlement et en étant courtois et bienveillant. Discuter souvent de la conduite à l'école et souligner les améliorations observées chez les élèves.

LES MESURES DE SOUTIEN. Il arrive à tous les élèves d'être agités et indisciplinés. Quand l'enseignant se rend compte qu'un élève est sur le point de se comporter de manière inappropriée, il peut faire appel à des *mesures de soutien*, lesquelles visent à aider l'élève à retrouver la maîtrise de soi et à poursuivre son travail. Bien souvent, seul l'élève concerné se rend compte de l'intervention de l'enseignant. Les techniques décrites ci-dessous peuvent être employées à cette fin.

- *Faire un signe à l'élève ayant besoin de soutien.* Apprendre à regarder les élèves droit dans les yeux et à intervenir par un hochement de la tête, un froncement des sourcils ou un signe de la main.
- *Employer la proximité physique lorsque les gestes sont inefficaces.* Il suffit habituellement de se rapprocher d'un élève pour que ce dernier se concentre de nouveau sur son travail.
- *Manifester de l'intérêt pour le travail des élèves.* Se rapprocher des élèves paraissant agités, examiner leur travail, puis leur poser avec entrain des

questions ou faire des commentaires positifs. De temps à autre, lancer une gageure : « Tu as déjà résolu plusieurs problèmes, mais je parie que tu ne réussiras pas à en faire cinq autres d'ici à la fin du cours. »

- *Restructurer un travail difficile ou dispenser de l'aide.* Surveiller les élèves afin de vérifier si certains semblent éprouver des difficultés. Leur donner un indice ou leur faire une suggestion qui leur permettent de poursuivre leur travail. Au besoin, restructurer l'activité en cours : la modifier, la rendre plus stimulante ou en réduire le degré de difficulté.

- *Avoir recours à l'humour lorsque les élèves commencent à se fatiguer.* Les élèves apprécient beaucoup l'humour ; cela leur remonte le moral et réduit la tension. Souvent, une courte pause suffit. Il faut néanmoins éviter de provoquer un chahut qui perturberait la leçon.

- *Confisquer les objets distrayants.* Les élèves apportent toutes sortes d'objets en classe : des jouets, des bandes dessinées, des élastiques, des animaux en peluche, des billets et divers objets interdits. Ceux-ci éveillent la curiosité des autres élèves et entravent l'apprentissage. Si le propriétaire d'un objet ne le range pas immédiatement lorsque l'enseignant le lui demande, ce dernier devrait lui retirer calmement l'objet en question et ne le lui remettre qu'à la fin du cours ou de la journée, en lui faisant des commentaires significatifs.

- *Faire savoir aux élèves, de manière appropriée et au bon moment, qu'on apprécie leur bonne conduite.* Il est préférable de procéder simplement, par un signe de tête, un sourire ou des paroles comme « Merci », « Très bien » ou « Continue ». Féliciter les élèves ayant fourni des efforts, mais veiller à ne pas les embarrasser en le faisant en présence de leurs pairs. Complimenter aussi toute la classe lorsqu'elle le mérite.

- *Exiger que les élèves se conduisent bien.* Lorsque les élèves semblent sur le point de se comporter de manière inappropriée, leur faire des suggestions ou des allusions ou émettre des messages à la première personne. L'enseignant peut leur montrer qu'il se rend compte de leur malaise : « Vous avez travaillé avec beaucoup d'application et nous commençons tous à être fatigués. Si vous êtes très attentifs pendant cinq minutes encore, nous réussirons à terminer ce travail. »

LES MESURES CORRECTIVES. Les mesures préventives et de soutien les plus efficaces ne réussissent pas à enrayer tout à fait les comportements inappropriés. Si un élève enfreint une règle, il est important que l'enseignant intervienne rapidement. Cependant, les *mesures correctives* ne doivent pas viser à intimider le contrevenant ni à provoquer une lutte pour le pouvoir. Il est conseillé de procéder comme suit.

- *Mettre fin au comportement inapproprié.* Il est préférable de faire cesser immédiatement un comportement inacceptable, au lieu de feindre de l'ignorer en espérant que l'élève y mettra fin de lui-même. Les manquements graves au règlement ou à la bienséance — comme le fait de se battre ou de jurer à tue-tête — doivent être réprimés sans délai : « Jean, il est interdit de jurer dans la classe ! » ou « Vous deux, retournez immédiatement à votre place ! »

- *Appliquer une conséquence appropriée au mauvais comportement.* Si l'enseignant a discuté en détail des règles de conduite et des conséquences avec eux, les élèves comprennent très bien le processus. L'enseignant doit rester calme et se contenter de dire : « Suzanne, étant donné que tu ne respectes pas notre entente, tu dois aller t'asseoir dans le fond de la classe et terminer seule ce travail. »
- *Faire preuve de cohérence.* L'enseignant doit toujours appliquer les conséquences de la même façon. S'il se montre sévère une journée et indulgent le lendemain, il sèmera la confusion chez les élèves, ce qui les incitera à vérifier s'ils peuvent enfreindre impunément le règlement. Il doit faire preuve de cohérence, sinon les élèves le mettront à l'épreuve à la moindre occasion.
- *Réorienter les comportements inappropriés de manière positive.* L'enseignant demande au contrevenant de se remettre au travail et, si ce dernier refuse, il l'invite à choisir entre diverses tâches. Il se réserve du temps pour discuter avec l'élève de sa conduite et lui demander ce qu'il peut faire pour l'aider à profiter le plus possible de l'école, sans nuire aux autres.
- *Être prêt à appliquer la règle envers l'insubordination.* L'élève qui refuse d'accepter une conséquence raisonnable doit se rendre immédiatement à la salle réservée aux élèves en retenue, et il se verra interdire l'accès à la classe tant qu'il n'aura pas mis fin à son refus.

L'ÉTABLISSEMENT D'UN SYSTÈME PERSONNEL DE DISCIPLINE EN HUIT ÉTAPES

Les mesures de prévention, de soutien et de correction énumérées ci-dessus peuvent permettre de mettre au point un système de discipline équilibré, susceptible de répondre aux besoins de chacun. Chaque enseignant peut ensuite adapter ce système à sa propre manière d'enseigner. Cette adaptation s'effectue en huit étapes.

1. Identifier clairement les besoins et établir un premier ensemble de limites. Faites une liste des traits de caractère dominants et des principaux besoins des élèves, puis une liste de vos propres traits de caractère dominants et de vos besoins. Déterminez les limites à imposer au comportement des élèves (ce qu'ils doivent faire ou ne pas faire) afin que chacun puisse satisfaire ses besoins. Examinez certaines questions comme le fait de parler, les déplacements, le bruit, la bienséance, la maîtrise de soi, les efforts à fournir, et la mise en marche et la fin des

activités. Si vous avez un besoin particulièrement important à satisfaire, par exemple travailler dans un environnement calme et ordonné, n'hésitez pas à le faire savoir aux élèves et à demander leur coopération.

2. Le premier jour de l'année scolaire, discuter avec les élèves du comportement le plus susceptible de favoriser les intérêts de la classe. Si les élèves sont assez âgés, demandez-leur de quelle manière ils apprennent le mieux et comment on peut créer des conditions de travail agréables. Discutez des besoins de chacun et essayez d'identifier des méthodes convenant aux élèves. Faites-leur savoir que vous pouvez faire preuve de souplesse et que vous acceptez de faire des compromis, mais conservez un droit de veto sur les suggestions contraires, selon vous, à l'intérêt des élèves.

3. Établir conjointement avec les élèves, puis mettre par écrit, les règles et les conséquences régissant le comportement dans la classe. Assurez-vous que les élèves comprennent bien l'entente et la jugent équitable.

4. S'assurer du soutien du directeur, des autres enseignants et des parents. Faites connaître votre système de discipline au directeur et assurez-vous de son appui. Demandez à quelques collègues si vous pouvez compter au besoin sur leur aide. Envoyez aux parents une description de votre système de discipline et expliquez-leur que votre objectif est de créer un environnement aussi propice que possible à l'apprentissage. Demandez-leur leur soutien. Invitez-les à vous retourner une copie signée du règlement afin d'indiquer qu'ils le comprennent et vous donnent leur accord.

5. Décider quelles mesures de prévention et de soutien seront appliquées. Énumérez toutes les mesures susceptibles de contribuer à la création dans la classe d'un climat positif, propice à l'apprentissage et incitant à la maîtrise de soi. Identifiez des activités que les élèves trouvent intéressantes et utiles. Incluez dans le programme des sujets qui vous passionnent et que vous connaissez bien. Décidez comment faire la transition entre deux activités de manière à éviter les temps morts et le désordre.

6. Donner l'exemple aux élèves. Comportez-vous comme vous souhaiteriez que les élèves le fassent; exprimez-vous comme vous souhaiteriez qu'ils le fassent. Discutez avec eux et manifestez de l'intérêt non seulement pour leur travail mais également pour eux, en tant que personnes.

7. Si un élève a de la difficulté, se conduit mal ou refuse de travailler, appliquer l'une des conséquences préétablies et (ou) avoir un entretien avec lui. Demandez à l'élève s'il aimerait vous parler en tête-à-tête, si vous pouvez faire quelque chose pour l'aider à mieux apprendre et à apprécier davantage la vie à l'école. Continuez à lui fournir des occasions d'apprendre même s'il semble accorder peu de prix à vos efforts.

8. Évaluer régulièrement le système de discipline et le modifier au besoin. Évaluez régulièrement les mérites de votre système en ce qui a trait au

maintien d'un climat positif et agréable dans la classe, à sa facilité d'application et à son efficacité dans le contrôle du comportement. Si vous enseignez à une classe de troisième année ou à une classe plus avancée, faites part de vos réflexions aux élèves et demandez-leur leur avis. N'hésitez pas à modifier votre système au besoin.

Exemple d'un système personnel de discipline

À quoi peut ressembler un système de discipline élaboré conformément aux directives énoncées ci-dessus? L'approche de chaque enseignant est évidemment unique, étant donné que les besoins, la conception de la vie, la personnalité et les situations varient d'une personne à l'autre, mais les divers systèmes comportent tout de même des similarités. Nous présentons dans l'encadré 12.1, avec la permission de l'auteure, le modèle élaboré par Deborah Sund pour sa classe de troisième année. (Le chapitre 13 offre d'autres exemples de systèmes de discipline, adaptés à différentes classes et à diverses matières, préparés par des enseignants en poste.)

ENCADRÉ 12.1

Le modèle de Deborah Sund pour une classe de troisième année

Mes besoins, ce que j'apprécie et ce que je n'apprécie pas

Mes besoins

1. Une classe bien ordonnée : un bon aménagement de la salle, un système de rangement approprié du matériel, et des expositions intéressantes et bien conçues.
2. L'organisation : un emploi du temps flexible, permettant l'improvisation au besoin.
3. Les transitions : des transitions faciles, n'entraînant pas de pertes de temps.
4. L'attention : être attentif lorsque je donne des directives ou qu'une personne, quelle qu'elle soit, prend la parole, de même que pendant les activités scolaires.
5. Un comportement adapté à chaque situation : être attentif et silencieux durant les cours, participer aux activités de groupe en respectant les autres, etc.

Ce que j'apprécie

1. L'enthousiasme, de ma part et de celle des élèves.
2. La cordialité, reflétée par le respect mutuel que se portent tous les membres de la classe.
3. Un climat positif et détendu dans la classe, résultant de la maîtrise de soi, de la bienveillance générale et du fait que chacun assume ses responsabilités.

Ce que je n'apprécie pas

1. Le manque d'attention : envers une personne prenant la parole, que ce soit l'enseignant, un autre adulte ou un membre de la classe.

2. Trop de bruit : parler trop fort et bavarder ou rire à contretemps.
3. Les distractions : les jouets, les déplacements inutiles, les coups de coude, les taquineries, etc.
4. Le mauvais usage du matériel de l'école : la détérioration, le gaspillage ou la destruction du matériel pédagogique.
5. Les comportements malveillants : toute violence verbale ou physique adressée à un membre de la classe.
6. Les comportements grossiers : les railleries, les sarcasmes et les mauvaises manières.
7. Les médisances.

Les règles de conduite dans ma classe

Voici les règles de conduite que j'essaie de faire accepter par mes élèves :

1. Se montrer toujours respectueux envers les autres. Parler de manière courtoise, faire preuve de bienveillance et ne pas déranger les autres.
2. Travailler de son mieux. Faire le plus de travail possible et de manière soignée, afin d'en être fier. Ne pas perdre de temps.
3. Parler à voix basse dans la classe. Parler d'un ton normal au cours des discussions de groupe ; parler à voix basse au cours des activités en équipe ; murmurer si l'on doit demander de l'aide.
4. Employer des gestes pour demander une autorisation ou de l'aide. J'explique aux élèves les gestes à faire pour demander de l'aide ou la permission de se déplacer ou de se rendre aux toilettes.

La première fois que je rencontre les élèves, je discute en détail avec eux des règles énumérées ci-dessus. Je leur demande ce qu'ils en pensent et les invite à faire des suggestions. Une fois que nous nous sommes mis d'accord sur le règlement, et pendant quelque temps, je fais régulièrement des rappels et j'aide les élèves à assimiler les règles en faisant des gestes, des allusions, etc.

Les conséquences positives

Les élèves savent que le respect du règlement entraîne systématiquement l'une des conséquences positives suivantes :

1. Une réaction verbale positive.
2. Une réaction non verbale positive (sourire, clin d'œil, signe de tête ou petites tapes dans le dos).
3. À l'occasion, une récompense concrète ou un privilège (autocollant, points ou activité préférée).
4. Un message positif communiqué aux parents par écrit ou par téléphone.

Les conséquences négatives

Les élèves savent que le non-respect d'une règle entraîne systématiquement l'une des conséquences négatives suivantes :

1. Les « gros yeux » : faire les gros yeux en prenant une expression indiquant la déception ou l'étonnement.
2. Un message de désapprobation adressé à toute la classe : « J'entends du bruit » ou « Vous n'êtes pas tous attentifs ».
3. Une réaction verbale directe et négative : « Gordon, tu n'as pas employé le geste convenu. Utilise le geste, s'il te plaît. »

4. Un message négatif communiqué aux parent par écrit, par téléphone ou lors des rencontres organisées par l'école.
5. La mise à l'écart dans la classe : l'élève est isolé du groupe tout en demeurant sous la surveillance de l'enseignant.
6. L'obligation d'aller voir le directeur ou un conseiller, ou l'exclusion temporaire.

Les mesures disciplinaires que j'emploie

Les mesures préventives

J'applique les mesures suivantes pour réduire au minimum la fréquence des comportements inappropriés dans ma classe :

1. J'invite les élèves à participer à l'établissement des règles de conduite en classe et je leur demande d'assumer des responsabilités. Au cours des discussions de groupe, je pose des questions comme : « Selon vous, qu'est-ce qui se produit lorsque tout le monde parle en même temps ? » ou « De quelle manière aimez-vous que les autres vous parlent ? »
2. Je communique avec les parents de la façon suivante :
    * je leur envoie un court texte résumant mes attentes et le système de discipline ;
    * je fais de brefs appels téléphoniques au cours desquels je leur parle des aspects positifs du comportement de leur enfant ;
    * je leur transmets, par l'intermédiaire des élèves, des messages soulignant les progrès accomplis par leur enfant et le bon comportement de celui-ci.
3. Je m'efforce de créer dans la classe un environnement aussi confortable que possible, où la température et la lumière sont idéales, et j'organise les déplacements en visant à l'efficacité.
4. J'insiste sur l'importance des bonnes manières, de la courtoisie et du sens des responsabilités. J'essaie de donner l'exemple et je fais faire des exercices aux élèves.
5. J'organise des activités variées et stimulantes et je structure l'emploi du temps de manière à faire alterner les périodes où les élèves peuvent bouger, chanter, interagir et celles où ils doivent travailler en silence.
6. Je mets au point une structure et j'emploie des méthodes susceptibles de procurer aux élèves des sentiments de cohérence, de familiarité et de sécurité.

Les mesures de soutien

J'applique les mesures de soutien suivantes pour inciter les élèves à la maîtrise de soi :

1. Je regarde les élèves droit dans les yeux et je me sers d'expressions du visage.
2. Je me rapproche au besoin d'un élève.
3. Je rappelle les règles de conduite en classe.
4. Je m'intéresse au travail de chaque élève.
5. Je modifie au besoin le cours ou la manière de procéder afin d'augmenter l'intérêt ou réduire l'anxiété.

Les mesures correctives

Lorsque les élèves se conduisent de manière inappropriée, j'applique les mesures correctives suivantes :

1. Je fais un commentaire à propos du mauvais comportement : « Je suis déçue d'entendre certains d'entre vous bavarder. Vous devriez être tous en train d'écouter. »

2. Je donne un ordre, d'un ton énergique : « Ça suffit ! »
3. J'isole le contrevenant du groupe.
4. J'envoie le contrevenant au bureau du directeur ou chez le conseiller.
5. Je communique avec les parents par téléphone.

Ma façon de maintenir un climat positif dans la classe

J'ai constaté que le maintien d'un bon climat dans la classe favorise les bons sentiments, augmente le plaisir de travailler et incite chacun, enseignant et élèves, à la maîtrise de soi. J'emploie entre autres les moyens suivants pour créer un tel climat :

1. Je respecte chaque élève en tant que personne et je reconnais qu'il a droit à une bonne formation.
2. Je m'efforce de découvrir les bons côtés de chaque enfant.
3. Je ne manque pas une occasion de souligner le fait qu'un élève a un comportement approprié, qu'il effectue un bon travail, fournit des efforts ou fait des progrès.
4. Je passe du temps avec les élèves dans le but de mieux les connaître.
5. J'émets le plus souvent possible des réactions positives non verbales, comme des clins d'œil, des signes de tête et des sourires.
6. Je prends chaque jour le temps d'étudier les sentiments des élèves.
7. Je m'adresse aux élèves en des termes impliquant que je reconnais leur compétence : « Très bien. Tu sais quoi faire ensuite. »
8. J'organise des activités intéressantes et amusantes, présentant un défi que les élèves sont capables de relever.
9. Je termine chaque journée sur une note positive ; je salue chaleureusement les élèves et souhaite que nous ayons une journée agréable et productive le lendemain.

LES SYSTÈMES DE DISCIPLINE APPLIQUÉS DANS L'ENSEMBLE DE L'ÉCOLE

Actuellement, de nombreuses écoles adoptent un système de discipline qu'elles demandent à tous les enseignants d'appliquer. Ce courant, dont l'objectif vise à rendre la discipline plus cohérente et plus efficace, est apparu au milieu des années 1980, en partie à cause du désir grandissant, partout aux États-Unis, de faire de l'école un milieu :

- où règne l'ordre, qui soit sans danger et propice à l'apprentissage ;
- où les attentes et les exigences sont élevées ;
- où l'on incite les élèves à s'engager et à assumer des responsabilités ;
- où l'on met l'accent sur le comportement positif et la discipline préventive.

Si vous enseignez dans une école ayant adopté un système de discipline s'appliquant à tous les élèves, on s'attend à ce que vous le fassiez vôtre. Nous ne pouvons énumérer ici tous les systèmes de ce type actuellement en usage ;

notons toutefois qu'ils se divisent en trois grandes catégories: (1) les systèmes axés sur le pouvoir, (2) les systèmes mixtes et (3) les systèmes non coercitifs.

Les systèmes axés sur le pouvoir

Les systèmes axés sur le pouvoir comprennent des mesures visant à mettre fin aux comportements inappropriés et à appliquer des conséquences de manière cohérente. La discipline par l'affirmation de soi (voir le chapitre 6) en est un exemple. On distingue ces systèmes des modèles non coercitifs, moins sévères, tels que la modification du comportement (voir le chapitre 2) et la discipline axée sur la coopération (voir le chapitre 5), où l'on cherche à influer sur le comportement par le modelage, la discussion, la persuasion et la responsabilisation.

AU SECONDAIRE. La majorité des systèmes de discipline adoptés par les écoles secondaires sont axés sur le pouvoir et s'appuient sur la participation non seulement des enseignants mais aussi des autres membres du personnel. Ils comprennent en général trois composantes: (1) une politique en matière de discipline établie par le conseil d'établissement et transmise au personnel de l'école et à la communauté, (2) des règles régissant la conduite des élèves et (3) des mesures visant à faire respecter celles-ci, de même que des conséquences et un processus de suivi.

La première composante, soit la *politique du conseil d'établisssement*, décrit par exemple: (1) la position de l'organe administratif concernant les liens entre la discipline et l'éducation; (2) les responsabilités de l'élève à l'école et dans le programme d'éducation; (3) les responsabilités des enseignants, auxquels il revient de faire connaître clairement les règles et les conséquences et de les appliquer de manière cohérente; (4) les responsabilités du personnel administratif, auquel il revient de faire connaître le système de discipline et de le faire appliquer; (5) les comportements strictement interdits, comme l'usage de drogues ou d'alcool, la destruction du matériel de l'école, les bagarres, etc.; (6) les conséquences auxquelles on aura recours en cas d'infraction à une règle.

La deuxième composante d'un système axé sur le pouvoir inclut les *règles régissant la conduite des élèves*. Au secondaire, les règles s'appliquant à toute l'école sont généralement les suivantes:

1. Être ponctuel aux cours et prêt à travailler.
2. Respecter les autres et la propriété d'autrui.
3. Coopérer avec les autorités en place.
4. Ne pas apporter d'objets dangereux à l'école.
5. Ne pas perturber les processus d'enseignement et d'apprentissage.

Dans certaines écoles, tous les membres du personnel, y compris les bibliothécaires, les secrétaires, les chauffeurs d'autobus, les employés de la cafétéria et les gardiens, ont le droit d'intervenir pour faire respecter les règles.

La troisième composante, à savoir *la mise en application des règles, les conséquences et le processus de suivi*, inclut des mesures comme celles-ci :

1. Expliquer clairement les règles, les conséquences et le processus de mise en application à tous les élèves. Afficher le règlement dans la classe et en divers autres endroits dans l'école.
2. Si un élève enfreint une règle, on lui donne un avertissement, sans punition. Si le contrevenant recommence, la personne qui détient l'autorité remplit un formulaire en trois exemplaires : un pour l'élève, un pour le bureau du directeur et un pour la personne ayant noté l'infraction.
3. Les conseillers scolaires établissent une fiche de conduite au nom de chacun des élèves dont ils ont la responsabilité. Lorsqu'ils reçoivent une note indiquant qu'un élève s'est comporté de manière inappropriée, ils décrivent l'infraction sur cette fiche.
4. On applique aux contrevenants des conséquences allant de la simple exigence de réparer les torts causés ou de faire des progrès jusqu'à la retenue, l'entretien avec l'enseignant, l'entretien avec le conseiller, un appel aux parents, un entretien avec le directeur adjoint et la perte temporaire de privilèges, comme la permission de sortir de l'école ou de participer aux soirées, aux sorties éducatives ou aux épreuves sportives. Une règle s'appliquant aux comportements graves permet en tout temps d'envoyer immédiatement un élève chez le directeur ou de le renvoyer temporairement si, par exemple, il se bat ou fait usage de drogues.

AU PRIMAIRE. On emploie également des systèmes axés sur le pouvoir au primaire, le plus répandu étant le modèle de la discipline par l'affirmation de soi proposé par Lee Canter (voir le chapitre 6). De nombreux enseignants s'opposent cependant à cette pratique : selon eux, ces méthodes de discipline sont trop sévères et mettent l'accent sur la punition des comportements inappropriés plutôt que sur l'enseignement de la bonne conduite. D'autres soulignent que les systèmes axés sur le pouvoir s'avèrent particulièrement efficaces pour contrôler les mauvais comportements et qu'ils procurent aux élèves la cohérence dont ils ont besoin ; ils ajoutent que rien dans ces modèles n'empêche d'enseigner également la bonne conduite.

Au primaire, on emploie généralement des règles plus précises décrivant des comportements, comme rester assis à sa place, lever la main avant de prendre la parole et éviter l'emploi d'un langage vulgaire. Avec les plus jeunes élèves, on s'efforce de souligner le plus souvent possible les comportements appropriés. On invite fréquemment les parents à renforcer à la maison les bons comportements et les bonnes habitudes de travail. C'est surtout à l'enseignant qu'incombe la responsabilité de faire respecter le règlement. Il fait rarement appel au personnel administratif ou aux conseillers scolaires.

Les systèmes mixtes

De nombreuses écoles adoptent un système qui s'appuie sur le pouvoir mais qui fait également place aux techniques de persuasion. Le modèle de la discipline positive de Fredric Jones, par exemple, met l'accent sur les techniques de soutien, de persuasion et de réorientation du comportement. L'enseignant qui gère la classe avec fermeté distribue aussi des récompenses pour la bonne conduite et applique le règlement tout en s'efforçant de soutenir les élèves et de réorienter leur comportement avec douceur.

Certains enseignants du primaire essaient d'amener les élèves à respecter les règles de conduite au moyen de la modification du comportement. Dès la deuxième année, les enfants distinguent très bien les comportements acceptables à l'école de ceux qui ne le sont pas ; par ailleurs, ils se laissent de plus en plus influencer par leurs pairs. C'est pourquoi, à partir de la quatrième année, les enseignants ont tendance à employer des moyens plus radicaux pour faire respecter le règlement. Tout en continuant de faire usage de techniques de soutien et de persuasion, ils ont recours, pour l'application des conséquences, à des techniques empruntées aux modèles de Lee Canter (voir le chapitre 6), de Rudolf Dreikurs (voir le chapitre 5) ou de William Glasser (voir le chapitre 8).

Les systèmes non coercitifs

Les systèmes axés sur la persuasion plutôt que sur le pouvoir gagnent en popularité, même si les deux autres types comptent encore de nombreux adeptes. Les écoles ayant adopté les concepts d'école de qualité et d'apprentissage de qualité formulés par William Glasser demandent aux enseignants de suivre les conseils de ce dernier et de délaisser l'approche autoritaire au profit de l'approche directive. La méthode préconisée par Rudolf Dreikurs pour développer la maîtrise de soi et le sens des responsabilités chez les élèves est maintenant en usage dans certaines écoles ayant opté pour la discipline axée sur la coopération, que Linda Albert, une disciple de Dreikurs, a contribué à faire connaître. L'approche de Thomas Gordon pour développer l'autonomie, la maîtrise de soi et le sens des responsabilités chez les élèves (voir le chapitre 9) attire un nombre grandissant d'adeptes.

L'évaluation des systèmes de discipline appliqués dans l'ensemble de l'école

Bien que la majorité des enseignants reconnaissent les avantages d'un système unique de discipline dans une même école, certains n'apprécient guère de se faire imposer une approche, et cela est particulièrement vrai des enseignants qui réussissent à maintenir la discipline dans leur classe. Selon ces derniers, le comportement des élèves ne s'est pas amélioré de façon significative depuis l'époque où chaque enseignant réglait les problèmes à sa façon. Ils n'acceptent pas de devoir abandonner une approche efficace en faveur d'un système qui, d'après eux, ne mérite pas leur totale adhésion.

En outre, les enseignants s'opposent vivement à tout ce qui semble impliquer un surcroît de travail pour eux. Ils sont déjà soumis à un degré élevé de stress, principalement parce qu'ils ont trop à faire en très peu de temps. Ils ont donc tendance à rejeter systématiquement tout nouveau projet à moins que les avantages associés, pour eux-mêmes ou les élèves, ne soient évidents. Par exemple, si on arrive à les convaincre qu'un système unique de discipline est efficace et qu'il ne leur imposera pas « encore plus de travail fastidieux », ils acceptent volontiers de l'examiner.

S'il est vrai que le système unique de discipline n'apporte pas grand-chose aux enseignants habiles à exercer un contrôle sur leur classe, il aide par contre grandement ceux qui ont de la difficulté à maintenir l'ordre. De plus, il semble contribuer à l'amélioration du comportement des élèves dans les espaces communs, comme la bibliothèque, les ateliers, la cafétéria, la cour et les autobus. La communauté et les parents sont en général favorables à l'établissement d'un tel système parce qu'ils y voient un effort des autorités pour encourager les élèves à se conduire de manière responsable.

EXERCICES

1. Précisez ce qui, en tant qu'enseignant, vous paraît acceptable relativement au bruit, au fait de parler, aux déplacements et à la courtoisie. Énoncez vos idées sous la forme de questions ou de commentaires pouvant faire l'objet de discussions en classe.
2. Esquissez votre système personnel de discipline en intégrant le plus grand nombre possible des huit étapes décrites dans le présent chapitre.
3. Choisissez parmi les scénarios présentés à l'appendice celui qui correspond le mieux à votre situation, relativement au niveau scolaire, à la matière enseignée et aux caractéristiques des élèves. Appliquez votre système à la situation décrite dans le scénario ; demandez-vous s'il serait efficace pour :
    ♦ mettre fin aux mauvais comportements ;
    ♦ inciter les élèves à fournir un travail productif ;
    ♦ accroître le sentiment de dignité chez les élèves et établir des relations positives avec eux ;
    ♦ obtenir le soutien des parents et du personnel administratif.

RÉFÉRENCES BIBLIOGRAPHIQUES ET LECTURES SUGGÉRÉES

ALBERT, L. (1989), *Cooperative Discipline: How to manage your classroom and promote self-esteem*, Circle Pines, American Guidance Service.

GAUSTAD, J. (1992), *School Discipline* (ERIC Digest n° 78), Eugene, ERIC Clearinghouse on Educational Management.

GRANT, C. et C. Sleeter (1989), *Turning on learning: Five approaches for multicultural teaching plans for race, class, gender, and disability*, Columbus, Merrill.

HERNANDEZ, H. (1989), *Multicultural education: A teacher's guide to content and process*, Columbus, Merrill.

KNAPP, M., B. Turnbull et P. Shields (1990), «New directions for educating the children of poverty», *Educational Leadership*, vol. 48, n° 4, p. 1-8.

SCHAPS, E. et D. Solomon (1990), «Schools and classrooms as caring communities», *Educational Leadership*, vol. 48, n° 3, p. 38-42.

SCHULMAN, J. (1989), «Blue freeways: Traveling the alternate route with big-city teacher trainees», *Journal of Teacher Education*, vol. 40, n° 5, p. 2-8.

SLAVIN, R., N. Karweit et N. Madden (1989), *Effective programs for students at risk*, Needham Heights, Allyn & Bacon.

SOBOL, T. (1990), «Understanding Diversity», *Educational Leadership*, vol. 48, n° 3, p. 27-30.

Exemples de systèmes personnels de discipline

Nous présentons dans le présent chapitre treize systèmes de discipline qui s'appuient sur les suggestions données dans le chapitre précédent ; ces systèmes ont été élaborés par des enseignants en poste, qui nous ont permis d'utiliser leur travail. Deux de ces systèmes sont adaptés au premier cycle du primaire, deux au deuxième cycle du primaire, deux au premier cycle du secondaire et trois au deuxième cycle du secondaire ; trois systèmes ont été élaborés pour répondre à des besoins spécifiques et le dernier est appliqué à l'ensemble des élèves d'une école primaire.

DEUX SYSTÈMES DE DISCIPLINE ADAPTÉS AU PREMIER CYCLE DU PRIMAIRE

Premier système

Enseignant : Thomas F. Bolz, maternelle et première année

Il y a deux ans, j'ai changé de niveau d'enseignement. Jusqu'alors, j'enseignais à une classe de cinquième année ; j'ai commencé à m'occuper d'enfants de deux classes différentes, soit la maternelle et la première année. Je me suis vite rendu compte que je devais modifier mon approche de la discipline : les très jeunes enfants réagissent plus vivement aux récompenses et aux mesures correctives ; en fait, ils réagissent plus vivement à presque tout. À l'école où je travaille, tous les enseignants utilisent le même système de discipline, mais j'ai intégré à ce système des éléments reflétant ma propre conception de la vie et ma personnalité. Les règles imposées à tous les élèves sont les suivantes :

1. J'écoute lorsqu'on me donne des directives et je suis les directives.

2. Je respecte les autres et je leur parle gentiment. (Il est interdit de jurer.)

3. Je ne touche pas les autres dans le but de leur faire mal ou de les taquiner et je ne leur lance pas d'objet. (Il est interdit de se bagarrer.)

4. Je fais toujours le travail demandé et je le termine à temps.

5. Je respecte les biens matériels de l'école et d'autrui.

Les règles énumérées ci-dessus sont appliquées dans les aires de jeux, la classe et la cour de l'école.

Nous disposons d'un système graduel de conséquences pour les élèves qui enfreignent le règlement :

- ♦ *Première mesure.* Avertissement. Peut être accompagné d'une conséquence supplémentaire si le contrevenant doit faire des excuses ou s'il a endommagé un bien appartenant à autrui.

- *Deuxième mesure.* Entretien avec l'enseignant suivi de l'application d'une ou de plusieurs des conséquences suivantes : réparation des dommages causés, mise à l'écart, retenue pendant la récréation, perte d'un privilège.
- *Troisième mesure.* Retenue après les heures de classe. L'enfant téléphone lui-même à ses parents pour leur expliquer les raisons de la retenue.
- *Quatrième mesure.* L'enseignant informe les parents de la conduite de leur enfant et discute avec eux des conséquences pour ce dernier ; il peut également organiser une rencontre avec les parents.
- *Cinquième mesure.* Si toutes les mesures précédentes n'ont pas suscité d'amélioration dans le comportement d'un élève, l'enseignant a un entretien avec le directeur, qui décide quelles conséquences additionnelles seront appliquées et organise une rencontre avec les parents.

Pour ma part, je consacre beaucoup de temps et d'énergie aux mesures de prévention et de soutien. Lorsque je veux que les élèves regagnent leur place et qu'ils s'asseyent sagement les bras croisés, je leur donne cette directive, puis je commence à chanter une comptine, par exemple «*Un, deux, trois, nous irons au bois…*» Toute la classe m'imite et, lorsque nous arrivons à «*cueillir des cerises*», ce qui prend environ dix secondes, tous les élèves sont devenus attentifs.

J'utilise également comme mesure préventive ce que j'appelle les «billets de bon marcheur». Chaque fois que nous nous déplaçons dans les corridors, je donne un billet à deux ou trois élèves qui se tiennent bien. Arrivés dans la classe, ils les déposent dans une boîte ; lorsque les élèves se mettent en rang pour sortir, je tire un billet au hasard. L'élève ainsi désigné prend la tête du groupe.

La mesure qui a obtenu le plus grand succès cette année a été le «cahier bonhomme sourire». Je commence habituellement la journée comme suit : «Elsa, Jean et Antoine, bravo! C'est à votre tour de signer le «cahier bonhomme sourire». Avez-vous remarqué qu'ils sont tous les trois entrés dans la classe calmement et se sont assis à leur place en se tenant bien droit?» Cela suscite en général un bon comportement de toute la classe. À la fin de la semaine, je lis la liste des noms inscrits dans le cahier, puis je les note sur des bouts de papier. Je tire ensuite un papier au hasard et je remets au gagnant un bon pour un sac de friandises.

Quant aux mesures correctives, je tiens à ce qu'elles soient brèves, simples, bien comprises et désagréables pour le contrevenant. Si un enfant est tapageur ou s'il ne travaille pas, je lui demande de rester à sa place et de baisser la tête ; il sait alors qu'il doit compter jusqu'à 100, penser à ce qu'il a fait de mal, puis se remettre au travail. À la deuxième infraction au cours de la journée, l'élève doit aller s'asseoir dans le fond de la classe pendant les trois minutes que met le sable d'un sablier pour s'écouler. Il sait qu'il s'agit là d'un avertissement sérieux. À la troisième infraction, j'inscris son nom au tableau et je téléphone à ses parents. Cette dernière mesure s'avère efficace la plupart du temps.

Le plus souvent, j'arrive à faire respecter les règles sans perdre mon calme. Je m'assure que les élèves comprennent mes attentes en ce qui concerne leur comportement à l'avenir. Un parent m'a dit que sa fille était contente d'être dans ma classe parce que je suis « juste et que je traite tous les enfants de la même façon ».

Deuxième système

Enseignante : Virginia Villalpando, troisième année

Mon système de discipline est axé sur le dicton selon lequel un gramme de prévention vaut un kilogramme de mesures correctives. Je crée un environnement peu propice au mauvais comportement en disposant les tables et les chaises de telle sorte que je puisse me déplacer facilement dans la classe et voir tout ce qui s'y passe.

Le matériel pédagogique est rangé dans des armoires faciles d'accès. Les aires réservées à des activités spéciales sont séparées des aires de travail pour éviter toute distraction. Les tables sont bien espacées afin que je puisse m'approcher rapidement de n'importe quel élève.

Le premier jour de classe, j'expose clairement mes attentes aux enfants. J'insiste sur le fait que je tiens à créer un climat d'apprentissage serein, pour leur propre bénéfice, et que je compte sur leur coopération dans le maintien d'une atmosphère amicale et agréable. Je leur demande d'exprimer leurs sentiments afin que nous prenions des décisions. Nous commençons immédiatement à établir des règles de conduite visant au bon fonctionnement de la classe. Nous discutons de la signification des règles et j'explique les conséquences résultant de leur respect et de leur non-respect. Je souligne notamment le fait qu'ils choisissent eux-mêmes leur comportement et qu'ils choisissent donc les conséquences de leur conduite. Une fois les règles établies, je les passe en revue en m'appuyant sur des exemples, puis je décris les conséquences.

J'affiche les règles (mais non les explications ni les conséquences) sur un tableau, à l'avant de la classe (tableau 13.1). Si un élève enfreint une règle, j'applique la conséquence appropriée et je l'invite à consulter le tableau. Dans le cas d'infractions mineures ou peu fréquentes, je me contente de regarder le contrevenant droit dans les yeux ou de lui faire un signe de désapprobation de la tête. Je ne manque jamais de remercier les élèves pour leur bonne conduite ; je leur dis en souriant : « Très bien. Continuez, c'est ça. » Je veux qu'ils éprouvent du plaisir à se comporter de manière appropriée.

TABLEAU 13.1

Règle	Explication	Conséquences
Respecter les autres.	Ne pas frapper les autres élèves, médire à leur sujet ou les injurier. Ne pas déranger ceux qui travaillent; parler doucement et être gentil.	*Négative*: mise à l'écart, message transmis aux parents, retenue pendant la récréation. *Positive*: récompense.
Lever la main.	Lever la main avant de prendre la parole et pour demander une permission (par exemple aller aux toilettes) ou de l'aide.	*Négative*: ignorer sciemment l'élève, lui refuser la permission demandée ou froncer les sourcils. *Positive*: récompense.
Travailler en silence.	Ne pas faire de bruit et ne pas déranger les autres.	*Négative*: demander à l'élève de changer de place. *Positive*: étoile, « bonhomme sourire », remerciement.
Être discipliné.	Ne pas courir; entrer calmement dans la classe; marcher en rang.	*Négative*: froncer les sourcils, noter le nom du contrevenant. *Positive*: sourire, compliment.
Respecter la propriété des autres.	Prendre soin de l'équipement et du matériel pédagogique et veiller à leur propreté.	*Négative*: message transmis aux parents. *Positive*: message transmis aux parents; remerciement.

DEUX SYSTÈMES DE DISCIPLINE ADAPTÉS AU DEUXIÈME CYCLE DU PRIMAIRE

Premier système

Enseignante: Nancy Natale, quatrième année

Je suis fermement convaincue qu'un climat positif favorise l'apprentissage; j'ai donc élaboré un système de discipline axé sur le plaisir et les récompenses. Les élèves gagnent des points, qu'ils pourront échanger contre des objets concrets, tels des jouets, des jeux et des livres.

L'ACCUMULATION DE POINTS. Chaque élève peut mériter des points tout au long de la semaine en adoptant certains comportements. Par exemple, lorsque j'entreprends une activité, je donne des points à ceux qui se mettent immédiatement au travail. Je les félicite d'abord : « Merci, Claire. C'est très bien, Simon », puis je coche leur nom sur un tableau situé près de mon bureau. Cela a pour effet de renforcer immédiatement les comportements appropriés en rappelant aux autres élèves qu'ils peuvent eux aussi gagner des points.

Pour motiver davantage les élèves, j'accorde des points à ceux qui apportent en classe des objets reliés aux sujets à l'étude. Par exemple, le cours portait un jour sur ce qu'est un plan ; le lendemain, une fillette a apporté le plan de la maison que ses parents venaient de construire et un garçon, le plan du modèle réduit d'avion qu'il était en train d'assembler.

Je me réserve le droit de distribuer des points au moment qui me semble opportun. Par exemple, j'avais demandé aux élèves d'écrire leur autobiographie ; les textes devaient être reliés et présentés à l'occasion de la journée portes ouvertes, mais les enfants n'avançaient pas dans leur travail. J'ai donc décidé d'accorder cinq points à tous ceux qui termineraient leur travail de façon satisfaisante avant midi le jour de l'exposition. Cela a incité les élèves à travailler très fort.

Je donne aussi des points à l'improviste. Récemment, au cours d'une leçon de géométrie, nous discutions du nombre de faces, de côtés et de sommets de diverses figures. Nous avions déjà étudié une dizaine de figures, lorsqu'une fillette fit remarquer que, dans toutes les pyramides, le nombre de faces est égal au nombre de sommets des angles, quelle que soit la forme de la base : triangulaire, carrée, hexagonale ou autre. Nous avons vérifié la justesse de cette affirmation, puis j'ai accordé un point à la fillette pour avoir fait une observation très pertinente.

LES RÈGLES DE CONDUITE. Je n'emploie que les quatre règles de conduite suivantes :
1. Être attentif en classe.
2. Ne pas toucher les autres élèves dans un but malveillant.
3. Ne pas empêcher les autres d'apprendre.
4. Suivre les directives et faire le travail assigné.

LA MAUVAISE CONDUITE. Malgré tous mes efforts pour créer un climat positif, il arrive que des élèves se comportent de manière inappropriée. Je leur demande alors de remplir une « fiche d'entretien » comportant les quatre questions suivantes :
1. Qu'est-ce que j'étais en train de faire ?
2. Pourquoi étais-je en train de faire cela ?
3. Qu'est-ce que j'aurais dû être en train de faire ?
4. À quelle règle de conduite ai-je manqué ?

Après avoir rempli la fiche, l'élève doit me l'apporter et nous avons un entretien. Si un enfant accumule trois « fiches d'entretien » au cours de la semaine, il doit écrire une lettre à ses parents, où il explique pourquoi il a dû remplir des fiches. Cette manière de procéder me fournit un dossier sur les comportements inappropriés en classe; en outre, elle rend l'élève responsable de sa conduite. Tous ceux qui ont reçu ne serait-ce qu'une seule fiche d'entretien au cours de la semaine perdent le droit de participer à l'échange des points accumulés contre des récompenses et sont obligés de faire leurs devoirs au moment où cette activité a lieu.

Deuxième système

Enseignant : Michael Brus, cinquième année

Mon système de discipline est fondé sur la règle d'or et je considère que trois règles de conduite, expliquées très clairement, suffisent. Je calligraphie celles-ci en lettres gothiques, tracées avec une encre couleur or, et j'affiche ce tableau bien en vue :
- L'enseignant a le droit d'enseigner !
- Les élèves ont le droit d'apprendre !

Donc,
1. Nous nous engageons à traiter nos camarades et l'enseignant comme nous aimerions qu'ils nous traitent.
2. Nous nous engageons à être ponctuels et disposés à travailler et à nous appliquer.
3. Nous nous engageons à ne pas apporter en classe, sans permission, de la nourriture, de la gomme à mâcher et des boissons.

Je suis d'avis qu'il faut traiter les élèves comme des adultes et leur faire comprendre qu'ils sont responsables de leur propre comportement. J'explique les contraintes imposées par les trois règles de conduite et je discute avec les élèves des cas limites. J'invite ces derniers à ajouter une quatrième règle s'ils le jugent nécessaire.

J'emploie fréquemment le renforcement positif. Chaque fois qu'un élève se conduit particulièrement bien, je lui demande de tracer un trait vertical près de son nom sur le tableau d'honneur, avec un marqueur couleur or. À la fin du mois, j'attribue le titre de citoyen du mois à l'élève ayant accumulé le plus grand nombre de points. Comme j'ai été portraitiste, je dessine son portrait au pastel.

Tous les points accumulés par les élèves peuvent également servir à des enchères au cours de l'encan tenu à la fin de chaque mois, où sont vendus des objets peu coûteux que j'ai moi-même fournis, tels des jouets, des livres, des gommes à effacer, des craies et des autocollants. Pour inciter l'ensemble de la classe à bien se conduire, j'accorde également des points au groupe lorsque tous les élèves sont calmes et disciplinés, à la cafétéria ou à la bibliothèque, et plus particulièrement quand tous s'efforcent de rendre la journée de classe très agréable. Ces points peuvent être échangés contre du temps libre le vendredi, du temps supplémentaire au gymnase ou la permission de s'amuser sur l'ordinateur ou de faire des jeux.

J'essaie d'adopter moi-même en classe une attitude démontrant que je crois sincèrement que chaque personne est foncièrement bonne. Je tâche de noter chez chaque élève une chose qu'il fait particulièrement bien et de susciter chez chacun un sentiment de fierté et de réussite.

Si un élève enfreint une règle, je lui demande de tracer un gros trait sous son nom sur le tableau d'honneur, avec un marqueur noir. Les conséquences associées aux inscriptions de ce type sont les suivantes :

- Première inscription : Je renforce verbalement le comportement opposé lorsque je l'observe chez un autre élève.
- Deuxième inscription : Je fais un bref commentaire dissuasif précisant la règle enfreinte.
- Troisième inscription : J'envoie le contrevenant dans une autre classe, où il doit faire le travail que je lui ai indiqué. (Je m'entends au préalable avec un de mes collègues, qui peut également envoyer des élèves dans ma classe.)
- Quatrième inscription : J'envoie le contrevenant au bureau du directeur. Ce dernier connaît mon système de discipline et m'apporte son soutien ; il prend des mesures additionnelles appropriées.

Quand il s'avère nécessaire d'appliquer des conséquences pour une infraction grave, je fais un suivi et j'insiste pour qu'on établisse un programme d'amélioration du comportement acceptable pour l'élève et pour moi-même. Au moment opportun, j'ai une discussion franche, en tête-à-tête, avec le contrevenant, où nous parlons de ses efforts pour se conformer au programme et des mesures à adopter lorsqu'il échoue.

DEUX SYSTÈMES DE DISCIPLINE ADAPTÉS AU PREMIER CYCLE DU SECONDAIRE

Premier système

Enseignante : Gail Charles, troisième année
Matière : Français

Cela fait 17 ans que j'enseigne. J'ai longtemps essayé de contrôler le comportement des élèves au moyen de froncements de sourcils, de réprimandes, de sermons, de menaces et de retenues. Les élèves se conduisaient relativement bien, mais à contrecœur, et je suis certaine qu'ils se sentaient accablés. C'est le sentiment que j'éprouvais moi-même, et les efforts requis ne se soldaient que par de la frustration et de l'épuisement.

Au cours des dernières années, j'ai compris que je suis plus efficace et que j'éprouve plus de plaisir à faire mon travail si j'adapte le programme scolaire aux besoins des adolescents. Tout en continuant à présenter un programme bien rempli et stimulant, j'ai abandonné le mode coercitif d'enseignement au profit d'un mode coopératif. J'essaie maintenant de guider les élèves, de les encourager et de les soutenir dans leurs efforts, au lieu de les pousser et de les secouer. Il s'ensuit moins de luttes pour le pouvoir et plus de réussites ; les élèves et l'enseignant sont aussi plus heureux.

COMMENT J'OBTIENS LA COOPÉRATION DES ÉLÈVES. Le sentiment d'appartenance au groupe est important pour les adolescents. Ils ont besoin de se sentir acceptés et estimés par leurs pairs et, surtout, par l'enseignant. Ils ont besoin de se sentir en sécurité ; j'interdis donc les railleries et les sarcasmes. Je n'ai jamais ridiculisé un élève, mais je dois avouer que j'ai souvent eu recours au sarcasme dans des luttes pour le pouvoir avec ceux qui enfreignaient les règles de conduite. Je n'emploie plus le sarcasme et je ne permets pas aux élèves de rabaisser leurs camarades de quelque façon que ce soit.

Les élèves ont voix au chapitre pour tout ce qui concerne la classe. Je leur permets de choisir leur place et les camarades avec lesquels ils veulent travailler. Cela fait partie des efforts que je fais pour rendre l'apprentissage plus agréable. Les adolescents aiment travailler en équipe, participer, parler et coopérer.

COMMENT JE SATISFAIS MES BESOINS. Je discute avec les élèves de l'importance d'un climat agréable dans la classe pour le travail scolaire et je leur dis que j'ai moi aussi besoin d'éprouver du plaisir dans mon travail. Je leur explique les conditions à remplir pour que je sois satisfaite de la classe : que chacun adopte un ton positif et de bonnes manières, que l'on fasse preuve de patience et de tolérance et que l'on se respecte mutuellement. Je dis aux élèves que je souhaite qu'ils se montrent enthousiastes et travaillent de leur mieux, que j'ai besoin qu'ils soient attentifs et m'aident à prendre soin du matériel et à maintenir la propreté dans la classe. Je promets de les traiter avec respect et, en général, ils sont prêts à agir de même avec moi.

LES RÈGLES DE CONDUITE ET LA PARTICIPATION DES ÉLÈVES. En changeant de méthode de discipline, j'ai dû modifier le programme scolaire et la manière d'établir les règles de conduite. J'ai appris à inviter les élèves à participer à la formulation des attentes et à l'élaboration du règlement et du mode de fonctionnement dans la classe. J'avais l'habitude de remettre aux élèves, dès le premier jour de classe, un document spécifiant les règles de conduite et les conséquences ; ils avaient l'impression que celles-ci leur étaient imposées et n'interprétaient pas mon geste comme une invitation à coopérer. Maintenant, lors du premier cours, je discute avec les élèves de leurs besoins et des miens et j'insiste sur la recherche de moyens pour satisfaire ces besoins et rendre la classe productive. J'autorise les élèves à prendre de nombreuses décisions et je leur montre que je respecte leur opinion.

Je rédige conjointement avec les élèves un plan de travail et un code de conduite en classe. Pour les inciter à réfléchir à des suggestions, je leur donne comme premier devoir de répondre brièvement aux questions suivantes :

1. À quel moment avez-vous véritablement éprouvé le sentiment de réussir à l'école ?
2. Qu'avait fait l'enseignant pour vous aider à éprouver ce sentiment de réussite ?
3. Quelles activités scolaires vous ont semblé les plus utiles et les plus agréables ?
4. À quels moyens suggérez-vous d'avoir recours pour créer dans la classe un climat permettant à chacun de travailler, d'apprendre et de faire de son mieux ?

Lors du deuxième cours, je forme des équipes et je demande aux élèves de discuter du fruit de leurs réflexions. Des volontaires font part à toute la classe des suggestions de leur équipe, que j'inscris sur un transparent placé sur le rétroprojecteur. J'ajoute parfois une idée à moi. Nous faisons ensuite un tri, nous combinons des suggestions, en reformulons d'autres, jusqu'à ce que nous nous mettions d'accord. Je dactylographie l'entente pour le cours suivant et j'en donne une copie à chaque élève afin qu'il la signe et la fasse également signer par ses parents, ce qui indique que je peux compter sur leur appui. Je procède de la même façon avec les cinq groupes d'élèves dont je suis responsable.

LE RESPECT DES RÈGLES DE CONDUITE. Grâce au programme de collaboration décrit ci-dessus, les problèmes de discipline sont peu fréquents et il est facile de faire face à ceux qui se présentent. La plupart du temps, un simple rappel suffit pour remettre le contrevenant sur la bonne voie. S'il arrive qu'un élève se comporte de manière inappropriée à plusieurs reprises, je demande au conseiller d'organiser une rencontre avec lui, ses parents, moi-même et, parfois, d'autres enseignants. Nous discutons du problème et nous cherchons des solutions. Il est très rare qu'un élève ait un comportement dangereux ou m'empêche d'enseigner mais, si cela se produit, je demande au directeur d'intervenir immédiatement.

LA PRÉVENTION. Dans une classe comptant 35 adolescents, les causes de distraction ne manquent pas. J'ai la responsabilité de fournir aux élèves des activités qu'ils trouvent agréables et satisfaisantes. J'ai constaté qu'ils aiment beaucoup lire un ouvrage de leur choix et en faire un compte rendu par écrit. Je donne aussi de très brèves leçons portant sur les besoins communs de la classe. Les élèves évaluent leur propre travail et font de leur mieux pour monter des dossiers présentés aux parents, aux enseignants et aux membres du personnel administratif lors du «Cinq à sept des écrivains». En outre, les élèves réalisent au moins un projet par trimestre. Ils choisissent le sujet et la manière dont ils feront la démonstration des savoirs acquis. J'insiste toujours beaucoup sur la qualité du travail.

Tout en dirigeant le travail, j'essaie d'avoir des contacts personnels avec chaque élève. Il n'est pas facile d'établir des relations avec 160 adolescents ou plus, mais je tiens à leur montrer que je les «vois» et que je les apprécie. Au début de l'année, je rédige une lettre à l'intention des élèves, où je me présente et parle un peu de ma famille, de mes passe-temps favoris, de mes intérêts et de mes objectifs. Je demande à chacun de faire de même pour me permettre de mieux les connaître. Je note dans mon agenda la date de l'anniversaire de chaque élève. Je tâche de remarquer un changement de coiffure ou le port de nouveaux vêtements, ou encore je fais des compliments à l'élève à qui l'on vient d'enlever son appareil orthodontique. Je supervise des sorties éducatives, des danses et des sessions d'écriture sur ordinateur en dehors des heures de classe, et je suis disponible pour rencontrer les élèves avant et après les cours. Les adolescents apprécient beaucoup toutes ces petites choses.

Par ailleurs, bon nombre d'élèves aiment participer au fonctionnement de la classe. Je leur assigne des tâches, comme être en charge de la bibliothèque de la classe, faire la conception du tableau d'affichage, prendre soin des plantes et remplir la fonction de secrétaire de la classe. Ainsi, ils se sentent importants et utiles.

Par-dessus tout, j'ai constaté que, si je veux que les élèves me respectent, je dois d'abord les respecter. Je veux qu'ils écrivent, alors j'écris moi aussi. Je veux qu'ils s'engagent, alors je m'engage moi aussi. Je veux qu'ils fassent preuve de courtoisie, d'humour et de bienveillance, je leur donne l'exemple de mon mieux. Il m'arrive de commettre des erreurs mais, plus je fais preuve de sincérité, plus les élèves me pardonnent mes faiblesses.

Deuxième système

Enseignante : Deborah Trivoli, sixième année
Matière : Introduction aux sciences humaines

Au début de l'année, j'emploie un processus s'étalant sur quatre cours pour établir les règles de conduite en classe.

Le premier cours : les besoins des élèves, mes propres besoins et les règles de conduite

Les besoins des élèves. Lors du premier cours avec un groupe d'élèves, je prends tout le temps nécessaire — environ une heure, en général — pour discuter avec eux de la manière dont nous aimerions que la classe fonctionne. Je leur dis que je souhaite que les cours soient utiles et agréables, pour eux et pour moi, et qu'il ne tient qu'à nous qu'il en soit ainsi. Je leur demande ensuite d'énumérer, sans nommer qui que ce soit, les choses qu'ils n'ont *pas* aimées jusque-là à l'école et que nous devrions chercher à éviter. Les éléments suivants reviennent le plus fréquemment :

- le travail stupide (non pertinent, insignifiant et ennuyeux) ;
- les enseignants malveillants (manquant de respect, ayant des attentes trop élevées et déraisonnables, faisant preuve de froideur ou d'hostilité) ;
- le fait de se faire rabaisser (sarcasmes ou remarques) par des enseignants ou d'autres élèves ;
- les enseignants qui n'écoutent pas les élèves ;
- le fait qu'on ne permette pas aux élèves de participer à des discussions ou d'exprimer leur opinion.

J'inscris les commentaires des élèves au tableau et je les assure que je ferai de mon mieux pour ne pas leur imposer ce qu'ils détestent, mais j'ajoute que nous devrons faire des efforts ensemble pour y arriver.

Mes besoins. J'indique ensuite aux élèves qu'il y a également des choses que je n'apprécie pas en classe. Je m'engage à rendre l'année aussi agréable que possible pour eux et je leur demande leur coopération pour que l'année soit agréable pour moi. Je ne leur présente pas les points qui m'importent sous la forme de doléances, mais plutôt en tant que besoins. J'en dresse la liste au tableau, à côté des commentaires des élèves :

- un comportement respectueux (les élèves et l'enseignant font preuve de bienveillance et de serviabilité) ;
- un travail de qualité (dont chacun peut être fier) ;
- une attitude responsable relativement à l'apprentissage (l'attention, la participation, l'application au travail) ;
- une atmosphère calme (j'explique que, personnellement, je supporte mal le bruit) ;
- une salle de classe propre et en ordre.

Je donne ensuite un exemple positif et un exemple négatif de chacun des besoins que je viens d'énumérer.

LES RÈGLES DE CONDUITE. Je demande aux élèves de suggérer des règles de conduite susceptibles de permettre à chacun de satisfaire ses besoins. En général, nous arrivons rapidement à la conclusion qu'il nous faut une règle portant sur le respect des autres, enseignant et élèves, et une règle sur la réalisation des apprentissages importants. Les élèves formulent des règles supplémentaires, mais nous décidons habituellement de n'en conserver que deux :

1. Chaque membre de la classe, élève ou enseignant, fait preuve de considération et de respect envers les autres.
2. Chaque membre de la classe, élève ou enseignant, s'engage à fournir un travail de haute qualité en ce qui a trait aux apprentissages importants.

Je discute avec les élèves de ces deux règles. Je leur présente divers scénarios et leur demande d'indiquer si, dans ces exemples, les règles sont respectées ou non.

Je termine le premier cours avec les élèves en les remerciant pour leur effort de réflexion et en leur posant la question : « Avez-vous déjà vu un automobiliste rouler bien au-dessus de la limitation de vitesse ? » Tous me répondent par l'affirmative et j'ajoute : « La limitation de vitesse fait partie du code de la route, et la majorité des gens jugent qu'il est prudent et important de s'y conformer. Malgré tout, il y a des personnes qui enfreignent ce code. Je sais que vous considérez qu'il est important que chacun respecte les règles de conduite en classe, mais il peut vous arriver de les enfreindre. En guise de devoir, je vous demande de trouver ce soir quatre moyens que nous pourrions utiliser pour nous rappeler qu'il faut respecter les règles. »

LE DEUXIÈME COURS : SUGGESTIONS DE MESURES VISANT AU RESPECT DES RÈGLES

Lors du deuxième cours, les élèves suggèrent de nombreuses mesures visant à faire respecter les règles, dont la plupart sont irréalistes ou vont carrément à l'encontre du but visé, par exemple :

- la retenue après les heures de classe ;
- l'entretien avec le directeur ;
- le travail supplémentaire ;
- la mise à l'écart au fond de la classe ;
- les excuses.

Je rappelle aux élèves la règle n° 1, à savoir qu'il faut faire preuve de considération et de respect envers les autres. Je leur demande de nouveau ce que nous pouvons faire, ou ce que je peux faire, pour aider les contrevenants tout en leur témoignant du respect. Cette question les amène vraiment à réfléchir, mais ils ont du mal à trouver des moyens autres que les suivants :

- l'enseignant avertit l'élève qu'il va à l'encontre d'une règle et lui demande de mettre fin à son comportement inapproprié ;
- l'enseignant a un entretien avec l'élève ayant enfreint une règle ;
- l'enseignant avertit les parents et leur demande leur aide ;
- les élèves rappellent eux-mêmes les règles à leurs camarades.

Je termine le deuxième cours en disant aux élèves : « Je vais examiner les suggestions que vous avez faites et, de votre côté, vous continuez de réfléchir à la question. Nous verrons demain ce que nous pouvons tirer de tout cela. »

Le troisième cours : le respect des règles

Lors du troisième cours, je dis aux élèves que j'ai étudié attentivement leurs suggestions à propos des moyens à employer pour faire respecter les règles. Je leur demande s'ils ont d'autres idées. J'engage une discussion au cours de laquelle je souligne leur contribution à l'élaboration des mesures suivantes :

1. Afficher les deux règles de conduite suivantes au tableau, à l'avant de la classe :

   Règle n° 1. Être respectueux envers tous les membres de la classe.

   Règle n° 2. Travailler de son mieux.

2. Réserver du temps pour s'exercer à être respectueux et à travailler de manière responsable.

3. Rappeler les règles à l'occasion, évaluer jusqu'à quel point elles sont respectées et se féliciter soi-même si on le mérite.

4. Si un élève persiste à enfreindre les règles, l'enseignant s'entretient avec lui en tête-à-tête et essaie de trouver des moyens de l'aider à se conformer aux règles.

5. Si un élève persiste à enfreindre les règles même après l'entretien avec l'enseignant, une rencontre est organisée avec l'élève, l'enseignant, les parents et le directeur, qui décideront conjointement des mesures les plus susceptibles d'aider le contrevenant.

Nous discutons encore des mesures énumérées et, parfois, nous les modifions légèrement. J'informe enfin les élèves que, lors de notre prochaine rencontre, je leur remettrai une copie de l'entente et que je leur demanderai de la signer, puis de la faire signer par leurs parents, ce qui indique qu'ils me donnent leur accord et m'offrent leur soutien.

Le quatrième cours : le suivi

Je donne une copie de l'entente à chaque élève pour qu'il la fasse signer par ses parents. Lorsqu'il la rapporte, je la classe dans un fichier. Par la suite, je rappelle régulièrement le règlement. Quand j'observe des infractions mineures, je profite de l'occasion pour vérifier avec les élèves si les règles de conduite sont respectées. J'organise de temps à autre des jeux de rôles au cours desquels nous mettons en scène des situations où les règles sont respectées ou enfreintes. Parfois, je joue le rôle d'une enseignante qui manque au règlement et je demande aux élèves de me dire ce que j'aurais dû faire. Ces exercices permettent de préciser la signification du règlement et rappellent à tous les points suivants :

1. Se comporter de façon respectueuse.
2. Assumer la responsabilité de son propre apprentissage.
3. Maintenir la propreté et l'ordre dans la classe.
4. Résoudre les problèmes sans blesser qui que ce soit.

Ces jeux de rôles servent aussi à me rappeler ce que je dois faire moi-même :

1. Traiter tous les élèves avec respect.
2. Permettre aux élèves de faire des apprentissages valables en organisant des activités intéressantes.
3. Faire des allusions verbales et employer des signes pour aider les élèves à se conformer au règlement.
4. Interagir de manière positive avec tous les élèves.
5. Avoir du plaisir et me féliciter à la fin de la journée.

TROIS SYSTÈMES DE DISCIPLINE ADAPTÉS AU DEUXIÈME CYCLE DU SECONDAIRE

Premier système

Enseignante : Linda Blacklock
Matière : Perfectionnement du français

Au fil des ans, j'ai mis au point un système personnel de discipline qui intègre des éléments provenant de diverses sources. J'ai appris combien il est important de préparer à l'avance l'année scolaire, car cela réduit le stress, augmente les chances de réussite et rend le travail plus agréable pour moi et pour les élèves. Je ne fais jamais de la discipline au hasard parce que je sais qu'il me faudrait en payer le prix. Je présente toujours mon système de discipline avant de présenter mon programme scolaire.

Je mets l'accent sur quatre éléments axés sur une approche positive de la discipline : (1) un aménagement de la classe et une attribution des places propices à l'apprentissage, me permettant de me rapprocher facilement de chaque élève,

(2) l'établissement de limites, indiquant aux élèves comment ils doivent se conduire dans la classe, (3) l'emploi du langage gestuel, et non du langage verbal, pour réagir aux comportements inappropriés et (4) le développement du sens des responsabilités par l'octroi de périodes où les élèves peuvent s'adonner à leurs activités préférées.

L'AMÉNAGEMENT DE LA CLASSE ET L'ATTRIBUTION DES PLACES. J'essaie d'aménager la classe de manière à favoriser l'apprentissage et à réduire au minimum les causes de dissipation. Je dispose les pupitres des élèves près du tableau, en rangées transversales, en ménageant deux allées pour les déplacements de l'avant à l'arrière. J'installe mon bureau sur le côté. Cette disposition, que j'appelle la *boucle intérieure*, me permet de circuler facilement partout dans la classe.

L'ÉTABLISSEMENT DE LIMITES. Je n'établis pas à proprement parler de règles de conduite dans la classe. Nous avons plutôt une *entente*. Nous nous mettons d'accord sur le fait que nous sommes à l'école pour travailler de manière responsable; je m'engage à rendre les cours intéressants pour les élèves et tous s'engagent à ne pas entraver l'apprentissage. Pour m'assurer qu'ils la comprennent et l'acceptent, je discute longuement avec les élèves de cette entente, laquelle implique essentiellement que nous allons traiter les autres comme nous souhaitons être traité nous-mêmes.

LA RÉACTION AUX COMPORTEMENTS INAPPROPRIÉS. Je me suis entraînée à rester détendue, calme et sereine quand je dois faire face à un comportement inapproprié, de manière à être capable de faire appel à mon expérience au lieu d'agir sous le coup de l'émotion. Je garde constamment à l'esprit le fait que, si je perds la maîtrise de moi-même, il me sera impossible d'amener l'élève à se contrôler.

Mon langage gestuel. J'accorde beaucoup d'importance au langage gestuel et au sens du rythme:

1. Je me tourne lentement et calmement vers le ou les contrevenants.
2. Je dirige mes pieds en direction de l'élève, ce qui signifie que je me prépare à appliquer la discipline. Le message que je transmets n'est pas ambivalent.
3. Je regarde l'élève droit dans les yeux.
4. Je garde mes mains le long du corps pour ne pas paraître agitée.
5. Mon visage n'exprime aucune émotion. Je ne souris pas, ce qui pourrait être perçu comme un signe d'ambivalence ou de soumission.
6. Je respire lentement et profondément, je reste détendue et je me déplace lentement.

Le langage gestuel de l'élève. Tout en réagissant de la sorte, je m'efforce d'interpréter le langage gestuel de l'élève. Je regarde ses genoux et ses pieds. S'il était en train de parler et ne se retourne pas complètement pour se remettre au travail, je sais qu'il recommencera probablement à parler. J'ai appris que la gestuelle de la partie supérieure du corps indique la simulation, alors que la gestuelle de la partie inférieure reflète les intentions réelles.

La réaction aux répliques. J'ai constaté que les répliques des élèves déclenchent en moi une réaction très vive, mais j'ai également appris qu'il vaut mieux ne pas céder à une impulsion. Donc, si un élève réplique, je reste calme, détendue et silencieuse; ainsi, l'élève qui cherchait à attirer l'attention ne peut atteindre son but.

Le développement du sens des responsabilités. J'emploie les périodes consacrées à une activité favorite pour motiver les élèves et les inciter à se conduire de manière responsable. Je discute de ce sujet avec eux dès la première rencontre et j'applique le système dès la deuxième rencontre. Étant donné que les élèves apprécient la possibilité de s'adonner à une activité de leur choix, cette mesure contribue à l'établissement de bonnes relations et incite à la bonne conduite. Voici comment je procède :

1. J'explique ce que j'entends par « période consacrée à une activité favorite », ce que les élèves peuvent faire durant cette période, ce qu'ils doivent faire pour y avoir droit et ce qui peut leur faire perdre ce privilège.

2. J'installe un tableau d'affichage dans chaque classe et j'utilise un chronomètre.

3. J'accorde des « primes » (des minutes de temps libre) à la classe lorsque tous les élèves se trouvent au bon endroit au bon moment, passent calmement d'une activité à l'autre et remportent un concours mené entre plusieurs classes.

4. Si des élèves ont un comportement inapproprié ou s'ils perdent du temps, j'inscris au tableau le nombre de minutes perdues, précédé du signe moins, et je poursuis la leçon. Je n'ai donc pas de réprimandes à faire.

5. Lorsque la classe a accumulé l'équivalent d'un cours complet, je demande aux élèves de choisir la journée où ils veulent avoir du temps libre et ce qu'ils ont l'intention de faire. Ils peuvent choisir entre se préparer pour un examen, effectuer des exercices ou les devoirs à faire à la maison ou s'adonner à une activité enrichissante.

Ce système de discipline, reposant sur des mesures qui ne provoquent pas d'affrontement, incite les élèves à bien se conduire et me permet d'intervenir lorsque l'un deux a un comportement inapproprié.

Deuxième système

Enseignante : Leslie Hays
Matière : Physique

Je suis persuadée que tous mes élèves sont capables de se conduire de manière appropriée, tous les jours. Je vise à l'efficacité ; j'essaie de faire preuve de clarté, de fermeté et d'humanité. J'accorde beaucoup d'importance au sentiment d'appartenance à la classe ainsi qu'à la solidarité, reflétés par la poursuite d'objectifs communs. C'est pourquoi j'ai recours à l'humour et j'essaie de rendre les cours amusants, ce qui incite les élèves à participer.

Je fais également une place importante aux mesures de prévention et de soutien : je m'efforce de bien préparer les activités et de superviser chaque élève. Cela m'évite d'avoir à faire face continuellement à des comportements inappropriés. Je communique avec les parents par écrit et par téléphone ; la majorité d'entre eux apprécient vivement que je les appelle pour parler de leur enfant et ils m'offrent leur appui pour maintenir la discipline en classe.

J'enseigne à toutes sortes de groupes, des élèves en rattrapage (considérés la plupart du temps comme ayant des problèmes de comportement) aux élèves les plus doués. Quelle que soit la classe, mon système de discipline fonctionne mieux si j'adopte une approche très structurée, me permettant de faire connaître clairement mes exigences et mes attentes.

Chaque année, à la rentrée, je mets mon système en application dès les cinq premières minutes de cours. Je donne à tous les élèves une copie de mon contrat de conduite, qu'ils doivent faire signer par leurs parents et me remettre lors du deuxième cours. S'ils le rapportent à temps, je leur accorde des points ; s'ils ont un jour de retard, ils ne reçoivent pas de point ; s'ils ne me le remettent pas lors du troisième cours, je téléphone à leurs parents. Dans ce contrat, je décris mes attentes et mon système de discipline dans ses grandes lignes (encadré 13.1).

Encadré 13.1
Contrat de conduite en classe

Cher élève et chers parents,

En vue de créer dans la classe un climat propice à l'apprentissage, ce qui est dans l'intérêt de tous les élèves, j'emploie le système de discipline décrit ci-dessous.

L'assiduité

La présence aux cours est un élément essentiel du processus d'apprentissage. Aucun élève ne peut espérer réussir s'il ne participe pas aux activités scolaires. Par conséquent, après la quatrième absence, les parents seront avertis du manque d'assiduité de leur enfant ; après 15 absences, l'élève recevra une note éliminatoire.

Les retards

Les élèves sont censés être assis à leur place et prêts à travailler au moment où la cloche sonne. Après deux retards, je donne un avertissement à l'élève et j'informe ses parents de la situation ; je retire également un point de conduite. Après quatre retards, j'écris aux parents. Au septième retard, l'élève sera exclu de la classe, et recevra un F.

La conduite en classe

Je suis persuadée que tous les élèves sont capables de se conduire de manière appropriée en classe. Je ne tolérerai pas qu'un élève m'empêche d'enseigner ou empêche un autre élève d'apprendre.

Les règles de conduite en classe

1. Apporter son manuel de physique, son cahier et un crayon à chaque cours. *Je ne prête aucun de ces objets.*
2. Être attentif lorsque je parle ou qu'un élève prend la parole à ma demande.
3. N'apporter dans la classe ni nourriture, ni boisson, ni bonbons, ni gomme à mâcher, ni chapeau, ni lunettes de soleil.
4. Se servir adéquatement du matériel.
5. S'exprimer courtoisement. (Les jurons et la violence verbale sont interdits.)
6. Rester assis à sa place à la fin du cours jusqu'à ce que je donne l'autorisation de sortir.

Les conséquences

J'attribue de bonnes notes de conduite aux élèves qui contribuent de façon positive aux activités scolaires. Par contre, si un élève choisit d'entraver le processus d'apprentissage, il se verra appliquer les conséquences suivantes :

- Première infraction : Avertissement et note sur la fiche de discipline.
- Deuxième infraction : Les parents sont informés du problème de comportement.
- Troisième infraction : L'élève doit rencontrer le conseiller.
- Quatrième infraction : L'élève doit rencontrer le directeur, qui prendra les mesures qui s'imposent.

Les élèves qui écrivent sur les pupitres ou jettent des déchets par terre dans la classe seront gardés en retenue après les heures de cours pour nettoyer les pupitres et ramasser les déchets. (*Remarque* : Si un élève commet une infraction grave, comme défier l'enseignant, se battre, voler, détériorer du matériel, ou ne pas respecter le règlement de sécurité dans le laboratoire, il devra se rendre immédiatement au bureau du directeur adjoint.)

Il est dans notre intérêt à tous, élèves, enseignant et parents, de collaborer. J'informerai donc régulièrement les parents des progrès de leur enfant. À vous parents, je demande de signer la partie détachable du présent contrat et de me la faire remettre par votre enfant lors du prochain cours. Si vous désirez me poser des questions ou si vous avez des commentaires, vous pouvez me téléphoner ou écrire une note sur la partie détachable du contrat.

Après avoir passé en revue les règles avec les élèves, je leur demande de remplir une fiche de conduite, dont je me sers pour noter les problèmes de comportement. Il s'agit également d'un autre moyen de faire comprendre aux élèves que la discipline fait partie intégrante de mon mode de gestion de classe. J'attribue d'abord une place à chacun, conformément à un plan préétabli, puis j'explique le système de notation, le matériel requis ainsi que la marche à suivre pour les devoirs. Je distribue les manuels et nous examinons le programme scolaire du semestre. Le premier cours débute immédiatement. À la fin du cours, les élèves ont le sentiment que je maîtrise la situation et que mon enseignement est bien structuré.

Après avoir essayé diverses approches disciplinaires, j'ai constaté que les élèves réagissent bien au système décrit ci-dessus. Dans le courant de l'année, il me suffit habituellement de rappeler les règles à l'occasion pour maintenir la discipline. S'il arrive qu'un élève se rende responsable d'une infraction plus grave, il connaît le règlement et les conséquences, et il est donc plus facile d'appliquer celles-ci sans provoquer de fortes réactions émotionnelles ou d'affrontement, que je trouve personnellement déplaisantes.

Troisième système

Enseignante : Elaine Maltz
Matière : Mathématiques élémentaires

Lors du premier cours, je distribue aux élèves une copie des règles de conduite en classe. Nous en discutons en détail et, sur un ton amical, je leur pose plusieurs questions pour m'assurer qu'ils ont bien compris. Je leur demande de signer le document, de le faire signer également par leurs parents et de me le remettre lors du deuxième cours. Chaque élève conserve sa copie signée dans son cahier de mathématiques. Voici les règles de conduite et les conséquences que j'emploie.

Les règles de conduite

1. Soyez ponctuels et asseyez-vous à votre place avant que la cloche sonne.
2. Apportez à chaque cours votre manuel, votre cahier, des feuilles volantes et un crayon bien taillé.
3. Restez assis et travaillez en silence à moins que vous n'ayez reçu la permission d'agir autrement.
4. Il est interdit d'apporter de la nourriture et des boissons en classe.

Les conséquences

(Elles ont toutes un effet sur la note de conduite.)

- ♦ Les retards
    - — 0 à 3 retards = B (bien)
    - — 4 retards = S (satisfaisant)
    - — 5 retards = A (amélioration souhaitée)
    - — 6 retards = I (insatisfaisant)
- ♦ L'absentéisme : Deux absences entraînent une baisse de la note de conduite ; quatre absences entraînent une baisse de la note finale.
- ♦ Les infractions aux autres règles :
    - — 0 à 4 infractions = B
    - — 5 à 6 infractions = S
    - — 7 à 8 infractions = A
    - — 9 à 10 infractions = I

J'explique les règles en détail lorsque je les présente aux élèves et je discute avec eux de mes attentes. Outre les conséquences que j'établis moi-même, il existe dans l'école un système stipulant à quel moment un élève doit se rendre chez le directeur adjoint ou le conseiller. Au besoin, on communique avec les parents pour solliciter leur aide.

Selon moi, il est essentiel d'avoir recours à l'humour dans les cours de mathématiques. Cela permet de combattre l'ennui et la « phobie des maths ». Je dois donner le ton dès le début afin de créer un climat où les élèves se sentent acceptés, encouragés et traités avec respect. Par ailleurs, j'attends de chaque élève qu'il se conduise bien et fasse des efforts. Je m'efforce d'éliminer le sarcasme de la classe et de ne pas m'en prendre personnellement aux personnes.

Il est utile de modifier à l'occasion le rythme des activités. La structure habituelle des cours est la suivante : corriger les devoirs, introduire la matière nouvelle et commencer les devoirs s'y rapportant ; cependant, j'essaie de faire alterner les problèmes graphiques et d'autres plus abstraits et, à chaque cours, je donne des problèmes concrets à résoudre pour changer les élèves des exercices de routine.

Afin d'inciter les élèves à la bonne conduite, je suis toujours en mouvement pendant qu'ils travaillent en silence. Le fait de circuler dans les rangées et d'aider les élèves ne me permet pas seulement de leur faire faire des progrès ; cela me donne aussi l'occasion de prévenir des comportements inappropriés. Je regarde les élèves droit dans les yeux, j'emploie des expressions du visage et de légères tapes dans le dos pour inciter chacun à la maîtrise de soi.

J'avoue qu'il m'arrive de répéter des remarques (ce que je nomme la *technique du disque rayé*) afin de rappeler aux élèves les règles de conduite et les exigences. Mon but est de leur faire comprendre l'importance des activités scolaires et d'un comportement social approprié. Par ailleurs, j'essaie de sourire en présence des élèves. Les adolescents, me semble-t-il, ont particulièrement besoin que l'enseignant leur donne des preuves concrètes de ses sentiments. Je manifeste également mon intérêt à leur égard en m'efforçant de les aider de mon mieux, en corrigeant rapidement leur travail et en le leur remettant le plus tôt possible, en dispensant quantité d'encouragements, notamment aux élèves peu enthousiastes. Cela m'a demandé beaucoup d'efforts, car il ne m'était pas naturel d'appliquer la discipline de manière structurée.

TROIS SYSTÈMES SPÉCIAUX DE DISCIPLINE

Nous qualifions les systèmes décrits ci-dessous de *systèmes spéciaux* parce qu'ils sont centrés sur une idée maîtresse ou font appel à des techniques spéciales qui se sont avérées très utiles pour l'enseignant qui les a élaborées et les emploie.

PREMIER SYSTÈME : LA RÉSOLUTION DE CONFLIT À LA MATERNELLE
Enseignante : Linda Pohlenz

Le système de discipline que j'emploie avec les enfants de la maternelle est fondé sur le *mode de résolution de conflit gagnant-gagnant*, qui s'applique aux conflits entre les enfants ou entre les enfants et moi-même. Ces derniers comprennent facilement le processus et, en le mettant en pratique, ils apprennent à résoudre eux-mêmes leurs problèmes et à faire face à diverses situations. Je montre également aux enfants comment évaluer leur propre comportement. Ainsi, ils deviennent progressivement plus autonomes.

L'APPRENTISSAGE DU PROCESSUS «GAGNANT-GAGNANT». Avant de présenter le processus gagnant-gagnant aux enfants, je les amène d'abord à comprendre un élément du fonctionnement du cerveau, puis je leur demande d'appliquer ce qu'ils viennent d'apprendre à une situation non conflictuelle. Voici comment j'aborde la question.

> ENSEIGNANTE : As-tu un gros orteil ?
> ÉLÈVE : Oui.
>
> ENSEIGNANTE : Comment sais-tu que tu en as un ? On ne peut pas le voir à travers tes souliers.
> ÉLÈVE : Je le sais parce qu'il est là.
>
> ENSEIGNANTE : Fais bouger ton gros orteil. [*Pause*] Est-ce que tu l'as fait bouger ?
> ÉLÈVE : Oui.

ENSEIGNANTE : Je ne t'ai pas vu le faire. Comment sais-tu que ton orteil a bougé ?
ÉLÈVE : Je l'ai senti.

ENSEIGNANTE : Vous savez que dans votre tête vous avez un cerveau dont vous vous servez pour penser. Le cerveau est une partie du corps, exactement comme le gros orteil. Vous ne pouvez pas voir votre cerveau à l'intérieur de votre tête, mais cela ne vous empêche pas de vous en servir.

J'explique ensuite aux enfants trois expressions décrivant la pensée. Je leur dis qu'une personne a l'*esprit embourbé* quand elle fait face à un problème auquel elle ne trouve pas de solution ; une personne a l'*esprit léger* quand elle est calme et n'a pas de problème à résoudre ; une personne a l'*esprit pétillant* lorsqu'elle s'efforce de trouver des solutions à des problèmes. Je montre ensuite aux enfants comment une personne à l'esprit pétillant peut trouver des solutions à des problèmes qu'ils rencontrent eux-mêmes tous les jours. En premier lieu, je prétends que j'ai perdu mon marqueur vert.

ENSEIGNANTE : Mon Dieu ! Je veux écrire au tableau, mais je ne trouve plus mon marqueur vert. Je ne pense pas être capable d'enseigner sans mon marqueur. Nous ne pourrons plus rien faire. Oh mon Dieu ! On ne peut pas rester sans rien faire durant les heures de classe. Qu'est-ce que je vais faire ? J'ai vraiment l'esprit embourbé. Je crois que je vais me mettre en colère. À moins que quelqu'un puisse m'aider à trouver une solution...
PREMIER ÉLÈVE : Je peux vous aider à le chercher.

ENSEIGNANTE : Tu t'es servi de ton esprit pétillant pour trouver cette idée. Est-ce qu'il y en a qui ont d'autres idées ?
DEUXIÈME ÉLÈVE : Vous pouvez utiliser un marqueur d'une autre couleur.

ENSEIGNANTE : Voilà une autre bonne idée sortie d'un esprit pétillant. Vous m'avez fait deux bonnes suggestions. Maintenant, je n'ai plus l'esprit embourbé et je peux choisir entre les deux. Je vais d'abord essayer d'écrire avec un marqueur d'une autre couleur.

L'APPLICATION DU PROCESSUS «GAGNANT-GAGNANT». Après avoir présenté aux enfants plusieurs situations comme celle que je viens de décrire, je leur explique les expressions *message à la première personne* et *écoute active*. Je leur montre ensuite comment appliquer le processus gagnant-gagnant à la résolution de leurs propres conflits. J'emploie à cette fin un scénario mettant en scène Jérôme et Aline qui se disputent à propos d'un crayon.

ENSEIGNANTE : Aline, as-tu pris le crayon de Jérôme ?
ALINE : J'ai besoin d'un crayon rouge pour faire mon dessin.

ENSEIGNANTE : Pourquoi ne te sers-tu pas de ton crayon rouge au lieu de prendre celui de Jérôme ?

ALINE : Je n'ai pas de crayon rouge. Il faut bien que je me serve de celui de Jérôme.

ENSEIGNANTE : Je comprends. Le problème, c'est que tu as besoin d'un crayon rouge et que Jérôme a également besoin du sien. Est-ce qu'on peut trouver une solution à ce problème ?
ALINE : Je ne sais pas.

ENSEIGNANTE : Je te crois. Arrêtons-nous une minute pour sortir de notre esprit embourbé et pour voir si notre esprit pétillant trouvera une idée. [*Pause*] Y a-t-il un endroit dans cette pièce où on garde des crayons en réserve ?
ALINE : Sur l'étagère ? dans la boîte de crayons ?

ENSEIGNANTE : Le problème, c'est que tu as besoin d'un crayon rouge. Comment peux-tu résoudre ce problème ?
ALINE : Je peux aller chercher un crayon rouge dans la boîte de crayons sur l'étagère.

ENSEIGNANTE : Je vois que tu te sers de ton esprit pétillant pour résoudre ton problème. Es-tu capable de trouver une autre solution ?
ALINE : Je pourrais demander à Jérôme s'il veut bien me prêter son crayon rouge.

ENSEIGNANTE : Ton esprit pétillant travaille vraiment bien en ce moment. Quelle solution veux-tu essayer ?
ALINE : Je vais aller chercher un crayon dans la boîte sur l'étagère.

ENSEIGNANTE : Très bien, vas-y. À la récréation, tu viendras me dire si ta solution a bien fonctionné.

Il est nécessaire de faire un bon suivi pendant l'apprentissage du processus. Les enfants apprécient particulièrement qu'on réagisse par un sourire, un hochement de tête ou un signe de la main lorsqu'ils résolvent un conflit ou un problème personnel.

Deuxième système : la modification du comportement dans une classe de deuxième année

Enseignante : Constance Bauer

Cela faisait déjà cinq ou six ans que j'enseignais lorsque j'ai vraiment compris en quoi consiste la modification du comportement et en quoi elle peut être utile aux enseignants. Jusqu'alors, j'avais réussi à contrôler les élèves au moyen des habituelles réprimandes prononcées sur un ton sévère et j'essayais de les motiver en les assurant, au début de la journée, que nous aurions beaucoup de plaisir en classe. Aucune de ces deux approches ne m'avait cependant paru satisfaisante.

Un jour, l'école a organisé un stage de perfectionnement portant sur la modification du comportement et son application dans la classe. Sans enthousiasme, et uniquement parce que le directeur le souhaitait, j'ai employé quelques techniques avec mes élèves : par exemple, tenter de remarquer un élève se comportant de manière appropriée et le féliciter au lieu de réprimander ceux qui se conduisent mal ; donner à chaque élève le diagramme d'un ver à compléter et lui permettre d'ajouter un segment lorsqu'il remet un travail satisfaisant.

Les élèves ont tellement bien réagi à mes premiers efforts que j'ai décidé de vérifier jusqu'où l'on pourrait aller en employant le renforcement positif. J'ai élaboré une méthode graphique permettant à chaque élève d'enregistrer ses progrès en lecture, en mathématiques et en orthographe. J'ai fabriqué de petits lapins rembourrés que je place sur le pupitre des « bons travailleurs ». J'ai imprimé des formulaires de messages que je remplis chaque après-midi et que je remets aux « élèves coopératifs », lesquels les montrent à leurs parents.

Je me suis vite rendu compte que je réussissais à motiver les élèves et à contrôler leur comportement au moyen de ces techniques. La classe fonctionnait beaucoup mieux et sur un mode plus positif. J'ai entendu dire que la modification du comportement donne de meilleurs résultats avec les enfants de maternelle et du premier cycle du primaire qu'avec les élèves plus âgés. Je ne sais pas si cela est vrai mais, quant à moi, je suis devenue une adepte de cette approche.

Troisième système : l'économie de jeton
au premier cycle du secondaire

Enseignants : Mike Straus et Roy Allen (enseignement en équipe)

Au cours de nos premières années d'enseignement, notre discipline était fondée sur l'autorité. Nous sommes plutôt de forte carrure et nous sommes capables d'adopter un ton rude et d'intimer aux élèves de bien se conduire. Mais cette façon de faire nous épuisait et les élèves avaient peur de nous. Personne n'éprouvait de plaisir dans notre classe.

Une année, nous avons décidé d'essayer d'appliquer un système de modification du comportement axé sur l'emploi d'une monnaie fictive. Nous avons appelé la devise « strallen » (en combinant les premières lettres de nos noms) et nous avons imprimé plusieurs centaines de billets de différentes coupures. Il y a deux ans environ, la mère d'un élève nous a photographiés et elle a fabriqué une liasse de strallens à notre effigie.

Nous avons décidé de distribuer des billets aux élèves qui travaillaient en silence, faisaient leurs devoirs, terminaient leur travail à temps, effectuaient du travail non obligatoire, participaient aux activités de la classe, etc. Nous avons également décidé d'imposer une amende à ceux qui ne s'appliquaient pas, se conduisaient mal ou nous répliquaient. On nous avait dit de récompenser les élèves faisant preuve d'un bon comportement mais de ne pas punir ceux qui avaient un comportement inapproprié. Nous ne croyons pas que les choses se passent ainsi dans la réalité. En effet, dans la vie courante, les personnes qui enfreignent les lois se voient imposer une amende, et nous voulions qu'il en soit ainsi dans notre classe.

Habituellement, nous nous déplaçons dans la classe avec des strallens à la main ou dans nos poches. Nous les distribuons personnellement aux élèves. Si l'un d'eux se conduit mal, par exemple s'il parle sans autorisation, nous lui disons : « Jacques, tu viens de mériter une amende de dix strallens. » Jacques sait qu'il doit alors déposer 10 billets dans la boîte réservée à cette fin.

Les élèves peuvent utiliser les strallens accumulés pour acheter diverses choses que nous fournissons. Par exemple, tous les quinze jours, nous louons une cassette vidéo que les élèves désirent voir et il y a des frais d'admission. Ceux qui n'ont pas assez de strallens pour s'acheter un billet ne peuvent regarder le film. Nous vendons également des friandises, nous organisons des sorties éducatives et des encans. Tout cela se paie en strallens.

Au bout d'un certain temps, il y a des élèves qui cessent de dépenser leurs billets; ils veulent voir quelle quantité ils sont capables d'accumuler. Il arrive que des élèves en amassent des centaines. Nous avons mis sur pied une banque qui leur verse des intérêts s'ils y déposent leurs économies. C'est un excellent moyen d'enseigner diverses notions en ce qui concerne les intérêts, la façon de rédiger un chèque et le calcul du solde d'un compte.

Le système de strallens ne donne pas de bons résultats avec tous les élèves. Au début de l'année, nous leur disons donc que chacun est libre d'y participer ou non. Nous félicitons les non-participants s'ils se conduisent bien et nous les réprimandons et les gardons en retenue s'ils se conduisent mal. Quelques élèves seulement choisissent ce système traditionnel. D'autres, qui ont adopté l'économie de jeton, se comportent de manière tellement inappropriée qu'ils « font faillite ». Nous en concluons que le système ne fonctionne pas pour eux et nous employons des méthodes traditionnelles à leur égard.

Tout compte fait, nous apprécions le système des strallens. Dans notre cas, il donne de bons résultats. Il est efficace et facile à appliquer, et les élèves réagissent bien. Il nous arrive rarement de devoir réprimander l'un d'eux. Ils considèrent que les récompenses et les amendes sont raisonnables, et tout le monde reste de bonne humeur la plupart du temps.

UN SYSTÈME DE DISCIPLINE APPLIQUÉ À L'ENSEMBLE D'UNE ÉCOLE

L'école primaire Dry Creek, Rio Linda, Californie

Kris Halverson, directeur adjoint*

Un projet quinquennal de restructuration, centré sur le développement des habiletés cognitives, est actuellement en cours à l'école Dry Creek. L'un des principaux objectifs est la création d'un climat positif, où les élèves se sentiront en sécurité et auront envie d'apprendre.

À cette fin, nous avons mis en place, dans toute l'école, un système de discipline axée sur la coopération, qui a contribué à l'établissement de bonnes relations entre les élèves et les membres du personnel. On adapte les techniques de ce système à chaque élève de la façon suivante :

1. On identifie clairement un comportement qui pose problème et on le décrit.
2. On détermine le but du comportement inapproprié.
3. On choisit et on applique des techniques d'intervention.
4. On applique des techniques de soutien afin d'accroître l'estime de soi de l'élève.
5. On invite les parents à participer au processus.

Avant la mise en place de la discipline axée sur la coopération, les membres du personnel employaient un système plus coercitif. Nous avons donc dû réfléchir à notre manière d'agir avec les élèves, la redéfinir et la remodeler.

LE CODE DE CONDUITE. Pour donner à la gestion du comportement l'uniformité et la continuité désirées, les membres du personnel ont élaboré ce que nous appelons le « code de conduite des habitants de Dry Creek ». Ce code, en vigueur dans toute l'école, met l'accent sur la « stratégie CRC », c'est-à-dire la capacité, la relation et la contribution. Nous avons conçu un logo où les mots CAPACITÉ, RELATION, CONTRIBUTION sont inscrits sur un parapluie. Sous le parapluie, on lit les quatre énoncés suivants :

- ♦ Je me respecte ; je respecte les autres et la propriété d'autrui.
- ♦ Je suis responsable de mon propre comportement.
- ♦ Je suis ponctuel et prêt à travailler.
- ♦ Je me conduis prudemment.

Nous nous efforçons constamment d'aider chacun à se conformer à ce code.

---

* *Reproduit avec la permission de Kris Halverson et Linda Albert*

LES HABILETÉS RELIÉES À LA VIE COURANTE. Dans le contexte du code de conduite et de la discipline axée sur la coopération, nous enseignons systématiquement aux élèves des habiletés reliées à la vie courante, dont le travail en équipe, la persévérance, le sens des responsabilités, le souci des autres et la coopération. Le but visé est d'aider les élèves à devenir de bons citoyens. Nous employons à cette fin *Megaskills* de Dorothy Rich et *Integrated Thematic Instruction Model* de Susan Lovalick. Nous consacrons un mois à l'apprentissage de chacune des habiletés principales; à la fin du mois, nous organisons une cérémonie en l'honneur des élèves qui ont fait preuve de cette habileté de façon exemplaire.

LE SYSTÈME D'OBSERVATION. Tout élève qui se conduit vraiment mal reçoit une observation. Celle-ci n'a cependant pas de connotation punitive; elle permet d'aider le contrevenant à comprendre pourquoi il se comporte de manière inadéquate, de développer son habileté à résoudre des problèmes et de lui apporter le soutien dont il a besoin pour s'adapter à l'école. Nous décrivons ci-dessous les éléments clés du système d'observation.

1. Les cours de bienséance et de sécurité. Tout élève ayant reçu une observation doit participer, lors de la dernière récréation de la journée, à des cours de bienséance et de sécurité, durant lesquels il élaborera un plan de résolution de problèmes avec l'aide d'un enseignant. L'élève a ainsi l'occasion d'établir une bonne relation avec un adulte qui s'intéresse à lui et d'acquérir des habiletés de résolution de problèmes qui lui permettront de faire de meilleurs choix de comportement.

2. Le plan d'action. Une fois par semaine, nous tenons des réunions où nous discutons du cas de certains élèves désignés par les enseignants, soit parce qu'ils ont accumulé des observations ou parce qu'ils ont des besoins particuliers sur le plan social, émotionnel ou scolaire. L'enseignant, l'élève, ses parents, le directeur et le coordonnateur du plan d'action participent à cette réunion, dont le but est d'élaborer un plan permettant à l'élève d'établir des liens positifs avec l'école.

3. Les activités pour les habitants de Dry Creek. Le vendredi après-midi, les élèves ayant respecté le code de conduite tout au long de la semaine peuvent participer à des activités spéciales que nous appelons «activités pour les habitants de Dry Creek». Ces activités, qui visent à inciter à la bonne conduite, sont reliées à la théorie des sept intelligences. (Howard Gardner, *Frames of Mind: The Theory of Multiple Intelligences*, New York, Basic Books, 1983. Gardner distingue sept intelligences: logico-mathématique, linguistique ou verbale, musicale, spatiale, somato-kinesthésique, psychologique objective et psychologique introspective.) Les activités se caractérisent par un contenu intéressant, le libre choix des élèves, la formation de groupes d'élèves d'âges divers et la poursuite d'objectifs. Les groupes formés pour ces activités comprennent des architectes paysagistes, des troupes de danse, des éditeurs de bulletins, des chefs cuisiniers, des artistes, des maîtres potiers, des musiciens, des athlètes, des joailliers, des mathématiciens et des techniciens.

4. Les ateliers destinés aux élèves ayant reçu des observations. Ces ateliers se déroulent parallèlement aux activités pour les habitants de Dry Creek. Ils sont dirigés par «l'équipe des élèves ayant réussi», composée de jeunes de sixième année que l'on a formés à travailler, sous la supervision d'un adulte, avec leurs pairs, ainsi que d'élèves plus jeunes, qui ont reçu des observations pour une infraction grave, comme se battre ou jurer fréquemment. Dans ces ateliers, on discute des problèmes et on cherche des solutions, on révise les méthodes incitant à la bonne conduite, et les élèves établissent entre eux des relations de soutien. L'équipe des élèves ayant réussi remplit également d'autres rôles exigeant des qualités de chef; ainsi, ils participent à la prise de décisions concernant l'école tout entière. Ces élèves développent une meilleure estime de soi et ils deviennent des modèles de jeunes responsables.

5. Le club des nouveaux. Ce club, composé d'élèves de sixième année, crée un climat chaleureux pour accueillir les nouveaux élèves. Tous ceux qui arrivent à Dry Creek sont invités à un repas au cours duquel ils rencontrent les membres du club et d'autres nouveaux élèves. On leur remet une chemise contenant du matériel et des documents leur souhaitant la bienvenue.

Tous les programmes récemment implantés à Dry Creek visent à amener les élèves à se sentir compétents, à établir de bonnes relations et à coopérer avec tous les membres de l'école. Nous croyons qu'ils contribuent grandement au développement du sens des responsabilités, à l'accroissement de l'estime de soi des élèves et à l'amélioration de leurs résultats scolaires.

APPENDICE

Scénarios : de la réflexion à la pratique

Nous présentons dans cet appendice dix scénarios mettant en scène des comportements inappropriés auxquels tout enseignant est susceptible d'avoir à faire face un jour ou l'autre. Ces scénarios peuvent servir à des fins d'analyse du comportement, à l'application des concepts et des techniques étudiés dans ce manuel ou encore à la mise à l'épreuve d'un système personnel de discipline.

Chaque scénario comprend la description générale d'une classe et un ou deux exemples typiques de comportements inappropriés. Au fil de votre lecture, posez-vous les questions suivantes : (1) Quel est le comportement inacceptable, s'il y en a un, et pourquoi ce comportement pose-t-il un problème ? (2) Quelle est vraisemblablement la cause du problème ? (3) Que devrait faire l'enseignant pour mettre fin au comportement inacceptable ? (4) Que peut faire l'enseignant pour réorienter le comportement inadéquat de manière positive ? (5) Quelles techniques devrait-on employer afin de corriger les comportements inappropriés tout en ménageant l'amour-propre des élèves et en maintenant de bonnes relations enseignant-élève ?

SCÉNARIO 1 :
UNE CLASSE DE CINQUIÈME ANNÉE

La classe

Mme Miller enseigne à une classe de cinquième année, dans une petite communauté stable. La population ne change pas beaucoup, et bon nombre d'élèves sont ensemble depuis leur première année scolaire. Au cours des ans, divers modes d'interaction et rôles se sont mis en place. Malheureusement, certains de ces comportements entravent l'enseignement et l'apprentissage.

Durant la première semaine après la rentrée, Mme Miller a noté que quatre ou cinq enfants s'amusaient à faire des commentaires qui se voulaient astucieux presque chaque fois qu'elle leur demandait de faire quelque chose. Les autres élèves s'esclaffaient et, parfois, se mettaient de la partie.

Même lorsque Mme Miller essaie d'organiser des discussions de groupe sur des sujets importants, plusieurs élèves traitent la question à la légère et refusent de participer sérieusement à la recherche de solutions. La discussion productive que Mme Miller avait espéré susciter tourne rapidement au chahut.

Exemples typiques

Mme Miller commence un cours d'histoire sur Jules César. Elle demande aux élèves s'ils ont déjà entendu parler de ce grand homme. Benoît s'écrie : « Oui ! C'est le nom d'une salade ! »

La classe éclate de rire et certains commentaires fusent, comme : « Bravo, Benoît ! »

Mme Miller réplique à Benoît qu'elle n'apprécie guère les interventions de ce type. Elle attend que le calme se rétablisse un peu, puis elle ajoute : « Mettons-nous au travail. »

Jérôme, assis dans le fond de la classe, crie alors : « Mettons-nous à table ! » La classe croule sous les rires et tout le monde se met à parler en même temps.

Mme Miller attend quelques instants, puis elle jette avec fracas un livre sur son pupitre et s'époumone pour demander le silence : « Et le prochain qui fait encore une remarque de ce genre, je l'envoie immédiatement chez le directeur ! », déclare-t-elle.

Pendant le reste du cours, aucun élève ne se risque à émettre de commentaire, mais la majorité continue de rire sous cape et de faire à voix basse des plaisanteries à propos de la salade César. Des gloussements fusent de-ci de-là. Mme Miller s'efforce d'ignorer la conduite effrontée des élèves mais, à cause de la dissipation générale, elle ne peut terminer la leçon et arriver aux résultats escomptés.

SCÉNARIO 2 :
UN COURS DE BIOLOGIE AU SECONDAIRE

La classe
M. Plante enseigne la biologie à des classes formées d'élèves doués, qui proviennent de familles à revenu moyen ou élevé et dont la plupart comptent faire des études supérieures. Les élèves savent que, en entrant dans la salle de classe, ils doivent aller s'asseoir immédiatement à leur place et répondre aux questions inscrites par M. Plante au tableau. Ensuite, l'enseignant commence son cours sur la matière qu'il avait donnée en devoir à faire à la maison. De temps en temps, il pose une question à un élève choisi au hasard ; il exige que ce dernier justifie sa réponse en s'appuyant sur le texte lu. Après la partie théorique, les élèves se consacrent à des travaux de laboratoire, jusqu'à la fin du cours.

Exemples typiques
M. Plante donne un cours sur la photosynthèse. Il demande à Arlène ce que signifie le terme photosynthèse. Elle rejette ses longs cheveux en arrière, puis elle réplique : « Je ne comprends pas. » M. Plante a souvent entendu Arlène donner cette réponse.

Il lui demande donc : « Qu'est-ce que tu ne comprends pas ? »

— « Je ne comprends rien du tout. »

M. Plante reprend d'un ton brusque : « Allons donc ! Je t'ai seulement demandé de me donner la définition du mot photosynthèse ! »

Arlène n'est guère intimidée : « Comme j'ai dit, je ne comprends rien du tout. Je ne sais pas pourquoi les plantes sont vertes. Pourquoi ne sont-elles pas bleues ou d'une autre couleur ? Pourquoi n'y a-t-il pas de plantes sur Mercure ? Dans le livre, on dit que les plantes produisent de la nourriture. Mais comment ? Est-ce qu'elles produisent des chips ? C'est ridicule. Pour moi, la photosynthèse n'a pas de sens. »

M. Plante fixe Arlène des yeux pendant un moment et celle-ci soutient son regard. Il lui demande : « C'est tout ? »

Arlène hausse les épaules et répond : « Je crois que oui. » Elle entend quelques garçons siffler tout bas et ce témoignage d'admiration lui fait manifestement plaisir.

M. Plante reprend : « Arlène, j'espère qu'un jour tu vas comprendre que la classe n'est pas l'endroit pour faire l'intéressante. »

« Je l'espère aussi », réplique Arlène. « Je sais que je devrais être plus sérieuse. » Elle se met ensuite à regarder par la fenêtre.

Durant le reste du cours, qu'il poursuit d'un ton glacial, l'enseignant pose des questions uniquement aux élèves qui savent habituellement la bonne réponse.

Puis il commence à donner aux élèves des directives sur les travaux pratiques, mais il s'aperçoit que Marc s'amuse à ouvrir et à fermer la valve du brûleur à gaz. Il lui dit : « M. Tremblay, voulez-vous nous rappeler la règle se rapportant à l'utilisation de l'équipement dans le laboratoire ? »

Marc baisse la tête et marmonne qu'il attend les instructions. Arlène dit alors calmement : « Ça suffit, Marc. On n'est pas ici pour s'amuser », puis elle sourit à M. Plante.

L'enseignant fixe les élèves des yeux pendant un moment, puis il finit de leur donner les directives et leur demande de se mettre au travail. Il circule dans le laboratoire et examine le travail de chacun. Il reste un moment derrière Sylvie et Denise, qui semblent avoir des difficultés ; il ne leur propose pas son aide, car il est d'avis que les élèves de niveau avancé devraient être capables de résoudre eux-mêmes les problèmes auxquels ils font face. Elles commettent bévue sur bévue, et il se contente de hocher la tête d'un air incrédule. Il donne l'impression de souhaiter qu'elles abandonnent le cours.

SCÉNARIO 3 :
UNE BIBLIOTHÈQUE AU PREMIER CYCLE DU SECONDAIRE

L'aménagement et les élèves

Mme Daniels, une spécialiste des médias, est en charge de la bibliothèque réservée au premier cycle du secondaire. Elle se considère comme une personne ressource et s'empresse toujours d'aider les élèves réclamant son aide pour mener à bien leurs recherches. La majorité des élèves provient de familles appartenant aux classes moyennes. Environ 50 pour 100 d'entre eux sont de race blanche et les autres, de divers groupes ethniques. Le nombre des élèves qui fréquentent la bibliothèque varie d'un moment de la journée à l'autre, de même que les raisons de leur visite. Habituellement, de petits groupes viennent faire du travail de recherche en équipe, mais il y a toujours un élève qui arrive à l'improviste parce qu'il a été exempté du cours d'éducation physique pour des raisons médicales, et en général il déteste avoir à se rendre à la bibliothèque. D'autres ont obtenu une permission spéciale d'un enseignant pour diverses raisons.

Exemples typiques

Mme Daniels a enfin réussi à amener les élèves à s'installer et à se mettre au travail ; Simone vient lui dire qu'elle doit lire un livre parce qu'elle a manqué un cours. Mme Daniels lui demande quels genres de livres l'intéressent, mais

Simone se contente de hausser les épaules d'un air maussade. Mme Daniels l'entraîne vers l'étagère des publications récentes et lui dit : « J'ai lu ce livre hier soir. Je pense qu'il te plairait. C'est une bonne histoire, qui se lit rapidement. »

Simone jette à peine un coup d'œil au livre, et répond : « Ça a l'air stupide ! Vous n'avez pas un bon livre ? » Elle parcourt rapidement l'étagère des yeux, puis elle ajoute : « Tous ces livres ont l'air stupide ! »

Pendant ce temps, Jacques essaie d'attirer l'attention de Mme Daniels. Il lui présente une note de son professeur d'histoire qui désire connaître la source exacte d'une citation. Mme Daniels demande à Simone de continuer à regarder les livres et elle se dirige avec Jacques vers la section des ouvrages de référence.

En passant près d'un groupe d'élèves censés faire des recherches, elle s'aperçoit qu'ils sont en train d'observer Paul et Thomas en pleine « bataille de crayon » : ils croisent leurs crayons comme des épées jusqu'à ce que l'un se brise. Mme Daniels réprimande Paul, qui semble particulièrement excité. Ce dernier réplique avec colère : « C'est Thomas qui a commencé ! »

Ce à quoi Mme Daniels répond : « Si tu ne peux pas te comporter convenablement, tu n'as qu'à retourner dans ta classe. » Les autres élèves se moquent de Paul, qui se sent victime d'une injustice. Il s'assied et se met à bouder.

Entre-temps, Simone est allée regarder le grand globe terrestre, qu'elle fait tourner. Mme Daniels s'apprête à lui parler, mais elle se rend compte que Jacques est toujours à ses côtés et attend qu'elle lui donne le renseignement demandé par son professeur.

Finalement, avant la sonnerie, Simone sort de la bibliothèque avec un livre qui ne l'intéresse pas et Jacques repart avec l'information qu'il était venu chercher. Les élèves travaillant en équipe ont été très bruyants. Mme Daniels sait pertinemment qu'ils ont peu travaillé et elle se demande si elle ne devrait pas discuter avec les enseignants du comportement des élèves et de leur manque de courtoisie. Après leur départ, elle remarque des graffitis injurieux sur la table à laquelle Paul était assis.

SCÉNARIO 4 : UNE CLASSE DE DEUXIÈME ANNÉE

La classe

Mme Dufour enseigne à une classe de deuxième année dans une école située dans un quartier où la population change rapidement. Elle reçoit en moyenne un nouvel élève chaque semaine et les enfants demeurent peu de temps dans sa classe, car leurs parents déménagent encore une fois. La majorité des élèves proviennent de familles monoparentales dysfonctionnelles et leur comportement semble refléter de nombreux problèmes émotionnels : ils sont agressifs et violents, et pleurent facilement.

Exemples typiques

La cloche du matin vient de sonner et les élèves, qui se sont mis en rang à l'extérieur sous l'œil d'un surveillant, entrent bruyamment dans la classe. Mme Dufour s'entretient avec un parent venu se plaindre que son enfant est harcelé par les autres élèves. Quand elle peut enfin accorder toute son attention au groupe, Mme Dufour constate que Richard et Raymond sont assis sous un pupitre et que quelques élèves, tout excités, se sont rassemblés autour de Serge, qui a apporté son hamster pour le montrer à la classe. Deux fillettes tirent Mme Dufour par la manche parce qu'elles veulent lui remettre un billet et l'argent pour leur déjeuner. L'enseignante doit crier pour se faire entendre dans le vacarme et amener les élèves à aller s'asseoir à leur place. Plusieurs minutes se sont écoulées depuis que la cloche a sonné.

Mme Dufour, qui n'a déjà plus toute sa maîtrise de soi, réussit finalement à mettre en marche l'activité de lecture en groupe, mais elle se rappelle tout à coup qu'une réunion avait été prévue en début de matinée. Elle se lève brusquement et s'écrie : « Nous avons une réunion ce matin ! Fermez vos livres et mettez-vous en rang tout de suite, nous allons être en retard ! »

Les trente et un élèves se précipitent vers la porte, en se bousculant et en se disputant. Rachel, une grande fillette assez forte, pousse Amy et lui crie : « Hé ! Laisse-moi passer, imbécile ! »

Amy, une enfant douce et réservée, se met à pleurer. Mme Dufour tente de la consoler pendant que Rachel se fraye un chemin jusqu'au premier rang.

Au cours de la réunion, Richard et Raymond, assis côte à côte, montrent à leurs voisins des cartes de hockey. À la fin de la première partie, ils se mettent tous deux à siffler et à rire au lieu d'applaudir. Sous l'œil désapprobateur du directeur de l'école, Mme Dufour sépare les deux garçons, qui n'en continuent pas moins de se faire des mimiques jusqu'à la fin de la réunion, ce qui suscite l'hilarité des autres élèves.

De retour dans la classe, Mme Dufour, convaincue que le directeur va lui parler de la conduite de ses élèves, essaie de discuter avec eux de l'inconvenance de leur comportement. Elle tente de les inciter à faire des commentaires positifs à propos de la réunion, mais plusieurs élèves affirment que c'était stupide et ennuyeux.

La discussion n'a presque rien donné au moment où la cloche sonne pour la récréation. Mme Dufour pousse un soupir et demande aux enfants de se mettre en rang, puis elle leur enjoint d'un ton sévère de se conduire de leur mieux. Pendant qu'ils attendent à la porte, Rachel se fraye de nouveau un chemin jusqu'au premier rang.

SCÉNARIO 5 :
ENSEIGNEMENT SPÉCIALISÉ AU SECONDAIRE

La classe

Mme Blanchette est professeur de français en enseignement spécialisé au secondaire. Tous ses élèves ne sont arrivés, année après année, qu'à de médiocres résultats scolaires, mais il lui semble que quelques-uns ont une intelligence moyenne. Certains par contre ont des difficultés d'apprentissage. Plusieurs vivent dans une famille d'accueil ; environ un tiers des élèves appartiennent à des minorités ethniques et habitent dans un quartier situé à une certaine distance de l'école, et ils font le trajet en autobus. On sait qu'une partie de ces élèves sont membres d'un gang.

Exemples typiques

Les élèves entrent dans la classe en traînant les pieds. Ils vont s'asseoir et la majorité d'entre eux commencent à faire le travail indiqué au tableau, comme on le leur a demandé. Il se passe quelque chose entre Lise et Julie, qui échangent des regards chargés d'hostilité ; ni l'une ni l'autre ne se mettent au travail.

Une fois que les élèves sont installés, Mme Blanchette révise le cours précédent, puis elle leur montre comment rédiger une lettre d'affaires. Elle demande aux élèves de se pencher sur un exemple dans leur manuel. Cinq des quatorze élèves n'ont pas apporté leur livre, alors que l'enseignante rappelle presque chaque jour qu'il s'agit là d'une règle de conduite en classe. Ces cinq élèves se voient donc attribuer des points de pénalité qui seront soustraits de leur note finale.

Mme Blanchette voit que Lise a son manuel et elle lui demande de l'ouvrir à la bonne page. L'adolescente secoue la tête, puis elle pose la tête sur son pupitre. Mme Blanchette lui donne le choix entre se conformer à la directive ou sortir de la classe. Lise sort de la pièce et va s'asseoir dans le corridor, à la table prévue à cette fin.

Mme Blanchette poursuit la leçon. Elle demande aux élèves de se mettre deux par deux afin de rédiger une lettre dans laquelle ils demandent l'annulation d'un abonnement à une revue et un remboursement. Les élèves sont libres de choisir leur camarade de travail mais, au bout de quelques minutes, l'enseignante s'aperçoit que certains ne se sont toujours pas décidés.

En l'absence de Lise, il reste un nombre impair d'élèves. Julie demande la permission de travailler seule. Mme Blanchette n'y voit pas d'objection. Julie passe la plus grande partie de son temps à regarder Lise.

Martine et Corinne ont sorti leur miroir de poche et elles se maquillent. Mme Blanchette les prévient que c'est à elles qu'elle demandera en premier de lire leur lettre à la classe.

À la fin de la période allouée au travail individuel, Mme Blanchette demande des volontaires pour lire leur lettre. En insistant un peu, elle convainc deux garçons de lire la leur, puis elle invite Martine et Corinne à en faire autant. Ces dernières se plaignent de n'avoir pas bien compris ce qu'elles devaient écrire. L'enseignante leur répond qu'elles devront terminer le travail à la maison. Elles acceptent, mais Mme Blanchette sait très bien qu'elles ne feront pas le devoir et qu'elles ne se présenteront pas en classe le lendemain.

Les autres élèves lisent leur lettre. Certaines sont correctement rédigées ; d'autres contiennent de nombreuses fautes. Les adolescents ne semblent pas capables de distinguer une bonne lettre d'affaires d'une mauvaise. Mme Blanchette tente de souligner les points forts et les points faibles de leurs travaux, mais la classe applaudit ou fait des commentaires qui se veulent astucieux, sans discernement.

À la fin du cours, Mme Blanchette demande aux élèves de lui remettre leur lettre, car elle a l'intention de les inviter à la retravailler le lendemain. Elle se rend compte que deux élèves ne lui ont pas donné leur travail et que Juan et Marco ont inscrit sur le leur de nombreux A+ et des graffitis à propos du gang auquel ils appartiennent.

SCÉNARIO 6 :
FORMATION PROFESSIONNELLE AU SECONDAIRE

AU LABORATOIRE DE PHOTOGRAPHIE

La classe

M. Cardinal donne un cours facultatif de photographie dans une école secondaire accueillant des élèves en situation d'échec scolaire à cause de problèmes de comportement. De nombreux élèves se sont inscrits volontairement à cette école parce qu'elle est située dans un quartier qu'ils considèrent comme leur territoire. Quelques-uns sont toxicomanes et (ou) viennent de familles dysfonctionnelles. Dix-huit élèves suivent le cours de photographie et tous ont signé un contrat d'étude individuel.

Exemples typiques

Pendant que les élèves se mettent au travail, M. Cardinal s'affaire à diverses tâches : il installe le matériel, donne des conseils sur la manière de procéder, distribue des feuilles d'examen à ceux qui ont terminé leur contrat, examine des photographies, etc. Il se rend soudain compte que Thomas regarde fixement dans le vide. Il lui demande s'il a besoin d'aide et Thomas se contente de hausser les épaules. Il lui demande s'il a apporté le matériel dont il a besoin pour travailler et Thomas fait non de la tête. M. Cardinal lui demande alors ce qui ne va pas. Voyant que Thomas ne répond pas, Michel marmonne : « Il est camé. »

Au même moment, M. Cardinal entend de vifs échanges en provenance de la chambre noire. Il se dirige de ce côté et voit deux élèves qui s'affrontent et se mesurent du regard. Il s'enquiert du problème, mais n'obtient pas de réponse. Il les invite donc à sortir de la chambre noire et à retourner à leur place, mais les deux garçons ne lui prêtent aucune attention. Comme la tension monte, un autre élève s'interpose: «Allez, on réglera ça plus tard. Du calme.» M. Cardinal téléphone au conseiller pour l'informer de l'incident. Les deux adolescents ont entendu et le regardent avec insolence.

La classe se remet au travail et M. Cardinal circule dans le laboratoire pendant le reste du cours; il aide ceux qui en ont besoin, fait cesser le chahut s'il y a lieu, incite les élèves à remplir leur contrat et leur rappelle qu'ils ont des délais à respecter. De temps à autre, il jette un coup d'œil en direction de Thomas, qui n'a encore rien fait. Il demande de nouveau à l'adolescent s'il a un problème, mais ce dernier se contente de faire non de la tête. M. Cardinal lui demande s'il veut abandonner, étant donné que le cours est facultatif. Thomas répond: «Non. J'aime bien venir ici.»

«Parfait!», répond M. Cardinal. «Mais ici, on ne rêve pas. Ou tu travailles ou tu changes de classe. C'est compris?»

— «Oui, je comprends», dit Thomas.

M. Cardinal s'éloigne, mais, du coin de l'œil, il voit Thomas lui faire un bras d'honneur.

SCÉNARIO 7 : UNE MATERNELLE SPÉCIALE EN FRANÇAIS

La classe

Mme Brabant enseigne le français à une classe de maternelle comptant 30 enfants, dont 7 seulement parlent français à la maison. La plupart appartiennent à diverses minorités ethniques. L'objectif principal de la classe est l'apprentissage rapide du français. La plupart du temps, les enfants travaillent en petits groupes, dirigés chacun par un enseignant, un assistant ou un parent volontaire. Toutes les demi-heures, les éducateurs changent de groupe afin de procurer aux enfants une plus grande diversité d'expériences.

Exemples typiques

Juste avant le début du cours, une nouvelle fillette, Mei, arrive dans la classe. Elle parle très peu français et elle pleure. Elle essaie de sortir de la classe, mais un assistant la retient. Les enfants savent que, lorsque Mme Brabant sonne la cloche, ils doivent s'asseoir sur le tapis, mais ceux qui se trouvent dans l'aire de jeux n'ont pas envie de se conformer à la règle. Mme Brabant les appelle trois ou quatre fois, puis elle doit se lever et en amener deux par la main.

Au cours de la première activité, Mme Brabant doit rappeler à plusieurs enfants qui se roulent sur le tapis de se tenir droit. Mourad ne cesse d'importuner la fillette assise à côté de lui et l'enseignante lui demande à deux reprises d'arrêter. Finalement, elle lui dit d'aller s'asseoir à l'écart du groupe. Il y reste jusqu'à la fin de l'activité, c'est-à-dire jusqu'à ce que le groupe change d'éducateur et se rende dans l'aire réservée aux arts plastiques.

Au moment où les enfants arrivent dans cette partie de la salle, où Mme García, une volontaire, dirige les activités, Mme Brabant entend du chahut. Elle constate que Mourad a pris de la peinture et qu'il fait mine de vouloir en couvrir l'une des fillettes, qui s'éloigne en courant. Mme García enjoint au garçon de remettre la peinture sur la table.

Mourad, qui parle français, répond : « Ferme-la, espèce de grosse vache ! »

Mme Brabant abandonne son nouveau groupe pour aller rejoindre Mourad. Elle lui dit : « Tu as besoin d'aller faire un tour dans la classe de Mme Sayres » (une classe de première année, située juste à côté de la salle de maternelle).

Mourad, les mains couvertes de peinture bleue, se jette par terre, refuse de bouger et se met à dire des grossièretés à Mme Brabant. Celle-ci le laisse pour aller demander de l'aide, par téléphone, au bureau du directeur. Mourad se relève, il essuie d'abord ses mains sur un pupitre, puis sur ses vêtements et il sort en courant de la pièce. Il s'immobilise près de la porte de la classe de Mme Sayres et, lorsqu'il voit Mme Brabant se diriger vers lui, il entre et s'assied à la table qu'on lui a assignée sans faire de difficultés.

Mme Brabant retourne s'occuper de son groupe, formé majoritairement d'enfants d'origine asiatique. Ils sont assis en silence et se montrent attentifs, mais ils ne parlent pas. Mme Brabant tente de leur faire répéter les mots qu'elle lit dans un livre placé sur un chevalet, mais elle obtient peu de résultats.

Au moment où les enfants doivent changer à nouveau d'éducateur, Mme Brabant se rend rapidement dans la classe de Mme Sayres et elle ramène Mourad dans la salle de maternelle. Ce dernier réintègre son groupe. Dès que Mme Brabant commence à travailler avec son nouveau groupe, elle aperçoit Zhigang et Duy en train de se verser mutuellement des graines pour les oiseaux sur la tête. Pendant ce temps, la nouvelle fillette, Mei, continue de pleurnicher.

SCÉNARIO 8 :
UNE CLASSE D'HISTOIRE CONTEMPORAINE AU COLLÉGIAL

La classe

Les élèves qui assistent au cours d'histoire contemporaine de M. Joncas ont des résultats scolaires moyens ou insuffisants. Le professeur a donc adopté un rythme lent et s'efforce de présenter chaque cours de manière simple. En général, il a du plaisir à enseigner; il trouve les élèves intéressants et énergiques.

Les cours de M. Joncas sont à peu près tous structurés de la même façon. Au début du cours, les élèves lisent à tour de rôle des extraits du manuel. Le professeur choisit le lecteur en tirant au hasard dans la pile de fiches portant le nom des élèves. Si celui qu'il désigne ne sait pas à quelle page le groupe est arrivé ou s'il est incapable de répondre à la question portant sur le texte qu'on vient de lire, il perd un point, qui sera déduit de sa note finale.

Durant la seconde moitié du cours, la classe est divisée en équipes. Chaque équipe choisit une partie du texte lu précédemment et elle s'appuie sur l'information présentée pour faire un travail créatif, par exemple préparer une affiche. À la fin du cours, s'il reste du temps, tous les élèves mettent en commun ce qu'ils ont accompli.

Exemples typiques

M. Joncas demande à Hélène de lire. Même si elle a été attentive, elle fait signe de la tête qu'elle s'y refuse. Ce n'est pas la première fois qu'elle se conduit de la sorte et M. Joncas, pour ne pas la blesser, se contente de déclarer: « Je vais devoir t'enlever un point, Hélène. » Il nomme ensuite un autre élève.

Malheureusement, Hélène refuse également de participer au travail en équipe. Les autres élèves ne lui accordent aucune attention et poursuivent l'activité sans elle. Il arrive que Clarisse refuse elle aussi de participer au travail en équipe. Lorsque M. Joncas en a discuté avec elle, elle lui a répondu: « Vous ne forcez pas Hélène à participer. »

M. Joncas a répliqué: « Écoute, c'est de toi qu'il est question et non d'Hélène. » Néanmoins, il n'est plus intervenu et il ne demande plus à Clarisse de participer aux activités lorsqu'elle ne fait rien.

Ce jour-là, Denis avait l'air très en colère lorsqu'il est entré dans la classe. Il a jeté brutalement son sac sur son pupitre et s'est assis, mais il n'a pas ouvert son manuel pour la période de lecture. M. Joncas tire la fiche de Denis dans la pile mais, puisque ce dernier est de mauvaise humeur, il ne le nomme pas.

Simon est d'une humeur bien différente. Tout au long de la période de lecture, il a gloussé chaque fois qu'un élève faisait une erreur de prononciation ou donnait une réponse à l'enseignant. Assis au premier rang, il s'est retourné sans cesse pour rire, espérant trouver un complice. Bien que la majorité des élèves ne lui prête pas attention ou lui lance des regards désapprobateurs, il continue de s'esclaffer. M. Joncas demande finalement à Simon ce qu'il trouve si amusant. Ce dernier lui répond: « Rien! », puis il regarde les autres élèves et pouffe de rire de nouveau.

À la fin du cours, il reste suffisamment de temps pour examiner trois affiches. Simon fait des commentaires à propos de chacune et il se remet à glousser. Clarisse, qui n'a rien fait, dit : « Simon, pourquoi est-ce que tu ne la fermes pas ! »

Au moment où les élèves sortent de la classe, M. Joncas prend Denis à part : « Que se passe-t-il, Denis ? »

« Rien ! », marmonne Denis entre ses dents, et il s'éloigne aussitôt.

SCÉNARIO 9 :
UN COURS DE LITTÉRATURE FRANÇAISE AU SECONDAIRE

La classe

M. Wong donne un cours de littérature française pendant un semestre à une classe de quatrième année du secondaire. Parmi les 33 élèves de la classe, 8 sont des redoublants. La majorité des élèves de l'école sont issus de familles aisées, et un grand nombre d'entre eux font preuve d'une forte motivation. Néanmoins, certains manquent d'intérêt pour l'école et y viennent surtout pour être avec leurs amis.

Le cours de M. Wong est généralement structuré comme suit. Il débute par un test comportant trois questions sur les lectures données en devoir au cours précédent. Ces questions se rapportent habituellement aux faits, aux noms de personnes ou de lieux ou à l'intrigue. Après avoir ramassé les copies, M. Wong dirige une période de questions et de discussion à propos des mêmes lectures. Plusieurs élèves interrogés se contentent de répondre : « Je ne sais pas. » Ensuite, M. Wong demande aux élèves de commencer à lire un nouveau chapitre dans le livre à l'étude. Ils lisent ainsi tour à tour à haute voix jusqu'à la fin de la période et doivent terminer le chapitre le soir à la maison.

Exemples typiques

Les élèves entrent dans la classe de M. Wong en traînant les pieds et ils commencent à répondre aux questions inscrites au tableau. M. Wong note que certains répondent un peu au hasard. C'est le cas en particulier de Bruno, l'un des redoublants. M. Wong s'adresse à la classe : « Est-ce qu'il y en a au moins un parmi vous qui a terminé la lecture du chapitre ? »

Lorsque les élèves commencent à lire tour à tour à haute voix, M. Wong se rend compte que Bruno n'a pas son exemplaire des *Misérables*, l'ouvrage à l'étude, et ce n'est pas la première fois que cela se produit. M. Wong prête donc un livre à Bruno, qui suit le groupe pendant un moment avant de se mettre à gribouiller sur une feuille de papier. M. Wong lui demande de continuer la lecture, mais il est incapable de trouver le passage en question.

M. Wong lui dit : « Bruno, ta conduite est tout à fait inacceptable. Tu redoubles et, si tu n'obtiens pas la moyenne dans mon cours, tu ne passeras pas dans la classe supérieure. »

Sans lever les yeux, Bruno réplique : « Vous voulez parier ? »

— « Comment ? »

— « Vous pouvez être sûr que je vais passer en cinquième année. »

— « Il te faudra suivre des cours de rattrapage, alors. »

— « Pourquoi pas ? En fait, ce sera mieux comme ça. Votre cours m'ennuie et vous nous donnez trop de devoirs. J'ai des choses plus importantes à faire que de lire cette histoire stupide. Qui est-ce que ça intéresse de toute façon ? Pourquoi est-ce qu'on ne peut pas lire des livres parlant de la vie réelle ? »

M. Wong, passablement vexé, rétorque : « Tu te trompes sur toute la ligne. Les autres élèves ont du plaisir à faire le travail et *Les Misérables* est un des chefs-d'œuvre de la littérature française ! Ce livre convient parfaitement. Ce qui ne va pas, Bruno, c'est ton attitude ! »

Les yeux de Bruno brillent de colère, mais il n'ajoute rien. Il n'ouvre pas son livre et M. Wong s'efforce de diriger la classe pendant les 10 dernières minutes du cours. Bruno est le premier à sortir de la salle lorsque la cloche sonne.

SCÉNARIO 10 :
UN STAGE DANS UNE CLASSE DE SIXIÈME ANNÉE

La classe

Denise Thériault fait un stage dans une école située dans un quartier défavorisé et dans laquelle on accorde une grande importance aux résultats scolaires. La moitié des élèves de la classe de Mme Thériault habite le quartier et l'autre moitié, appartenant à des groupes ethniques divers, fait le trajet en autobus afin de profiter du programme scolaire particulièrement stimulant et du matériel d'enseignement et d'apprentissage offerts par l'école.

Mme Warde, l'enseignante habituellement en charge de la classe, ne semble pas employer un système bien défini de gestion de classe ou de discipline. Du moins, Mme Thériault n'en a observé aucun en usage. Mme Warde se contente de dire aux élèves ce qu'ils doivent faire et ces derniers obéissent.

Lors des premiers cours de Mme Thériault, Mme Warde demeure dans la classe pour lui prêter assistance. Les élèves s'appliquent, comme d'habitude ; Mme Thériault est satisfaite et elle pense qu'elle n'aura pas de problèmes.

En l'absence de Mme Warde

Mme Warde informe Mme Thériault qu'elle s'absentera durant le cours de mathématiques afin de lui donner l'occasion d'enseigner seule. Elle avertit la stagiaire que les élèves risquent de se montrer un peu désobéissants pour la mettre à l'épreuve, mais qu'il ne devrait rien se passer de grave. Elle lui conseille de faire preuve de fermeté.

La leçon de mathématiques se déroule d'abord sans incident. Elle porte sur des concepts élémentaires d'algèbre, que Mme Thériault aborde au moyen de la méthode par essais et erreurs. La stagiaire dit aux élèves : « Je vous demande de faire seuls le travail suivant. Examinez attentivement chacune des équations et déterminez si elles sont vraies ou fausses pour tous les nombres entiers. »

$$a + 0 = a$$
$$a + b = b + a$$
$$a(b + c) = ab + c$$
$$a + 1 = 1$$
$$a \times 0 = a$$

Les enfants se mettent au travail mais, au bout de deux minutes à peine, plusieurs lèvent la main. Mme Thériault se porte à l'aide d'Alice, qui peine sur la troisième équation. « Qu'est-ce qui ne va pas ? », lui demande la stagiaire.

— « Je ne comprends pas ce que signifie cette équation. »

— « J'ai donné un exemple identique au tableau tout à l'heure. »

— « L'exemple contenait des nombres. Ce sont les lettres que je ne comprends pas. »

— « Les lettres représentent des nombres. C'est exactement la même chose avec les lettres. Je vous ai montré qu'on peut les remplacer par des nombres, tu te souviens ? Continue et explique-moi tout ce que tu fais. »

Sans s'en rendre compte, Mme Thériault a passé presque cinq minutes avec Alice. Quelques élèves ont terminé les exercices entre-temps et attendent, mais un grand nombre lève encore mollement la main. Mme Thériault se dirige rapidement vers un élève et elle lui pose la même série de questions.

Mathieu et Alonzo ont baissé la main et examinent le travail de l'autre. Ils se mettent à parler, puis à rire. D'autres se joignent à eux et bientôt tout le monde chahute.

Mme Thériault a beau répéter « Chut ! », cela a peu d'effet. Elle se rend finalement à l'avant de la classe, réclame l'attention des élèves et leur dit à quel point leur manque de courtoisie la déçoit.

BIBLIOGRAPHIE

ALBERT, L. (1989), *Cooperative discipline: How to manage your classroom and promote self-esteem*, Circle Pines, American Guidance Service.

———— (1996), *A teacher's guide to cooperative discipline*, éd. révisée, Circle Pines, American Guidance Service (1re éd. 1989).

ANGELL, A. (1991), « Democratic climates in elementary classrooms : A review of theory and research », *Theory and Research in Social Education*, vol. 19, p. 241-266.

AUGUSTINE, D., K. Gruber et L. Hanson (1990), « Cooperation works ! », *Educational Leadership*, vol. 47, p. 4-7.

BANBURY, M. et C. Hebert (1992), « Do you see what I mean ? Body language in classroom interactions », *Teaching Exceptional Children*, vol. 24, p. 24-28.

BARTELL, J. (1992), « Starting from scratch », *Principal*, vol. 72, p. 13-14.

BLENDINGER, J., *et al.* (1993), *Win-win discipline*, Bloomington, Phi Delta Kappa Educational Foundation.

BOOTHE, J., *et al.* (1993), « The violence at your door », *Executive Educator*, vol. 15, n° 1, p. 16-22.

BROPHY, J. (1987), « Synthesis on strategies for motivating students to learn », *Educational Leadership*, vol. 45, p. 40-48.

BROPHY, J. et J. Putnam (1979), « Classroom management in the elementary school », *in* D. L. Duke (dir.), *Classroom management: The seventy-eighth yearbook of the National Society for the Study of Education* (p. 182-216), Chicago, University of Chicago Press.

BURKE, K. (1992), *What to do with the kid who...: Developing cooperation, self-discipline, and responsibility in the classroom*, Palatine, IRI/Skylight.

CANGELOSI, J. (1993), *Classroom management strategies: Gaining and maintaining students' cooperation*, 2e éd., White Plains, Longman.

CANTER, L. (1976), *Assertive Discipline: A take-charge approach for today's educator*, Seal Beach, Lee Canter & Associates.

_____ (1978), « Be an assertive teacher », *Instructor*, vol. 88, n° 1, p. 60.

_____ (1988), « Let the educator beware : A response to Curwin and Mendler », *Educational Leadership*, vol. 46, n° 2, p. 71-73.

CANTER, L. et M. Canter (1986), *Assertive Discipline Phase 2 in-service media package* [videotapes and manuals], Santa Monica, Lee Canter & Associates.

_____ (1989), *Assertive Discipline for secondary school educators: In-service video package and leader's manual*, Santa Monica, Lee Canter & Associates.

_____ (1992), *Assertive Discipline: Positive behavior management for today's classrooms*, 2ᵉ éd., Santa Monica, Lee Canter & Associates.

_____ (1993), *Succeeding with difficult students: New strategies for reaching your most challenging students*, Santa Monica, Lee Canter & Associates.

CAWTHORNE, B. (1981), *Instant success for classroom teachers, new and substitute teachers in grades K through 8*, Scottsdale, Greenfield.

CHARLES, C. et G. Senter (1995), *Elementary classroom management*, 2ᵉ éd., White Plains, Longman.

CORNO, L. (1992), « Encouraging students to take responsibility for learning and performance », *Elementary School Journal*, vol. 93, p. 69-83.

CURWIN, R. (1980), « Are your students addicted to praise ? », *Instructor*, vol. 90, p. 61-62.

_____ (1992), *Rediscovering hope: Our greatest teaching strategy*, Bloomington, National Educational Service.

_____ (1993), « The healing power of altruism », *Educational Leadership*, vol. 51, n° 3, p. 36-39.

CURWIN, R. et A. Mendler (1980), *The discipline book: A complete guide to school and classroom management*, Reston, Reston Publishing.

_____ (1984), « High standards for effective discipline », *Educational Leadership*, vol. 41, n° 8, p. 75-76.

_____ (1988a), *Discipline with dignity*, Alexandria, Association for Supervision and Curriculum Development.

_____ (1988b), « Packaged discipline programs : Let the buyer beware », *Educational Leadership*, vol. 46, n° 2, p. 68-71.

_____ (1989), « We repeat, let the buyer beware : A response to Canter », *Educational Leadership*, vol. 46, n° 6, p. 83.

_____ (1992), *Discipline with dignity* [Workshop participants handout], Rochester, Discipline Associates.

DEWEY, J. (1938), *Logic: The theory of inquiry*, New York, Holt, Rinehart & Winston. (Traduit par Gérard Deledalle sous le titre *Logique: la théorie de l'enquête*, Paris, Presses Universitaires de France, 1967.)

DREIKURS, R. (1968), *Psychology in the classroom*, 2ᵉ éd., New York, Harper & Row.

DREIKURS, R. et P. Cassel (1972), *Discipline without tears*, New York, Hawthorn.

DREIKURS, R., B. Grunwald et F. Pepper (1982), *Maintaining sanity in the classroom*, New York, Harper & Row.

ELAM, S. (1989), « The second Gallup/Phi Delta Kappa poll of teachers' attitudes toward the public schools », *Phi Delta Kappan*, vol. 70, n° 10, p. 785-798.

ELAM, S., L. Rose et A. Gallup (1994), « The 26th annual Phi Delta Kappa/Gallup Poll of the public's attitudes toward the public schools », *Phi Delta Kappan*, vol. 76, n° 1, p. 41-56.

EMMER, E., C. Evertson et L. Anderson (1980), « Effective classroom management at the beginning of the school year », *Elementary School Journal*, vol. 80, p. 219-231.

EVERTSON, C. (1989a), « Classroom organization and management », *in* M. Reynolds (dir.), *Knowledge base for the beginning teacher*, Oxford, Pergamon Press.

_____ (1989b), « Improving elementary classroom management : A school-based training program for beginning the year », *Journal of Educational Research*, vol. 83, p. 82-90.

EVERTSON, C., *et al.* (1989), *Classroom management for elementary teachers*, Englewood Cliffs, Prentice-Hall.

EVERTSON, C. et A. Harris (1992), « What we know about managing classrooms », *Educational Leadership*, vol. 49, n° 7, p. 74-78.

FIRTH, G. (1985), *Behavior management in the schools: A primer for parents*, New York, Charles C. Thomas.

FRASER, B. et P. O'Brien (1985), « Student and teacher perceptions of the environment of elementary school classrooms », *Elementary School Journal*, vol. 85, n° 5, p. 567-580.

GAUSTAD, J. (1992), *School Discipline* (ERIC Digest n° 78), Eugene, ERIC Clearinghouse on Educational Management.

GINOTT, H. G. (1965), *Between parent and child*, New York, Avon. (Traduit par Betty Delfosse sous le titre *Les relations entre parents et enfants : solutions nouvelles de problèmes anciens*, Paris, Éditions Casterman, 1968.)

_____ (1969), *Between parent and teenager*, New York, Macmillan. (Traduit par Odile Wertheimer sous le titre *Entre parents et adolescents*, Paris, Éditions Robert Laffont, 1970.)

_____ (1971), *Teacher and child*, New York, Macmillan.

_____ (1972), « I am angry ! I am appalled ! I am furious ! », *Today's Education*, vol. 61, p. 23-24.

_____ (1973), « Driving children sane », *Today's Education*, vol. 62, p. 20-25.

GLASSER, W. (1965), *Reality therapy: A new approach to psychiatry*, New York, Harper & Row. (Traduit par Marie-Thérèse d'Aligny sous le titre *La thérapie par le réel*, Paris, ÉPI éditeurs, 1971.)

_____ (1969), *Schools without failure*, New York, Harper & Row. (Traduit par J. Chambert sous le titre *Des écoles sans déchets*, Paris, Éditions Fleurus, 1973.)

_____ (1977), « 10 steps to good discipline », *Today's Education*, vol. 66, p. 60-63.

_____ (1978), « Disorders in our schools : Causes and remedies », *Phi Delta Kappan*, vol. 59, p. 331-333.

_____ (1985), *Control theory: A new explanation of how we control our lives*, New York, Perennial Library.

_____ (1986), *Control theory in the classroom*, New York, Harper & Row.

_____ (1990), *The quality school: Managing students without coercion*, New York, Harper & Row, éd. révisée en 1992. (Traduit par Jean-Pierre Laporte sous le titre *L'école qualité*, Montréal, Les Éditions Logiques, 1996.)

　　　　　　(1992), « The quality school curriculum », *Phi Delta Kappan*, vol. 73, n° 9, p. 690-694.

　　　　　　(1993), *The quality school teacher*, New York, Harper Perennial.

GORDON, T. (1970), *Parent Effectiveness Training: A tested new way to raise responsible children*, New York, New American Library. (Traduit par Jean Roy et Jacques Lalanne sous le titre *Parents efficaces*, Montréal, Le Jour, éditeur, 1976.)

　　　　　　(1974), *T.E.T.: Teacher Effectiveness Training*, David McKay. (Traduit par Jacques Lalanne sous le titre *Enseignants efficaces : enseigner et être soi-même*, Montréal, Le Jour, éditeur, 1979.)

　　　　　　(1976), *P.E.T. in action*, New York, Bantam Books. (Traduit par Stéphane Donadey et Adrien Desormeaux sous le titre *La méthode Gordon expérimentée et vécue*, Paris, Belfond, 1976 ; réédité par Marabout en 1995 sous le titre *Être parent, ça s'apprend*.)

　　　　　　(1989), *Discipline that works: Promoting self-discipline in children*, New York, Random House. (Traduit par Louise Drolet sous le titre *Comment apprendre l'autodiscipline aux enfants*, Montréal, Le Jour, éditeur, 1990.)

GRANT, C. et C. Sleeter (1989), *Turning on learning: Five approaches for multicultural teaching plans for race, class, gender, and disability*, Columbus, Merrill.

HAKIM, L. (1993), *Conflict resolution in the schools*, San Rafael, Human Rights Resource Center.

HARTZELL, G. et T. Petrie (1992), « The principal and discipline: Working with school structures, teachers, and students », *Clearing House*, vol. 65, n° 6, p. 376-380.

HERNANDEZ, H. (1989), *Multicultural education: A teacher's guide to content and process*, Columbus, Merrill.

HILL, D. (1990), « Order in the classroom », *Teacher Magazine*, vol. 1, n° 7, p. 70-77.

HUGHES, H. (1994, février), « From fistfights to gunfights: Preparing teachers and administrators to cope with violence in school », Paper presented at the annual meeting of the American Association of Colleges for Teacher Education, Chicago.

JONES, F. H. (1979), « The gentle art of classroom discipline », *National Elementary Principal*, vol. 58, p. 26-32.

　　　　　　(1987a), *Positive classroom discipline*, New York, McGraw-Hill.

　　　　　　(1987b), *Positive classroom instruction*, New York, McGraw-Hill.

　　　　　　(1993a), *Instructor's guide: Positive classroom discipline — a video course of study*, Santa Cruz, Fredric H. Jones & Associates.

　　　　　　(1993b), *Instructor's guide: Positive classroom instruction — a video course of study*, Santa Cruz, Fredric H. Jones & Associates.

JONES, V. et L. Jones (1990), *Comprehensive classroom management: Motivating and managing students*, Needham Heights, Allyn & Bacon.

KNAPP, M., B. Turnbull et P. Shields (1990), « New directions for educating the children of poverty », *Educational Leadership*, vol. 48, n° 4, p. 1-8.

KOHN, A. (1993), *Punished by rewards: The trouble with gold stars, incentive plans, A's, praise, and other bribes*, Boston, Houghton Mifflin.

KOUNIN, J. S. (1977), *Discipline and group management in classrooms*, éd. révisée, New York, Holt, Rinehart & Winston (1re éd. 1970).

KRAMER, P. (1992), « Fostering self-esteem can keep kids safe and sound », *PTA Today*, vol. 17, n° 6, p. 10-11.

LADOUCER, R. et J. Armstrong (1983), « Evaluation of a behavioral program for the improvement of grades among high school students », *Journal of Counseling Psychology*, vol. 30, p. 100-103.

LANDEN, W. (1992), « Violence and our schools: What can we do? », *Updating School Board Policies*, vol. 23, p. 1-5.

LATHAM, G. (1993), *Managing the classroom environment to facilitate effective instruction* [Six-part videotape in-service training program], Logan, P & T Ink.

MACHT, J. (1989), *Managing classroom behavior: An ecological approach to academic and social learning*, White Plains, Longman.

MAHONEY, M. et C. Thoresen (1972), « Behavioral self-control—Power to the person », *Educational Researcher*, vol. 1, p. 5-7.

MARKOFF, A. (1992), *Within reach: Academic achievement through parent-teacher communication*, Novato, Academic Therapy Publications.

McCORMACK, S. (1989), « Response to Render, Padilla, and Krank: But practitioners say it works! », *Educational Leadership*, vol. 46, n° 6, p. 77-79.

McINTYRE, T. (1989), *The behavior management handbook: Setting up effective behavior management systems*, Boston, Allyn & Bacon.

MENDLER, A. et R. Curwin (1983), *Taking charge in the classroom*, Reston, Reston Publishing.

MORRISON, J., *et al.* (1993), « The application of family systems approaches to school behavior problems on a school-level discipline board: An outcome study », *Elementary School Guidance and Counseling*, vol. 27, n° 4, p. 258-272.

NOVELLI, J. (1990), « Design a classroom that works », *Instructor*, vol. 100, n° 1, p. 24-27.

Office of Educational Research and Improvement (1993), *Reducing school violence: Schools teaching peace. A joint study*, (Report n° RP-91002002), Washington.

« Precision teaching in perspective: An interview with Ogden R. Lindsley » (1971), *Teaching Exceptional Children*, vol. 3, p. 114-119.

RARDIN, R. (1978, septembre), « Classroom management made easy », *Virginia Journal of Education*, p. 14-17.

REDL, F. (1972), *When we deal with children*, New York, Free Press.

REDL, F. et W. Wattenberg (1959), *Mental hygiene in teaching*, éd. révisée, New York, Harcourt, Brace & World (1ʳᵉ éd. 1951).

REDL, F. et D. Wineman (1952), *Controls from within*, Glencoe, Free Press. (Traduit par Michel Lemay sous le titre *L'enfant agressif. Tome 1: Le moi désorganisé, Tome 2: Méthodes de rééducation*, Paris, Éditions Fleurus, 1964.)

RENDER, G., J. Padilla et H. Krank (1989), « What research really shows about Assertive Discipline », *Educational Leadership*, vol. 46, n° 6, p. 72-75.

RICH, J. (1992), « Predicting and controlling school violence », *Contemporary Education*, vol. 64, n° 1, p. 35-39.

ROSEN, L. (1992), *School discipline practices: A manual for school administrators*, Perrysburg, School Justice Institute.

SCHAPS, E. et D. Solomon (1990), « Schools and classrooms as caring communities », *Educational Leadership*, vol. 48, n° 3, p. 38-42.

SCHELL, L. et P. Burden (1992), *Countdown to the first day of school: A 60-day get-ready checklist for first-time teachers, teacher transfers, student teachers, teacher mentors, induction-program administrators, teacher educators* (NEA Checklist series), Washington, National Education Association.

SCHULMAN, J. (1989), « Blue freeways: Traveling the alternate route with big-city teacher trainees », *Journal of Teacher Education*, vol. 40, n° 5, p. 2-8.

SCHWARTZ, F. (1981), « Supporting or subverting learning: Peer group patterns in four tracked schools », *Anthropology and Education Quarterly*, vol. 12, n° 2, p. 99-120.

SHARPLEY, C. (1985), « Implicit rewards in the classroom », *Contemporary Educational Psychology*, vol. 10, p. 349-368.

SHEVIAKOV, G. et F. Redl (1956), *Discipline for today's children*, Washington, Association for Supervision and Curriculum Development.

SIDMAN, M. (1989), *Coercion and its fallout*, Boston, Authors Cooperative.

SKINNER, B. F. (1948), *Walden two*, New York, Macmillan.

──────── (1953), *Science and human behavior*, New York, Macmillan.

──────── (1971), *Beyond freedom and dignity*, New York, Knopf. (Traduit par Anne-Marie et Marc Richelle sous le titre *Par-delà la liberté et la dignité*, Paris, Éditions Robert Laffont, 1972.)

SLAVIN, R. (1991), « Synthesis of research on cooperative learning », *Educational leadership*, vol. 48, p. 71-82.

SLAVIN, R., N. Karweit et N. Madden (1989), *Effective programs for students at risk*, Needham Heights, Allyn & Bacon.

SMITH, M. (1993), « Some school-based violence prevention strategies », *NASSP Bulletin*, vol. 77, n° 557, p. 70-75.

SOBOL, T. (1990), « Understanding Diversity », *Educational Leadership*, vol. 48, n° 3, p. 27-30.

« Study backs induction schools to help new teachers stay teachers » (1987), *ASCD Update*, vol. 29, n° 4, p. 1.

TAUBER, R. (1982), « Negative reinforcement: A positive strategy in classroom management », *Clearing House*, vol. 56, p. 64-67.

WATTENBERG, W. (1955), *The adolescent years*, New York, Harcourt Brace.

──────── (1967), *All men are created equal*, Detroit, Wayne State University Press.

WEADE, R. et C. Evertson (1988), « The construction of lessons in effective and less effective classrooms », *Teaching and Teacher Education*, vol. 4, n° 3, p. 189-213.

WEINSTEIN, C. (1992), « Designing the instructional environment: Focus on seating », in *Proceedings of selected research and development presentations at the Convention of the Association for Educational Communications and Technology*, p. 7, *Resources in Education*, Phoenix, Oryx Press (ERIC Document Reproduction Service n° IR 015 706).

WILLIAMS, S. (1991), « We can work it out », *Teacher Magazine*, vol. 3, n° 2, p. 22-23.

WONG, H. et R. Wong (1991), *The first days of school: How to be an effective teacher*, Sunnyvale, Harry K. Wong.

A

Absurde, recours à l', 239
Acceptation
  et reconnaissance, 78, 83
  réactions d', 213
Accord avec la rebuffade ou le dénigrement exprimés, 239
Acte opérant, 37
Activités
  en classe, gestion des, 263
  mouvement relié aux, 62
  renforçatrices, 42
  restructuration des, 24
Administrateurs, soutien des, 148
Affirmation
  de l'enseignant, 131, 134
  de soi, 131, 135
Agitateur, 16
Aide
  aux élèves, disposition à l', 260, 265
  individuelle efficace, 167, 168
  opportune, 14, 24
  techniques d', 208, 209t, 212, 212t
Air cribs, 36
Albert, Linda, 102, 122
Aménagement de la classe, 306
Analyse, 215
Antécédents, 47
Apathie, 180

Appartenance, 180, 183
  but fondamental d', 104
  du problème, principe d', 202, 206
Appesantissement, 63, 90
Application, manque d', 276
Apprentissage
  de qualité, 181, 183
  du processus « gagnant-gagnant », 312
Approbation, signifier son, 49
Approximations successives, 39
Argumentation, 214
Atout caché, 78, 84
Attentes envers l'élève, description, 261
Attention
  à prêter à chaque élève, 260
  excessive, désir d'une, 104, 110
Attitude
  centrée sur la solution, 86
  changement d', 203, 211
  de l'enseignant, 252, 266
  décontractée, 276
  positive, 259
Attribution des places, 306
Autodiscipline, 105
  chez l'enseignant, 79, 91
Autorité, 201, 204, 205
Avertissement, 238

B

Bande magnétique, enregistrement du comportement de la classe, 240
Bavardage, 276
Behaviorisme, 37
Berceaux climatisés, 36
Besoins
    d'un professeur, satisfaction des, 299
    fondamentaux des élèves, 180, 181, 182, 183, 302
Bienséance, 318
Bienveillance, 259
    motivation et, 244
Bouc émissaire, 16, 17
Bulletin de classe, rédaction, 257
But(s)
    clairs et réalistes, 253
    erronés, 104, 110, 112
        neutralisation des, 112
    fondamental
        d'appartenance, 104, 110
        du comportement social humain, 102

C

Cadence, 58, 62, 63
Camp de vacances, 60
Canter, Lee, 131
    voir aussi Modèle de Canter
Capacité
    d'écoute, 259
    de choisir, 110
Changement d'attitude, 203, 211
Chevauchement, 58, 65
Choix
    de l'élève, 177
    invitation à faire un, 238
Chouchou du prof, 17
Clarté, 58, 59
Classe
    aménagement de la, 306
    bonne conduite d'une, 251, 270
    bulletin de (rédaction), 257
    climat de la, 258, 259
    démocratique, 103, 104, 109
        gestion de la, 204, 216
    gestion de, 69, 204, 252, 257
    gestion des activités en, 263
    participation dans la, 257
    réunion de, 177, 189

Clients de l'école, professionnels et, 227, 231
Climat de la classe, 258, 259
Cliques, 276
Clown, 15
Code de conduite, 317
Colère, 78, 85, 240
Commande, 214
Commandements, les dix, 78, 82
Commentaires dissuasifs, 56, 58, 59
    bienveillants, 59, 60
    menaçants, 59, 60
Communication
    congruente, 77, 80, 81
    enseignant-parents, 256, 261
    invitations à la, 203, 213
    non congruente, 87, 88
    obstacles à la, 204, 213
Compétence, programme scolaire pour promouvoir la, 253
Compliment(s), 214
    appréciatif, 79, 86, 87
    -jugement de valeur, 78, 87
    règlement-ignorance-, 43, 44
    sincères, habileté à dispenser des, 260
Comportement(s)
    à risque, élève ayant un, 227, 228
    cibles, 48
    conséquences du, 177
    contagieux, 16
    enregistrement sur bande magnétique ou vidéo, 240
    et rôles des élèves en classe, 14, 47
    fenêtre du, 202, 207, 207t, 208t
    inacceptable, 206
    inappropriés, réaction aux, 306
    mauvais d'un élève, 157, 158, 239
    modelage du, 37
    modification du, 39, 40, 43, 47, 48, 202, 205
    motivation et, 180
    opérant, 37
    paradoxal de l'enseignant, 240
    programme individualisé de, 148
    réorientation du, 113, 115, 144
    responsable, enseignement d'un, 132
    social humain, but fondamental du, 102
Conduite
    code de, 317
    contrat de, 47, 308
    mauvaise, 104, 110, 157, 296

maîtrise de la, 20
règles de, 137, 177, 188, 189, 216, 231, 235, 296, 299, 300, 303, 310
responsable, enseignement d'une, 142
Confiscation d'un objet distrayant, 24
Conflits, méthode de résolution
gagnant-perdant, 203, 211
sans perdant, 203, 211, 212
Confrontation
message de, 202, 210
techniques de, 208, 209, 209t, 212t
Conseil(s), 214, 254
Conséquences, 47, 133, 139, 228, 235-238, 311, *voir aussi* Punition
application des, 145
du comportement, 177
hiérarchie des, 140
logiques, 41, 105
et punition, 117, 119
Contagion dans le comportement, 16
Contrainte physique, 25
Contrat
de conduite, 47, 308
social, 228, 236, 243
Coopération des élèves
incitation à la, 78, 82
obtention de la, 299
Correction par l'orientation, 79, 89, 90
Courtoisie et savoir-vivre, modèle pour les élèves, 260
Critique, 214
Curwin, Richard, 226
voir aussi Modèle de Curwin et Mendler

D

Défense de l'élève, mécanismes de, 203, 211
Dénigrement exprimé, se dire d'accord avec le, 239
Dépendance, syndrome de, 158, 168
Description des attentes envers l'élève, 261
Désir(s)
d'une attention excessive, 104, 110
de vengeance, 104, 111, 114
des enseignants, 273
Détermination, 255
Déviance, 57
Dignité, 227, 230
aux élèves, conférer de la, 84
Dimension(s) de la discipline, 228
personnelle, 252

Directives, enseigner aux élèves à suivre les, 142, 254
Discipline
adaptée aux élèves difficiles, 233
apport de
Canter, 130
Curwin et Mendler, 226
Dreikurs, 102, 103
Ginott, 76, 91
Gordon, 200
Jones, 156
Kounin, 56
Redl et Wattenberg, 12
Skinner, 37
aversive, 105
buts erronés et, 110
composantes de la, 277
définition de la, 157
dimensions de la, 228
efficace, principes sous-jacents à une, 227
élèves à risque et, 232
enseignement et, 188
et les divers types d'enseignants, la, 107
évaluation des systèmes de, 288
idées fausses sur la, 132
méthodes inefficaces de, 233
nature de la, 105
obstacles à l'emploi de la (par l'affirmation de soi), 135
par la gestion de classe, 55
programme de, 141
système(s) adapté(s)
au deuxième cycle du primaire, 295, 297
au deuxième cycle du secondaire, 305, 308, 310
au premier cycle du primaire, 292, 294
au premier cycle du secondaire, 298, 301
système(s) appliqué(s) à l'ensemble d'une école, 285-288, 317
système(s) axé(s) sur le pouvoir, 286
système(s) mixte(s), 288
système(s) non coercitif(s), 288
système(s) personnel(s)
composantes, 277
élaboration et éléments de base, 273
établissement en huit étapes, 280
exemples, 282, 291-320
Discontinuité, 63

Disposition à l'aide aux élèves, 260
Diversité, 67
Douleur, 14, 25
Dreikurs, Rudolph, 102
  voir aussi Modèle de Dreikurs
Droits
  de l'élève, 131, 133
  de l'enseignant, 131, 133
Dureté, 59
Dynamique de groupe, 16

E

École maternelle, 59
Économie de jeton, 46
Écoute
  active, 203, 213
  capacité d', 259
  passive, techniques d', 213
Effet de réverbération, 56, 57, 58, 60
Égalité, 235
Élève(s)
  à risque (ou difficiles), discipline et, 232, 233
  aide individuelle aux élèves, 167, 168, 260, 266
  attention à prêter à chaque, 260
  ayant un comportement à risque, 227, 228
  besoins des, 181, 182, 183, 302
  choix de l', 177
  comportements des, 13, 14, 47, *voir aussi* Comportement
  description des attentes envers l'élève, 261
  deuxième cycle du primaire, enseignants et, 274
  deuxième cycle du secondaire, enseignants et, 275
  difficiles, comment agir, 146, *voir aussi* Élèves à risque
  dignité aux (conférer de la), 84
  droits des, 131
  en flagrante bonne conduite, prise de l', 43
  en tant que personne, attention de l'enseignant envers l', 252
  enseignement
    à suivre les directives, 142
    d'une conduite responsable, 142
    du programme de discipline aux, 141
  espoir chez les, 229
  image de soi, amélioration par l', 252

incitation à la coopération des, 78, 82
indisciplinés, motivation des, 228, 241
maternelle et premier cycle du primaire, enseignants et, 274
mauvaise conduite de l', 20, 104, 110, 157, 296
mécanismes de défense de l', 203, 211
obtention de la coopération des, 299
premier cycle du secondaire, enseignants et, 275
progrès de l', 68, 261
relations avec les, 260
réorientation d'un, 113, 115
responsabilité (et responsabilisation) de l', 58, 65
retrait de l', 24
rôles et comportement des, 13, 14, 47
situation problématique et retrait de l', 24
tâches confiées aux, 265
Élimination d'un obstacle, 24
Émotion, 180
Emploi du temps, 24
Encouragement, 26, 104
  louanges et (différence cruciale), 117
Enfant, *voir* Élève
Enseignant(s)
  attention accordée à chaque élève en tant que personne par l', 252
  attitude de l', 252, 266
  autocratique, 103, 107
  autodiscipline chez l', 79, 91
  autoritaire, 181, 185
  choix de l'élève et l', 177
  chouchou de l', 17
  comportement paradoxal de l', 240
  connaissances et absences de connaissances au sujet des élèves
    deuxième cycle du secondaire, 275
    maternelle et primaire, 274
    premier cycle du secondaire, 275
  démocratique, 103, 104, 108
  désirs des, 273
  directif, 181, 185, 186
  discipline et divers types d', 107
  droits de l', 131
  et le modèle de Dreikurs, apport de Linda Albert, 122
  expert, comment le devenir, 267
  idéal, 78, 80
  le pire, 78, 80
  les pourquoi de l', 79, 88
  -parents

communication, 256
conseils, 263
rencontres, 262
permissif, 103, 107
proximité de l', 23
qui s'affirme, 131, 134
rôles psychologiques de l', 19
Enseignement, *voir aussi* Enseignants
d'un comportement responsable, 132
d'un programme de discipline, 141
d'une conduite responsable, 142
de précision, 49
de qualité, 181, 184
et discipline, 188
démocratique, 108, 123
Entretien en tête-à-tête, 146
Environnement, modification de l', 209
Équité, 235
Escalade, prévention de l', 228, 241
Espoir, 227, 229
Esprit de groupe, développement de l', 254
Esquive, 215
Établissement
de limites, 26, 131, 135, 157, 163, 306
démocratique de règles de conduite, 216
Étiquetage, 79, 88
Étrangers, réactions en classe face à la visite d', 17
Évaluation de la réalité, 14, 25
Éveil de l'intérêt, 58, 64
Excuse, rejet de toute, 177
Expression
de la colère, 78
du visage, 157, 162
Extinction, 39

F

Fenêtre du comportement, 201, 207, 207*t*, 208*t*
Fermeté, 59
Force, refus des rapports de, 114
Formation de qualité, 181
Formule stimulus-réponse, 37
Fuite, 211

G

Gagnant
-gagnant, processus, 312

-perdant, méthode de résolution de conflits, 203, 211
voir aussi Méthode sans perdant
Gestes, 157, 162
voir aussi Langage gestuel
Gestion de classe, 69, 252
démocratique, 204, 216
Ginott, Haim, 76
voir aussi Modèle de Ginott
Glasser, William, 176
voir aussi Modèle de Glasser
Gordon, Thomas, 200
voir aussi Modèle de Gordon
Grand-mère, règle de, 158, 165
Groupe
comportement en, 13
désagrégation du, 18
développement de l'esprit de, 254
dynamique de, 16
intérêt du, 64, 158, 165

H

Habileté à dispenser des compliments sincères, 260
Hiérarchie des conséquences, 140
Humour, 23, 239

I

Idées fausses à propos de la discipline, 132
Ignorance
-compliment, règlement-, 43, 44
intentionnelle, 23
Image de soi, amélioration par l'élève, 252
Incitation
à la coopération, 78, 82, 299
à la maîtrise de soi, 14, 22
Incompétence, démonstration de sa totale, 104, 111, 115
Incursions dans la vie privée, 79, 89
Influence positive, incapacité d'exercice d'une, 135
Informations claires, 261
Infraction aux règles, 189
Injures, 88
Insubordination, règle envers l', 228, 235
Intérêt
du groupe, 158, 166
éveil de l', 58, 64
manifestation d', 23

Interventions, stratégies et techniques d', 14, 21, 67, 123, 132
    au moyen de signes, 23
Inversion des rôles, 239
Invitations
    à faire un choix, 238
    à la communication, 203, 213

J

Jeton, économie de, 46
Jeux de rôles, 143
Jones, Frederic H., 156
    voir aussi Modèle de Jones
Jugement de valeur, compliment-, 78, 87
Kounin, 56
    voir aussi Modèle de Kounin

L

Langage
    gestuel, 157, 160, 162, 306, 307
    laconique, 78, 86
Liberté, 180, 183
Limites, établissement de, 26, 131, 135, 157, 163, 306
Louange et encouragement (différence cruciale), 117
Lutte pour le pouvoir, 104, 111

M

Maintien, 157, 161
Maîtrise de soi
    choix de l'élève et, 177
    incitation à la, 14
Manque d'application, 276
    de soutien, 136
Matériel pédagogique approprié, 254, 265
Maternelle, école, 59, 274
Mécanismes de défense de l'élève, 203, 211
Menaces, 28, 214
Mendler, Allen, 226
    voir aussi Modèle de Curwin et Mendler
Meneur, 15
Message
    à la deuxième personne, 78, 85, 203, 210
        de prévention, 204, 216
    à la première personne, 78, 85, 203, 210
        de confrontation, 203, 210
        de prévention, 204, 216
    sain, 78, 81

Mesures
    correctives, 279
    de prévention, 277
    de remplacement à la punition, 79, 91
    de soutien, 278
Méthode(s)
    gagnant-perdant (résolution de conflits), 203, 211
    inefficaces de discipline, 233
    sans perdant (résolution de conflits), 203, 211, 212
Mise en évidence des progrès de l'enfant, 261
Modelage du comportement, 37
Modèle
    de Canter, 130-153
        analyse du, 132
        mise en place du, 148
        synthèse critique du, 149
    de courtoisie et de savoir-vivre pour les élèves, 260
    de Curwin et Mendler, 226-248
        analyse du, 228
        mise en place du, 242
        synthèse critique du, 244
    de Dreikurs, 102-127
        analyse du, 105
        les enseignants et le, 122
        synthèse critique du, 121
    de Ginott, 76-96
        analyse du, 80
        synthèse critique du, 93
    de Glasser, 176-197
        analyse du, 177, 181
        mise en place du, 191
        synthèse critique du, 192
    de Gordon, 200-224
        analyse du, 204
        mise en place du, 218
        synthèse critique du, 219
    de Jones, 156-174
        analyse du, 158
        mise en place du, 170
        synthèse critique du, 171
    de Kounin, 56-74
        analyse du, 58
        synthèse critique du, 69
    de Redl et Wattenberg, 12-33
        analyse du, 14
        synthèse critique du, 29
    de Skinner, *voir* Modèle néoskinnérien
    néoskinnérien, 36-53
        analyse du, 38
        synthèse critique, 50

Modes de réactions, 131, 136, 137
Modification
 de l'environnement, 209
 du comportement, 39, 40 43
  élaboration du plan de, 48
  emploi en classe, 47
  méthodes non coercitives, 202, 205
Moment présent, 77
Motivation
 des élèves indisciplinés, 228, 241
 et bienveillance, 244
 et comportement, 180
 et émotions, 180
Mouvement relié aux activités, 62

N

Neutralisation des buts erronés, 112

O

Obéissance, 227
Objet distrayant, confiscation d'un, 24
Obstacle(s)
 à la communication, 204, 213
 à la discipline par l'affirmation de soi, 135
 élimination d'un, 24
Orientation, correction par l', 79, 89, 90

P

P.E.T., 201
Parents
 communication enseignant-, 256, 261
 conseils aux, 263
 relations avec les, 261
 rencontres enseignant-, 262
 soutien des, 148-149
Participation dans la classe, 257
Pensée diagnostique, 13, 20
Perte considérable de temps, 157, 159
Places, attribution des, 306
Plaisir, 180
 et douleur, principe du, 14, 25
Pourquoi de l'enseignant, les, 79, 88
Pouvoir, 180
 lutte pour le, 104, 111
 systèmes de discipline axés sur le, 286-288
Précision, enseignement de, 49

Prévention, 235, 300
 de l'escalade, 228, 241
 mesures de, 277
 techniques de, 208, 209t, 212t, 215, 216, 216t
Principe(s)
 d'appartenance du problème, 202, 206
 du plaisir et de la douleur, 14, 26
 sous-jacents à une discipline efficace, 227, 243
Prise de l'élève en flagrante bonne conduite, 43
Problèmes, 202
 chroniques, 276
 principe d'appartenance du, 202, 206
 résolution de, 204, 217
 en tête-à-tête, 146
Professeur, *voir* Enseignant
Professionnels et clients de l'école, 227, 231
Programme(s)
 de discipline, enseignement aux élèves, 141
 de renforcement, 38
 élaboration d'un, 238
 individualisé de comportement, 148
 scolaire de qualité, 181, 182
  promotion de la compétence, 253
Progrès, 68
 mise en évidence des, 261
 représentation graphique des, 256
Promesses, 28
Proximité physique, 157, 161
Punition(s), 27, 105, 206, *voir aussi* Conséquences logiques
 mesures de remplacement de la, 79, 91
 modification du comportement et, 40
 règlement-récompense-, 43, 45

Q

Questionnement, 215

R

Ralentissement, 63
Rappel à l'ordre, 238
Rapports de force, refus des, 114
Réactions
 affirmatives, 131, 136, 137
 aux comportements inappropriés, 306
 aux répliques, 307

créatives au mauvais comportement chronique, 239
    d'acceptation, 213
    hostiles, 131, 136
    non affirmatives, 131, 136
Réalité, évaluation de la, 14, 25
Rebuffade, se dire d'accord avec la, 239
Récompense, 157, 205
    authentiques, 157, 164
    -punition, règlement-, 43, 45
    sans effet, 167
    systèmes de, 163
Reconnaissance
    acceptation et, 78, 83
    positive, 132, 138, 144
    publique, 256
Recours à l'humour ou à l'absurde, 23, 239
Redl, Fritz, 12
    voir aussi Modèle de Redl et Wattenberg
Réduction du temps perdu, 157
Refus
    des rapports de force, 114
    de travailler, 276
Regard, 157
    direct, 160
Règle(s)
    de conduite, 137, 177, 188, 189, 216, 231, 235, 296, 299, 300, 303, 310
    de grand-mère, 158, 165
    envers l'insubordination, 228, 235
    infractions aux, 189, 231
Règlement
    -ignorance-compliment, 43, 44
    -récompense-punition, 43, 45
Régularité, 58, 62, 63
Rejet de toute excuse, 177
Relations
    avec les élèves, 260
    avec les parents, 261
    humaines, 259
Remarques, 59
Remise des travaux, 265
Remplacement de la punition, mesures de, 79, 91
Rencontres enseignant-parents, 262
Renforçateurs
    concrets, 43
    graphiques, 42
    sociaux, 42

Renforcement, voir aussi Renforçateurs
    continu, 39
    définition du, 38
    intermittent, 39
    négatif, 38
    opérant, 37, 38, 42
    positif, 38
    programmes de, 38
Réorientation du comportement d'un élève, 113, 115, 144
Répétition positive, 132, 143
Répliques, réaction aux, 307
Réponse invraisemblable, donner une, 239
Représentation graphique des progrès
    du groupe, 256
    individuels, 256
Réprimandes, 59
Résolution
    de conflits
        méthode gagnant-perdant, 203, 211
        méthode sans perdant, 203, 211, 212
    de problèmes, 204, 217
    tête-à-tête orienté vers la, 146
Responsabilité(s)
    de l'élève, 58
    sens des, 227
Responsabilisation, 64, 65
Restructuration des activités, 24
Réunion de classe, 177, 189
Réussites authentiques, 253
Réverbération, effet de, 56, 57, 58, 60
RIC, 43, 44
Ridicule, 215
Risque, voir Comportement à risque ou Élèves à risque
Rôles, 15
    des élèves, 13
    et comportement de l'élève en classe, 14, 47
    inversion des, 239
    jeux de, 143
    psychologiques de l'enseignant, 19
    RRP, 43, 45

S

Sarcasme, 79, 91
Saturation, 58, 66
Sécurité, 318

Sens des responsabilité, 227
   développement du, 307
Sentiments
   primaires, 202, 210
   secondaires, 202, 210
Sermon, 214
Signes, intervention au moyen de, 23
Skinner, Burrhus Frederic, 36
   voir aussi Modèle néoskinnérien
Solidarité, 255
Solution(s)
   à court terme (problèmes de
       discipline), 227
   attitude centrée sur la, 86
Soumission, 211
Soutien, 254
   des administrateurs, 148
   des parents, 148-149
   manque de, 136
   mesures de (discipline), 278
   positif, 147
   systèmes de, 171
Stratégies
   concrètes d'intervention, 123
   CRC, 123
Stimulation, 58, 67
Stimulus
   aversif, 38
   -réponse, formule (S-R), 37
Survie, 180
Syndrome de dépendance, 158, 168
Système(s)
   de discipline (personnels) adaptés
       au deuxième cycle du primaire,
           295, 297
       au deuxième cycle du secondaire,
           305, 308, 310
       au premier cycle du primaire,
           292-294
       au premier cycle du secondaire,
           298, 301
       élaboration d'un, 271, 273, 277, 280
       exemples, 282, 291-320
   de discipline appliqués à l'ensemble de
       l'école, 285
       axés sur le pouvoir, 286-288
       évaluation des, 288
       exemple-type, 317
       mixtes, 288
       non coercitifs, 288
   de discipline spéciaux, 312, 314, 315
   de modification du comportement, 43
   de récompense, 163
   de soutien, 171

T

Tâches aux élèves, confier des, 265
Techniques
   coercitives de modification du
       comportement, 205
   d'aide, 208, 209*t*, 212, 212*t*, 216*t*
   d'écoute, 213
   d'intervention, 14, 21
   de confrontation, 208, 209, 209*t*, 216*t*
   de maîtrise de la mauvaise conduite, 20
   de prévention, 208, 209*t*, 215, 216*t*
Temps
   libre, 165
   perdu, réduction du, 157
   perte considérable de, 157, 159
T.E.T., 201
Travail(aux)
   aide aux élèves, 265
   de qualité, 183
   individuel, 58, 68
   refus de, 276
   remise des, 265

V

Valence, 58, 66
   changement de, 66
Valeur éducative, 165
Vengeance, désir de, 104, 111, 114
Victoires, série de petites, 79, 91
Vidéo, enregistrement du comportement de
   la classe, 240
Vie privée, incursion dans la, 79, 89
Vigilance, 57, 61

W

Wattenberg, William, 12
   voir aussi Modèle de Redl et Wattenberg

S.16 - 26, 42, 44, 45, 119
        137-146, 235-238
        243-244

S9 - 107-109
     57, 263-266

S23 - 278-279, 160-163
      156, 157, 22, 23

O7 - 47, 34-316

Jackson, Nancy F., Donald A. Jackson, Cathy Moore
    Skill lessons + activities: getting along
        with others: Teaching social effectiveness
        to Children. Champaign, Illinois, Research
        Press, 1983 - ISBN: 0 87822-270-7

McGinnis, Ellen; Arnold P. Goldstein
    Skill streaming the elementary school child:
    a guide for teaching prosocial skills, Champaign, IL
    Research Press Co. 1984 - ISBN: 0-87 822-235-9